AF413427

CÓMO FUNCIONA EL ARTE

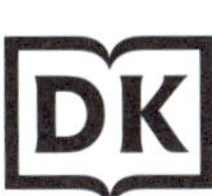

CÓMO FUNCIONA EL ARTE

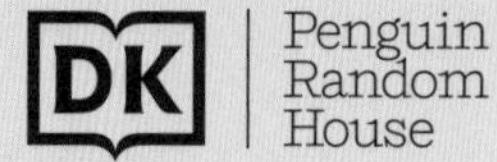Penguin Random House

Asesoramiento editorial
Aliki Braine

Dirección sénior de arte
Duncan Turner

Edición de proyectos artísticos
Stephen Bere, Amy Child,
Mark Lloyd

Ilustración
Ed Burn, Vicky Clarke,
Natalie Clay, Mark Clifton,
Mark Ruffle, Gus Scott

Diseño de la cubierta
Surabhi Wadhwa-Gandhi

Diseño sénior de maquetación
Harish Aggarwal

Colaboradores
George Bray, Theodore Gordon,
Alison Hand, Susie Hodge,
Natasha Kahn

Edición
Anna Fischel, Ian Fitzgerald,
Kathryn Hill, Natasha Kahn,
Alice Nightingale

Dirección editorial
Ángeles Gavira Guerrero

Dirección de cubiertas
Saloni Singh

Dirección asociada editorial
Liz Wheeler

Dirección editorial
Jonathan Metcalf

Publicado por primera vez en Gran Bretaña en 2022
por Dorling Kindersley Limited
DK, 20 Vauxhall Bridge Road, Londres, SW1V 2SA
Parte de Penguin Random House

De la edición en español:
Traducción Judith Rodríguez Vallverdú
Corrección Julieta Brufman
Maquetación y composición Miguel Ángel Mazón
Coordinación de proyecto Lakshmi Asensio
Dirección editorial Elsa Vicente

Título original: *How Art Works*
Primera edición: 2026

www.dkespañol.com

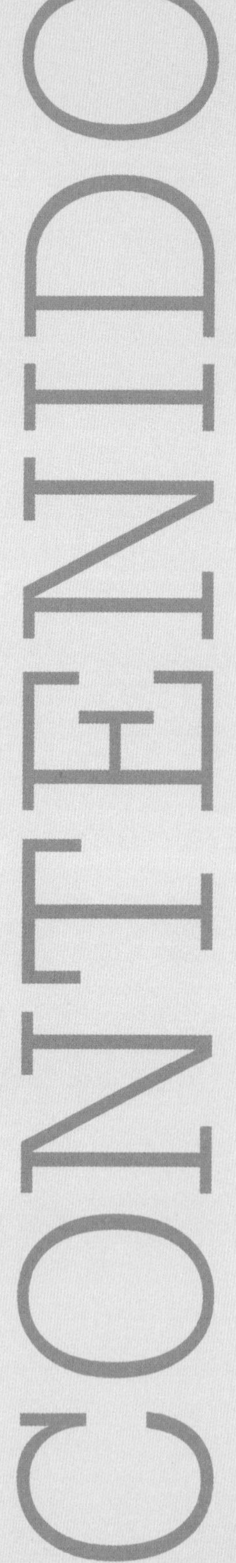

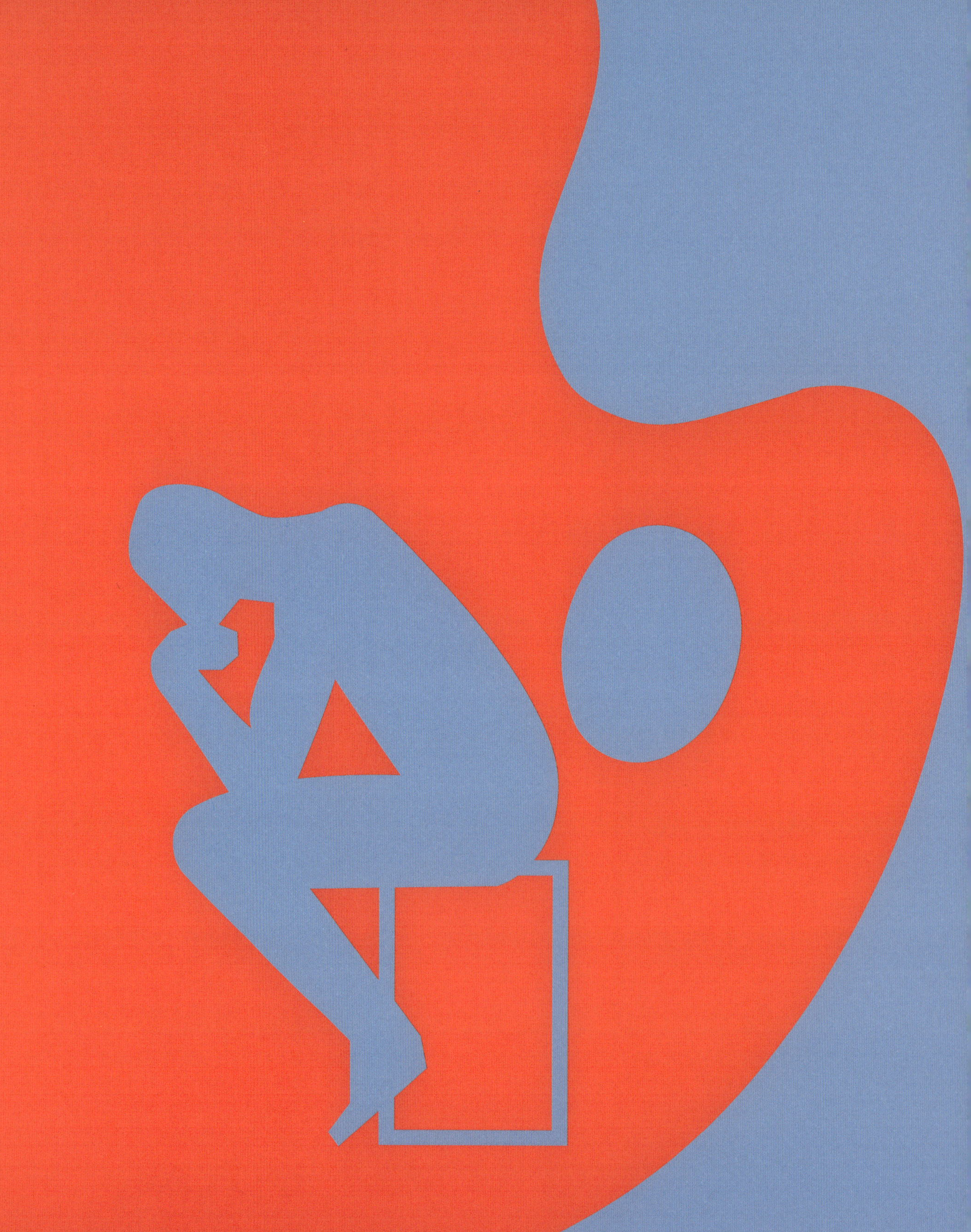

CÓMO SE DEFINE EL ARTE

¿Qué es el arte?

El arte abarca un amplio abanico de expresiones y actividades creativas humanas, las cuales dan lugar a la producción de obras que muestran habilidades técnicas, decisiones estéticas, poder emocional, teorías intelectuales e ideas conceptuales de diversas formas.

Una forma de pensar

Intentar explicar con palabras un medio tan visual como el arte no es tarea fácil, sobre todo porque no existe una definición universalmente aceptada de lo que es en realidad. Aunque a lo largo de la historia y en distintas culturas ha habido varios intentos de acotar su significado, estas explicaciones han ido mutando con el paso del tiempo. La naturaleza esquiva del arte se debe en cierto grado a su subjetividad, ya que puede significar cosas distintas para cada uno de nosotros. Los propios artistas tienen opiniones encontradas a la hora de definir lo que es el arte: algunos lo consideran como una actividad intrínsecamente política, mientras que para otros se trata de una actividad que tiene valor en sí misma. También hay quienes ven el arte como un proceso, como el acto de crear formas y expresar cualidades visuales.

Podría decirse, pues, que el arte es una forma de pensar. Los artistas son curiosos por naturaleza y quieren cuestionarse el mundo. Para el artista, el arte nunca se detiene: se trata de un compromiso de por vida con el aprendizaje

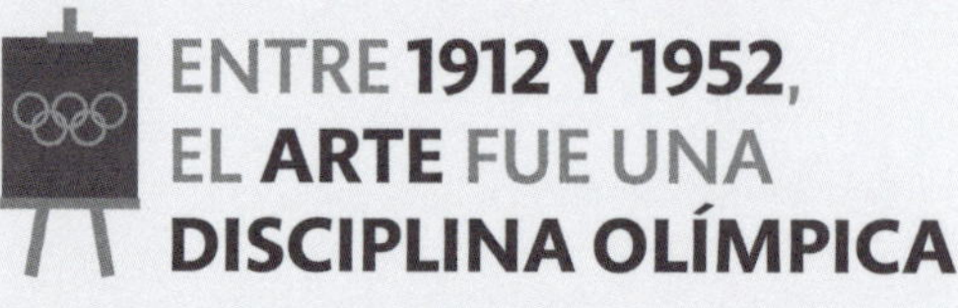

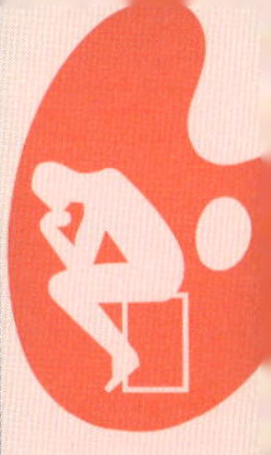

y del dominio de un lenguaje visual y un vocabulario material.

Como práctica, se diferencia de las artes decorativas y, a menudo, recibe el apelativo de «bellas artes» debido a las temáticas que abarca y a su contenido estético y conceptual. El arte apela a la necesidad humana de crear cosas y expresar emociones, describe la vida y la imaginación, plantea cuestiones filosóficas y permite comunicarse a un nivel visual profundo.

Una fuerza imparable

El arte puede consistir en la creación de objetos elaborados, como pinturas y esculturas, o bien materializarse en una *performance*. Puede concebirse para exhibirse en galerías, en espacios al aire libre, en entornos domésticos o incluso en el ámbito digital. Asimismo, puede estar pensado para perdurar o para existir solo de manera temporal.

El arte también puede percibirse como algo peligroso, dado que actúa como altavoz para la difusión de todo tipo de ideas. En ciertas ocasiones, las autoridades lo han reprimido al considerarlo «degenerado». El arte puede dar forma a lo inefable e intangible, o bien transformar una idea en algo concreto y persuasivo. Además, establece vínculos entre épocas y culturas y se renueva continuamente gracias a la interacción entre creadores y público.

¿POR QUÉ ALGUNAS OBRAS DE ARTE SON TAN CARAS?

Las obras de algunos artistas de renombre se han transformado en una forma de inversión para grandes fortunas. No obstante, la mayor parte de piezas artísticas se comercializan por sumas más modestas.

¿Qué hace el arte?

Una obra de arte lograda es aquella que hace que el público se plantee preguntas sobre su significado, sobre lo que el artista intenta expresar y sobre cómo lo expresa. A un nivel más personal, debe suscitar reflexiones en el espectador sobre su relación con la obra y por qué motivo le afecta.

El papel del arte

El arte es un lenguaje complejo formado por cualidades visuales, procesos materiales, el tema representado y el contenido. También incorpora la identidad del artista que lo crea. El arte puede ser misterioso o directo, bello o grotesco, pero siempre establece algún tipo de comunicación con quien lo observa. Algunas obras están pensadas para apreciarse por la calidad de su forma y por el uso de las habilidades y la técnica a fin de ofrecer una experiencia estética. El arte socialmente comprometido busca transmitir un punto de vista concreto al público e impulsar cambios. Las obras expresivas conectan emocionalmente con el espectador y generan empatía. Finalmente, las obras narrativas crean mundos y escenarios que pueden ser reales o imaginarios, pero que en cualquier caso atraen a quien las observa.

Explica una historia

El arte puede contar una historia y transportar al espectador tanto a un mundo imaginario y ficticio como a una realidad mejorada. Esta narración puede plasmarse a través de una serie de imágenes, en las que el espectador «lee» el relato mediante composiciones secuenciales, o bien recurriendo a imágenes narrativas o metáforas en obras de arte individuales.

Transmite significado

El arte comunica a través de la técnica empleada, de su aspecto final y del contexto en el que se inscribe. Con frecuencia resulta difícil descifrar su significado preciso, pues los artistas suelen evitar ser directos o literales y prefieren recurrir a la sutileza, invitando al espectador a detenerse y reflexionar.

EL CONCEPTO DE ARTISTA

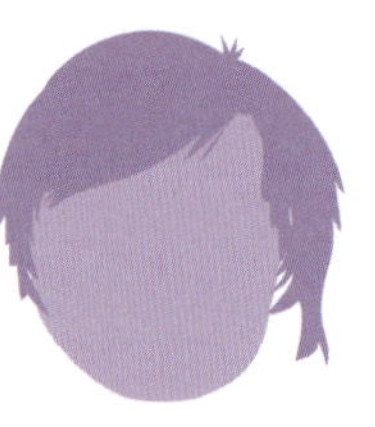

No fue hasta principios del siglo xv cuando los artistas empezaron a ser conocidos por su nombre y reconocidos por su creatividad. Antes de eso, el arte era el fruto del trabajo de personas anónimas, consideradas más como técnicos que como artistas.

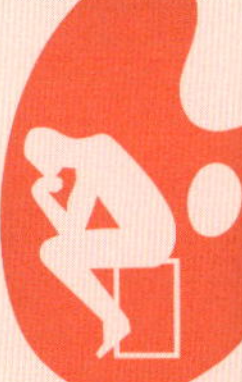

Expresa sentimientos

El arte resulta especialmente adecuado para expresar sentimientos y emociones, ya que comunica a una escala visual profunda. El artista puede plasmar sus propias emociones en la obra o bien sugerir un estado de ánimo concreto susceptible de alcanzarse al interactuar con ella.

¿EL ARTE DEBE SER BELLO?

El arte refleja y narra la vida, por lo que debería ser bello, pero también feo, confuso, alegre, triste, extraño... y cualquier otra cualidad humana que pueda imaginarse.

Proporciona placer estético

Mientras que algunas obras de arte son deliberadamente complejas, provocativas o «feas», otras están pensadas para experimentarse como bellas o estéticamente agradables. Estas últimas ofrecen al espectador una sensación de placer, además de un espacio para la reflexión y la conexión.

Transmite un mensaje

El arte puede ser un potente altavoz. El arte público resulta eficaz para transmitir mensajes a las masas, mientras que los artistas independientes suelen emplear un enfoque más personal y alusivo para compartir sus inquietudes y establecer un diálogo con quienes lo observan, algo que el arte corporativo o patrocinado por el Estado no suele ofrecer.

Refleja el mundo que lo rodea

Una de las cualidades más destacadas y útiles del arte es su capacidad de actuar como espejo para la sociedad. Algunas obras invitan a reflexionar sobre temas delicados, como la muerte, la pérdida, el conflicto o la pobreza, a menudo a través de imágenes impactantes o perturbadoras que buscan provocar una reacción.

Explora la línea, el color o la forma en su estado más puro

El arte no tiene por qué contener un mensaje, sino que también puede ser puramente formal, un mero ejercicio de exploración de las cualidades visuales o físicas de la obra y de cómo estas afectan a quien la observa a través de elementos como la disposición de las formas, el color, la escala y los materiales empleados.

MIXTAS

El arte del mundo material

Hoy en día, el textil se usa ampliamente en el arte, por ejemplo, en los procesos de «escultura blanda» como el acolchado y la costura. El arte en papel engloba el género de los libros de artista, a menudo elaborados y encuadernados por sus propios autores, así como la escultura en papel. Las instalaciones consisten en la creación de un entorno en el que el espectador debe moverse y con el que puede interactuar. La técnica mixta, por su parte, combina elementos procedentes de distintas formas artísticas en obras individuales.

EN DOS DIMENSIONES

Representación del mundo

Las formas artísticas bidimensionales abarcan tanto la ejecución de los trazos como el color, la línea, el gesto y la superficie, que puede ser desde una hoja de papel o un lienzo hasta madera o incluso una pared. La pintura y el dibujo poseen una cualidad espontánea e inmediata y están muy relacionados entre sí, ya que ambos medios suelen combinarse. La estampación se entendería más como un proceso de impresión, mientras que los murales pueden ser obras de gran formato ubicadas tanto en interiores como en exteriores. La fotografía, por su parte, captura imágenes que pueden transmitir significado.

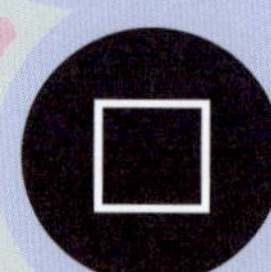

OTRAS

El arte como experiencia

El arte conceptual y la *performance* surgieron a principios del siglo XX, pero no se popularizaron hasta la década de 1960, cuando numerosos artistas empezaron a cuestionarse el significado y la función del arte en una época de intenso malestar social y político. La *performance* usa el cuerpo humano como medio y puede ser interactiva, mientras que el arte digital y el cine transmiten ideas artísticas a través de las tecnologías informáticas y los procesos audiovisuales.

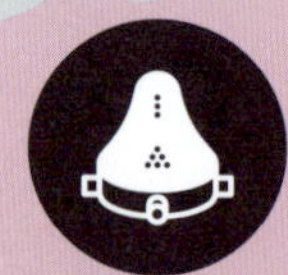

¿PUEDE EL SONIDO SER ARTE?

Entre 1913 y 1930, el futurista Luigi Russolo creó las primeras piezas de arte sonoro: las «máquinas de ruido». Desde entonces, el sonido se ha empleado en instalaciones, *performances*, esculturas cinéticas, arte digital y un largo etcétera de manifestaciones artísticas.

ARTESANÍA

En el pasado, se consideraba que las bellas artes se diferenciaban de la artesanía al incluir un contenido intelectual del que los objetos funcionales carecían. Hoy en día, se considera que los objetos utilitarios —ya sean vasijas, sillas o bordados— también pueden tener mérito artístico o simplemente ser una obra de arte por sí mismos.

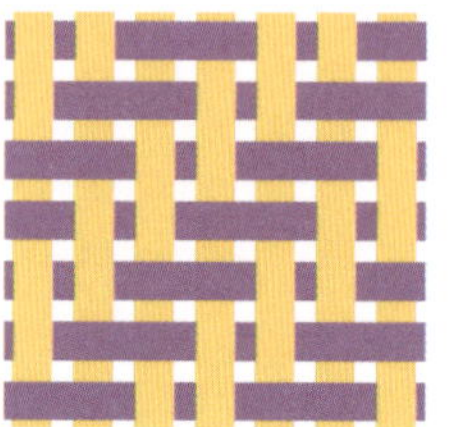

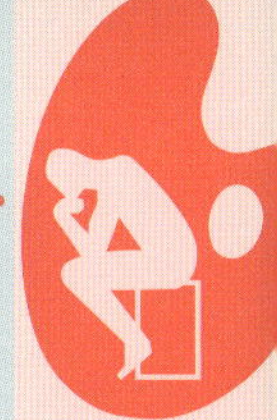

Manifestaciones artísticas

Al haber evolucionado desde las prácticas antiguas de la pintura, el dibujo y la escultura hasta las formas contemporáneas como la *performance* y el vídeo, el arte puede expresarse de las formas más diversas. El siglo xx trajo consigo una ampliación y transformación radical del concepto *arte*.

Cómo eligen los artistas su disciplina

Los artistas eligen sus medios en función de múltiples factores. Para algunos, la idea o concepto es la razón principal a la hora de determinar la forma que debe adoptar su obra. Otros sienten afinidad por un medio o proceso material en particular, o bien prefieren trabajar en dos o tres dimensiones. Muchos artistas trabajan de forma simultánea en varios medios, usando y hasta combinando distintas técnicas para crear obras o entornos de técnica mixta. Dominar cualquiera de ellas exige consagrarse al estudio y la práctica hasta adquirir experiencia y destreza.

EN TRES DIMENSIONES

Arte tangible que ocupa un espacio

Las esculturas pueden crearse a partir de cualquier material. La escultura contemporánea suele recurrir a la combinación de elementos poco comunes, como objetos perdidos o materiales de construcción. Entre los materiales escultóricos tradicionales se cuentan tanto el mármol y la piedra como el bronce y el yeso, los cuales requieren un proceso de fundición. La cerámica, por último, originalmente concebida para la elaboración de recipientes puramente funcionales, evolucionó hasta la creación de piezas decorativas y experimentales.

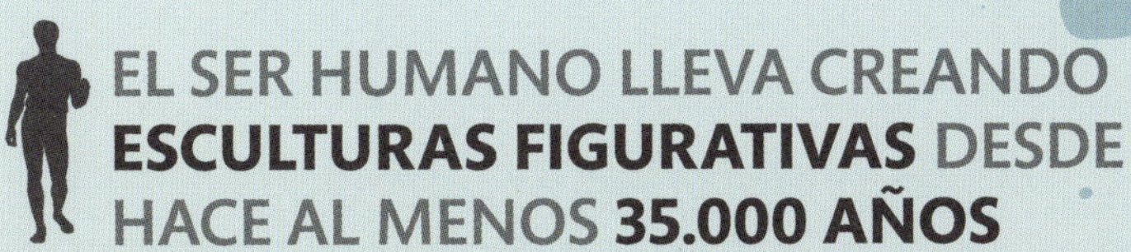

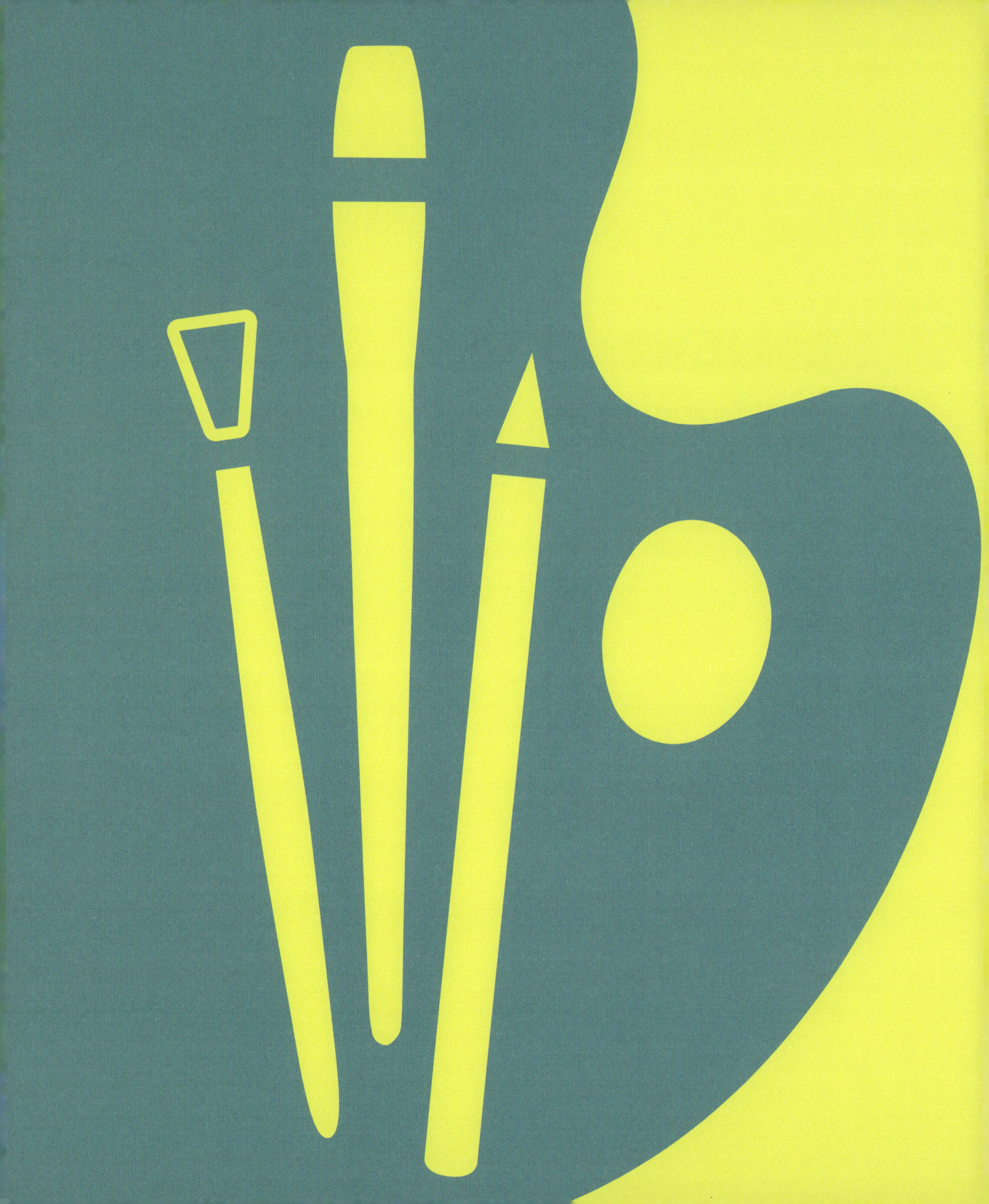

MEDIOS Y MATERIALES

EL **ARTE ABSTRACTO** SUELE INCORPORAR **TRAZOS EXPRESIVOS**

Los trazos

El trazo artístico describe el conjunto de acciones visibles llevadas a cabo para crear una obra y cómo estas se expresan mediante gestos y pinceladas.

Estrategias para la ejecución de los trazos

La ejecución de los trazos es una parte inherente tanto del estilo general de una obra como de su impacto emocional; podría decirse que los trazos son el vínculo tangible entre artista y espectador. La ejecución de los trazos expresa emoción y acción física: puede ser espontánea, centrada en transmitir agilidad e intuición, o bien planificada, en cuyo caso se recurre a la calidad de la línea o a la repetición. Al usar materiales de dibujo como el carboncillo (véase págs. 22-23), los trazos sueltos y las manchas aportan inmediatez, mientras que el lápiz suele reservarse para las líneas y los patrones más reducidos y detallados. En la pintura, la ejecución de los trazos, más allá de las pinceladas, puede plasmarse mediante recursos como el vertido, el goteo o la creación de superficies planas.

Trazos con pintura al óleo

Gracias a su versatilidad, la pintura al óleo permite ejecutar una gran variedad de trazos. Aquí se muestran varios ejemplos de los principios aplicables a un amplio repertorio de técnicas de dibujo y pintura.

TRAZOS GRUESOS

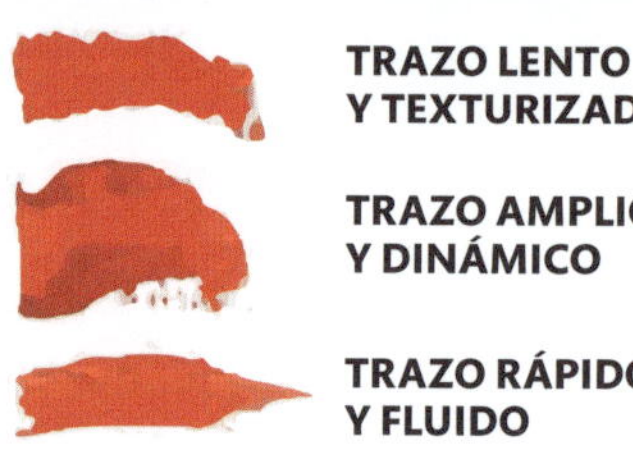

Los trazos gestuales ejecutados con pinceles de cerdas gruesas sugieren textura, solidez o movimiento. Esto también permite definir los elementos «principales» de la imagen.

TRAZOS DE PINCEL SECO

Pueden ejecutarse con herramientas de cerdas gruesas, a menudo con movimientos repetitivos. Esto crea efectos moteados y texturizados, en los que los trazos individuales se funden entre sí.

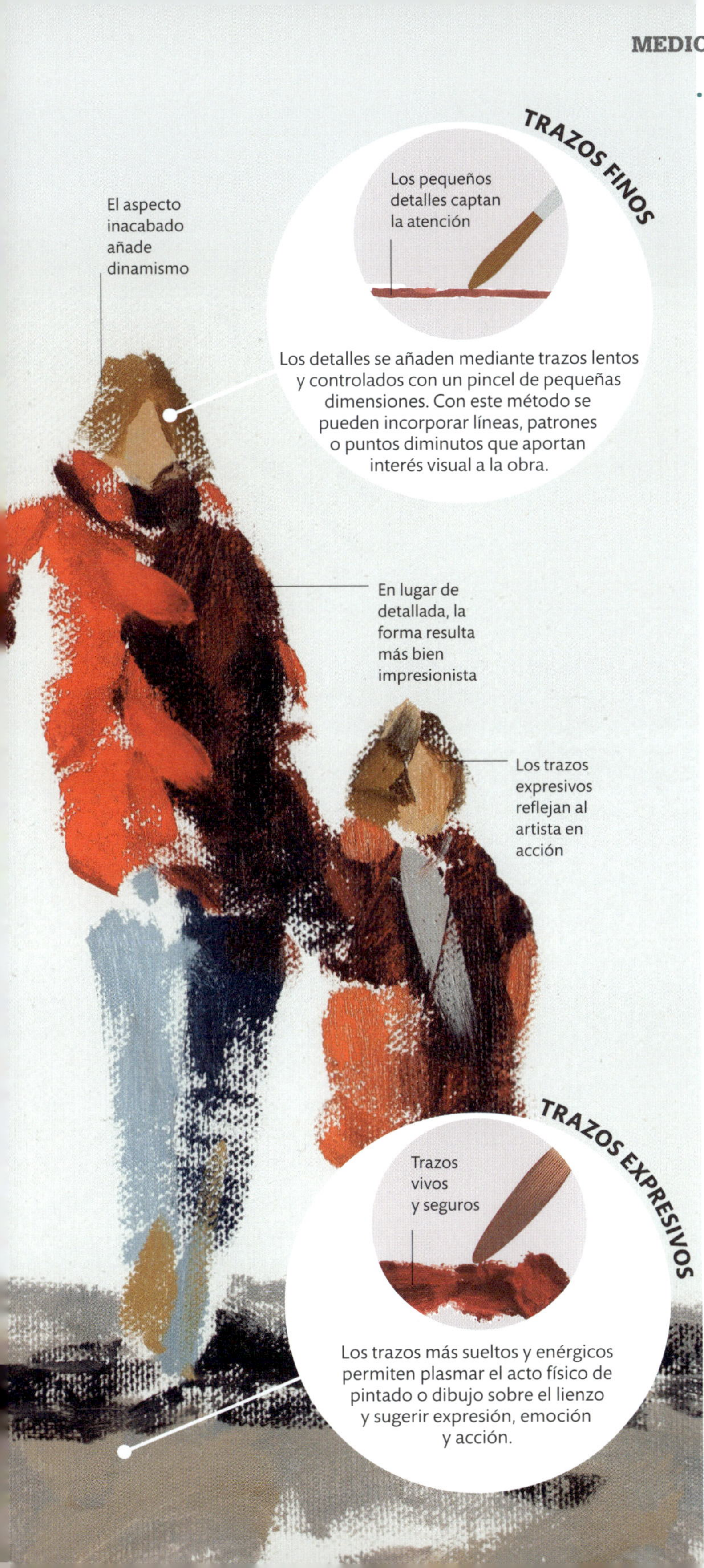

TRAZOS FINOS

Los pequeños detalles captan la atención

Los detalles se añaden mediante trazos lentos y controlados con un pincel de pequeñas dimensiones. Con este método se pueden incorporar líneas, patrones o puntos diminutos que aportan interés visual a la obra.

El aspecto inacabado añade dinamismo

En lugar de detallada, la forma resulta más bien impresionista

Los trazos expresivos reflejan al artista en acción

TRAZOS EXPRESIVOS

Trazos vivos y seguros

Los trazos más sueltos y enérgicos permiten plasmar el acto físico de pintado o dibujo sobre el lienzo y sugerir expresión, emoción y acción.

¿EL EFECTO OBTENIDO MEDIANTE LOS TRAZOS ES PURAMENTE VISUAL?

Los trazos pueden ser tanto visuales como sonoros. Los artistas sonoros suelen recurrir a sonidos concretos, ruidos e «interferencias» para enriquecer sus obras o dotarlas de una identidad distintiva.

Los trazos en la escultura

En el ámbito de la escultura, los artistas pueden optar por disimular el acto físico de ejecución de los trazos o bien resaltarlo como parte de la obra. El movimiento puede sugerirse mediante trazos visibles, desde la impresión de las palmas de las manos en la arcilla hasta el tallado tosco en madera o piedra. En procesos estructurales como la soldadura o el moldeado, el artista puede dejar visibles esas marcas o bien alisarlas para obtener un efecto más «limpio».

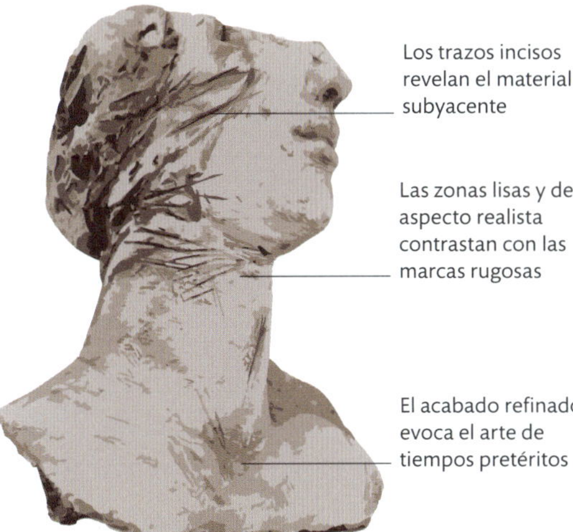

Los trazos incisos revelan el material subyacente

Las zonas lisas y de aspecto realista contrastan con las marcas rugosas

El acabado refinado evoca el arte de tiempos pretéritos

Marcado y esgrafiado
El escultor Henry Moore «marcó» algunas de sus obras en yeso haciéndoles incisiones para transmitir una cierta sensación de fragilidad. El esgrafiado es una técnica en la que el escultor raspa una capa superior de material para revelar una capa inferior en contraste.

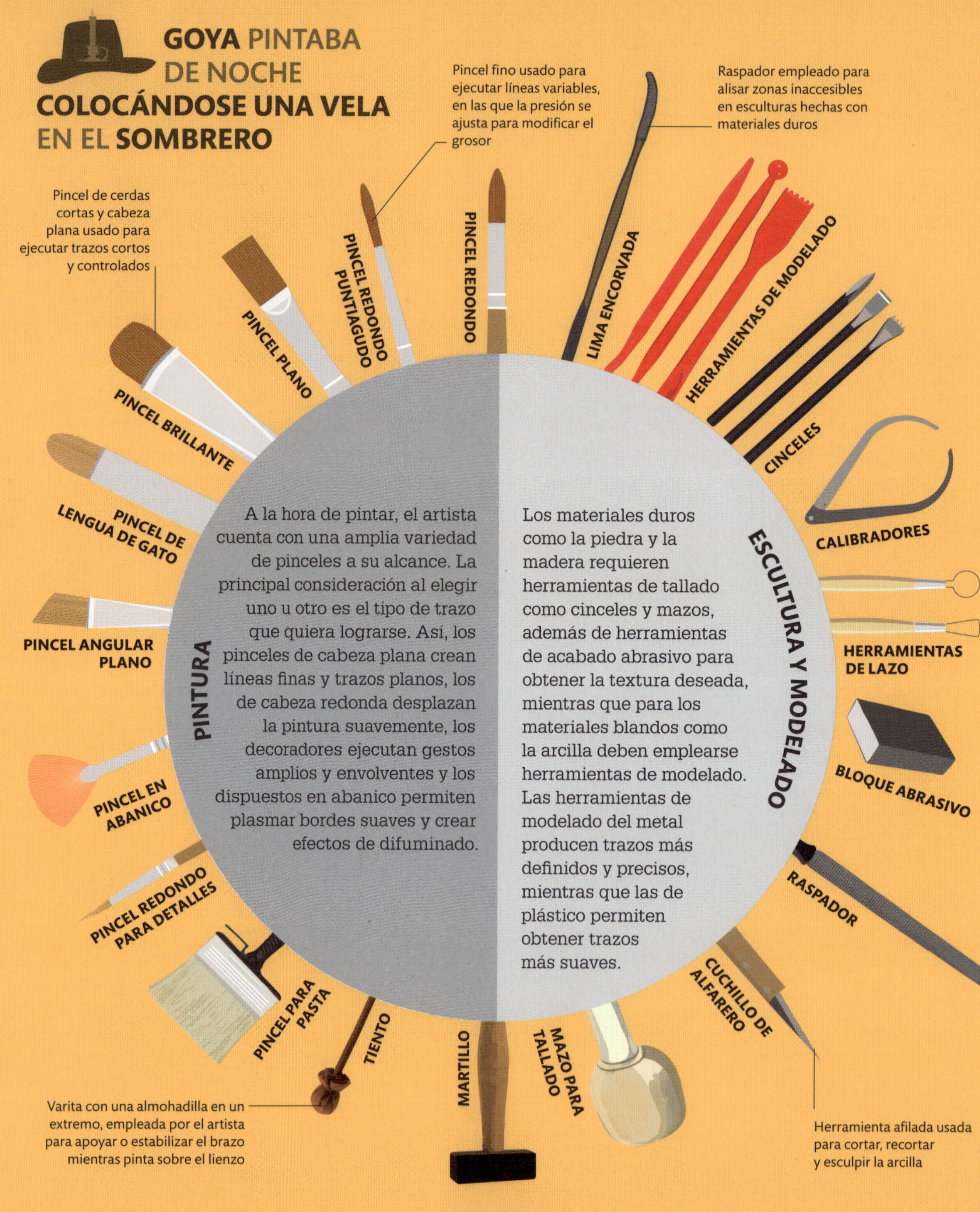

GOYA PINTABA DE NOCHE COLOCÁNDOSE UNA VELA EN EL SOMBRERO

Pincel fino usado para ejecutar líneas variables, en las que la presión se ajusta para modificar el grosor

Raspador empleado para alisar zonas inaccesibles en esculturas hechas con materiales duros

Pincel de cerdas cortas y cabeza plana usado para ejecutar trazos cortos y controlados

PINCEL REDONDO PUNTIAGUDO
PINCEL PLANO
PINCEL REDONDO
PINCEL REDONDO
PINCEL BRILLANTE
LIMA ENCORVADA
HERRAMIENTAS DE MODELADO
PINCEL DE LENGUA DE GATO
CINCELES
PINCEL ANGULAR PLANO
CALIBRADORES
HERRAMIENTAS DE LAZO
PINCEL EN ABANICO
BLOQUE ABRASIVO
PINCEL REDONDO PARA DETALLES
RASPADOR
PINTURA
ESCULTURA Y MODELADO
PINCEL PARA PASTA
TIENTO
MARTILLO
MAZO PARA TALLADO
CUCHILLO DE ALFARERO

A la hora de pintar, el artista cuenta con una amplia variedad de pinceles a su alcance. La principal consideración al elegir uno u otro es el tipo de trazo que quiera lograrse. Así, los pinceles de cabeza plana crean líneas finas y trazos planos, los de cabeza redonda desplazan la pintura suavemente, los decoradores ejecutan gestos amplios y envolventes y los dispuestos en abanico permiten plasmar bordes suaves y crear efectos de difuminado.

Los materiales duros como la piedra y la madera requieren herramientas de tallado como cinceles y mazos, además de herramientas de acabado abrasivo para obtener la textura deseada, mientras que para los materiales blandos como la arcilla deben emplearse herramientas de modelado. Las herramientas de modelado del metal producen trazos más definidos y precisos, mientras que las de plástico permiten obtener trazos más suaves.

Varita con una almohadilla en un extremo, empleada por el artista para apoyar o estabilizar el brazo mientras pinta sobre el lienzo

Herramienta afilada usada para cortar, recortar y esculpir la arcilla

Las herramientas

A lo largo de la historia, diversas herramientas han sido imprescindibles en el equipo básico de cualquier artista. En la práctica, sin embargo, puede usarse cualquier objeto que sirva para ejecutar un trazo.

De pinceles a motosierras

A la hora de crear arte, es útil contar con un amplio abanico de herramientas convencionales. Los pintores, por ejemplo, suelen trabajar con una gran variedad de pinceles a su alcance, desde los más finos hasta los más gruesos, de estilo decorador. Los escultores, por su parte, deben poder recurrir a distintas herramientas de tallado o modelado específicas para los materiales que vayan a usar. Más allá de estos útiles de uso común, los artistas también pueden recurrir a herramientas no convencionales. La artista Helen Frankenthaler, por ejemplo, usaba escobas y fregonas para crear amplias zonas de colores luminosos en el lienzo, mientras que el alemán Georg Baselitz recurría a motosierras y hachas para tallar cabezas y figuras expresivas de gran tamaño en madera.

¿QUÉ IMPORTANCIA TIENEN LAS CERDAS DEL PINCEL?

Las cerdas naturales, especialmente las de marta, son porosas y flexibles, por lo que resultan ideales para aplicar pinturas aceitosas; las fibras sintéticas, por su parte, al ser más rígidas y menos absorbentes, funcionan mejor con las acuarelas.

Uso de superficies planas

Las superficies planas de pintura y dibujo ofrecen soporte y resistencia a los trazos y pinceladas. El tipo concreto de superficie influirá en la fluidez y textura de la pintura aplicada. Además de la madera, el lienzo y el papel, también puede recurrirse a superficies poco comunes con texturas o transparencias interesantes, como el metacrilato o las láminas acrílicas, el cristal e incluso el metal.

El papel grueso y absorbente es el más adecuado para los cuadernos de dibujo

El MDF está formado por fibra de madera comprimida, cera y resina

Los lienzos son de algodón o lino

ENSERES DOMÉSTICOS

Los enseres domésticos permiten crear trazos inusuales de forma barata e ingeniosa. Así, el artista puede recurrir a escobas de gran tamaño o a estropajos de esparto, aluminio u otros materiales para crear abrasiones, texturas y detalles en la superficie de pinturas y esculturas.

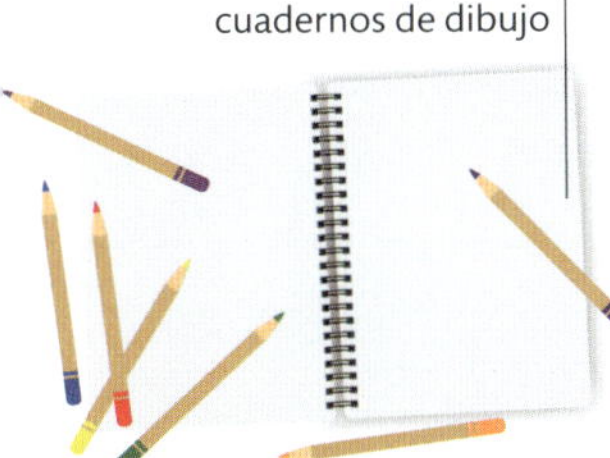

Cuadernos de dibujo
Sirven para anotar ideas y experimentos. El carboncillo, la tiza y los pasteles pueden emborronarse, por lo que necesitan un fijador en espray.

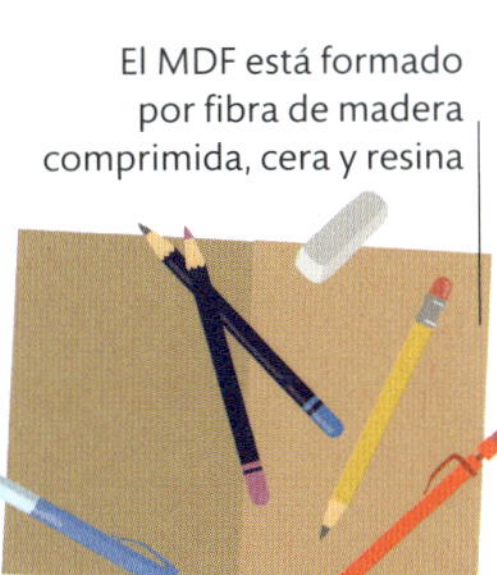

Tablero
El fibropanel de densidad media (MDF) o la madera se tratan con una imprimación para obtener un acabado duro; sin imprimar, presentan una textura más natural y resultan más absorbentes.

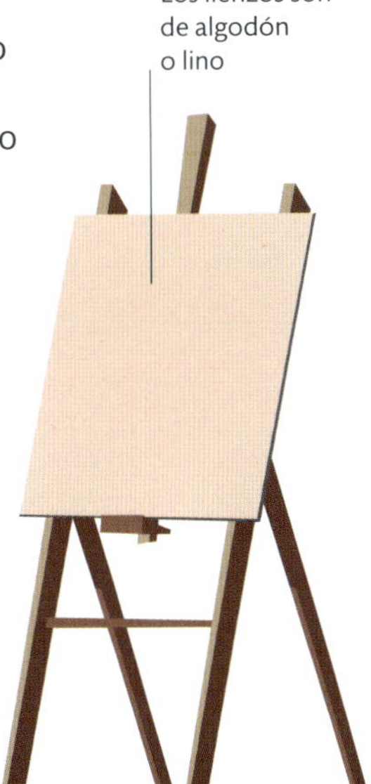

Lienzo
Los lienzos tensados e imprimados son muy resistentes y duraderos. Gracias a su capacidad de absorción, contribuyen a proteger la pintura del desconchado.

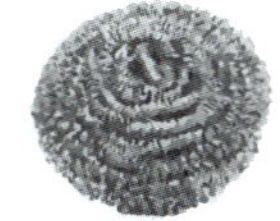

Esponjas
Las esponjas generan un efecto jaspeado y pueden usarse para borrar o deslizar la pintura.

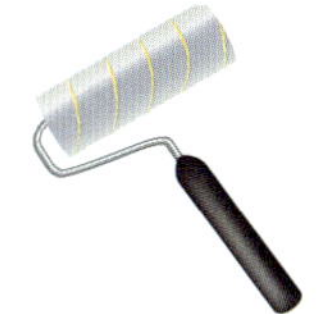

Estropajos
Los estropajos crean una textura áspera que funciona con pintura, arcilla o yeso.

Rodillo de pintura
Los rodillos permiten cubrir rápidamente grandes áreas para crear una superficie plana sin trazos visibles.

Lápices y carboncillo

El dibujo es una de las manifestaciones más antiguas del arte visual, puesto que los primeros bocetos conocidos en carbón vegetal datan del Paleolítico, hace 30.000 años. El útil de dibujo más común y extendido en la actualidad es el lápiz, compuesto por un núcleo de mina de grafito envuelto en una carcasa de madera.

Trazos instantáneos

El lápiz, desarrollado durante los siglos XVI y XVII, es una versátil herramienta de dibujo que permite expresarse de forma rápida y precisa. Este útil registra al instante los movimientos de la mano y deja un trazo físico que es resistente al agua y resulta bastante duradero, aunque también puede borrarse en caso necesario. La mina de grafito se presenta en distintos grados de dureza (véase a la derecha).

Sombreado con trama

El artista puede recurrir al uso de múltiples líneas para crear ilusiones de sombra, forma, profundidad u oscuridad, entre otras. El espacio entre dichas líneas puede aumentarse o reducirse para ajustar la oscuridad del área. Normalmente, se recurre al uso de líneas oscuras y definidas.

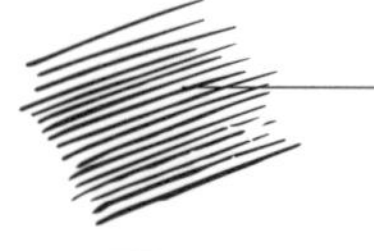

La trama vertical añade profundidad

TRAMA

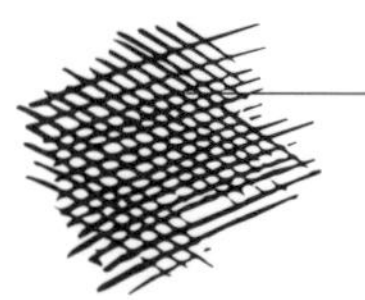

Se usan líneas superpuestas para las sombras

TRAMA CRUZADA

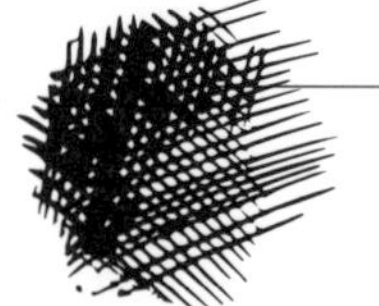

Al cruzarse, las líneas pueden representar contornos

TRAMA CRUZADA DOBLE

Línea y textura

Los bocetos iniciales (abajo a la izquierda) permiten al artista planificar la composición, al poder borrar y modificar sus líneas con total facilidad. En una fase posterior del proceso, el sombreado y la trama cruzada crean sombras y volumen para dar vida al tema representado (abajo a la derecha).

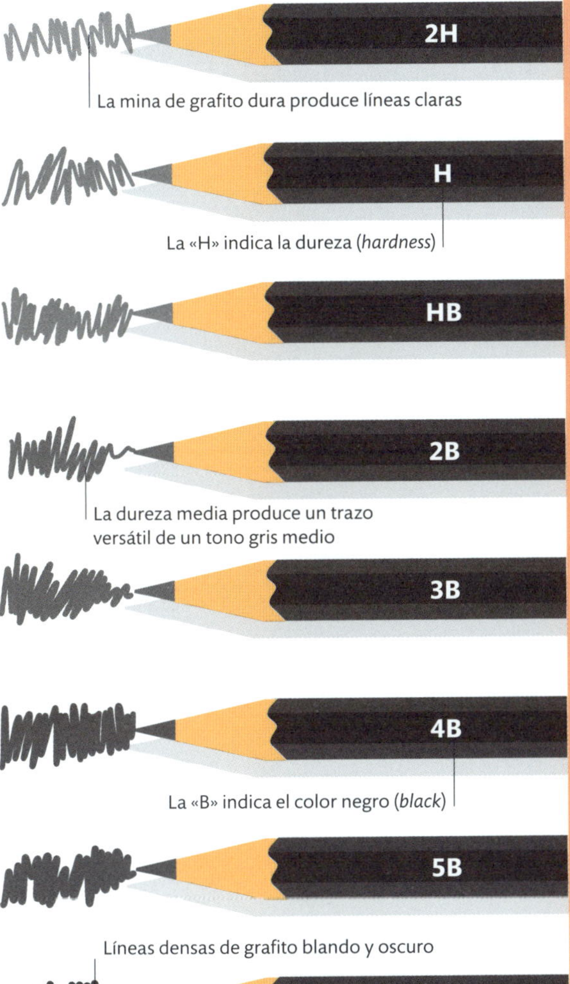

La mina de grafito dura produce líneas claras

La «H» indica la dureza (*hardness*)

La dureza media produce un trazo versátil de un tono gris medio

La «B» indica el color negro (*black*)

Líneas densas de grafito blando y oscuro

UNA VEZ TERMINADOS, LOS DIBUJOS AL CARBONCILLO DEBEN CUBRIRSE CON UN ESPRAY FIJADOR PARA EVITAR QUE SE DIFUMINEN

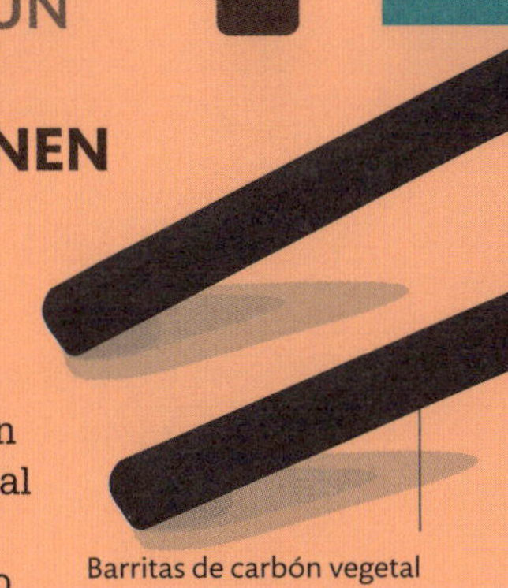

Carboncillo

Los primeros útiles de dibujo del Paleolítico (véase págs. 144-145) se fabricaban con cualquier material disponible, como es el caso del carbón vegetal. En la actualidad, este material sigue siendo una pieza clave, ya que su textura permite ejecutar un amplio repertorio de trazos para reflejar la figura humana a la perfección (véase págs. 68-69). Los efectos de difuminado pueden lograrse con un *tortillon* (una herramienta de papel enrollado) o con el dedo, mientras que las luces se obtienen con una goma moldeable.

Barritas de carbón vegetal de dureza media

Trazos

Las barritas finas sujetas por la punta crean líneas delicadas, mientras que el canto más largo permite plasmar las zonas más rugosas. Ambos trazos pueden difuminarse.

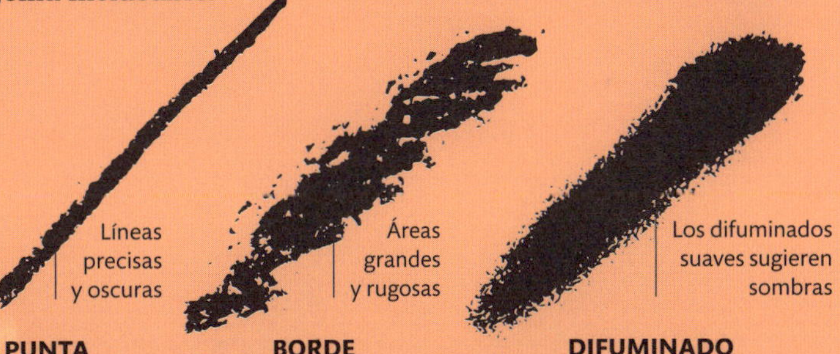

Líneas precisas y oscuras

Áreas grandes y rugosas

Los difuminados suaves sugieren sombras

PUNTA

BORDE

DIFUMINADO

¿CÓMO SE FABRICABAN LOS PRIMEROS LÁPICES?

Hasta la Revolución Industrial, cuando se idearon y empezaron a producirse en masa las carcasas huecas de madera, los lápices de grafito se envolvían con cuerda.

ESTILETE ROMANO

El estilete romano fue un precursor temprano del lápiz. Era un puntiagudo instrumento de plomo que podía usarse sobre pergamino, papiro o tablillas recubiertas de cera. En el otro extremo tenía un raspador que se usaba para borrar los trazos.

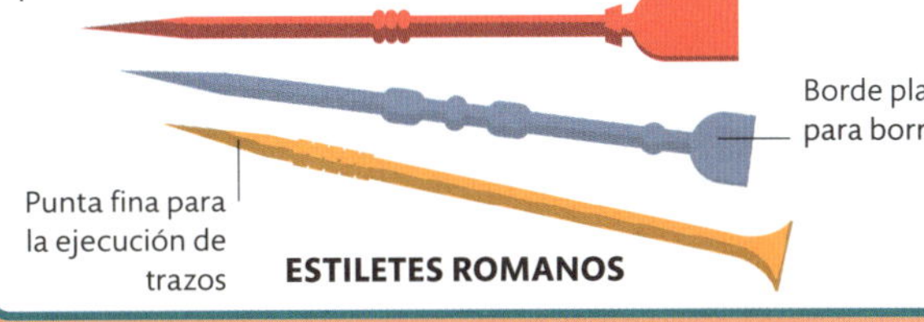

Borde plano para borrar

Punta fina para la ejecución de trazos

ESTILETES ROMANOS

Las tintas

Las tintas tienen diversos usos en el arte. La pintura con tinta se asocia principalmente al arte tradicional de Asia oriental, en especial de China, donde se practica desde hace milenios. Tras mezclarla con agua, la tinta se aplica con un pincel.

Una refinada tradición

En la antigua China, la caligrafía (el arte de la escritura decorativa) y la pintura eran dos manifestaciones artísticas tradicionales que todo erudito debía dominar. Ambas prácticas requerían el uso de tinta, pinceles y una superficie absorbente, como el papel de arroz o de seda. Las pinturas con tinta más antiguas que se conservan datan de alrededor del 700 d. C. Los temas de las pinturas tradicionales chinas con tinta incluyen plantas y flores, paisajes, animales y escenas religiosas, representados en una amplia variedad de estilos que acentúan los trazos y variaciones tonales que es posible plasmar con el pincel y la tinta.

El pincel
Un pincel de tinta tradicional chino consta de un mango de bambú coronado con cerdas de pelo de animal, muy tupidas para retener una buena cantidad de tinta.

Otros usos de la tinta

Las primeras tintas se elaboraban mezclando polvo de carbono triturado con una cola animal a base de agua, llamada apresto. Tradicionalmente, los dibujos a tinta y pluma se usaban en el arte occidental como estudios preparatorios para las obras pintadas. Las tintas modernas se producen a partir de una amplia variedad de materiales orgánicos y sintéticos, a menudo con base de goma. Al diluirlas con agua, las tintas permiten mezclar las pinceladas para obtener un sinfín de gradaciones tonales y transparencias.

Vidrio y joyería

Las tintas con base de alcohol de secado rápido se usan para decorar superficies no porosas, como el vidrio y las piezas de joyería, lo que crea un efecto similar al de los vitrales.

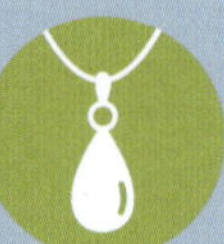

Tatuajes

Las tintas para tatuajes emplean pigmentos como el óxido de hierro, sales metálicas o plásticos líquidos. Tras mezclarla con un disolvente, la tinta se introduce en la capa dérmica de la piel.

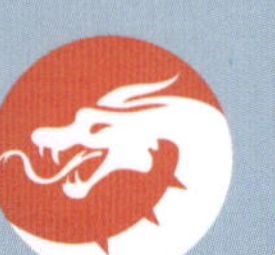

Grabados

Se recurre a la tinta de impresión espesa para cubrir planchas y bloques en técnicas como la xilografía, el grabado, la litografía y la monoestampa (véase págs. 42-47).

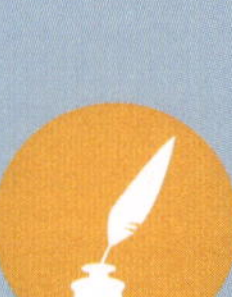

Dibujo de líneas finas

El artista sumerge en tinta una pluma de inmersión o tradicional para trazar líneas finas, generalmente sobre papel blanco. La trama cruzada permite obtener sombreados.

El contorno más oscuro se obtiene con la punta fina del pincel

La tinta diluida se aplica usando el lateral del pincel

Uso de sellos

El artista puede usar dos sellos —uno que representa el yin y otro, el yang— para estampar su firma. Cada sello se presiona sobre la pasta roja y después se imprime en la obra.

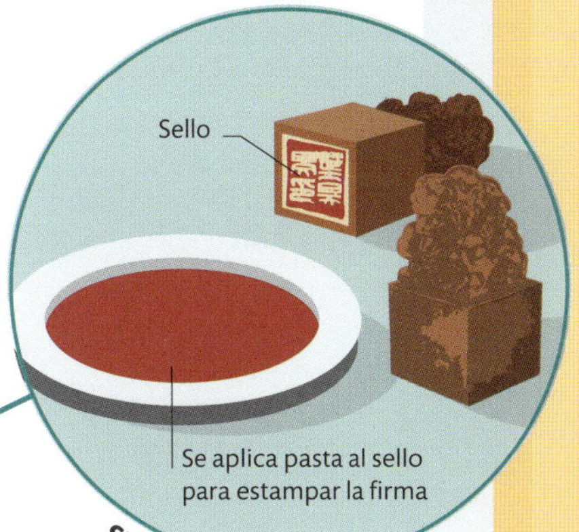

Sello

Se aplica pasta al sello para estampar la firma

SELLO CHINO PARA ROLLOS

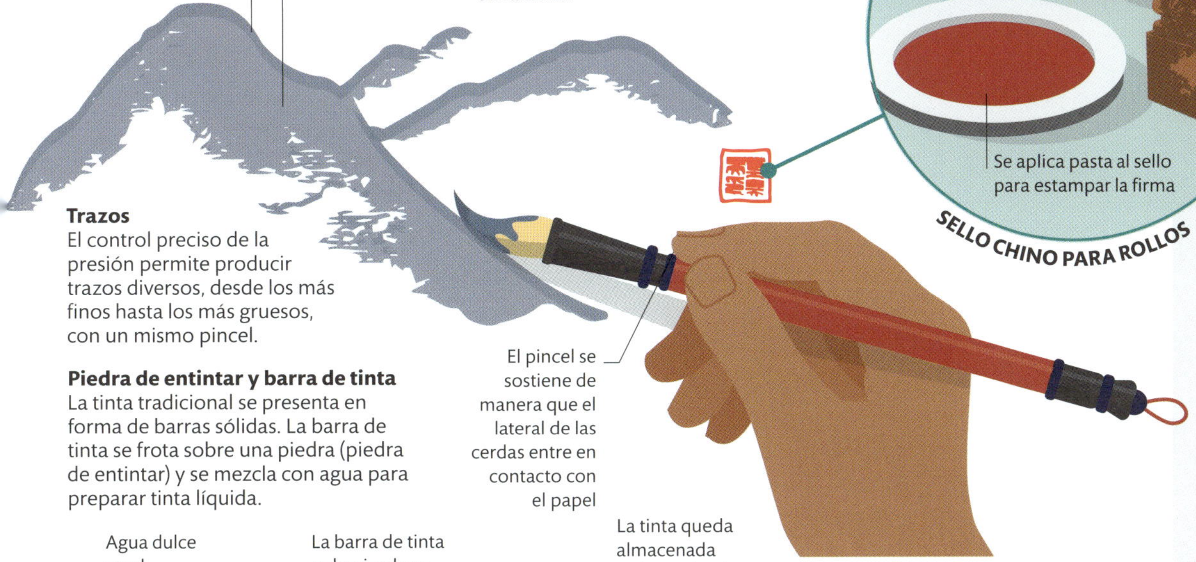

Trazos

El control preciso de la presión permite producir trazos diversos, desde los más finos hasta los más gruesos, con un mismo pincel.

Piedra de entintar y barra de tinta

La tinta tradicional se presenta en forma de barras sólidas. La barra de tinta se frota sobre una piedra (piedra de entintar) y se mezcla con agua para preparar tinta líquida.

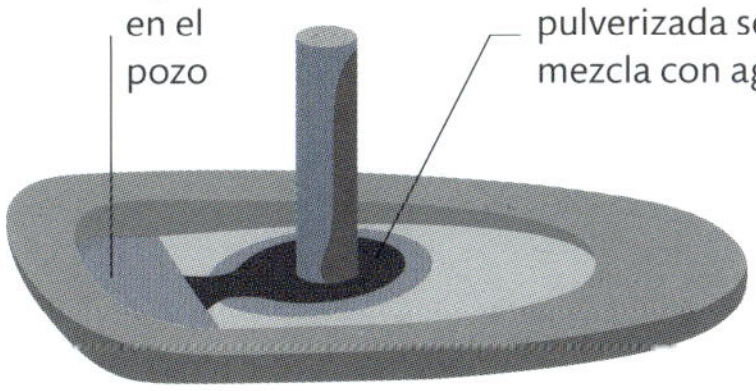

El pincel se sostiene de manera que el lateral de las cerdas entre en contacto con el papel

Agua dulce en el pozo

La barra de tinta pulverizada se mezcla con agua

La tinta queda almacenada en la piedra de entintar

Pozo   Colina   Borde

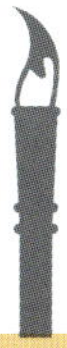

EL PINCEL DE TINTA MÁS ANTIGUO QUE SE CONOCE DATA DEL PERÍODO 475-221 A. C.

BARRA DE TINTA EN UNA PIEDRA DE ENTINTAR

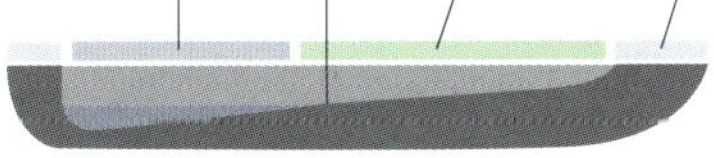

SECCIÓN TRANSVERSAL DE LA PIEDRA DE ENTINTAR

¿EN QUÉ MOMENTO DE LA HISTORIA SE INVENTÓ LA TINTA?

Se cree que las primeras tintas fueron desarrolladas por los chinos y los egipcios aproximadamente al mismo tiempo, sobre el 2500 a. C.

TINTA Y ROLLOS

Las pinturas chinas con tinta no estaban pensadas únicamente para colgarse en las paredes, sino que también solían aplicarse a objetos de uso cotidiano o a rollos de seda y papel destinados al disfrute personal. Estos rollos se leían de derecha a izquierda, de arriba a abajo o en ambas direcciones.

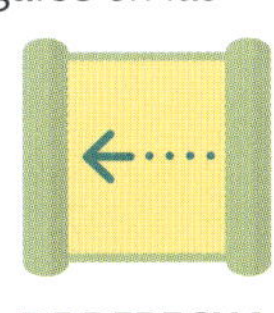

DE DERECHA A IZQUIERDA

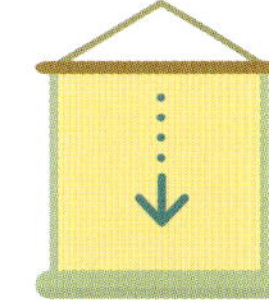

DE ARRIBA ABAJO

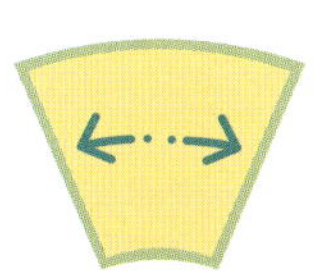

EN AMBAS DIRECCIONES

70 millones de dólares

EL PRECIO EN DÓLARES ESTADOUNIDENSES ALCANZADO EN UNA SUBASTA POR UNA **OBRA EN TIZA** DE **CY TWOMBLY** VENDIDA EN 2015

Los pasteles y las tizas

La tiza, que lleva usándose para crear obras de arte desde la Edad de Piedra, es un mineral natural que deja un trazo quebradizo de color blanco, rojo o negro. Los pasteles, por su parte, desarrollados durante el Renacimiento, consisten en la combinación de pigmentos coloreados con goma arábiga y rellenos, compactados en una barra del tamaño de un dedo.

Usos y movimientos

La facilidad de obtención de la tiza la convirtió en un material de dibujo barato y accesible durante milenios (véase págs. 144-145). También fue usada por los artistas del Renacimiento (véase págs. 176-179) para elaborar sus estudios preliminares sobre papel o vitela (piel de animal tratada). Por su parte, los pasteles de distintos colores se popularizaron en el siglo XVIII, especialmente en el retrato francés, y más tarde con los impresionistas, en el siglo XIX (véase págs. 192-193).

Edad de Piedra
La abundancia de yacimientos naturales de tiza la convirtió en un material ideal para la creación de arte rupestre.

Renacimiento
La tiza, sutil y de fácil borrado, fue empleada por los maestros del Renacimiento para crear estudios rápidos de la forma.

Retratos
Los colores suaves y saturados del pastel eran ideales para capturar los tonos de piel en los retratos del siglo XVIII.

Impresionismo
Gracias a su variedad de colores y facilidad de transporte, los pasteles fueron el material artístico preferido de varios impresionistas.

OTROS PASTELES

La barra Conté, llamada así en honor a su creador, Nicolas-Jacques Conté, es un material de dibujo que suele usarse junto al pastel y la tiza. Fabricada con pigmentos coloreados mezclados con grafito y arcilla, es más dura que el pastel y la tiza y permite trazar líneas más definidas y menos quebradizas.

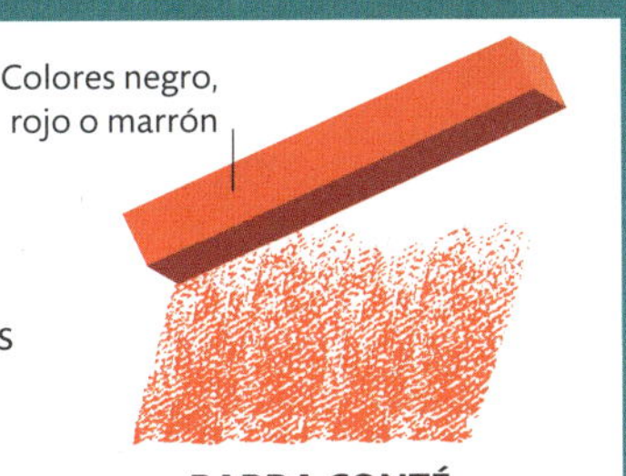

BARRA CONTÉ

¿CÓMO SE PROTEGEN LAS OBRAS?

Los dibujos en pastel y tiza pueden difuminarse o emborronarse fácilmente, por lo que las obras terminadas deben protegerse con cristal o mediante un fijador en espray a base de cola o goma.

Pintura en seco

Los pasteles y la tiza permiten trabajar con mayor rapidez y son más fáciles de transportar que la pintura, además de generar efectos más pictóricos que el lápiz o el carboncillo, lo que los convierte en una excelente opción para captar motivos del natural. Mediante técnicas como la estratificación, el difuminado y la trama cruzada, permiten trazar rápidamente la forma para crear efectos sutiles, pero con cuerpo, por lo que tanto principiantes como artistas profesionales suelen recurrir a ellos.

Estratificación
Esta técnica consiste en sostener el pastel o tiza de lado y arrastrarlo sobre la superficie de dibujo. Este movimiento puede repetirse con distintos colores para crear una combinación de tonos que no lleguen a mezclarse por completo.

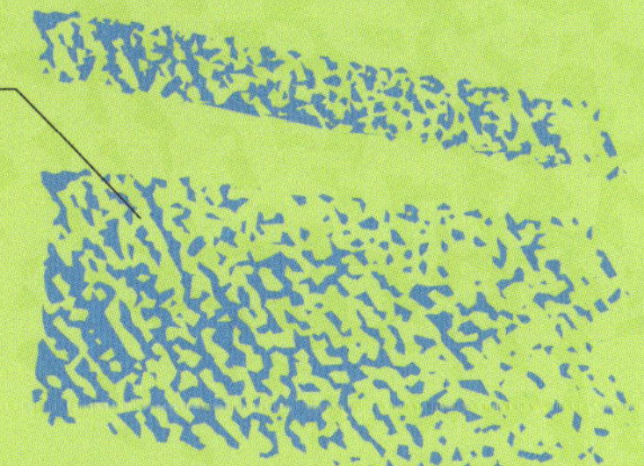

Borde o punta
Con la punta de la tiza o el pastel se obtienen líneas más finas, fuertes y precisas. Para cubrir superficies más amplias, en cambio, se emplea el borde largo de un bloque grande de pigmento.

Difuminado («suavizado»)
Este proceso, similar a la estratificación, se logra frotando dos o más colores con la yema del dedo o el borde del pastel o la tiza para crear tonos completamente nuevos.

Trama cruzada
Esta técnica emplea la punta de la tiza o el pastel para formar una serie de líneas paralelas (trama). Estas líneas se superponen en ángulo con otros colores para crear áreas densas de color o sombra.

Pinceles y bloques

Las acuarelas pueden aplicarse con pinceles anchos, planos o en abanico para generar lavados amplios, o bien con útiles finos y puntiagudos para los detalles precisos. También pueden emplearse pinceles más ásperos para crear un efecto rayado y punteado.

PINCEL REDONDO FINO DE MARTA

PINCEL PLANO DE CERDAS DE CERDO

PINCEL REDONDO SUAVE DE MARTA

PINCEL PLANO SINTÉTICO

Filamentos gruesos y finos

DIFUMINO SINTÉTICO

BLOQUES DE ACUARELA

Pastillas de acuarela

La acuarela líquida puede dejarse secar y guardarse en pastillas para volverla a humedecer más adelante. Esto la convierte en un práctico medio para pintar al aire libre sin que llegue a secarse.

¿CUÁNDO SE POPULARIZÓ EL USO DE LA ACUARELA?

La acuarela ganó popularidad en el siglo XVIII, ya que los nuevos equipos portátiles permitían trabajar fuera de los estudios artísticos.

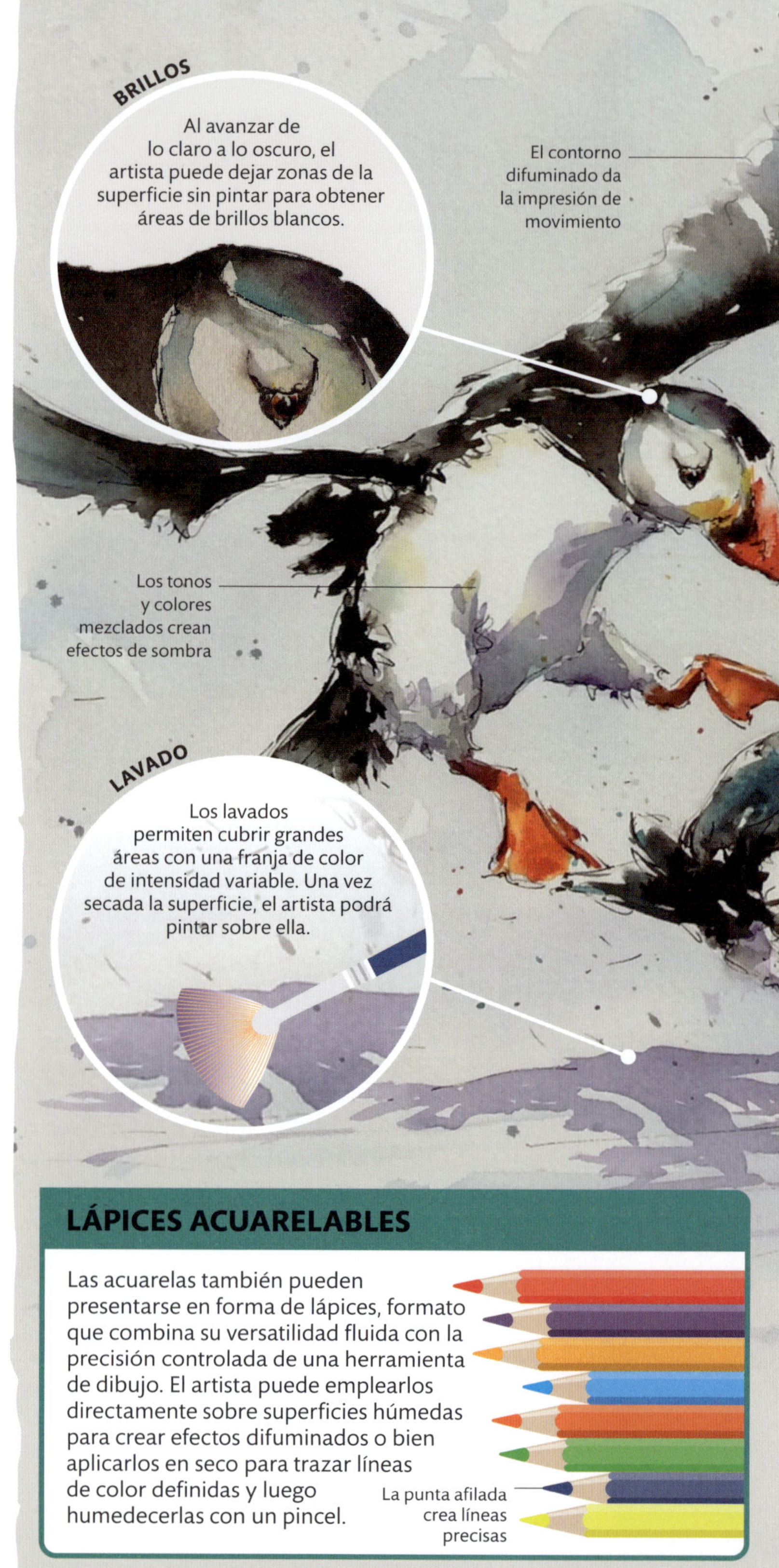

LÁPICES ACUARELABLES

Las acuarelas también pueden presentarse en forma de lápices, formato que combina su versatilidad fluida con la precisión controlada de una herramienta de dibujo. El artista puede emplearlos directamente sobre superficies húmedas para crear efectos difuminados o bien aplicarlos en seco para trazar líneas de color definidas y luego humedecerlas con un pincel.

La punta afilada crea líneas precisas

La acuarela

Utilizada desde la Edad Media, la acuarela, gracias a sus cualidades fluidas y translúcidas, es un medio perfecto para crear sutiles capas de color.

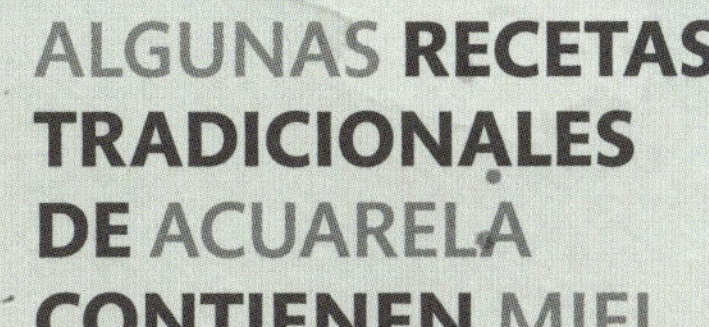

ALGUNAS **RECETAS TRADICIONALES DE** ACUARELA **CONTIENEN** MIEL

Color semitransparente

Las acuarelas se crean mezclando pigmentos de colores con goma arábiga, que luego puede disolverse en agua para crear una pintura semitransparente. Es posible obtener distintos niveles de saturación del color mezclando esta pintura con cantidades variables de agua para generar mayor o menor translucidez. El artista aplica las acuarelas sobre papel absorbente que contiene fibras de algodón, lo que evita la distorsión cuando la pintura se seca. El pintor inglés J. M. W. Turner (véase págs. 186-187), uno de los acuarelistas más prolíficos de la historia, solía emplear la técnica húmedo sobre húmedo (véase más abajo).

Color aplicado con menos cantidad de agua para lograr una mayor intensidad

Combinación de técnicas
Al combinar varios métodos de aplicación, el artista puede lograr distintos efectos de forma rápida y sencilla. Esto convierte a la acuarela en un excelente método para capturar el mundo natural.

SALPICADURA SOBRE PAPEL MOJADO
Con un pincel seco y firme, el artista salpica y esparce la acuarela sobre la superficie.

LÍNEA FINA CON PINCEL
Los pinceles de punta fina permiten añadir detalles muy precisos, aplicando la pintura sobre áreas más amplias de lavado que ya se hayan secado.

HÚMEDO SOBRE HÚMEDO
Cuando el artista aplica acuarela sobre una superficie húmeda, la pintura «se difumina» y se mezcla para crear un efecto fluido «húmedo sobre húmedo».

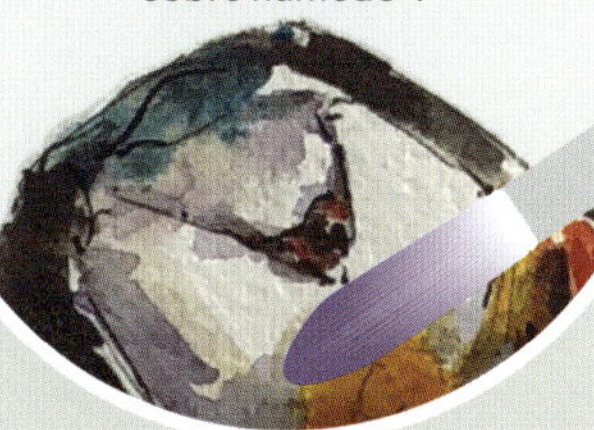

El *gouache*

El *gouache* o aguada se obtiene mezclando acuarelas con pigmento blanco y goma para crear una pintura más opaca que la acuarela.

Propiedades del *gouache*

La opacidad del *gouache* depende de la cantidad de agua con la que se mezcle, por lo que puede comportarse de forma similar tanto a la acuarela como a medios más opacos, como los óleos y los acrílicos. A diferencia de estos últimos, que ya no pueden retocarse una vez secos, el *gouache* admite la «reactivación» con agua. Asimismo, esta versátil pintura puede aplicarse con una gran variedad de pinceles sobre diversas superficies y combinarse con otras técnicas mixtas.

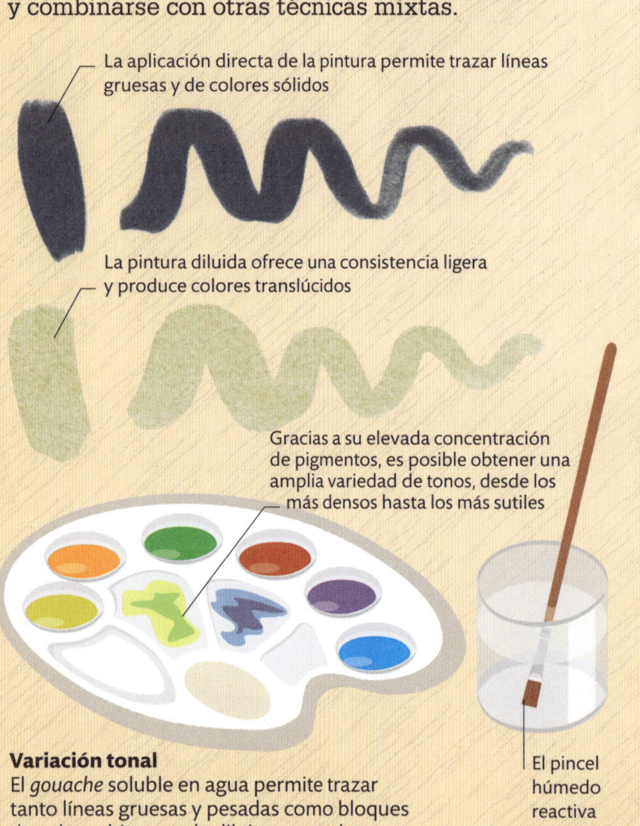

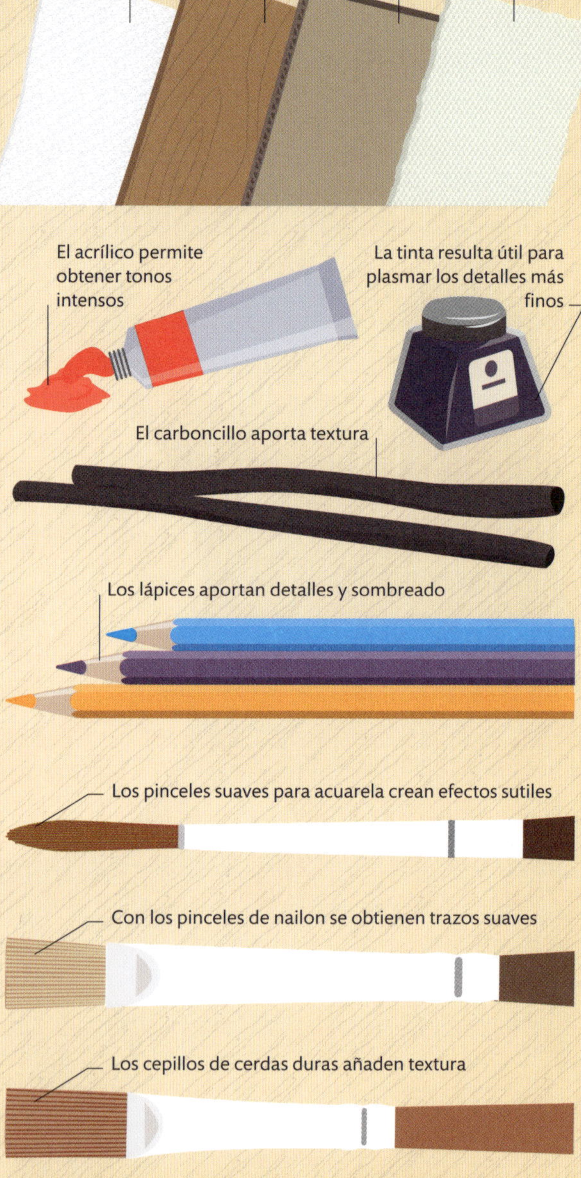

Variación tonal

El *gouache* soluble en agua permite trazar tanto líneas gruesas y pesadas como bloques de color, o bien puede diluirse para obtener tonos sutiles y lavados semejantes a la acuarela.

Superficies, herramientas y técnicas mixtas

El *gouache* puede aplicarse sobre diversas superficies mediante un amplio repertorio de herramientas. Su uso es muy habitual en la técnica mixta, en la que se combina con tintas, lápices, carboncillo y otros tipos de pintura.

Técnicas

Gracias a su versatilidad, el *gouache* ofrece la posibilidad de emplear muchas más técnicas que con la mayoría de las pinturas convencionales. El *gouache* puede diluirse para crear lavados similares a los de la acuarela, pero también aplicarse en capas opacas de color, como los acrílicos. Al espesarlo, el color se asienta encima en una capa continua, lo que permite crear zonas opacas uniformes.

Las capas pueden trabajarse de oscuro a claro

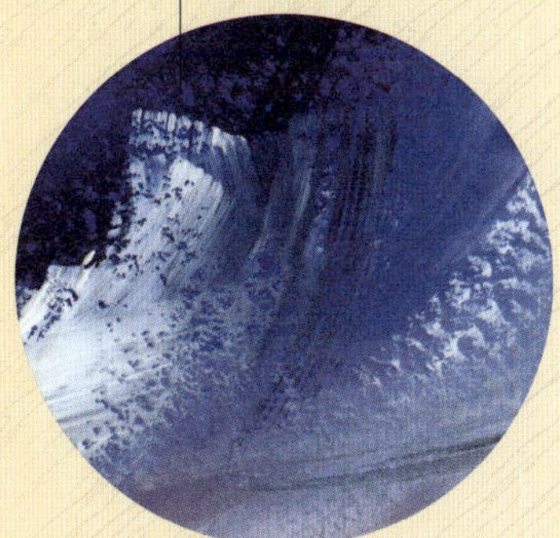

Brillos

A diferencia de las acuarelas normales, el *gouache* permite aplicar brillos sobre capas de pintura que ya se hayan secado.

La pintura puede mezclarse directamente

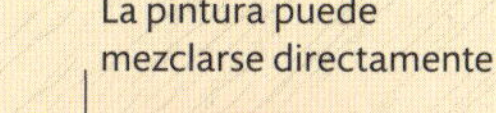
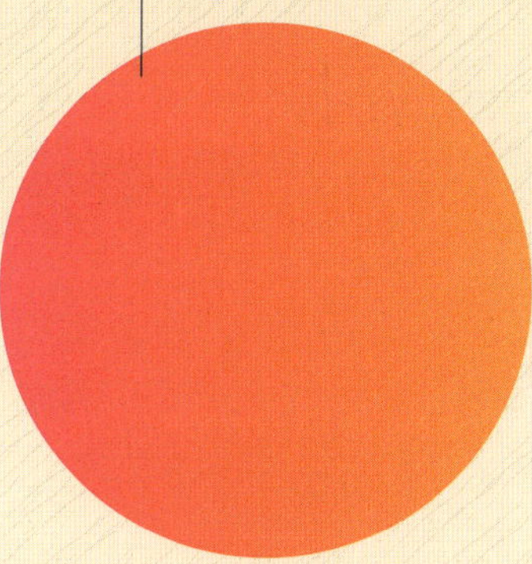

Degradados

El *gouache* puede diluirse con distintas cantidades de agua para crear degradados entre opacos y casi totalmente transparentes.

Permite añadir toques de luz y sombra

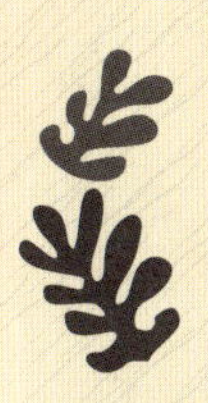

Pincel seco

Si solo se le añade un poco de agua, el *gouache* conserva su consistencia espesa, lo que permite usar la técnica de pincel seco y crear zonas de empaste grueso.

Los lavados permiten pintar fondos o superponer capas de color

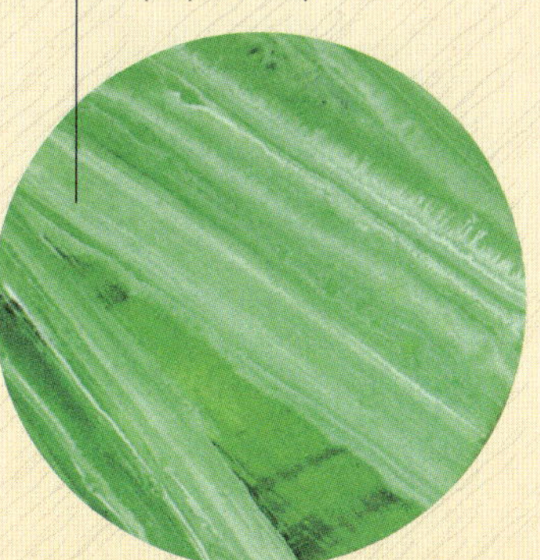

Lavados

Una vez obtenido el nivel deseado de translucidez, el *gouache* permite cubrir amplias zonas aplicando lavados con pinceles anchos.

¿DE DÓNDE PROCEDE EL TÉRMINO *GOUACHE*?

El término francés gouache , técnica que en español también se conoce como aguada , procede de la palabra italiana *guazzo*, que significa «charco» o «poza».

HENRI MATISSE EMPLEÓ EL *GOUACHE* PARA CREAR **SUS FAMOSOS RECORTES**

ILUSTRACIÓN CIENTÍFICA

Gracias a su flexibilidad y facilidad de transporte, el *gouache* resulta muy práctico para pintar fuera del estudio de arte tradicional. Ya desde el siglo XVIII y hasta nuestros días, muchos artistas han elegido este medio para crear ilustraciones científicas de la naturaleza.

El *gouache* blanco añade brillos

Colores brillantes con un acabado mate que recuerda a la tiza

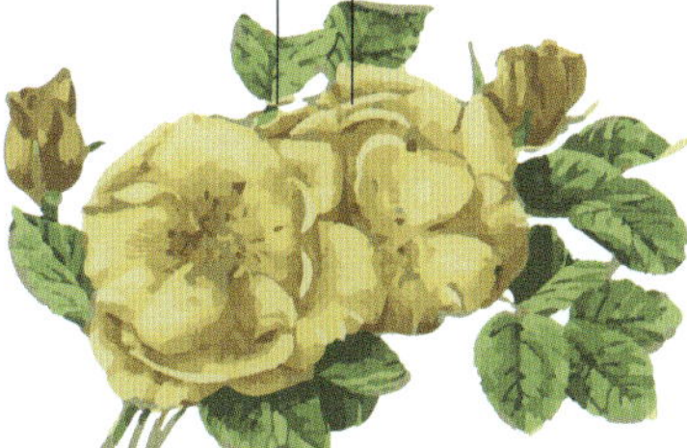

ILUSTRACIÓN BOTÁNICA

Un nuevo tipo de pintura

La pintura acrílica es duradera, versátil y, a diferencia de la pintura al óleo, puede mezclarse con agua. Esto le confiere un tiempo de secado más rápido, lo que permite trabajar con rapidez sin tener que recurrir a largas esperas para aplicar nuevas capas de pintura. Los acrílicos pueden utilizarse en superficies no aptas para óleos y no requieren disolventes químicos para diluirse, por lo que resultan más seguros y cómodos. También pueden mezclarse con aditivos y geles para obtener distintos efectos.

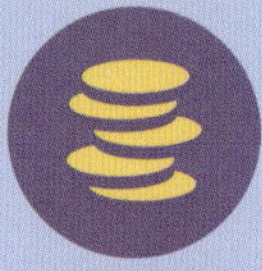

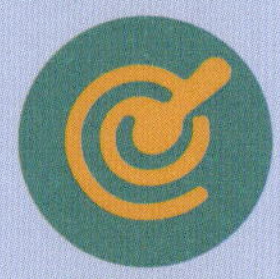

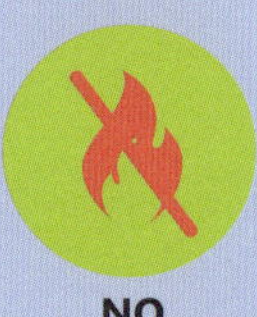

CARACTERÍSTICAS BÁSICAS

Colores

El acrílico permite obtener colores intensos y saturados al crear una capa de pintura uniforme que puede controlarse de forma precisa.

Cuando no se diluyen, los colores acrílicos suelen ser brillantes, intensos y opacos

INTENSO, UNIFORME, NÍTIDO

Es posible pintar encima de la pintura seca para corregir errores

Versatilidad

Los acrílicos también pueden diluirse con agua para crear una amplia gama de lavados con distintos grados de transparencia.

LAVADO

Las pinturas acrílicas pueden conservar la intensidad del color incluso tras diluirse

La pintura acrílica

Las pinturas acrílicas se desarrollaron durante las décadas de 1940 y 1950, inicialmente para uso industrial, aunque pronto se hicieron populares entre los artistas por sus colores vivos y planos, su opacidad y su acabado nítido, así como por su versatilidad, ya que pueden diluirse para crear grandes lavados similares a los de la acuarela o aplicarse sin diluir, como en las pinturas al óleo.

¿QUIÉN INVENTÓ LA PINTURA ACRÍLICA?

El químico alemán Otto Röhm fue pionero en el desarrollo de emulsiones acrílicas pensadas específicamente para la pintura, las cuales se lanzaron al mercado en la década de 1950.

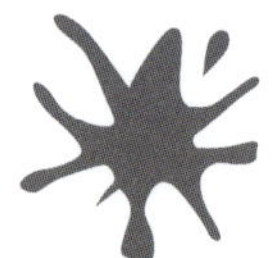

DAVID HOCKNEY FUE UNO DE LOS **PRIMEROS ARTISTAS** EN USAR LA **PINTURA ACRÍLICA** DE FORMA RECURRENTE

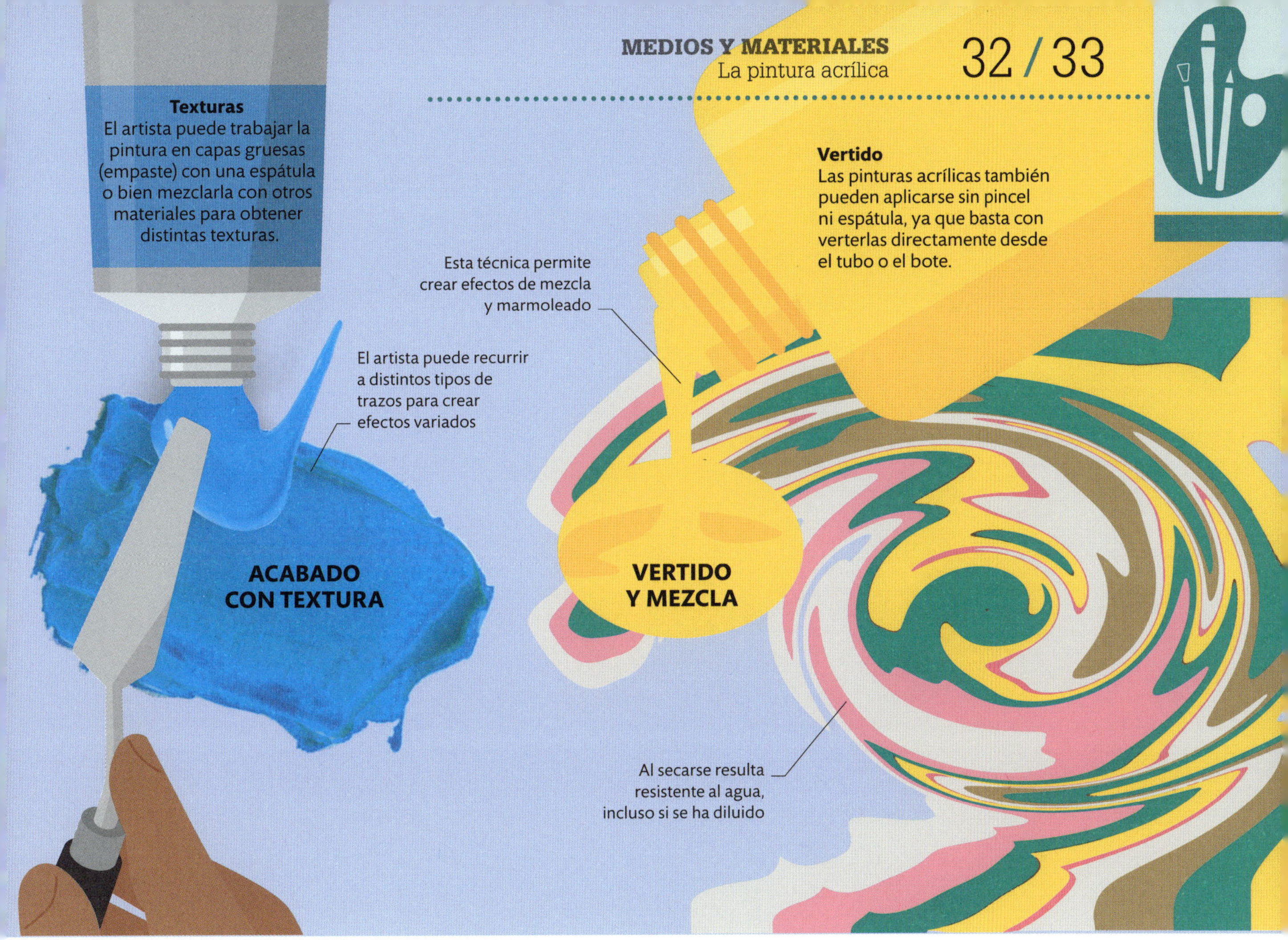

Texturas
El artista puede trabajar la pintura en capas gruesas (empaste) con una espátula o bien mezclarla con otros materiales para obtener distintas texturas.

Vertido
Las pinturas acrílicas también pueden aplicarse sin pincel ni espátula, ya que basta con verterlas directamente desde el tubo o el bote.

Esta técnica permite crear efectos de mezcla y marmoleado

El artista puede recurrir a distintos tipos de trazos para crear efectos variados

ACABADO CON TEXTURA

VERTIDO Y MEZCLA

Al secarse resulta resistente al agua, incluso si se ha diluido

¿Qué son los acrílicos?

Las pinturas acrílicas se fabrican a partir de una resina sintética derivada del ácido acrílico, un subproducto de la producción de petróleo, mezclada con pigmentos de color para obtener el resultado final. Los pigmentos se pulverizan hasta obtener partículas de un tamaño muy reducido que luego se combinan con un aglutinante de polímero acrílico, ambos transportados en un vehículo (normalmente agua) para crear una emulsión. Una vez aplicada la pintura, este vehículo se seca y se evapora, dejando una película de aglutinante y pigmento sobre la superficie pintada.

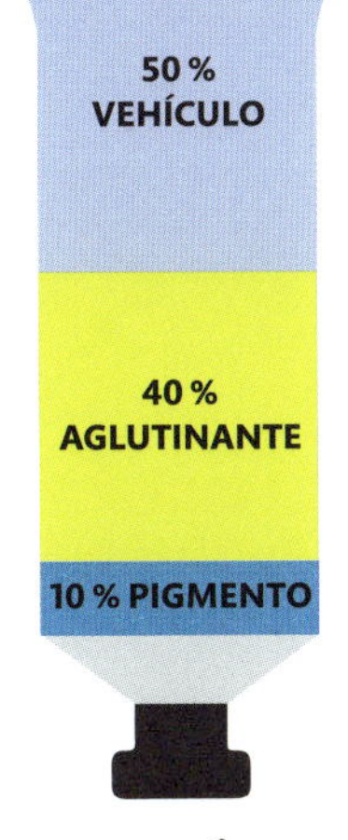

COMPOSICIÓN DE LA PINTURA ACRÍLICA

PINTURA A GRAN ESCALA

Los acrílicos resultan más baratos de producir que las pinturas al óleo y ofrecen más resistencia a los cambios de humedad y temperatura. Gracias a su precio asequible y estabilidad, resultan muy útiles para trabajar a gran escala, lo que permitió a artistas del siglo xx como Bridget Riley crear impactantes obras de varios metros de largo y alto sin que su superficie se agrietase, como sí podría haber ocurrido con los óleos.

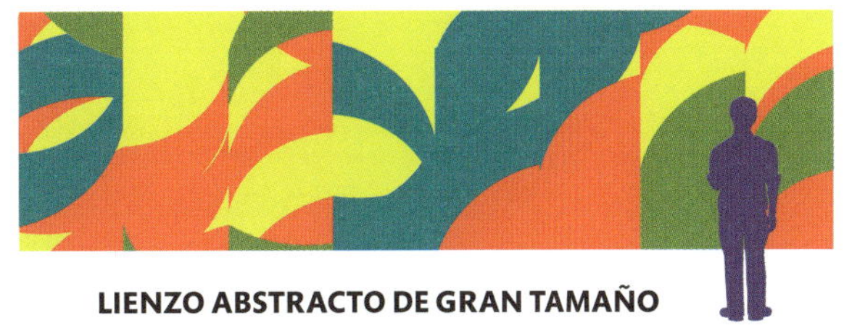

LIENZO ABSTRACTO DE GRAN TAMAÑO

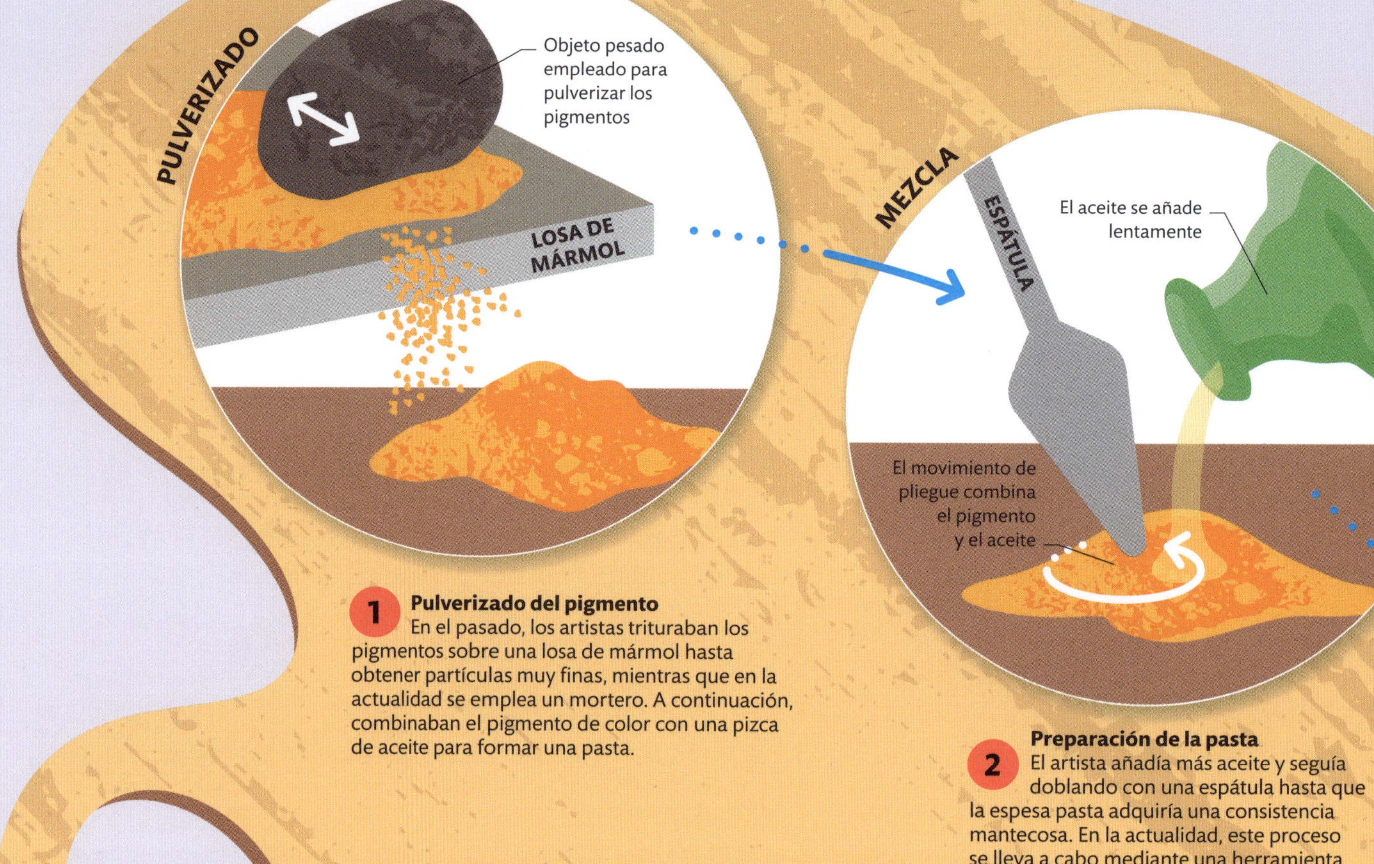

1 **Pulverizado del pigmento**
En el pasado, los artistas trituraban los pigmentos sobre una losa de mármol hasta obtener partículas muy finas, mientras que en la actualidad se emplea un mortero. A continuación, combinaban el pigmento de color con una pizca de aceite para formar una pasta.

2 **Preparación de la pasta**
El artista añadía más aceite y seguía doblando con una espátula hasta que la espesa pasta adquiría una consistencia mantecosa. En la actualidad, este proceso se lleva a cabo mediante una herramienta plana de cristal llamada moleta.

Evolución del proceso de fabricación

La pintura al óleo se obtiene pulverizando pigmentos de color y mezclándolos con aceites vegetales, como los de linaza, amapola o nuez, a los cuales también se incorporan a veces aglutinantes químicos para mejorar la estabilidad de la mezcla. Ajustando la cantidad relativa de estos ingredientes, el artista puede controlar características como la densidad, la viscosidad (fluidez), el tiempo de secado y la transparencia de la pintura.

La pintura al óleo

Las pinturas al óleo, popularizadas en los Países Bajos durante el siglo XV, revolucionaron el panorama artístico y se convirtieron en el medio dominante en los siglos siguientes. Al usar pinturas a base de agua o temple al huevo, el artista necesita trabajar con rapidez para que la pintura no se seque. En contraste, el secado más lento del óleo permite desarrollar la obra poco a poco, añadiendo capas en varias etapas.

¿QUÉ ARTISTA POPULARIZÓ LA PINTURA AL ÓLEO?

Las pinturas al óleo fueron introducidas por el artista Jan van Eyck en el siglo XV, cuyas técnicas pictóricas pronto se extendieron por toda Europa.

1470

AÑOS: LA ANTIGÜEDAD DE LAS PRIMERAS PINTURAS AL ÓLEO, DESCUBIERTAS EN UNAS **CUEVAS** DE AFGANISTÁN

La pintura puede mezclarse directamente en la paleta

MEZCLA DE COLORES

3 **Adición de colores a la paleta**
La pintura podía colocarse directamente sobre la paleta sin que se secara demasiado rápido. También se guardaba en bolsas confeccionadas con vejigas de cerdo (en la actualidad, sustituidas por tubos de pintura).

Técnicas

Las pinturas al óleo pueden ser opacas o transparentes, y esta última cualidad permite al artista crear varias capas de color para dotar la obra de un efecto luminoso. Su flexibilidad y lento tiempo de secado permiten representar fenómenos presentes en la naturaleza con un nivel de detalle sin igual, desde sombras profundas hasta reflejos lumínicos en el metal, además de plasmar los suaves pliegues de la tela o tonos de piel realistas.

Degradados sutiles
Diluyendo las pinturas al óleo con un disolvente como la trementina, los artistas pueden aplicar este material en finas capas para crear sutiles degradados de color.

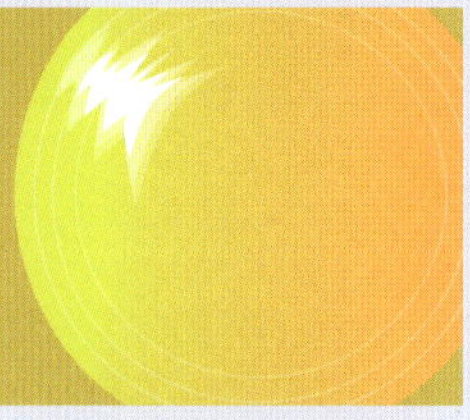

Efectos metálicos
La versatilidad de las pinturas al óleo permite, entre otros, crear superficies de aspecto metálico añadiendo brillos precisos.

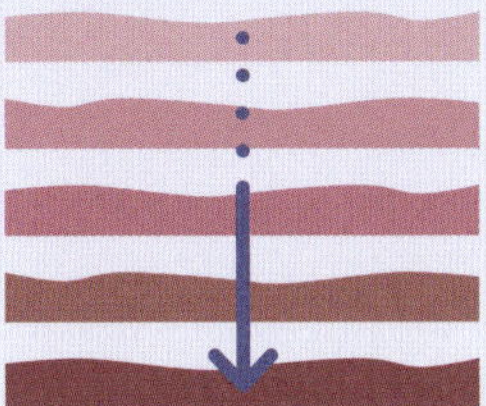

De oscuro a claro
Recurriendo a pinturas al óleo de distinta opacidad (falta de transparencia), los artistas pueden crear capas combinadas de color, de oscuro a claro.

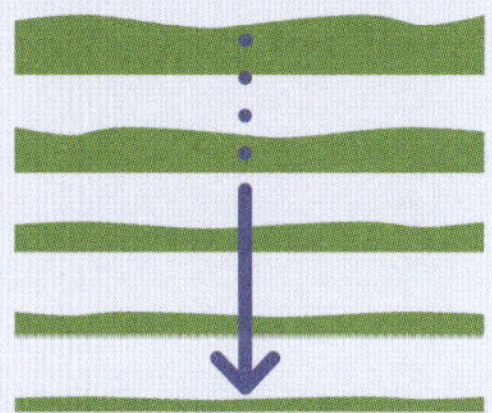

«Graso» sobre «magro»
Dado que las pinturas con mayor contenido en aceite («grasas») tardan más en secarse que las mezcladas con trementina («magras»), es habitual pintar en primer lugar estas últimas.

VASARI Y LA PINTURA AL ÓLEO

Giorgio Vasari fue un pintor y escritor italiano del siglo XVI que publicó biografías de numerosos artistas y pintores renacentistas de su tiempo (págs. 176-179). Para Vasari, el óleo tenía algo de alquimia, dado que las pinturas podían funcionar como espejos que revelaban gran cantidad de detalles.

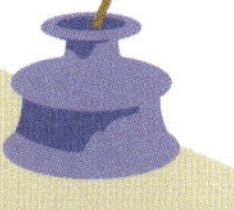

ALQUIMIA VISUAL

El temple al huevo

Antes de la invención de las pinturas al óleo, el temple al huevo era uno de los medios pictóricos más comunes entre los artistas. Al ser relativamente sencillo de elaborar con ingredientes de fácil obtención, ya se usaba en las antiguas civilizaciones de Mesopotamia y Egipto, así como en la pintura medieval europea sobre paneles y para la creación de iconos de las iglesias bizantinas. En el siglo xx se produjo un renacimiento de esta técnica, que continúa usándose en la actualidad.

Velocidad y detalle

El temple al huevo se obtiene mezclando yema de huevo con agua y pigmento para crear una pintura con un tiempo de secado muy rápido. Debido a esta rapidez, no puede almacenarse. Esto significa que los artistas deben trabajar de forma ágil y a la vez metódica, aplicando cantidades muy limitadas de pintura en capas y a menudo recurriendo a pinceles especialmente finos, por lo que las obras pueden tardar meses en completarse. Debido a su fragilidad y tendencia a desprenderse, el temple al huevo requiere el uso de una superficie de pintura resistente e inflexible. Los pintores trabajan directamente sobre este soporte, que suele ser un panel de madera, para crear una fina capa de pintura.

ALGUNOS COLORES SE ELABORAN CON HUEVOS DE DISTINTAS AVES, YA QUE SE CREE QUE LA YEMA OFRECE MATICES DISTINTOS SEGÚN LA ESPECIE

1 Preparación del panel
Los paneles de madera hechos a medida se recubren con una capa lisa de *gesso* blanco (pigmento blanco elaborado a partir de tiza o yeso mezclado con cola). La ligereza de la capa base permite que los colores aplicados posteriormente conserven su brillo y adquieran un aspecto luminoso.

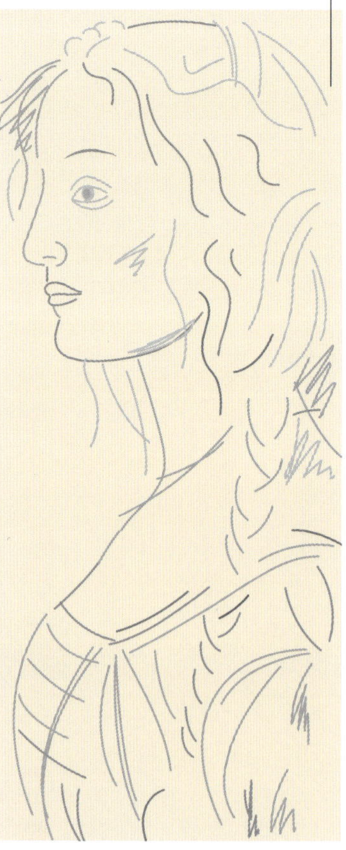

Puede que se usara la técnica del estarcido, consistente en practicar pequeños agujeros en un papel y luego esparcir un polvo encima para crear un contorno

2 Transferencia del dibujo
A menudo es necesario realizar una transferencia con carboncillo, grafito o lápiz para indicarle al artista dónde debe aplicar la pintura antes de que se seque.

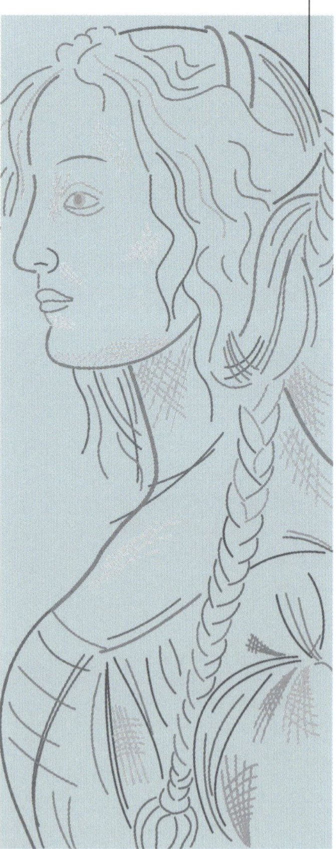

Debido a su rápido secado, el temple al huevo resulta más adecuado para trazar líneas que para mezclar o difuminar colores

3 Trama cruzada
El color solo puede mezclarse en la superficie pictórica mediante tramas cruzadas en capas finas, para que el temple no se agriete una vez seco. Se trata de un proceso muy laborioso para el artista.

MÉTODO ANTIGUO

Los antiguos egipcios usaban el temple al huevo (véase págs. 152-153) para decorar tanto las paredes interiores de las tumbas como los sarcófagos. Para ello, mezclaban huevos, un ingrediente fácil de obtener, con pigmentos naturales, ya fueran de origen autóctono o importados de tierras lejanas.

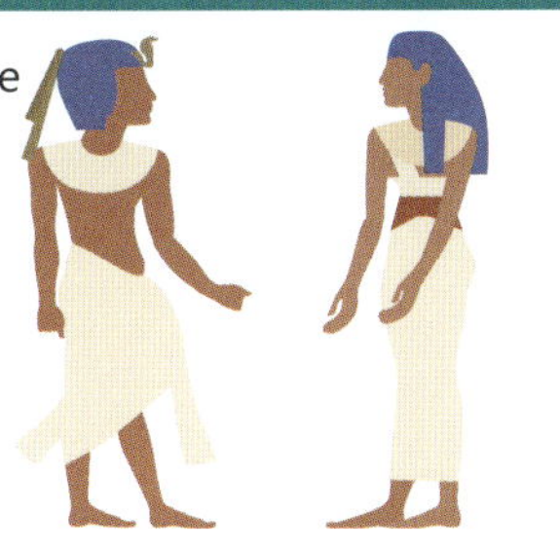

Los artistas del Renacimiento utilizaban un pigmento llamado *terre verte* (tierra verde) para plasmar los tonos de la piel

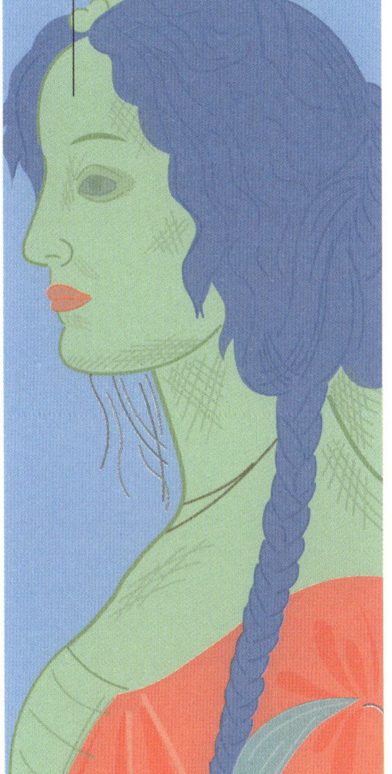

Al ser una pintura de una cierta transparencia, es necesario aplicarla en varias capas para obtener colores vivos

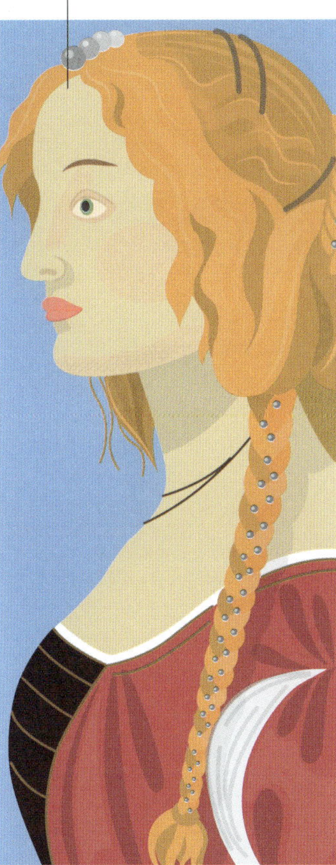

4 Pintura subyacente
Permite crear diversos efectos. La aplicación de una capa base de color verde, por ejemplo, resulta útil para plasmar tonos de piel realistas. En obras antiguas, estas capas se han ido decolorando con el paso del tiempo.

5 Aplicación del color definitivo
Una vez seca la pintura subyacente, ya pueden aplicarse las capas definitivas, teniendo en cuenta que la leve transparencia del temple al huevo dejará entrever los colores de base.

Ingredientes y preparación del temple al huevo

El temple al huevo se elabora separando la yema de la clara, vertiéndola en un recipiente y diluyéndola con agua. A continuación, estos ingredientes se combinan con pigmentos de color para crear la mezcla definitiva. La pintura debe usarse enseguida, antes de que se seque, y solo en pequeñas cantidades cada vez. El temple al huevo debe prepararse justo antes de cada uso y no puede almacenarse, por lo que resulta un método pictórico especialmente exigente.

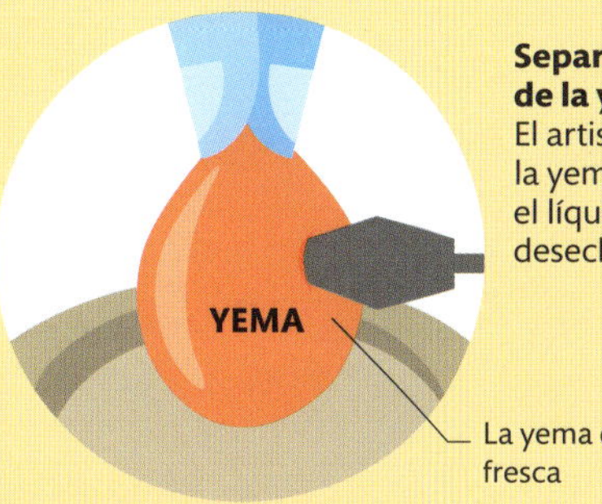

Separación de la yema
El artista perfora la yema para liberar el líquido y luego desecha la membrana.

La yema debe ser fresca

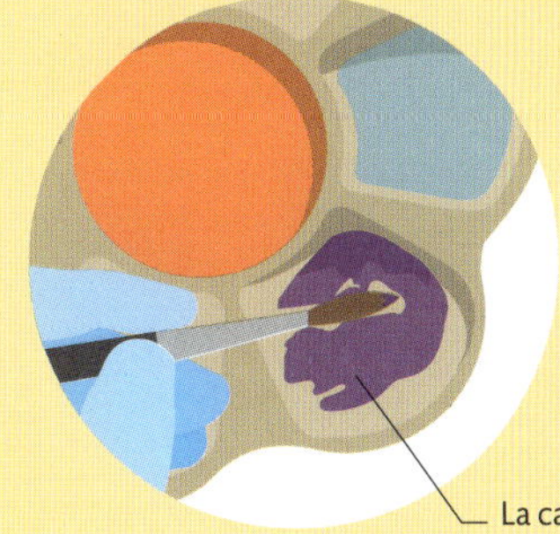

Mezcla
A la yema se le añaden partes iguales de agua y pigmento. Luego se trabaja la mezcla hasta obtener la consistencia deseada.

La cantidad de agua puede ajustarse para variar la textura

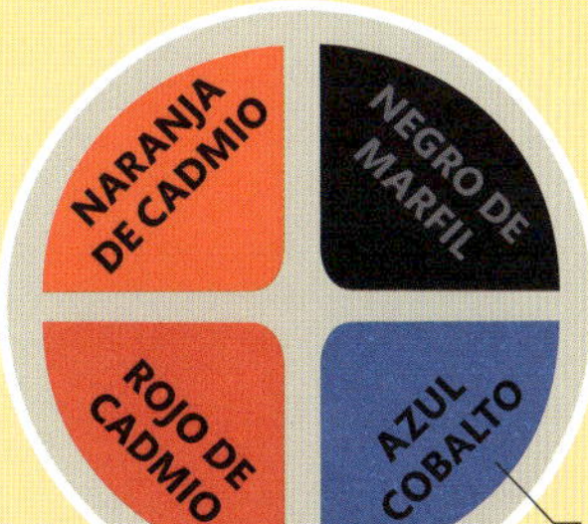

Pigmentos al temple
La mayoría de los pigmentos medievales eran altamente tóxicos. Hoy en día suelen ser sintéticos, pero aun así deben almacenarse con cuidado.

Selección de pigmentos modernos

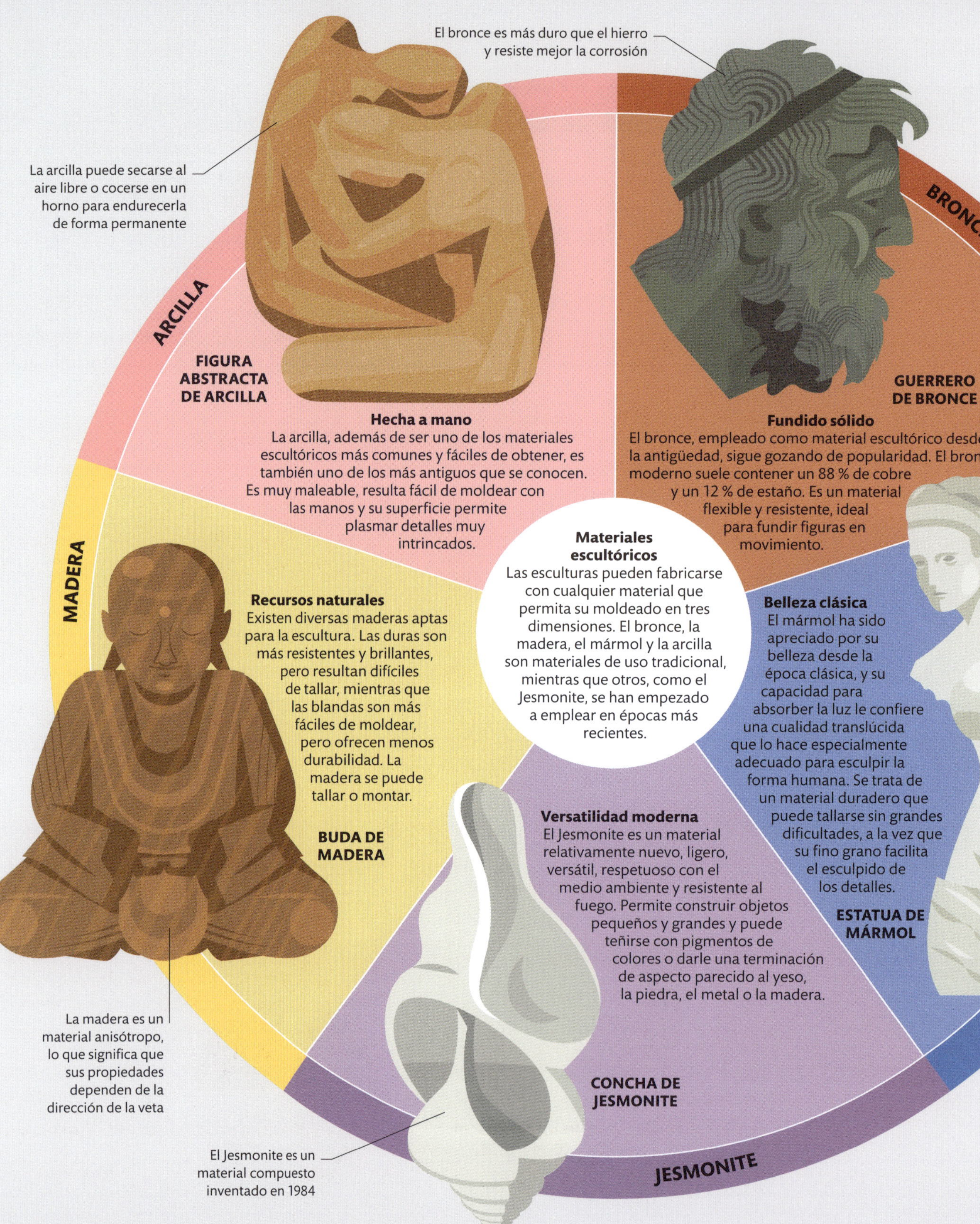

El bronce es más duro que el hierro y resiste mejor la corrosión

La arcilla puede secarse al aire libre o cocerse en un horno para endurecerla de forma permanente

ARCILLA

BRONCE

FIGURA ABSTRACTA DE ARCILLA

GUERRERO DE BRONCE

Hecha a mano
La arcilla, además de ser uno de los materiales escultóricos más comunes y fáciles de obtener, es también uno de los más antiguos que se conocen. Es muy maleable, resulta fácil de moldear con las manos y su superficie permite plasmar detalles muy intrincados.

Fundido sólido
El bronce, empleado como material escultórico desde la antigüedad, sigue gozando de popularidad. El bronce moderno suele contener un 88 % de cobre y un 12 % de estaño. Es un material flexible y resistente, ideal para fundir figuras en movimiento.

Materiales escultóricos
Las esculturas pueden fabricarse con cualquier material que permita su moldeado en tres dimensiones. El bronce, la madera, el mármol y la arcilla son materiales de uso tradicional, mientras que otros, como el Jesmonite, se han empezado a emplear en épocas más recientes.

MADERA

Recursos naturales
Existen diversas maderas aptas para la escultura. Las duras son más resistentes y brillantes, pero resultan difíciles de tallar, mientras que las blandas son más fáciles de moldear, pero ofrecen menos durabilidad. La madera se puede tallar o montar.

Belleza clásica
El mármol ha sido apreciado por su belleza desde la época clásica, y su capacidad para absorber la luz le confiere una cualidad translúcida que lo hace especialmente adecuado para esculpir la forma humana. Se trata de un material duradero que puede tallarse sin grandes dificultades, a la vez que su fino grano facilita el esculpido de los detalles.

BUDA DE MADERA

Versatilidad moderna
El Jesmonite es un material relativamente nuevo, ligero, versátil, respetuoso con el medio ambiente y resistente al fuego. Permite construir objetos pequeños y grandes y puede teñirse con pigmentos de colores o darle una terminación de aspecto parecido al yeso, la piedra, el metal o la madera.

ESTATUA DE MÁRMOL

La madera es un material anisótropo, lo que significa que sus propiedades dependen de la dirección de la veta

CONCHA DE JESMONITE

El Jesmonite es un material compuesto inventado en 1984

JESMONITE

Conceptos básicos de escultura

La escultura es una manifestación artística tridimensional que permite tallar, fundir, modelar o construir con materiales duros o blandos. Admite el uso de numerosos materiales, desde los tradicionales mármol, bronce y arcilla hasta cera, tela e incluso «objetos encontrados». Se trata de una de las manifestaciones más antiguas del arte visual y también de una de las más visibles para el gran público.

Formas flexibles

Tradicionalmente, las esculturas han sido objetos independientes en el espacio o bien relieves que sobresalen de un fondo. Los escultores contemporáneos, sin embargo, disfrutan de una libertad casi total en cuanto a materiales y técnicas se refiere. El tipo de material empleado determina el proceso de creación de la obra, al tiempo que su ubicación, ya sea interior o exterior, también afecta a la elección de los materiales, puesto que algunos resultan más duraderos que otros. Los colores pueden ser naturales o aplicados y el resultado final puede adoptar casi cualquier forma o tamaño, desde minúsculas creaciones sobre un alfiler hasta efímeras esculturas de hielo.

¿QUÉ SON LOS OBJETOS ENCONTRADOS?

Los objetos encontrados, expresión procedente del francés *objet trouvé*, suelen ser artículos cotidianos y comunes a los que el artista decide dar un nuevo uso para elevarlos a la categoría de arte.

Historia de la escultura

Las primeras estatuillas tridimensionales se remontan a la Edad de Piedra, y se sabe que las civilizaciones mediterráneas antiguas desarrollaron técnicas de tallado y fundición. La figura humana fue un tema constante en el arte occidental, dando lugar a numerosas obras maestras. Ya en el siglo xx, los artistas se alejaron del naturalismo y exploraron formas más abstractas.

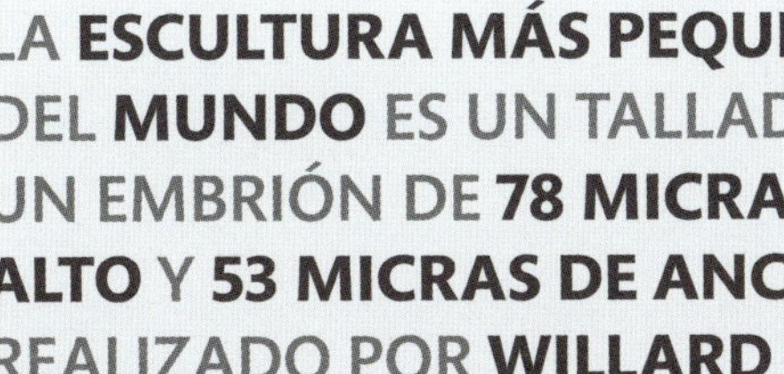

ESCULTURA ABSTRACTA

Las esculturas de mármol terminadas pueden pulirse para resaltar los patrones de la piedra

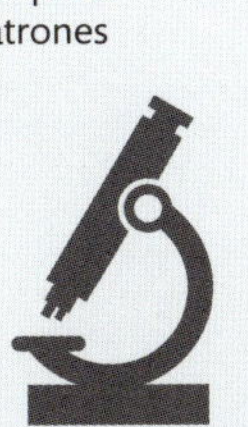

LA **ESCULTURA MÁS PEQUEÑA** DEL **MUNDO** ES UN TALLADO DE UN **EMBRIÓN** DE **78 MICRAS DE ALTO** Y **53 MICRAS DE ANCHO** REALIZADO POR **WILLARD WIGAN**

ESCULTURA EN RELIEVE

Un relieve es una escultura a distintos niveles que sobresale de una superficie que actúa de fondo. El alto relieve presenta un grado de definición casi tridimensional, mientras que el bajorrelieve posee una proyección relativamente poco profunda y sobresale solo ligeramente de la superficie.

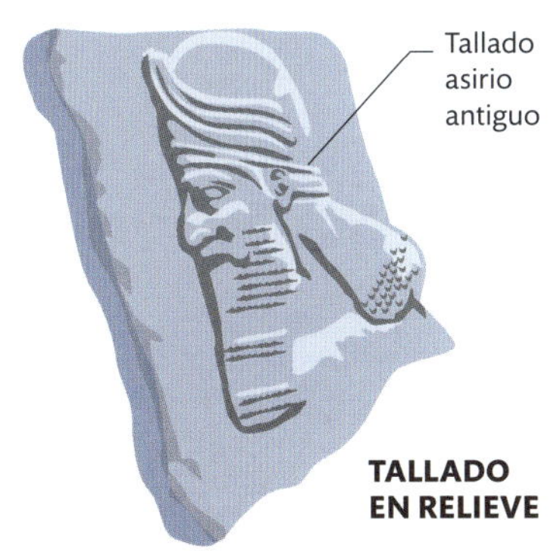

Tallado asirio antiguo

TALLADO EN RELIEVE

Técnicas de escultura

Los escultores pueden recurrir a dos tipos de procesos: el sustractivo, en el que se elimina material, o el aditivo, en el que dicho material se añade. La fundición, el modelado y el tallado son algunas de las técnicas más comunes.

Fundición

La fundición es un proceso aditivo consistente en verter un material líquido —como plástico, metal fundido, caucho o fibra de vidrio— en un molde y dejar que se endurezca. La forma sólida final es el «molde». Los moldes flexibles de caucho o silicona pueden utilizarse más de una vez, por lo que permiten realizar múltiples impresiones o «ediciones» de la misma obra de arte. El artista comienza dando forma a un modelo o «patrón» de la pieza final en arcilla, cera o yeso, que luego se emplea para crear un molde a partir del cual se lleva a cabo la fundición.

Vaciado en arena

El vaciado en arena es una forma relativamente rápida y económica de fundir bronce y otros metales. La arena para vaciado con aglutinantes añadidos se vierte en un molde o caja de moldear (normalmente, de metal o madera) y se compacta alrededor de un modelo.

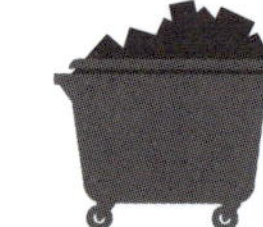

MICHELANGELO ESCULPIÓ EL DAVID A PARTIR DE MÁRMOL DESCARTADO, QUE HABÍA PERMANECIDO A LA INTEMPERIE DURANTE 25 AÑOS

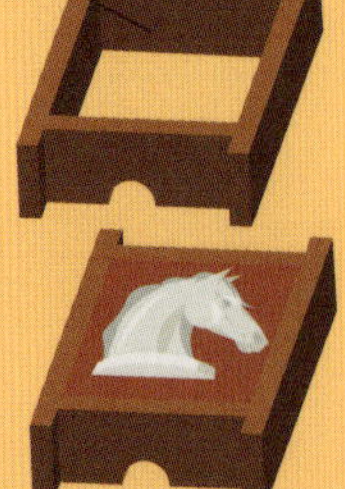

1 Modelo para fundición

El artista da inicio al proceso creando una réplica de la obra de arte terminada. Este modelo debe ser ligeramente más grande que la obra final para compensar cualquier contracción que pueda producirse durante la fundición.

2 Fabricación del molde de arena

Tras compactar la arena para vaciado en una mitad del molde, se coloca el modelo encima y se compacta más arena alrededor. A continuación, se unen ambas mitades y se añade más arena para rellenar.

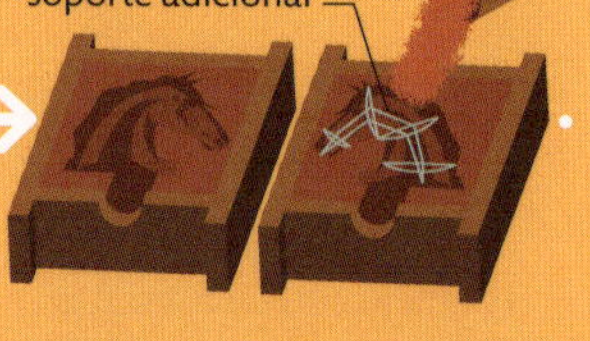

3 Acabado del molde

La caja de moldear se gira y se abre para retirar el modelo, lo que deja una marca negativa a partir de la cual puede formarse la positiva. Luego se coloca una armadura, se abren los canales de drenaje y se añade más arena.

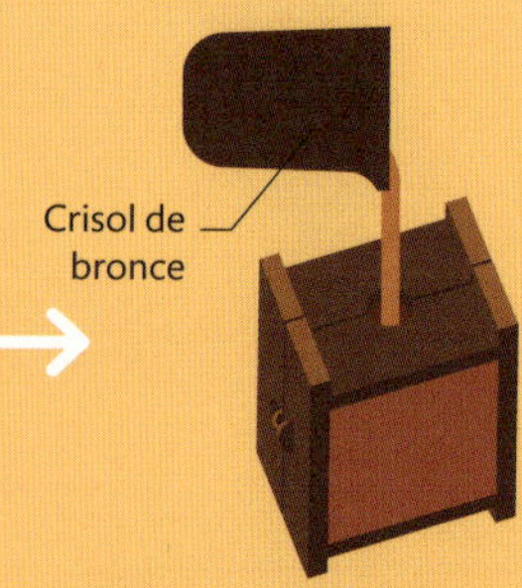

4 Vertido del bronce

Las dos mitades de la caja de moldear se recomponen y luego se ajustan con barras metálicas roscadas. Se vierte bronce fundido en la cavidad del molde y se deja solidificar.

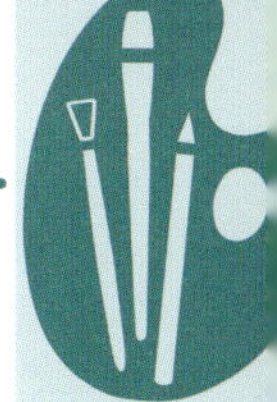

Modelado

El modelado es un proceso aditivo en el que se trabaja a mano un material blando, como arcilla o cera, hasta darle la forma deseada. Los materiales blandos son maleables, por lo que los modelos pueden modificarse y remodelarse muchas veces antes de que lleguen a endurecerse. Pese a no ser tan duraderos como la madera o la piedra, los modelos pueden reproducirse en metal recurriendo a la fundición, o bien en piedra mediante la técnica del sacado de puntos (trasladando las medidas de la superficie del modelo a una copia).

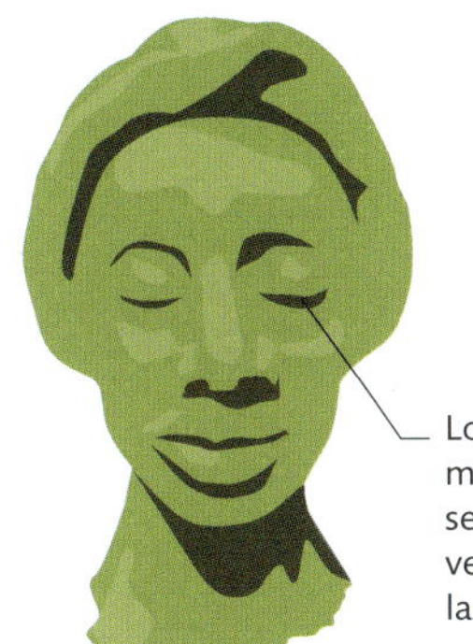

Modelado en arcilla
Muchos modelos de arcilla cuentan con un armazón o estructura interna que actúa como soporte. La arcilla se va acumulando gradualmente a su alrededor para dar forma y detalle a la obra.

¿QUÉ ES EL ASSEMBLAGE?

Un *assemblage* es una escultura creada a partir de elementos como objetos de uso cotidiano, objetos encontrados o materiales de desecho. Tiene su origen en las creaciones cubistas de Pablo Picasso de 1912.

Tallado

El tallado es el acto de cincelar o tallar una forma a partir de un bloque de piedra, madera u otro material duro. Se trata de un proceso sustractivo en el que, en primer lugar, se eliminan grandes porciones de material durante la fase de desbaste y, a continuación, se retira el exceso de forma gradual y uniforme. Algunos artistas tallan directamente sobre el material, sin modelo, mientras que otros construyen una pequeña maqueta (véase más abajo) y emplean calibradores de ampliación para escalar la medida y transferirla al material que va a tallarse. Una vez determinada la forma aproximada, esta se refina con herramientas especializadas para crear los detalles antes de pulirla.

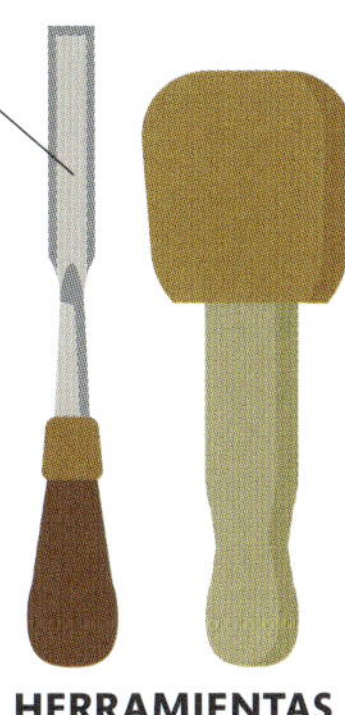
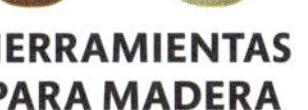
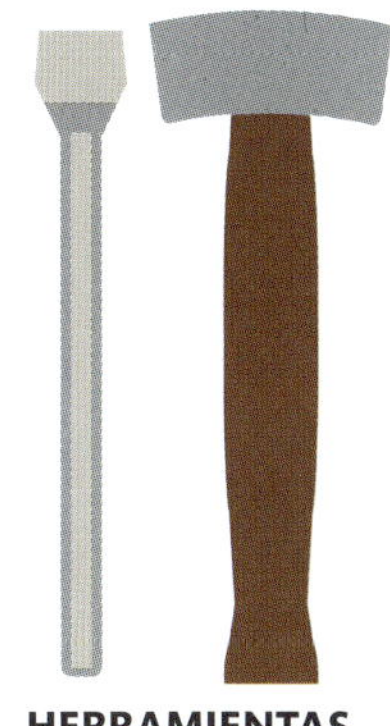

Herramientas de tallado
Varían en función del material que se vaya a tallar. Para trabajar con piedra se necesitan cinceles planos y martillos, mientras que en el caso de la madera se recurre a mazos y cinceles.

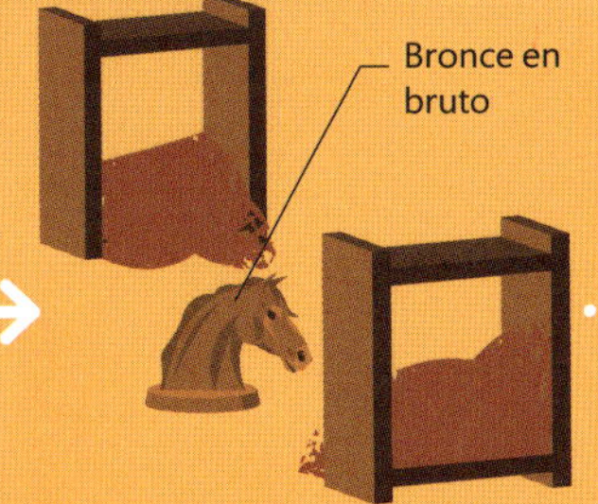

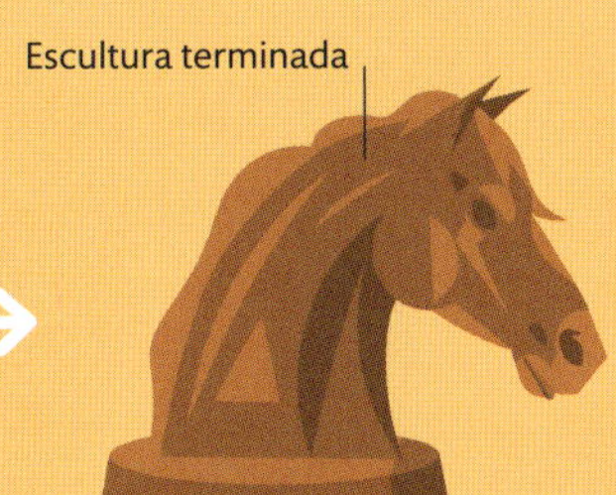

5 Acabado del bronce
Una vez se ha enfriado el bronce, el molde se desmonta para extraer la escultura. A continuación, es necesario realizar el proceso de acabado, que consiste en serrar los canales, rellenar cavidades, corregir defectos y limpiar la pieza.

6 Patinado y pulido
Se aplican productos químicos sobre la escultura y se fijan con calor para obtener el color deseado. Cuando la pieza se enfría, se le aplica cera y se pule para darle brillo.

MAQUETAS

Los artistas suelen crear bocetos tridimensionales, conocidos como «maquetas», antes de comenzar una obra de gran formato. Estos modelos les permiten desarrollar diferentes ideas y materiales para visualizar el diseño final.

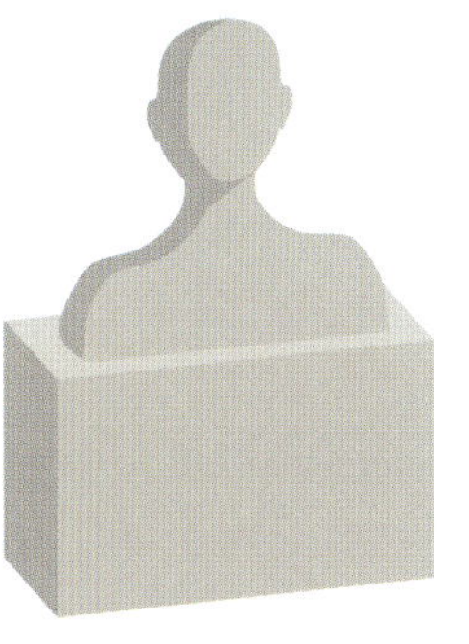

Variedad de técnicas

Para tallar un bloque de madera, es necesario recurrir al uso de varias herramientas. Para las áreas más grandes y vacías, lo más eficaz es trabajar con un cincel grande con borde recto. Las gubias funcionan bien para grabar líneas y retirar madera rápidamente, mientras que los cuchillos pequeños son ideales para plasmar los detalles más intrincados. Algunos grabadores prefieren que la textura de las áreas talladas pueda percibirse en el resultado final.

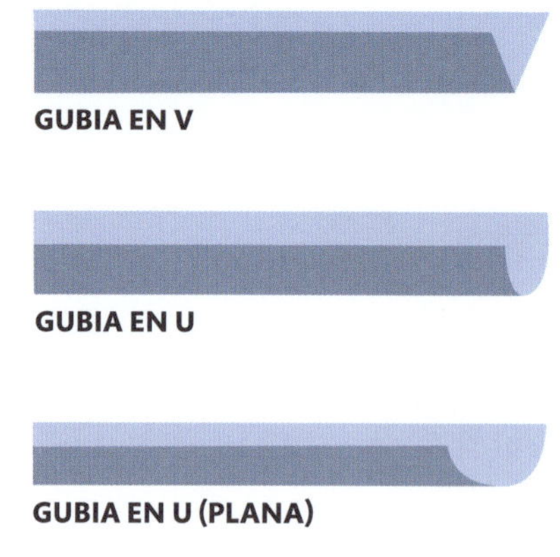

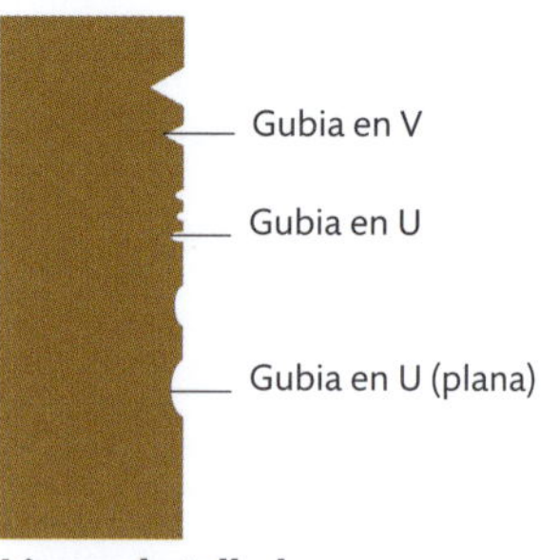

Líneas de tallado
Las gubias en V trazan líneas precisas, las gubias en U permiten obtener líneas más anchas y las gubias planas en U sirven para tallar grandes superficies.

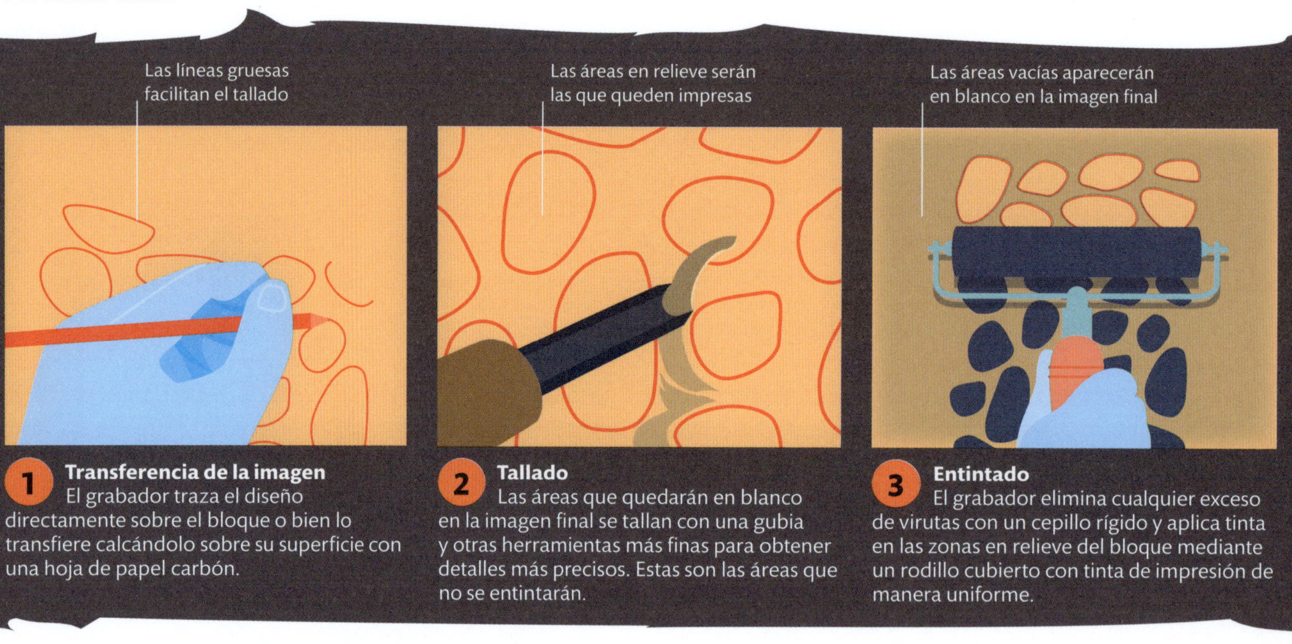

1 Transferencia de la imagen
El grabador traza el diseño directamente sobre el bloque o bien lo transfiere calcándolo sobre su superficie con una hoja de papel carbón.

2 Tallado
Las áreas que quedarán en blanco en la imagen final se tallan con una gubia y otras herramientas más finas para obtener detalles más precisos. Estas son las áreas que no se entintarán.

3 Entintado
El grabador elimina cualquier exceso de virutas con un cepillo rígido y aplica tinta en las zonas en relieve del bloque mediante un rodillo cubierto con tinta de impresión de manera uniforme.

La xilografía

La xilografía, que es la forma más antigua de impresión conocida, se realiza tallando un bloque de madera (conocido como *matriz*) para crear una imagen en relieve. A continuación, se coloca en una prensa junto con una hoja de papel y se le aplica presión.

Siguiendo la veta

La xilografía o grabado en madera es un arte de relieve e inversión. A diferencia del aguafuerte o la litografía, la imagen que se imprime «sobresale» de la matriz, y el resultado final será el reverso del diseño tal y como aparece en el bloque. Las xilografías muestran la interacción entre las marcas y la veta del bloque, a menudo aprovechándola como un rasgo estilístico. Esta fue la técnica empleada para producir las imágenes de los primeros libros impresos y, al ser relativamente barata, rápida y duradera, resultó crucial para el auge de los periódicos ilustrados en el siglo XIX.

Representaciones coloridas

Los *ukiyo-e* son grabados en madera producidos en Japón durante los períodos Edo y Meiji (1615-1912) e ilustrativos de la vida en los animados centros urbanos en una época de paz y prosperidad. En 1765, los impresores perfeccionaron la técnica consistente en el uso de múltiples bloques de madera para superponer capas de color, lo que daba como resultado vívidas imágenes de bajo coste de reproducción (véase págs. 168-169). El mercado de la impresión floreció junto con el turismo nacional, por lo que los grabados *ukiyo-e* tuvieron una gran influencia fuera de Japón, también en el *art nouveau* (véase págs. 200-201).

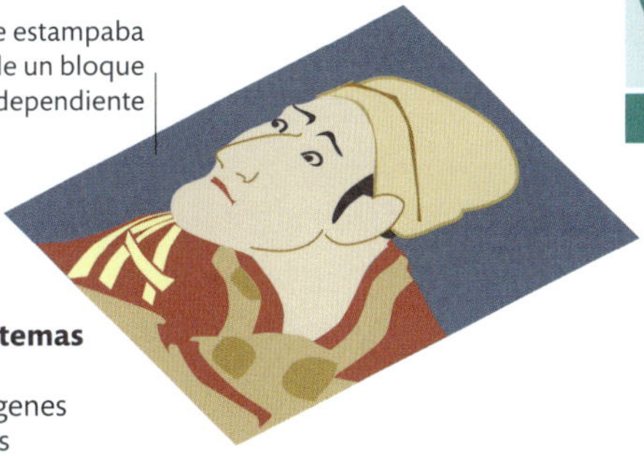

Cada color se estampaba a partir de un bloque independiente

Multiplicidad de temas

En el *ukiyo-e* eran habituales las imágenes de actores, escenas románticas, figuras heroicas o mitológicas y paisajes dramáticos.

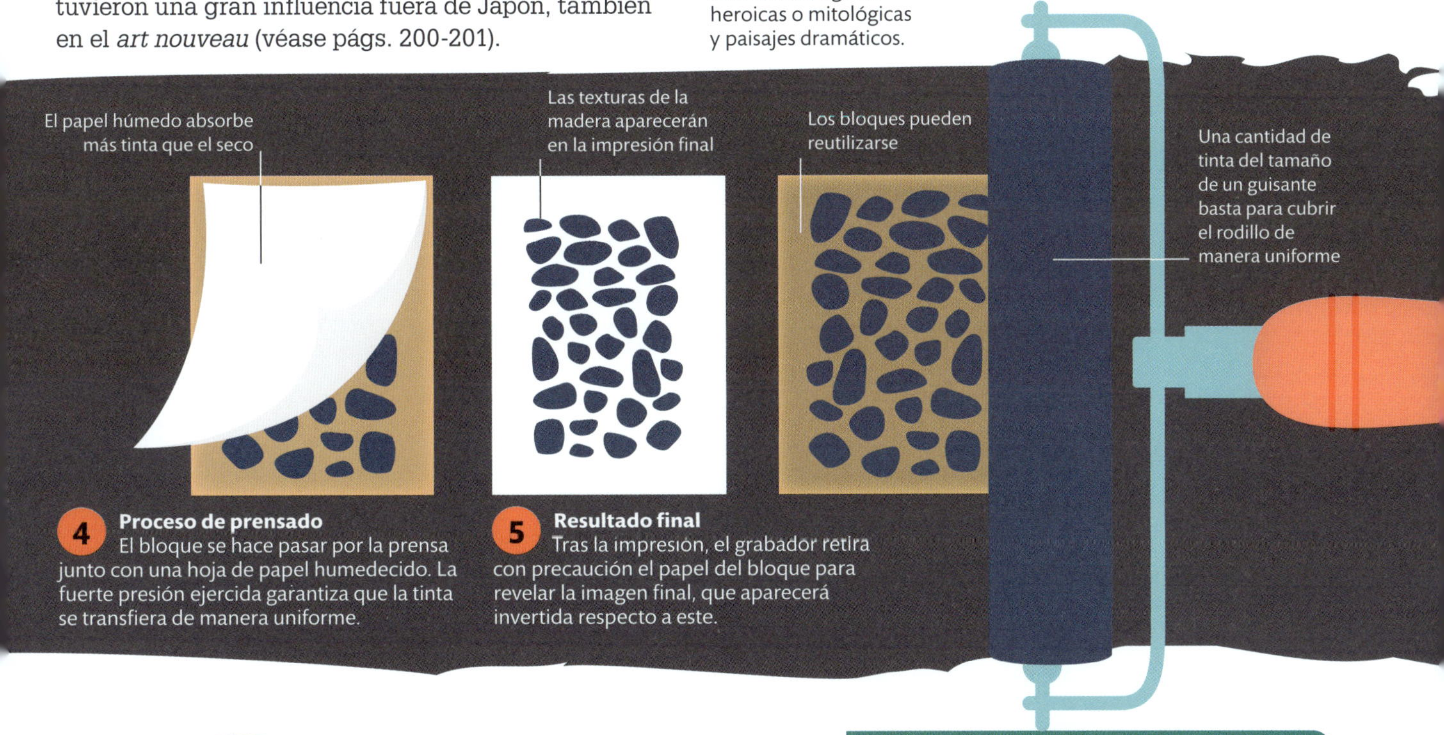

El papel húmedo absorbe más tinta que el seco

Las texturas de la madera aparecerán en la impresión final

Los bloques pueden reutilizarse

Una cantidad de tinta del tamaño de un guisante basta para cubrir el rodillo de manera uniforme

4 **Proceso de prensado**
El bloque se hace pasar por la prensa junto con una hoja de papel humedecido. La fuerte presión ejercida garantiza que la tinta se transfiera de manera uniforme.

5 **Resultado final**
Tras la impresión, el grabador retira con precaución el papel del bloque para revelar la imagen final, que aparecerá invertida respecto a este.

¿QUÉ MADERAS RESULTAN MÁS ADECUADAS PARA TALLAR LOS BLOQUES?

A lo largo de la historia, los grabadores han preferido maderas duras de árboles frutales como el peral, el cerezo o el manzano, ya que permiten trabajar con gran detalle gracias a su fina veta.

UN BLOQUE DE MADERA DE ALBRECHT DÜRER SEGUÍA UTILIZÁNDOSE **100 AÑOS** DESPUÉS DE HABER SIDO TALLADO

GRABADO EN LINÓLEO

Los grabados en linóleo son similares a las xilografías, pero en lugar de emplear un bloque de madera, se trabaja sobre una lámina de linóleo. El artista talla el linóleo para crear un grabado en relieve y, como este material es más flexible que la madera y no tiene vetas, los resultados son más nítidos y menos texturizados que las xilografías.

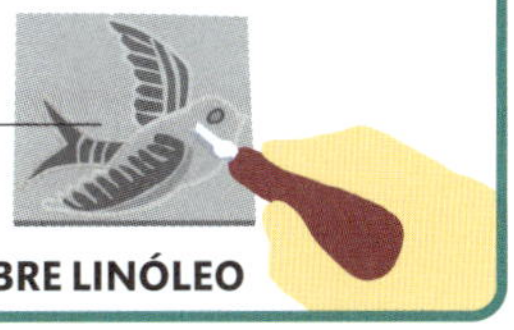

Al no tener vetas, el linóleo puede tallarse en cualquier dirección

ESTAMPADO SOBRE LINÓLEO

El aguafuerte

El aguafuerte es el proceso de huecograbado más extendido. El huecograbado es una técnica de grabado que consiste en tallar una imagen en una plancha de metal, aplicarle tinta e imprimir la plancha bajo presión. También se emplean otros procesos como el grabado, la punta seca y la aguatinta.

Planchas de metal

El aguafuerte se desarrolló a partir de la metalistería y el diseño decorativo de armaduras en el siglo xv. El proceso emplea ácido para grabar o «morder» una imagen en una plancha de metal, a la que se aplica tinta para luego retirar la sobrante, de modo que solo los surcos queden entintados. A diferencia de la impresión en relieve, que imprime desde las áreas elevadas, el aguafuerte puede mostrar tonos muy sutiles, según la cantidad de tinta aplicada a la plancha.

La fuerza de la prensa

La técnica del aguafuerte requiere el uso de una prensa de rodillos, que puede ejercer toneladas de presión. Esto deja en la imagen final la huella de la plancha, es decir, el contorno de la plancha sobre el papel.

Proceso de creación

El proceso de creación de un aguafuerte
es preciso y metódico. Es fundamental
que el papel empleado para imprimir esté
humedecido, ya que esto ayuda a que
la tinta se retire por completo de las
áreas grabadas en la plancha metálica.
A continuación, detallamos las principales
etapas de este proceso.

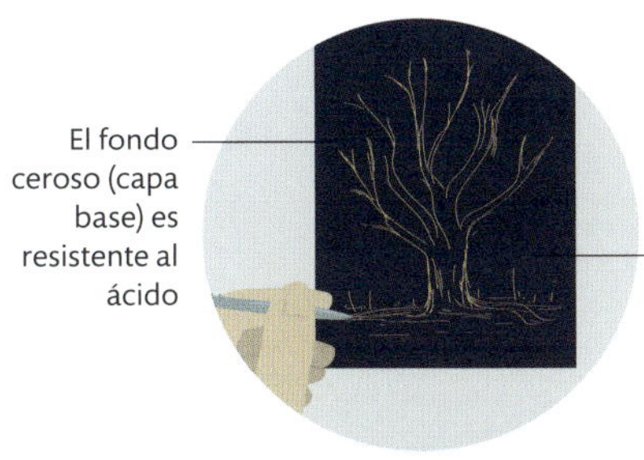

El fondo
ceroso (capa
base) es
resistente al
ácido

Gracias al uso
de un fondo
oscuro, la
imagen incisa
resulta más
fácil de ver

1 **Preparación y grabado de la plancha**
Se limpia una plancha de zinc, cobre o acero y se
recubre con una capa de cera de abeja. A continuación,
el artista graba la cera con un buril o un estilete.

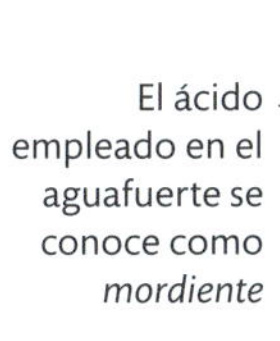
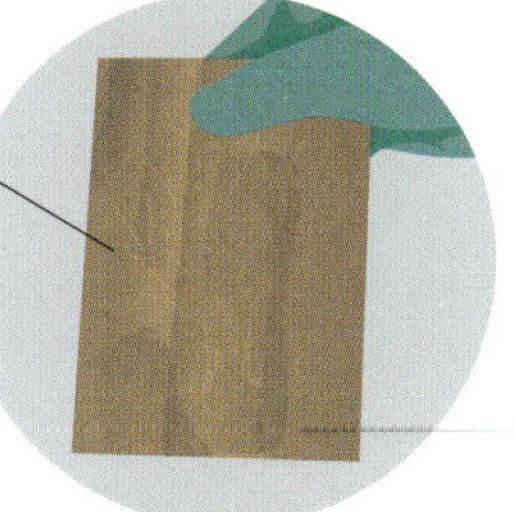

El ácido
empleado en el
aguafuerte se
conoce como
mordiente

Cuanto más
tiempo se
sumerge la
plancha en
ácido, más
profundas
resultan las
líneas

2 **Inmersión en ácido**
La plancha se sumerge en un baño de solución
ácida débil que corroe las áreas expuestas. A continuación,
la plancha se lava y se trata con disolvente para eliminar
la cera.

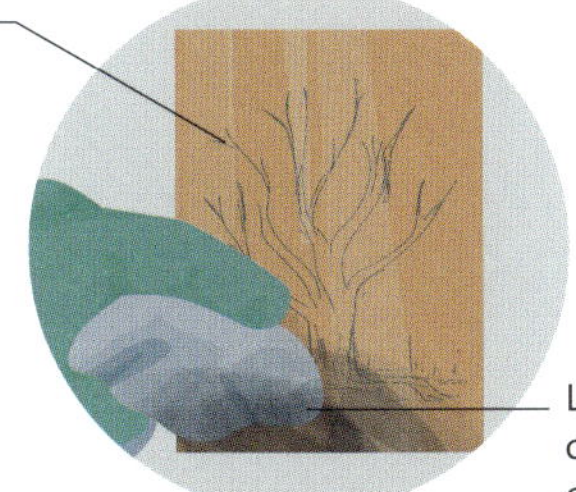

La tinta
permanece
en las áreas
grabadas
y hundidas

La tinta se retira
de la plancha
con una gasa

3 **Entintado y limpieza**
El artista aplica la tinta de manera uniforme sobre la
plancha y luego la retira, dejándola únicamente en las zonas
con surcos. En este punto, la plancha ya está lista para pasar
por la prensa junto con una hoja de papel humedecido.

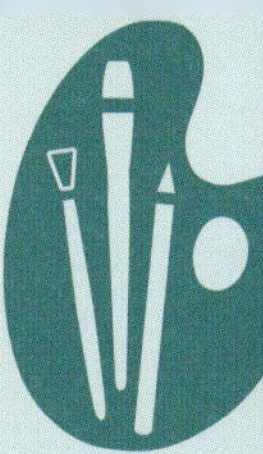

Grabado

El grabado, una técnica más antigua que el aguafuerte
para crear imágenes a partir del metal, prescinde del ácido
y permite al grabador tallar directamente sobre la plancha
mediante un buril, una herramienta metálica afilada con la
punta biselada. La obra *El sudario de santa Verónica* (1649)
del artista francés Claude Mellan es un ejemplo notable de
este hábil proceso, ya que la plancha entera fue grabada
a partir de una sola línea continua.

El gran maestro de las planchas

Rembrandt van Rijn (1606-1669) fue pionero
en numerosos procesos experimentales en
el ámbito del aguafuerte y la punta seca
y llegó a producir más de 300 planchas
entre 1626 y 1665. Rembrandt aplicaba
la tinta de distintas maneras en cada
impresión para crear obras con un
carácter atmosférico y pictórico único.
Además, a menudo reaprovechaba
planchas anteriores añadiéndoles
nuevas figuras y detalles con punta
seca para enriquecer las escenas.

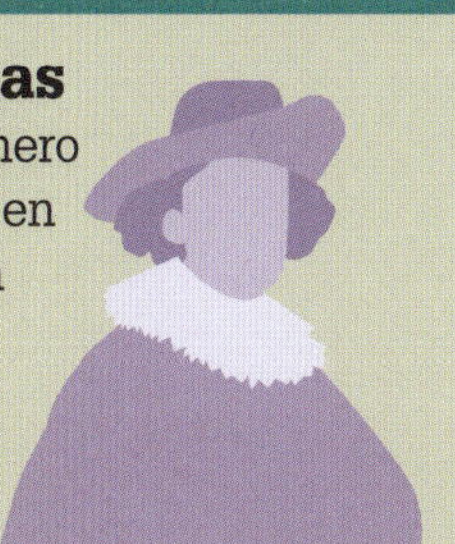

Un virtuoso del aguafuerte
Los 32 autorretratos en
aguafuerte de Rembrandt son
célebres por su singular reflejo
de las emociones humanas.

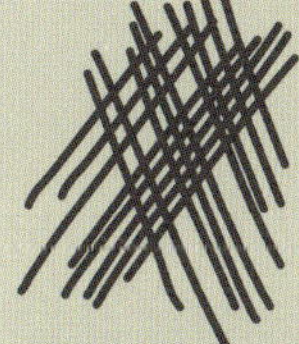

PUNTA SECA

Los artistas crean puntas secas rayando directamente una plancha
de cobre con un estilete puntiagudo. Como el cobre es un metal
relativamente blando, las incisiones dejan restos de metal. Estos
bordes elevados, conocidos como «rebabas», retienen más tinta,
lo que dota a la impresión de un aspecto suavizado.

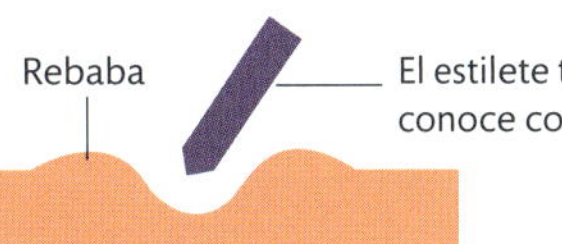

Tirada corta
La presión ejercida durante el
proceso de impresión deforma
rápidamente la rebaba, lo que
acorta las tiradas de punta seca.

Surcos entintados
Las depresiones grabadas
retienen una gran cantidad de
tinta, lo que permite obtener
líneas ricas y profundas durante
el proceso de impresión.

Serigrafía y litografía

Estos procesos de impresión son planográficos, lo que significa que la superficie empleada para imprimir es plana. La serigrafía utiliza plantillas, mientras que en la litografía se recurre a una piedra plana.

¿EN QUÉ CONSISTE LA SERIGRAFÍA?

La serigrafía es una técnica de impresión desarrollada alrededor del año 1900 en la que la tinta o pintura pasan al soporte a través de una fina malla, por lo general de seda, con un diseño que se forma enmascarando algunas zonas.

Imágenes vivas

La serigrafía es un proceso que permite transferir una imagen estarcida sobre una superficie, como papel o tela, mediante una malla, tinta y una rasqueta. El método consiste en dibujar sobre una malla fina y luego hacer pasar la tinta a través de esta para imprimir la imagen en la superficie situada debajo. La serigrafía se valora por sus colores vivos y su calidad táctil. Cada capa de tinta de color requiere el uso de una malla independiente.

Exposición de la emulsión

En este método, el artista crea una imagen de elevado contraste sobre acetato, que coloca sobre la malla metálica. A continuación, todo ello se expone a una luz muy intensa. Las áreas cubiertas por la plantilla se retiran luego con agua, dejando una imagen transparente en la malla por la que pasará la tinta.

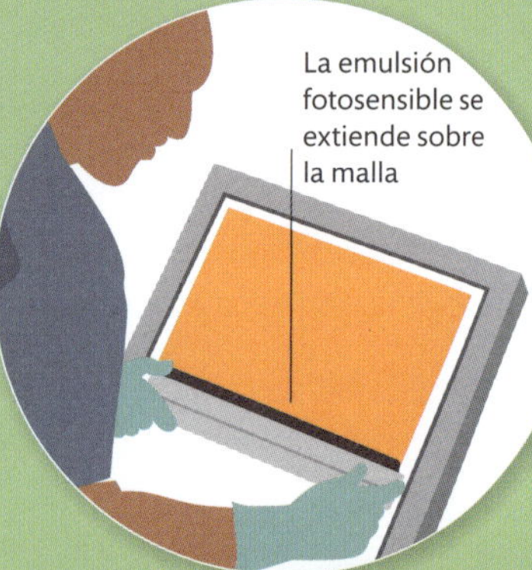

1 Recubrimiento de la malla
La malla se recubre con una capa fina y uniforme de emulsión fotosensible. Puede tratarse de una emulsión doméstica a la que se añada un reactivo para hacerla sensible a la luz.

2 Revelado de la imagen
La plantilla de acetato se coloca sobre la malla y ambas se introducen en una cabina de exposición para someterlas a una luz intensa.

3 Aplicación de la tinta
La malla se lava para retirar la emulsión no endurecida. Luego, se vierte tinta a lo largo de un borde, la cual, a medida que se extiende, se va filtrando a través de la plantilla sobre el papel.

Las mallas pueden reutilizarse cientos de veces

La tinta es fina y tarda más en secarse que la pintura, por lo que la imagen puede reimprimirse muchas veces

El ángulo óptimo para sujetar la rasqueta es de entre 65 y 75 grados con respecto a la malla

La malla debe tener la tensión adecuada

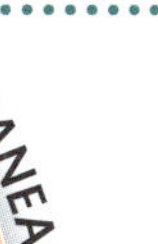
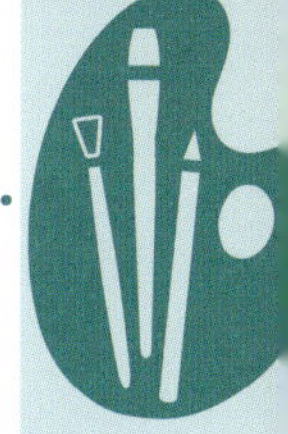

El proceso litográfico

La imagen se traza sobre la superficie litográfica empleando un medio graso, como lápiz o tinta. A continuación, se cubre la superficie con goma arábiga y se aplica tinta al aceite con un rodillo, la cual se adhiere solo al dibujo.

GRANEADO

1 Antes de usarse como superficie de impresión, la losa de piedra caliza debe granearse, es decir, lavarse y lijarse para eliminar la imagen anterior.

La piedra acabada tiene un «grano» (textura) que retendrá la nueva imagen

DIBUJO

2 El motivo deseado se dibuja o se pinta sobre la superficie de la piedra mediante tinta al aceite o un lápiz litográfico.

La tinta contiene grasa compactada

PROCESADO

3 Se aplica una mezcla de goma arábiga y agua sobre la piedra, lo que provoca una reacción química que graba la imagen dibujada en su superficie.

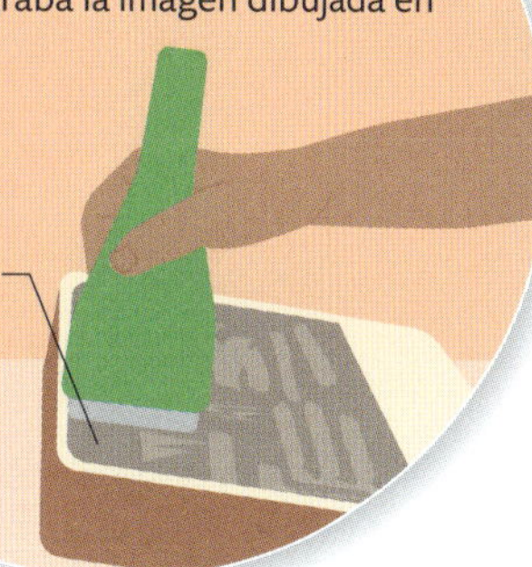

La goma arábiga atraerá el agua y, por lo tanto, repelerá la tinta grasa

LAVADO Y ENTINTADO

La tinta es repelida por el agua

4 La imagen grasa se limpia con un disolvente y la piedra se humedece con agua. Luego se aplica la tinta con un rodillo para adherirla únicamente a las zonas previamente engrasadas.

IMPRESIÓN

5 Después se coloca un papel humedecido sobre la piedra, se le pone encima una tabla y todo ello se pasa por la prensa.

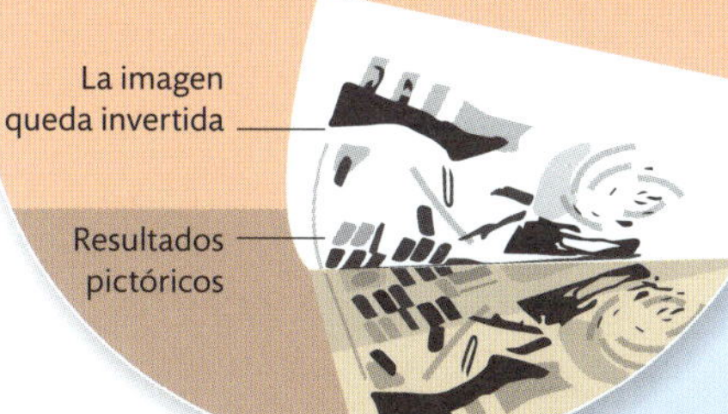

La imagen queda invertida

Resultados pictóricos

La litografía

La litografía es un proceso de impresión basado en la premisa de que el aceite y el agua no se mezclan. Esta técnica, la preferida del pintor y grabador romántico español Francisco de Goya (véase págs. 186-187), permite obtener impresiones con un aspecto rico y de textura suave.

IMPRESIÓN Y PROBLEMAS SOCIALES

La artista y activista estadounidense Corita Kent, también conocida como la hermana Mary Corita, realizó alrededor de 800 serigrafías, en las que incorporó eslóganes publicitarios, versos bíblicos, textos literarios y letras de canciones. Su obra fue adquiriendo tintes cada vez más políticos durante la década de 1960.

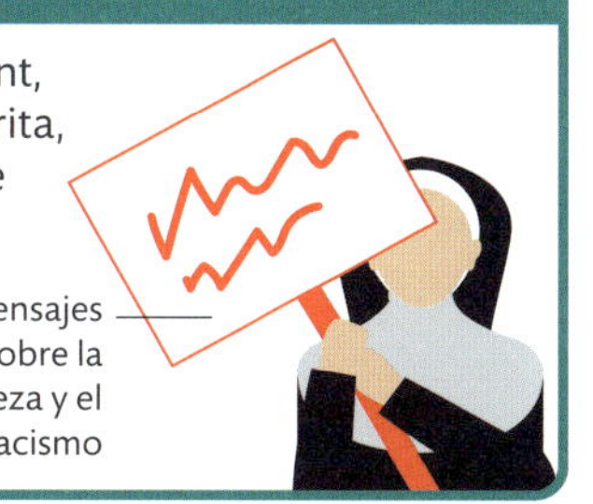

Mensajes sobre la pobreza y el racismo

LA SERIGRAFÍA PUEDE EMPLEARSE PARA DECORAR ALIMENTOS UTILIZANDO PAPEL DE ARROZ Y «TINTA» DE CHOCOLATE

La técnica mixta

El término «técnica mixta» describe el arte de combinar varios materiales y procedimientos en una misma obra para generar piezas complejas y visualmente estimulantes. El *collage*, que consiste en recortar y pegar papel, es un ejemplo habitual de esta técnica.

Combinación de fragmentos

En la técnica mixta, cualquier material es susceptible de ser usado para crear una obra. Así, los artistas suelen aprovechar «fragmentos del mundo» desechados, desde periódicos y billetes de autobús hasta telas y máquinas rotas. Estos elementos fragmentados se unen para crear un nuevo todo, que puede servir como punto de referencia para recrear distintos momentos, lugares y espacios. La técnica mixta puede desafiar o subvertir la idea del lienzo pintado o el objeto esculpido, y muchos artistas han recurrido a ella en momentos de crisis política y social.

¿POR QUÉ ES IMPORTANTE LA TÉCNICA MIXTA EN EL ARTE DE LA DIÁSPORA AFRICANA?

Algunos artistas de la diáspora africana utilizan elementos procedentes de distintos lugares en un mismo espacio visual como forma de expresar la conexión intercultural y la identidad.

Efectos mixtos

Cada técnica pictórica posee sus propias cualidades materiales, por lo que, al combinarlas, pueden interactuar de forma armoniosa o generar efectos interesantes. El óleo, por ejemplo, repele el agua, de modo que al usarlo junto con acuarela se producen efectos visuales peculiares. Los pintores han aprendido a utilizar estas reacciones y combinaciones para crear nuevos y originales efectos visuales.

Materiales y significado

La práctica de la técnica mixta consiste en yuxtaponer y combinar materiales variados, muchos de los cuales pueden tener un significado especial para el artista. Su combinación y simbolismo fuerza a estas obras.

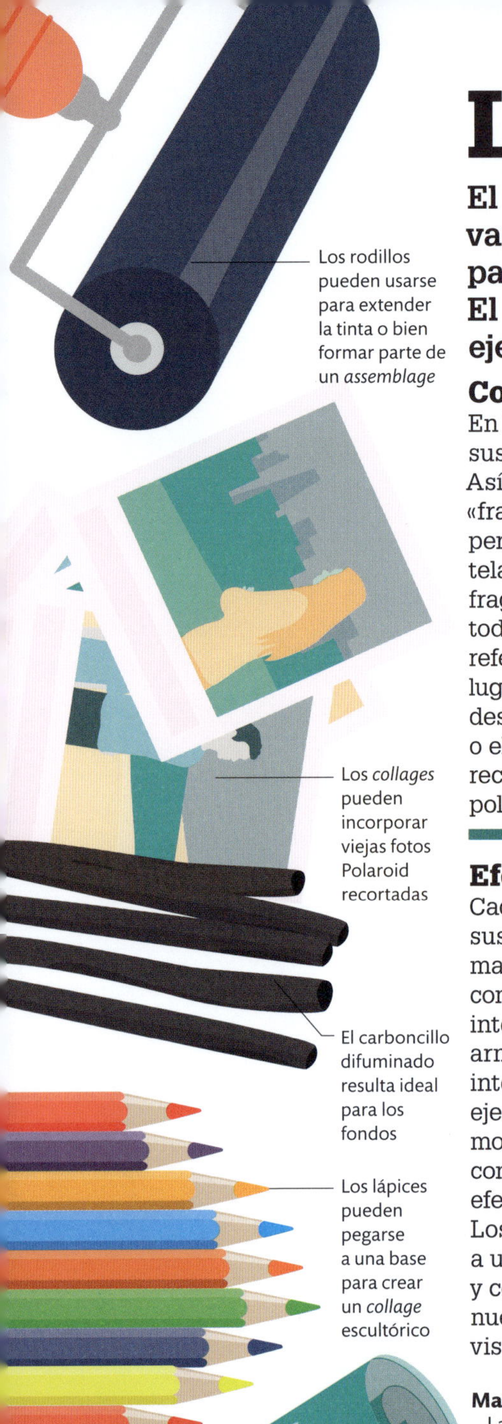

Los rodillos pueden usarse para extender la tinta o bien formar parte de un *assemblage*

Los *collages* pueden incorporar viejas fotos Polaroid recortadas

El carboncillo difuminado resulta ideal para los fondos

Los lápices pueden pegarse a una base para crear un *collage* escultórico

El artista puede dibujar o pintar sobre la superficie del papel pintado, o bien recortarlo para crear *collages*

Los pasteles suaves pueden difuminarse con un pañuelo de papel o con el dedo

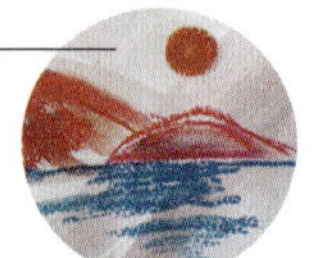

Acuarelas y pasteles
Una vez que la acuarela se ha secado, las luces y sombras pueden resaltarse con pasteles suaves.

Los óleos en barra proporcionan un acabado brillante y tardan mucho en secarse

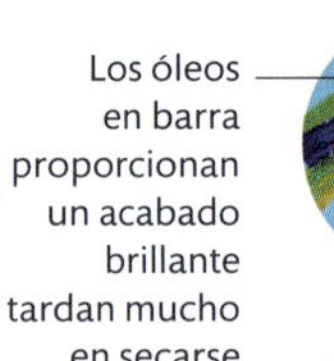

Acrílicos y óleos en barra
Aplicados sobre pintura acrílica seca, los óleos en barra pueden producir colores especialmente vivos y permiten trabajar sobre áreas con empaste.

Líneas delicadas y precisas añadidas con rotulador una vez secada la base

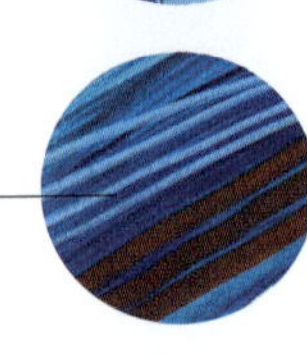

Acrílicos y rotuladores acrílicos
Los rotuladores permiten añadir mayor definición y detalle a las pinturas acrílicas.

La pintura acrílica o el *gouache* son ideales para obtener colores saturados, mientras que sus tubos vacíos pueden usarse para elaborar *collages*

Assemblage

El término *assemblage*, usado para describir obras de técnica mixta confeccionadas a partir de elementos dispares, se remonta a las creaciones cubistas de Pablo Picasso en 1912, y numerosos artistas han seguido explorando sus posibilidades desde entonces. Las *Combines* (Combinaciones) de Robert Rauschenberg fusionan pintura y escultura, mientras que Phyllida Barlow creó estructuras temporales pintadas con colores vivos.

EL *PAPIER COLLÉ* ES UN TIPO DE **COLLAGE** MÁS CERCANO AL **DIBUJO**

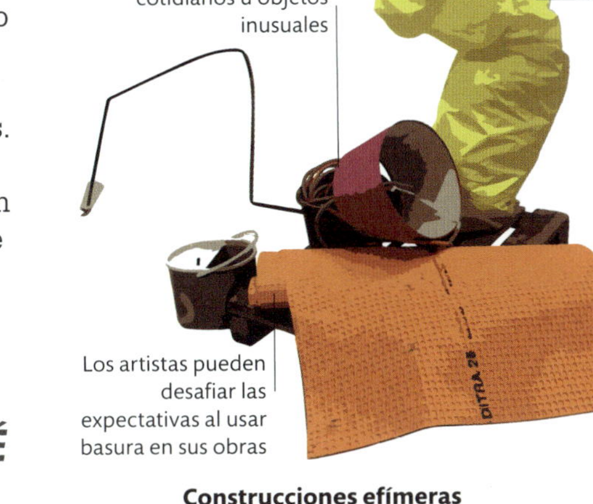

Las obras pueden estar compuestas por enseres cotidianos u objetos inusuales

Los artistas pueden desafiar las expectativas al usar basura en sus obras

Los objetos encontrados se presentan con la misma solemnidad que las pinturas tradicionales

Se emplean pasteles suaves para dibujar y esbozar

La madera puede usarse para crear *assemblages* o para generar efectos de «frotamiento»

Construcciones efímeras

El *assemblage* admite el uso de numerosas técnicas, desde clavar y soldar hasta equilibrar o pegar. Muchas de estas obras son efímeras, y los artistas suelen reciclar piezas antiguas.

FOTOMONTAJE

Los artistas de la República de Weimar (1918-1933), entre ellos Raoul Hausmann, Hannah Höch, George Grosz y John Heartfield, fueron pioneros en la técnica del fotomontaje, consistente en recortar y pegar fragmentos de fotografías impresas. Mediante sus montajes, estos artistas no pretendían retratar la realidad, sino dar visibilidad a las fuerzas sociales «invisibles» en la turbulenta Alemania de entreguerras y emplear el arte como arma contra el fascismo.

Imágenes impactantes y dispares utilizadas como protesta

Elementos fotográficos variados procedentes de diversas fuentes

Arquitectos de la fotografía

Los artistas se veían a sí mismos como ingenieros y consideraban su trabajo como una obra de construcción.

Los periódicos pueden pintarse o recortarse

Las revistas pueden usarse para elaborar *collages*, o bien enrollarse o arrugarse para crear efectos escultóricos

Los papeles de superficie rugosa o lisa añaden textura

Según el material empleado, se requiere un tipo de tijeras u otro

Los pasteles grasos aportan color y textura al instante

Gracias a su versatilidad, el alambre puede usarse como material escultórico o bien como medio para aplicar pintura y generar trazos interesantes

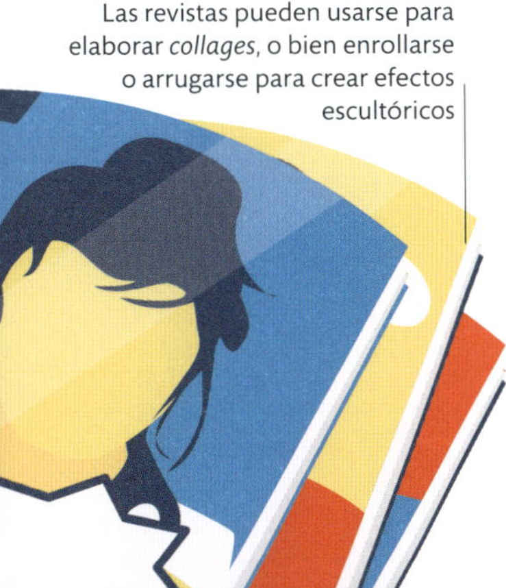

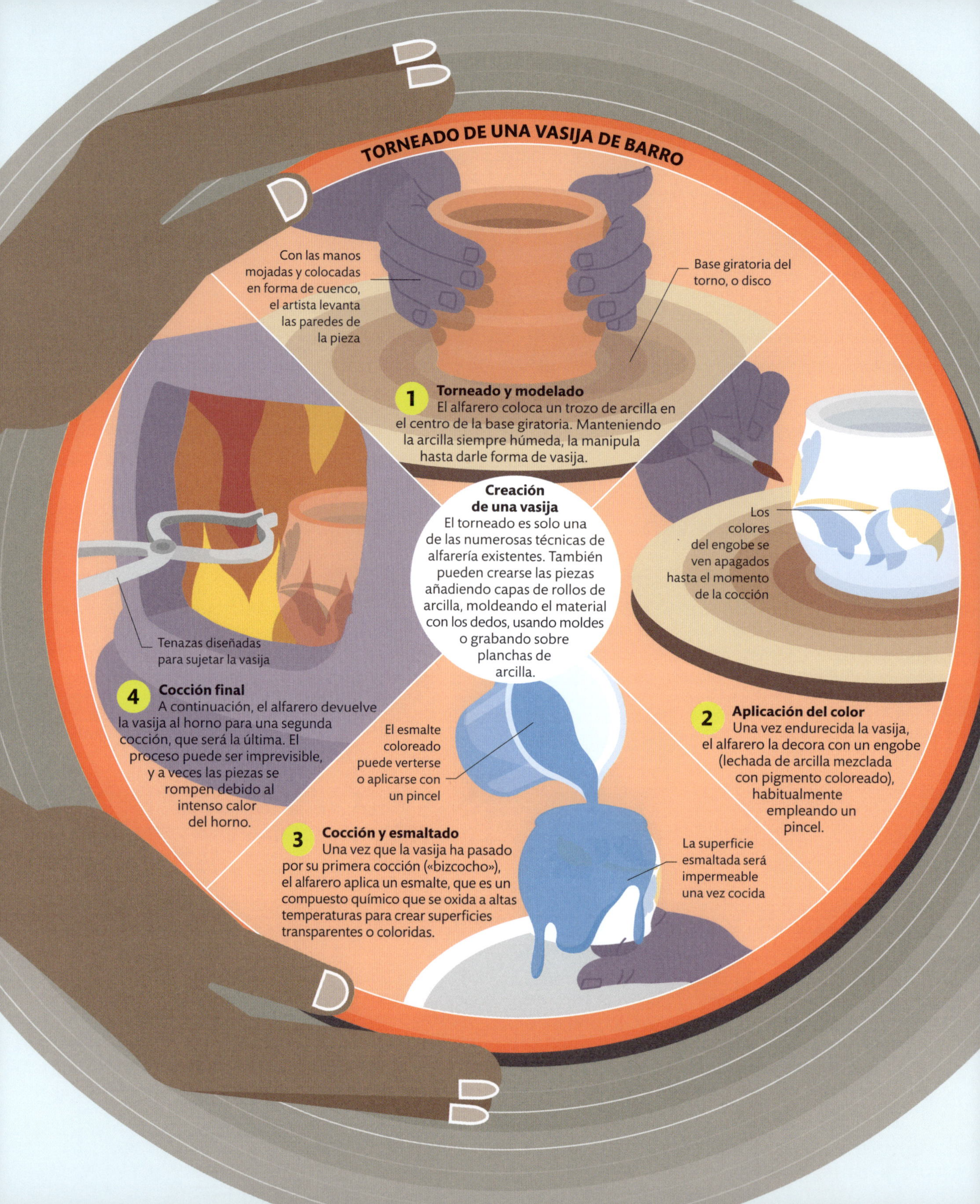

TORNEADO DE UNA VASIJA DE BARRO

Con las manos mojadas y colocadas en forma de cuenco, el artista levanta las paredes de la pieza

Base giratoria del torno, o disco

1 Torneado y modelado
El alfarero coloca un trozo de arcilla en el centro de la base giratoria. Manteniendo la arcilla siempre húmeda, la manipula hasta darle forma de vasija.

Creación de una vasija
El torneado es solo una de las numerosas técnicas de alfarería existentes. También pueden crearse las piezas añadiendo capas de rollos de arcilla, moldeando el material con los dedos, usando moldes o grabando sobre planchas de arcilla.

Los colores del engobe se ven apagados hasta el momento de la cocción

Tenazas diseñadas para sujetar la vasija

4 Cocción final
A continuación, el alfarero devuelve la vasija al horno para una segunda cocción, que será la última. El proceso puede ser imprevisible, y a veces las piezas se rompen debido al intenso calor del horno.

El esmalte coloreado puede verterse o aplicarse con un pincel

2 Aplicación del color
Una vez endurecida la vasija, el alfarero la decora con un engobe (lechada de arcilla mezclada con pigmento coloreado), habitualmente empleando un pincel.

La superficie esmaltada será impermeable una vez cocida

3 Cocción y esmaltado
Una vez que la vasija ha pasado por su primera cocción («bizcocho»), el alfarero aplica un esmalte, que es un compuesto químico que se oxida a altas temperaturas para crear superficies transparentes o coloridas.

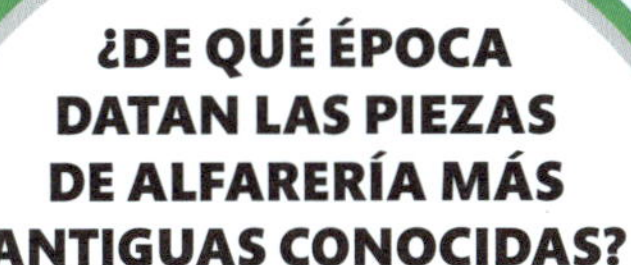

La cerámica

La cerámica se realiza modelando y dando forma a la arcilla, generalmente para obtener vasijas, como jarrones o recipientes, aunque también pueden realizarse esculturas o estatuillas. Luego, la arcilla se deja secar y se cuece en un horno especial, conocido como cámara de cocción u horno de cerámica, a temperaturas muy elevadas. Existen tres tipos principales de cerámica: la loza, el gres y la porcelana.

Loza y gres

La loza se cuece a temperaturas de hasta 1150 °C, posee una superficie ligeramente porosa y requiere del uso de un esmalte para ser impermeable y duradera. Más allá del arte, se utiliza para fabricar objetos como macetas y tejas. El gres se cuece a temperaturas más elevadas, hasta 1250 °C, lo que hace que la arcilla adquiera una calidad casi vidriosa. Las piezas de gres, como por ejemplo las ollas, son aptas para usar en la cocina.

La cerámica a lo largo del tiempo

Los seres humanos llevan miles de años fabricando objetos decorativos y funcionales de arcilla, desde los *Guerreros de Terracota* de la dinastía Qin (véase pág. 167) hasta las cerámicas de Staffordshire, de estilo inconfundible. A partir de mediados del siglo xx, la cerámica y la alfarería empezaron a considerarse formas de expresión artística. Entre sus técnicas decorativas se cuentan la pintura, en la que se aplica el color mediante un pincel; la incisión, que consiste en grabar la decoración sobre la superficie blanda, y el vertido, en el que se vierte pintura sobre la pieza para crear patrones.

¿DE QUÉ ÉPOCA DATAN LAS PIEZAS DE ALFARERÍA MÁS ANTIGUAS CONOCIDAS?

Se cree que los fragmentos de alfarería hallados en una cueva de la provincia de Jiangxi, en el sur de China, tienen unos 20.000 años.

LOS COMERCIANTES EUROPEOS LLAMARON «ORO BLANCO» A LA PORCELANA

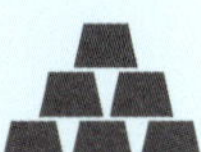

LOS SECRETOS DE LA PORCELANA

El *petunsé* (piedra china) y el caolín (arcilla china blanca) se mezclan, se moldean y se cuecen a más de 1250 °C para obtener una cerámica resistente y vítrea. Su composición química (véase más abajo) se mantuvo en secreto durante años.

AU5INPD4

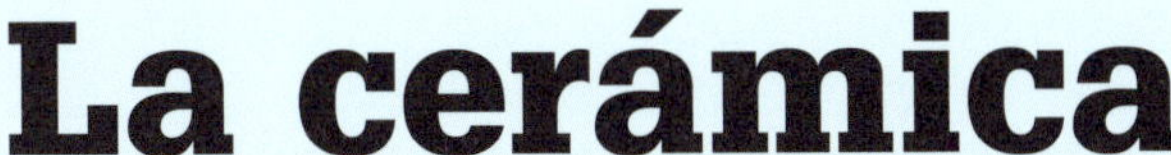

Porcelana china
Se desarrolló en China durante las dinastías Tang (618-907 d. C.), Song (960-1279 d. C.) y Ming (1368-1644 d. C.).

Azulejería otomana
Iznik, en la actual Turquía, produjo coloridos azulejos ornamentados en los siglos XVI y XVII.

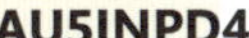

Alfarería de Staffordshire
Stoke-on-Trent ha sido durante 300 años el centro neurálgico de la alfarería inglesa. Fabricantes como Spode tienen su sede en esta ciudad.

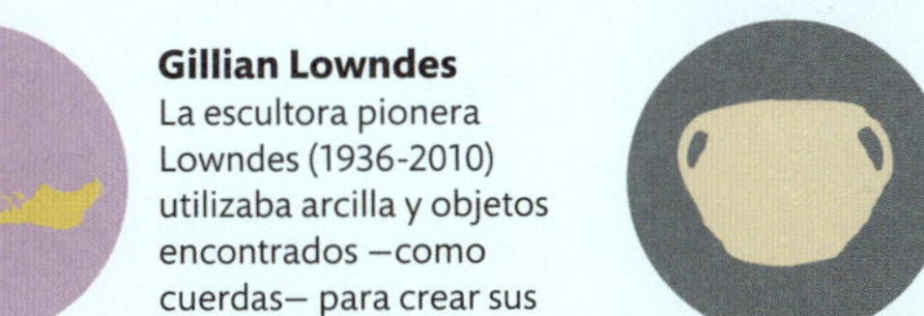

Gillian Lowndes
La escultora pionera Lowndes (1936-2010) utilizaba arcilla y objetos encontrados —como cuerdas— para crear sus esculturas.

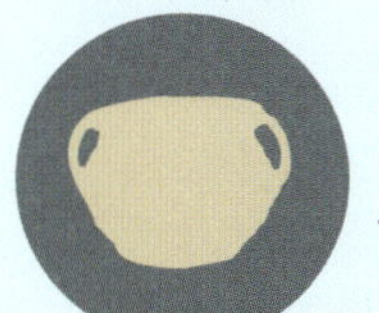

Shōji Hamada
Hamada (1894-1978) fue un célebre alfarero japonés que regentó un influyente taller en Mashiko.

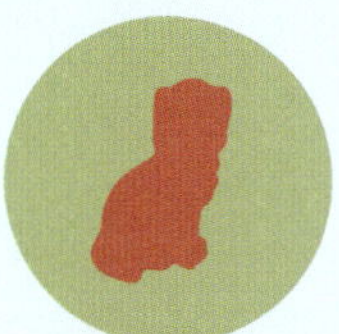

Ladi Kwali
Kwali (c. 1925-1984) fue una experta nigeriana en los métodos tradicionales de enrollado y modelado de arcilla para crear vasijas.

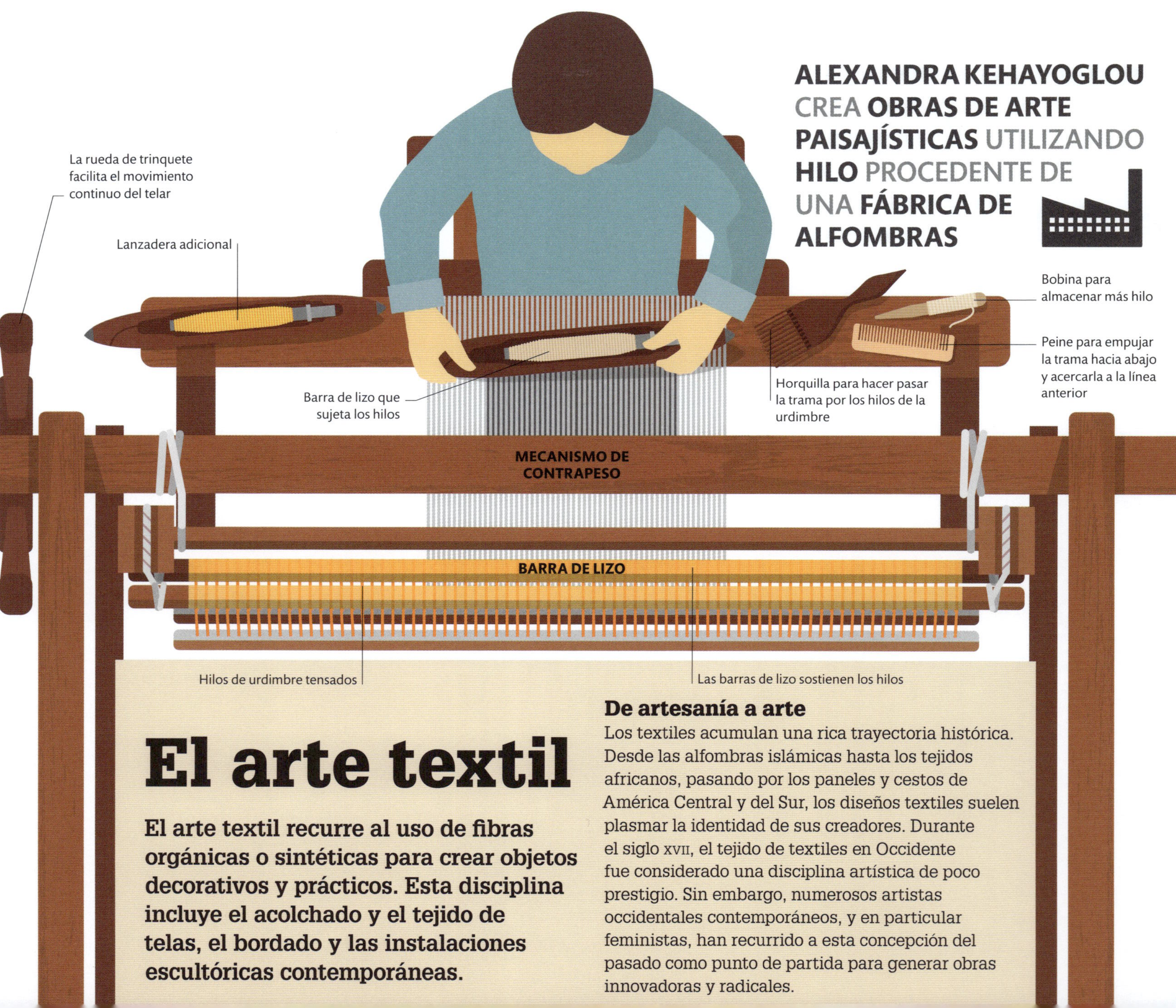

El arte textil

El arte textil recurre al uso de fibras orgánicas o sintéticas para crear objetos decorativos y prácticos. Esta disciplina incluye el acolchado y el tejido de telas, el bordado y las instalaciones escultóricas contemporáneas.

De artesanía a arte

Los textiles acumulan una rica trayectoria histórica. Desde las alfombras islámicas hasta los tejidos africanos, pasando por los paneles y cestos de América Central y del Sur, los diseños textiles suelen plasmar la identidad de sus creadores. Durante el siglo XVII, el tejido de textiles en Occidente fue considerado una disciplina artística de poco prestigio. Sin embargo, numerosos artistas occidentales contemporáneos, y en particular feministas, han recurrido a esta concepción del pasado como punto de partida para generar obras innovadoras y radicales.

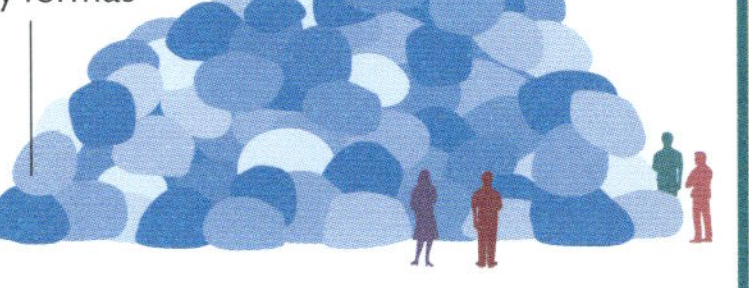

En el tejido de satén, material que ofrece un acabado brillante, la urdimbre pasa por encima de cuatro o más hilos de trama

SATÉN

La sarga, un tejido tradicional, presenta un patrón en diagonal en el que la urdimbre pasa por encima de dos hilos de la trama

SARGA

El tejido más sencillo es el tafetán, en el que la urdimbre y la trama se cruzan de forma regular en ángulo recto

TAFETÁN

El tejido de canasta presenta un cruce regular, en el que dos hilos de la urdimbre pasan por encima de dos hilos de la trama y viceversa

CANASTA

Tipos de tejido

El tejido es el proceso que permite transformar los hilos en tela. Los tejidos se confeccionan a partir de la urdimbre (vertical) y la trama (horizontal). El telar mantiene tensos los hilos de la urdimbre, mientras que el tejedor entrelaza los hilos de la trama de forma transversal, pasando por encima y por debajo de la urdimbre siguiendo un patrón en concreto según el tipo de tejido deseado. Los hilos de la trama, que son más flexibles, se mueven por encima y por debajo de los de la urdimbre, que son rígidos y estructurales.

SHEILA HICKS

Nacida en 1934, Hicks es una artista estadounidense conocida por crear grandes instalaciones de fibras coloridas con lana, hilos tejidos y lino. Tras aprender técnicas tradicionales de confección de tejidos y nudos en Chile y México, estudió con Josef Albers en Yale, donde tuvo oportunidad de conocer a Anni Albers, responsable de impartir clases sobre tejido en la Bauhaus.

Las instalaciones textiles a gran escala de Hicks llenan galerías enteras de texturas y formas

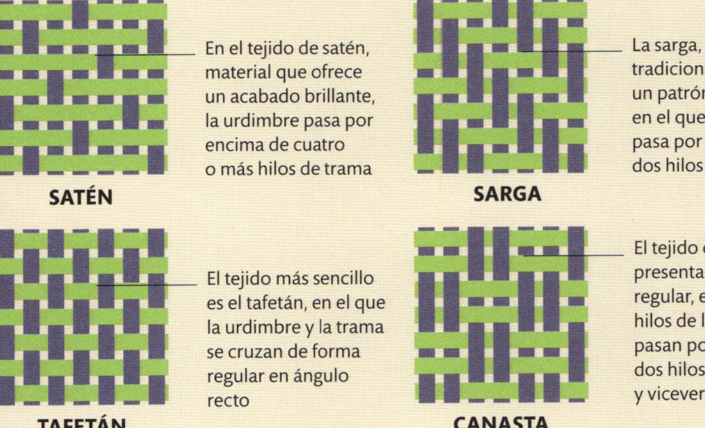

Traspasando fronteras
La obra de Sheila Hicks, inspirada por sus largos viajes, derriba las barreras entre arte, arquitectura y diseño.

El tejido como forma de disidencia

Los tejidos están vinculados a la política; por ejemplo, en el uso de banderas nacionales. Muchos artistas han recurrido al textil para expresar su disidencia política. Además, también puede ser una poderosa herramienta de protesta, ya sea vistiendo los colores de otra nación como gesto de apoyo o subvirtiendo las tendencias de la moda dominante, como ocurrió en el movimiento punk.

Tejido vaquero
Usado por los activistas del movimiento por los derechos civiles de la décaca de 1960.

Arpilleras
Confeccionadas por mujeres chilenas como forma de protesta.

Sindicatos
En Reino Unido son habituales los estandartes con diseños locales.

Artesanía *queer*
La *Colcha Conmemorativa del Sida* se tejió para recordar y honrar a los fallecidos.

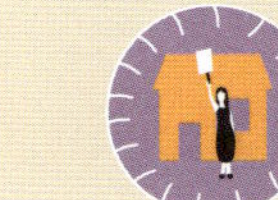

¿QUÉ ES EL BATIK?

El arte de elaborar telas de algodón decorativas mediante cera y tintes con con una herramienta similar a un bolígrafo, denominada *canting*, se desarrolló en Indonesia y también es muy habitual en el diseño textil africano.

Las artes en papel

El papel lleva empleándose como soporte para escribir, pintar, dibujar e imprimir desde hace unos 2000 años. En tiempos modernos, muchos artistas empezaron a recurrir al papel como medio expresivo en sí mismo.

Un medio dinámico

El papel es dinámico y variable. Puede trabajarse como forma escultórica mediante el corte, el plegado, el repujado, la superposición o la ingeniería de papel, además de tratarse con un amplio repertorio de materiales, como lavados o pastas, para hacerlo maleable y darle textura. Incluso en los dibujos a grafito o tinta, puede aprovecharse para generar resaltados. A continuación, se presentan algunos de sus usos culturales y artísticos más habituales.

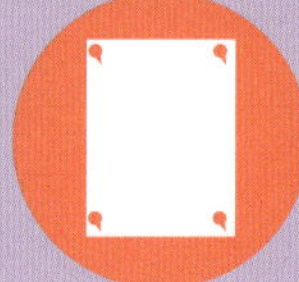

Carteles

El arte gráfico en papel y los carteles de propaganda política se colocan en espacios públicos.

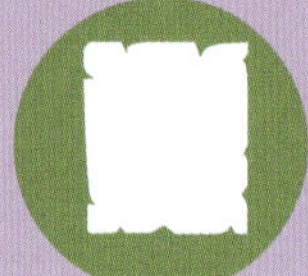

Papiros

En el antiguo Egipto, se confeccionaban mediante los tallos de una planta acuática del mismo nombre.

Papel prensa

El papel económico fabricado a partir de pulpa de madera mecánica es el adecuado para periódicos en grandes tiradas.

Papel pintado

Los primeros papeles pintados de calidad relativamente alta se produjeron mediante xilografía.

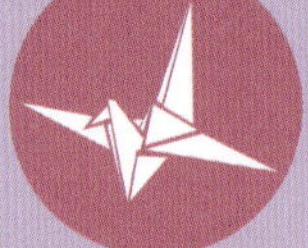

Origami

El antiguo arte japonés de doblar hojas de papel de colores para crear formas escultóricas sigue siendo muy popular en nuestros días.

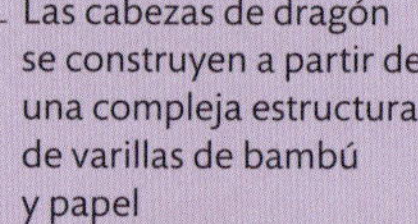

Las cabezas de dragón se construyen a partir de una compleja estructura de varillas de bambú y papel

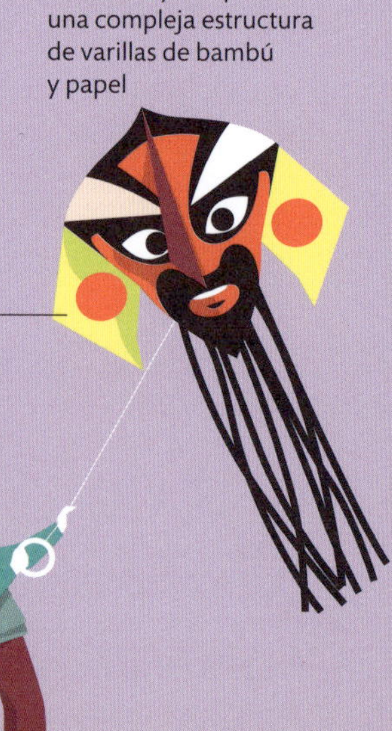

Las cometas suelen pintarse con colores vivos y llamativos

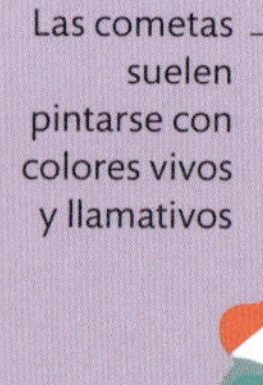

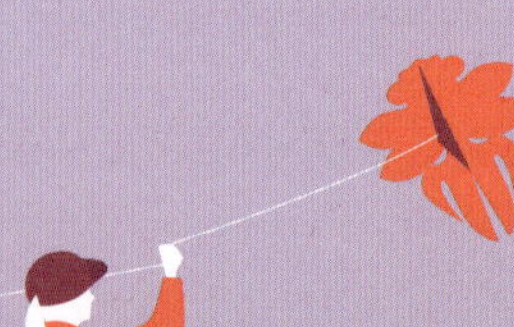

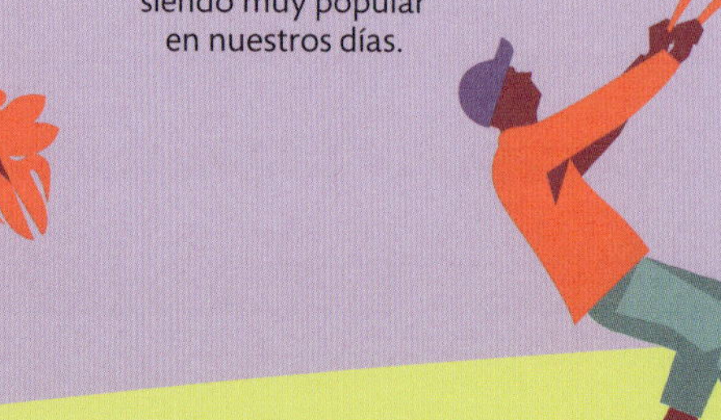

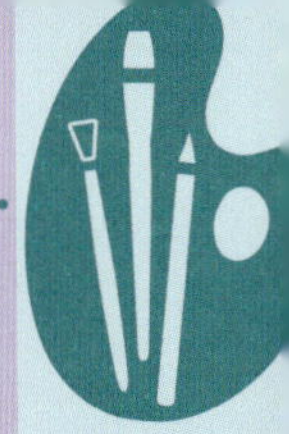

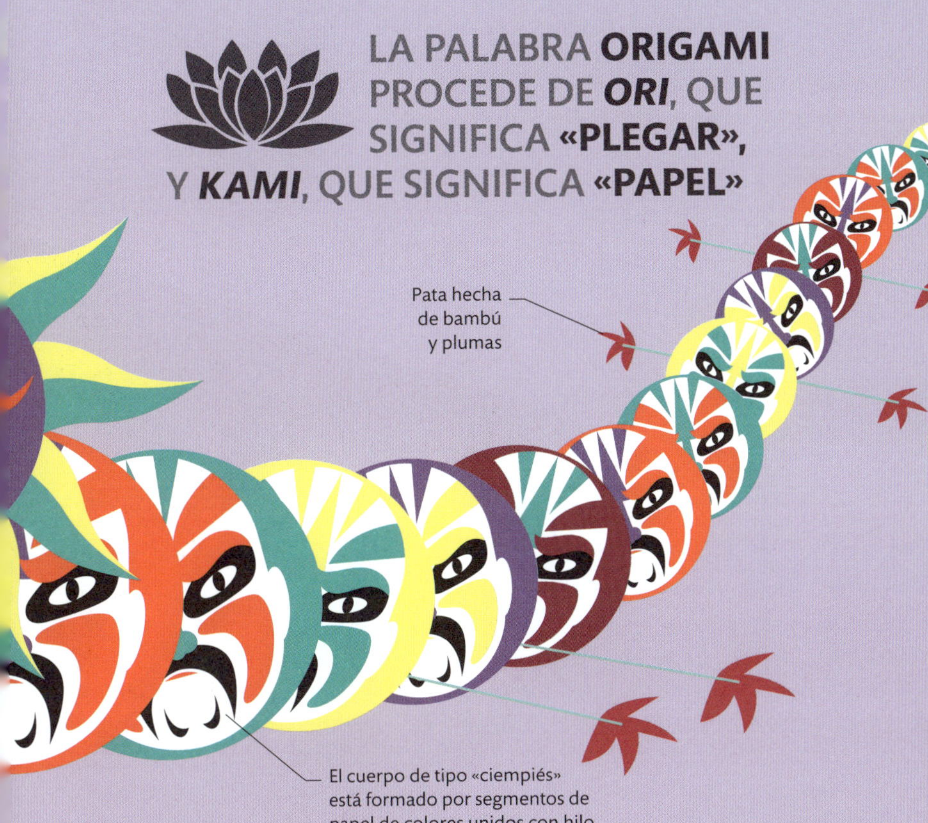

LA PALABRA **ORIGAMI** PROCEDE DE **ORI**, QUE SIGNIFICA «PLEGAR», Y **KAMI**, QUE SIGNIFICA «PAPEL»

¿QUÉ ES EL DÉCOUPAGE?

El *découpage* es el nombre de la técnica artesanal consistente en pegar recortes de papel decorativo sobre objetos o superficies. Se ha usado a menudo para decorar muebles e interiores.

Cometa china de papel
En China, las cometas y faroles festivos, que a menudo adoptan forma de pájaros o dragones, se han confeccionado tradicionalmente con papel y bambú, sobre todo durante las dinastías Ming (1368-1644) y Qing (1644-1912).

Arte moderno e innovador

A partir de la Segunda Guerra Mundial, numerosos artistas modernos y contemporáneos empezaron a trabajar el papel de formas innovadoras. Algunos ejemplos son la artista brasileña Mira Schendel, especialista en crear esculturas —a las que llamaba *droguinhas* — a partir de papel de arroz húmedo y anudado; Robert Rauschenberg, que utilizaba periódicos para crear obras a caballo entre pintura y escultura (denominadas *Combinaciones*), y Mark Bradford, que recurre a papel obtenido de carteles callejeros y peluquerías.

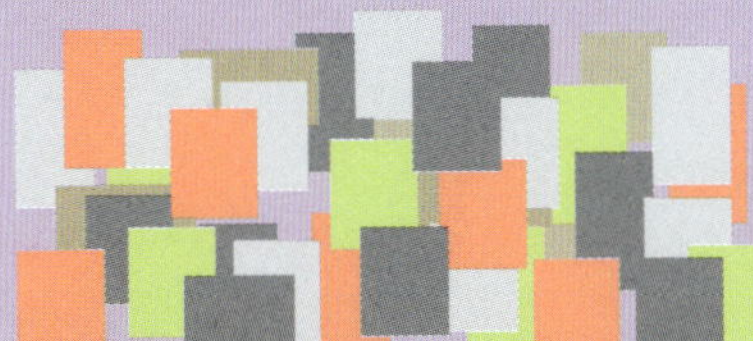

Materiales encontrados
Mark Bradford recopila los «papeles de desecho» de las peluquerías para crear pinturas abstractas que reflejan su infancia y juventud como peluquero.

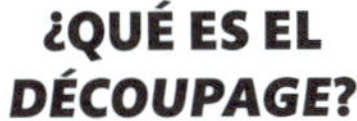

Droguinhas
Las droguinhas de Mira Schendel, algo así como «pequeñas nimiedades», recurren al papel de arroz para explorar la idea de lo efímero.

LIBROS DE ARTE

El libro de arte, una obra de arte en sí misma, funciona como el taller de un artista. Actualmente, los libros de arte pueden incluir compilaciones de dibujos, textos y grabados. Un ejemplo destacado de este tipo de obra es *Twentysix Gasoline Stations*, de Ed Ruscha.

Los tókenes no fungibles (NFT)

Un NFT es un dato único e intransferible que se
almacena en un registro digital público y que sirve
como certificado de propiedad de una obra de arte
digital. Cualquier obra de arte que exista en formato
digital puede venderse como NFT. Si bien gracias
a ellos los artistas gozan de mayor autonomía a la
hora de comercializar su trabajo, también han sido
criticados por contribuir a la mercantilización del
arte y por su elevado consumo energético, poco
respetuoso con el medio ambiente.

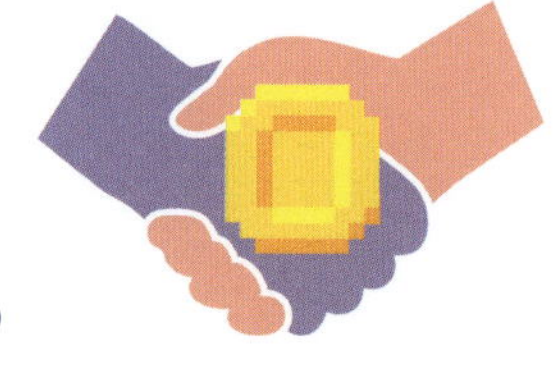

Intercambio digital
El registro digital, o cadena
de bloques, documenta la
procedencia del NFT para
impedir que esa unidad de datos
sea intercambiable (fungible).

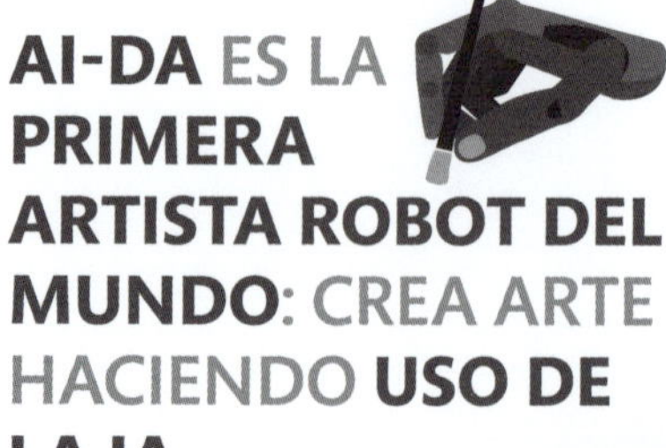

En los últimos años, numerosos artistas
han empezado a incorporar métodos
digitales a su trabajo. El artista
británico David Hockney, por
ejemplo, «pinta» con su iPad,
eligiendo entre los distintos trazos
digitales disponibles. Sus pinturas del
paisaje de West Yorkshire, por ejemplo,
son fruto del uso de esta tecnología.

El artista selecciona
y ajusta los colores
desde la paleta
mostrada en pantalla

El arte digital

El término «arte digital» puede hacer referencia a cualquier
obra creada mediante tecnología digital o informática. Su producción
o exhibición depende del uso de *hardware* o *software*. Así, puede
tratarse de obras hechas por ordenador, proyectadas en la pantalla
de una galería o realizadas mediante impresión 3D. En la actualidad,
algunas obras digitales expuestas en galerías también son
interactivas y permiten la participación del público.

El artista puede
seleccionar entre las
distintas pinceladas
digitales disponibles

Nuevos medios

Los primeros experimentos se llevaron a cabo en la década
de 1950 y estaban muy cerca del tejido, dado que los
telares también pueden «programarse» mediante tarjetas
perforadas. Con la llegada de los ordenadores domésticos
e Internet, el arte digital, o «arte de los nuevos medios»,
fue generalizándose. Hoy en día, numerosos artistas
recurren a plataformas como Instagram y YouTube para
reflexionar sobre los procesos digitales de transmisión
de información y para criticar aspectos de la vida
contemporánea, la política y la cultura del consumo.

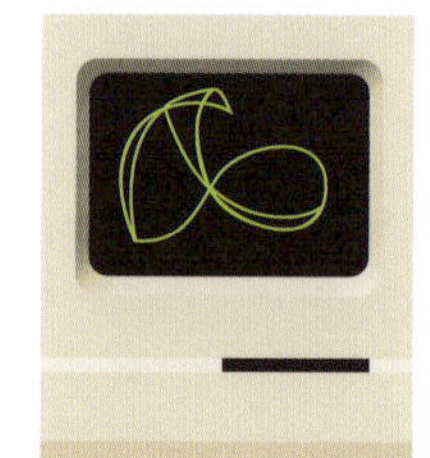

Arte digital temprano
A mediados de la década
de 1990, los primeros artistas
digitales empezaron a crear
obras en la incipiente Internet,
a menudo recurriendo al uso
de programas interactivos.
Este movimiento, denominado
arte en red, eludía los espacios
tradicionales de las galerías.

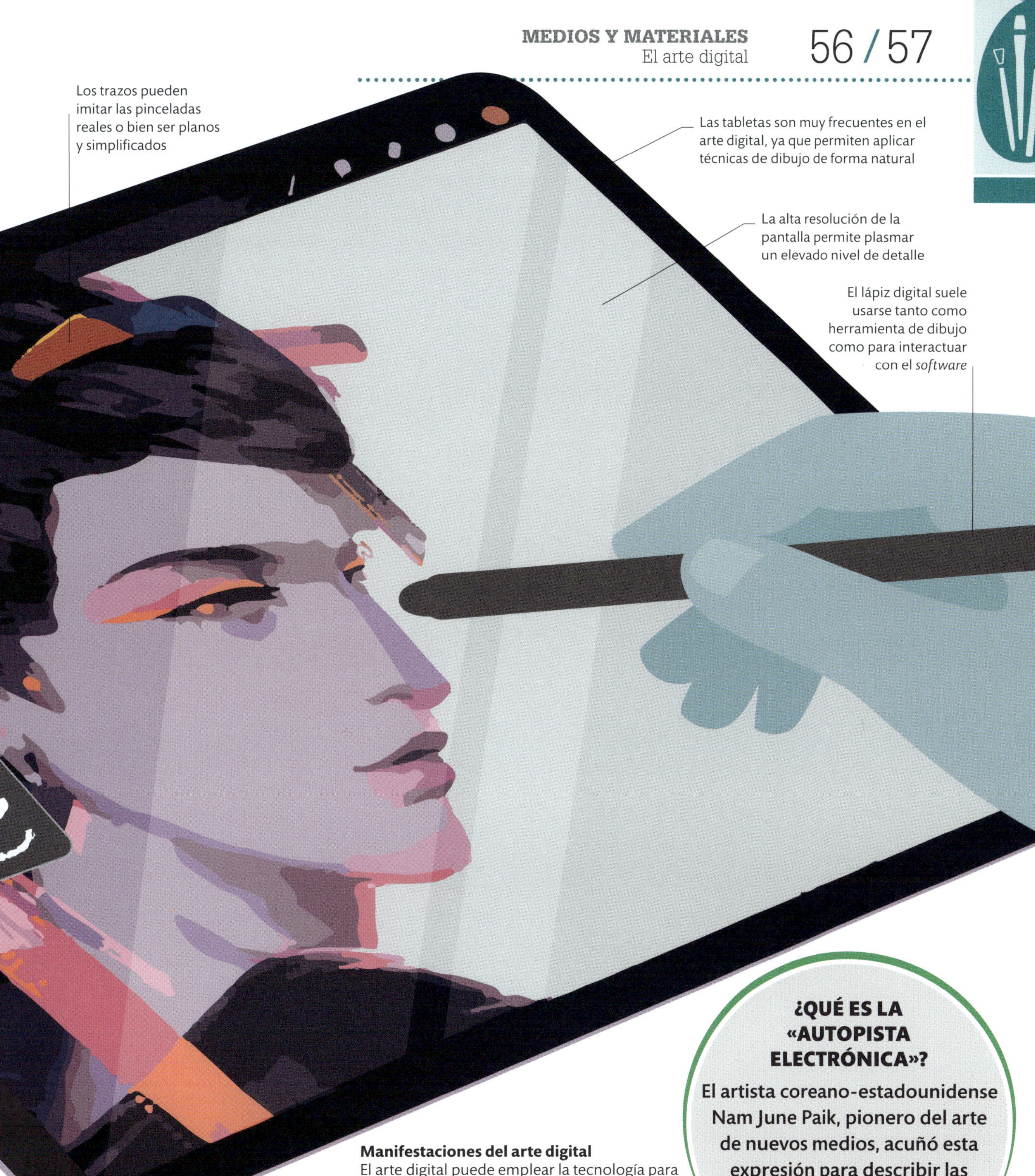

Manifestaciones del arte digital
El arte digital puede emplear la tecnología para imitar las artes materiales del dibujo y la pintura, o bien utilizar la programación como medio en sí mismo. Así, por ejemplo, los artistas digitales trabajan con imágenes en movimiento e incorporan cine y vídeo digitalizados a sus obras.

¿QUÉ ES LA «AUTOPISTA ELECTRÓNICA»?

El artista coreano-estadounidense Nam June Paik, pionero del arte de nuevos medios, acuñó esta expresión para describir las comunicaciones digitales en la red.

El arte mural

Los murales son obras de arte a gran escala, por lo general pinturas o mosaicos, presentes en palacios reales, edificios gubernamentales, recintos sagrados, espacios públicos y viviendas particulares. El contexto de exposición de cada mural determina su contenido y estilo.

1 Preparación de la superficie
El artista prepara la superficie de la pared con capas de yeso, que se dejan secar y luego se cepillan hasta que quedan limpias.

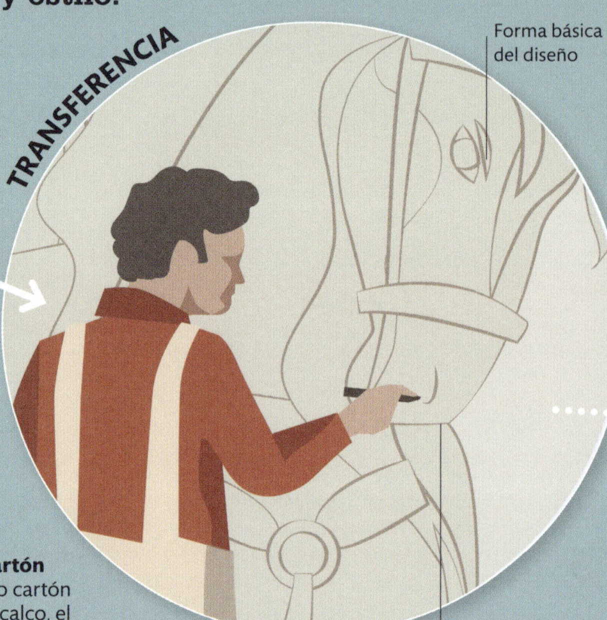

2 Transferencia del cartón
Mediante un boceto o cartón a escala real sobre papel de calco, el artista traza el diseño sobre la pared. A continuación, aplica una última capa de yeso fresco en pequeñas porciones.

Muralistas mexicanos

En 1921, tras la Revolución Mexicana, el nuevo ministro de Educación del país, José Vasconcelos, patrocinó un programa de pintura mural en todo México que celebraba el poder de los trabajadores y la confluencia de las culturas indígena y latina. Sus artistas más destacados fueron José Clemente Orozco, David Alfaro Siqueiros y Diego Rivera (marido de la artista Frida Kahlo). Rivera trabajó en numerosos frescos, entre los que destacan los del Palacio Nacional de la Ciudad de México. En la década de 1930, se encargó a varios muralistas mexicanos la realización de obras en los Estados Unidos, algunas de las cuales resultaron muy controvertidas.

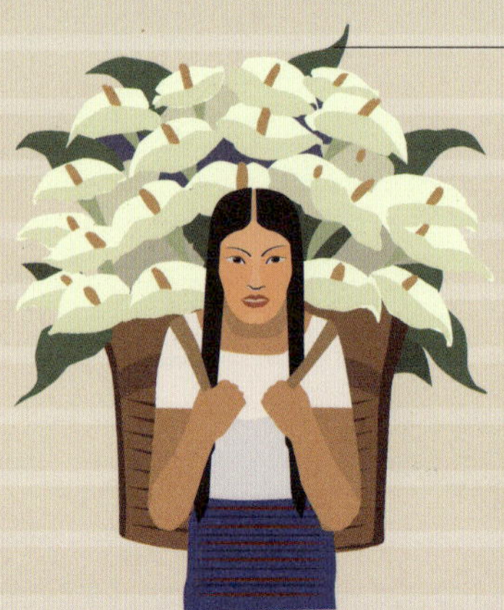

Se representaban temas históricos recurriendo a estilos modernos y audaces

Una nueva mirada a la historia
Aunque la nueva oleada de murales se centraba principalmente en los temas históricos, los artistas bebieron de varias influencias modernas, incluidos el modernismo europeo, el cubismo (véase págs. 204-205) y el expresionismo (véase págs. 202-203).

La grandiosidad de los murales

Los murales pueden pintarse en las paredes interiores o exteriores de los edificios. Los artistas deben diseñarlos pensando en su integración con el entorno, trabajando con la arquitectura y la luz disponible para complementar la función del espacio en cuestión. Los murales reflejan la historia, la política y los valores de un lugar concreto. La técnica del *buon fresco*, que consiste en la aplicación de pigmento sobre yeso húmedo antes de que este se seque, se desarrolló en la antigua Grecia. Hoy en día, varios artistas pueden trabajar en equipo para completar murales complejos.

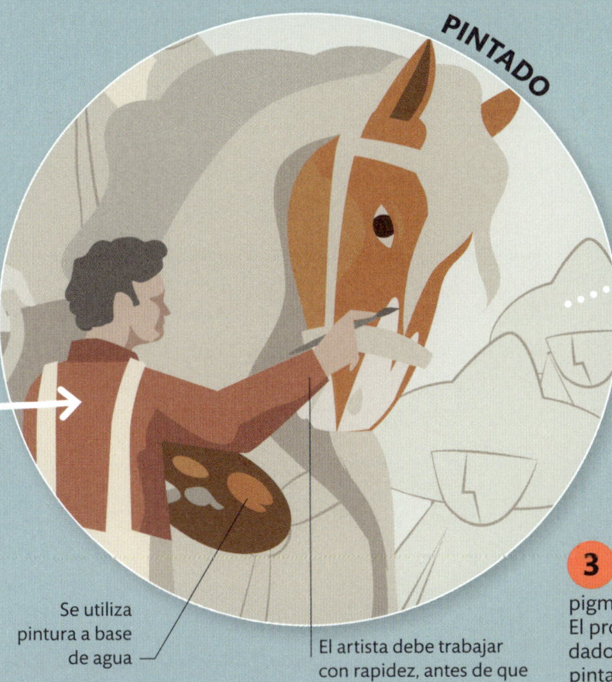

PINTADO

FIJADO

Se utiliza pintura a base de agua

El artista debe trabajar con rapidez, antes de que el yeso se seque

El color queda sellado mediante la aplicación de yeso seco

4 Secado y retoque
El pigmento se va fusionando con el yeso a medida que se seca, lo que integra la pintura en la pared y convierte al fresco en una obra extremadamente duradera. Una vez seco, podrán añadírsele retoques, aunque su resistencia será muy inferior.

3 Pintado sobre yeso húmedo
Trabajando con agilidad, el artista aplica pigmento a base de agua sobre el yeso húmedo. El proceso de pintado se lleva a cabo por secciones, dado que el yeso tiene que estar húmedo para pintarlo y se seca de forma rápida.

INSPIRACIÓN ITALIANA

Algunas de las mejores obras conservadas del Renacimiento italiano (véase págs. 176-177) son frescos, entre los que se cuentan obras de Masaccio y Fra Angelico en Florencia, y de Michelangelo y Raffaello en la Ciudad del Vaticano. Los pintores venecianos no crearon frescos debido a la humedad de Venecia, ya que el yeso no se secaba correctamente.

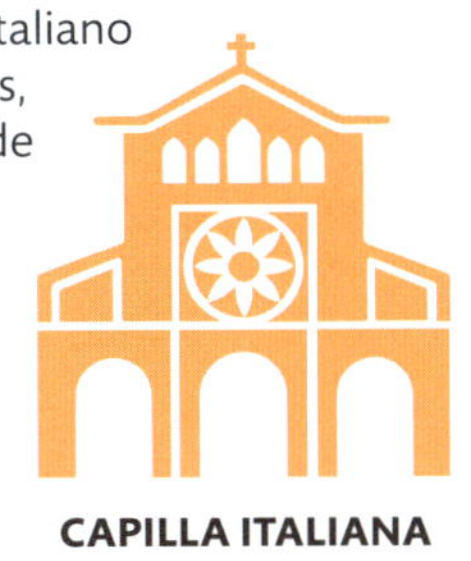

CAPILLA ITALIANA

¿CUÁNTO TIEMPO TARDÓ MICHELANGELO EN PINTAR LA CAPILLA SIXTINA?

Terminar la obra le llevó un total de cuatro años, entre 1508 y 1512, debido a su gran escala y a las exigencias técnicas de la pintura al fresco.

Interactividad u observación

Las instalaciones suelen invitar a la interacción, y una vertiente concreta de este género, denominada «estética relacional», anima además al espectador a participar en la producción de la obra en calidad de experimento o acontecimiento social. En 1971, por ejemplo, Gordon Matta-Clark asó un cerdo bajo un puente de Nueva York y repartió 500 bocadillos elaborados con su carne como parte de la *performance*.

Al estilo de un parque infantil
En su oda a las relaciones humanas de 2012, Ann Hamilton invitaba al público a columpiarse para revivir su infancia.

INSTALACIONES DE ARTE AMBIENTAL

En la década de 1970, algunos Artistas, como Nancy Holt y Andy Goldsworthy, empezaron a crear instalaciones trabajando directamente con la tierra, excavándola y construyendo obras sobre ella, en un movimiento denominado arte ambiental.

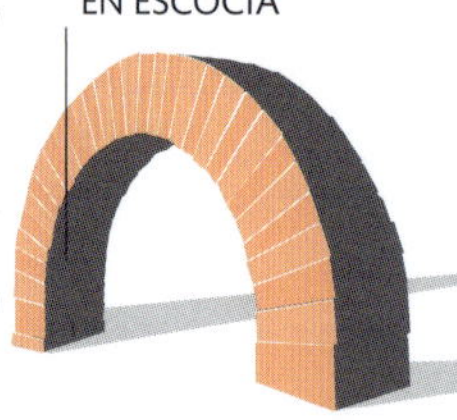

INSPIRACIÓN NATURAL

Las instalaciones

Una instalación es un entorno temporal o permanente en cuya creación interviene un amplio repertorio de materiales, herramientas y objetos y por el que se invita al espectador a moverse en una experiencia inmersiva.

Las primeras instalaciones fueron ideadas por artistas pacifistas durante la Primera Guerra Mundial.

Entre ellos se hallaban Marcel Duchamp y Kurt Schwitters, quien creó su *Merzbau*, un entorno repleto de escombros, en su vivienda de Alemania entre 1923 y 1937. En las décadas de 1950 y 1960, escultores, artistas performativos y artistas conceptuales empezaron a trabajar en instalaciones efímeras para desafiar el creciente mercantilismo del mundo del arte. El elemento distintivo de estas obras era su diseño restringido a un lugar en concreto, por lo que muchas no volvieron a realizarse y solo sobrevivieron en forma de fotografías. A partir de la década de 1990, sin embargo, las instalaciones dejaron de ser tan dependientes de su ubicación y numerosos artistas empezaron a trasladarlas por el mundo del arte globalizado.

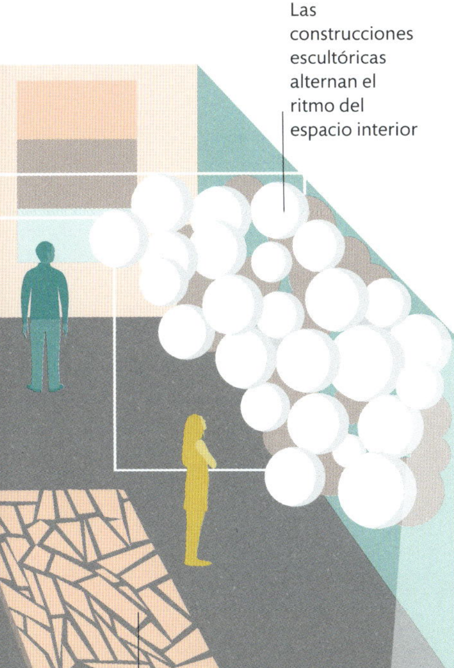

Las construcciones escultóricas alternan el ritmo del espacio interior

Las obras colocadas en el suelo captan la atención al interrumpir el recorrido del espectador

Entornos envolventes
Los espacios amplios permiten albergar obras a gran escala, como grandes espejos, obras lumínicas y hasta parques infantiles, que invitan a los visitantes a recorrer y explorar las exposiciones. Los efectos de luz y sonido también son habituales.

EL ARTISTA **ANDY GOLDSWORTHY** CREÓ **«SOMBRAS DE LLUVIA»** AL TUMBARSE BAJO LA **LLUVIA**

¿CÓMO CREARON YOKO ONO Y JOHN LENNON SU INSTALACIÓN?
La pareja permaneció en la cama de un hotel durante dos semanas en 1969 para una *performance* titulada *Encamadas por la paz*, en la que protestaban contra la guerra de Vietnam.

La *performance*

En la década de 1970, el predominio modernista de la pintura y la escultura dio paso a formas artísticas más diversas, en las que los artistas trabajaban con un amplio abanico de medios. La *performance*, manifestación que a menudo dependía de los gestos corporales —tanto del artista como de otras personas— en el espacio expositivo, fue de gran importancia en este período.

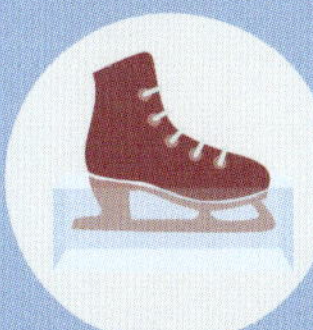

Laurie Anderson
Esta artista fue la pionera de la *performance* en Nueva York; en una ocasión, llevó unos patines con las cuchillas congeladas en bloques de hielo mientras tocaba un violín.

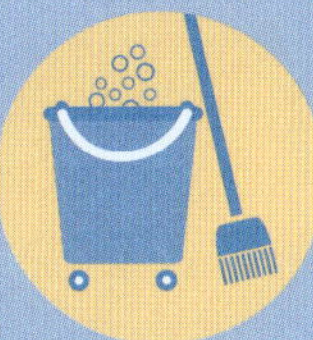

Mierle Laderman Ukeles
Ukeles cuestionó el rol doméstico tradicionalmente asignado a la mujer al enfocarse en el «trabajo de mantenimiento» en la sociedad.

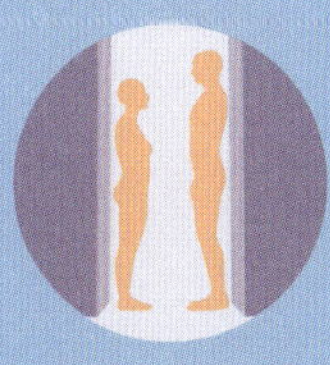

Marina Abramović
Abramović utiliza su cuerpo en *performances* interactivas: en *Imponderabilia* (1977), los espectadores deben abrirse paso entre cuerpos desnudos.

Joseph Beuys
En 1972, el artista ofreció una charla informal de seis horas y media sobre democracia en la Tate mientras dibujaba con tiza.

Tania Bruguera
La *Escuela de integración* (2019) de Bruguera ofrecía un ecléctico plan de estudio gratuito en el que se destacaba la diversidad.

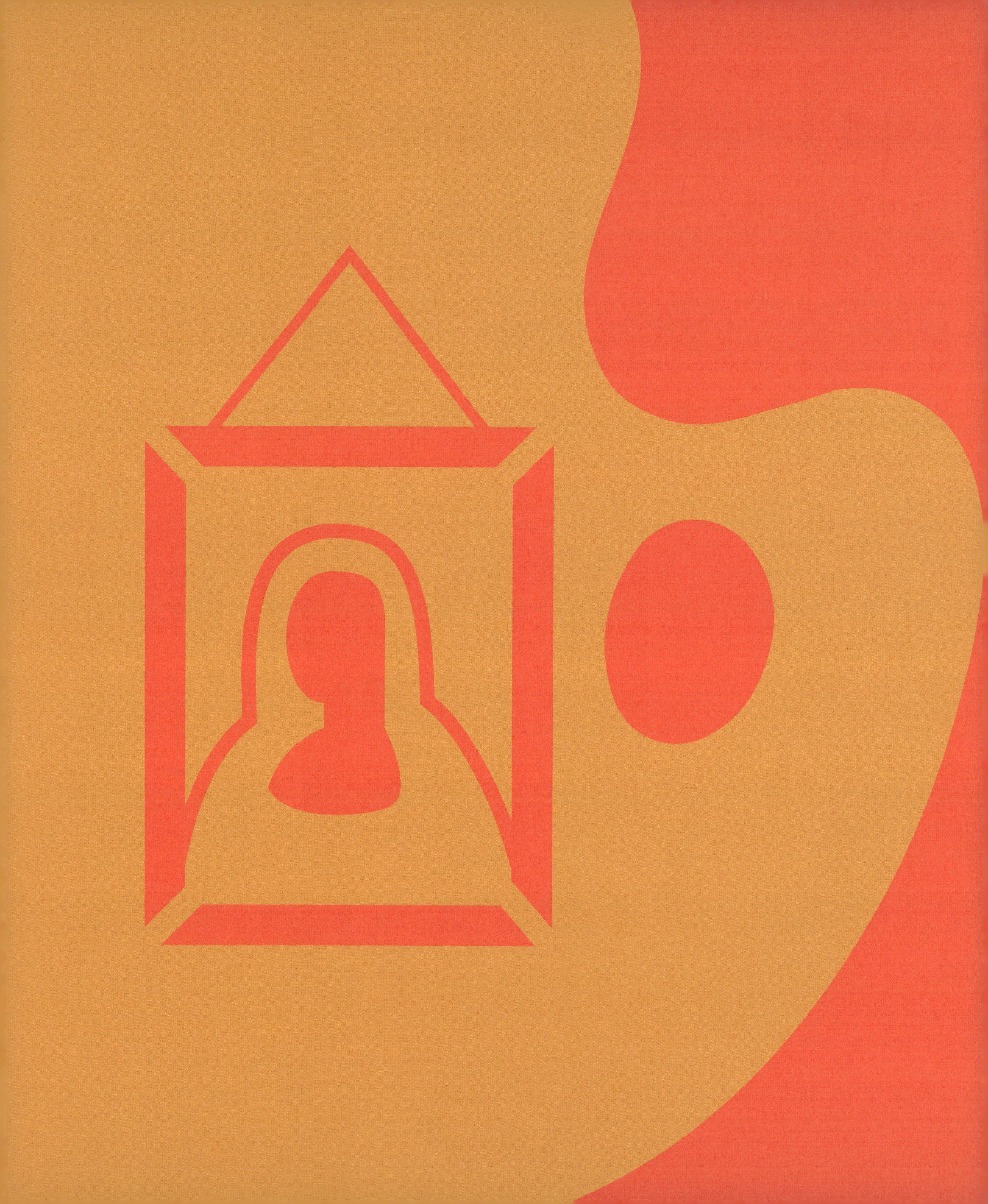

TEMAS
Y CATEGORÍAS

El retrato

Un retrato es una representación artística de una persona o un grupo de personas reales, y en la actualidad, aunque también pueda expresarse mediante otras manifestaciones artísticas, sigue siendo uno de los géneros más populares de la pintura. Retratos famosos como la *Mona Lisa* han cautivado y desconcertado al público durante siglos.

Parecido e identidad

Un retrato suele entenderse como una representación artística que capta la semejanza del modelo y transmite determinados aspectos de su identidad. A lo largo de la historia, algunos retratos han tenido un gran poder simbólico. Por ejemplo, en la antigua Roma, los bustos del emperador se enviaban por todo el imperio como sustitutos físicos del gobernante, extendiendo así su autoridad. Hoy en día, pese a que los teléfonos inteligentes facilitan la rápida toma y difusión de retratos fotográficos informales, aún hay quien posa ocasionalmente ante un retratista.

Los retratos a lo largo de la historia
El significado de un retrato está ligado a su función, la cual ha ido cambiando a lo largo de la historia. Así, han pasado de ser imágenes del poder divino o de la nobleza aristocrática a complejas exploraciones modernas de la subjetividad.

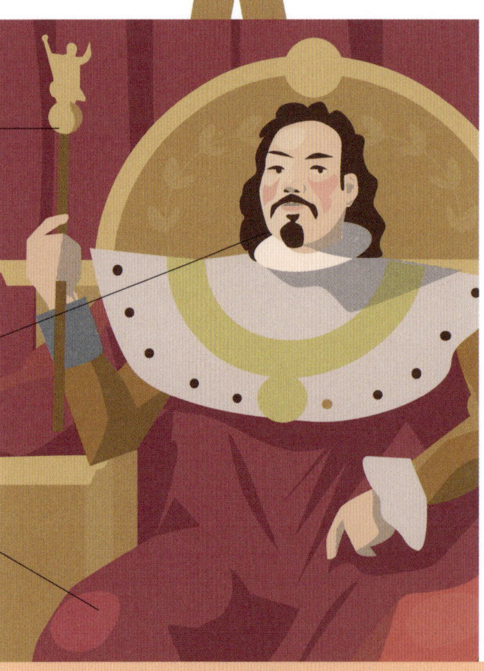

El cetro era un símbolo de autoridad divina del rey

Es posible que el parecido del modelo no se ajuste a la realidad

Las telas y atuendos lujosos indicaban el estatus social

Histórico
En la Europa medieval, los monarcas, nobles y figuras religiosas se representaban e identificaban mediante el uso de símbolos convencionales, como escudos de armas o atributos de santos, en lugar de reflejarse sus rasgos personales.

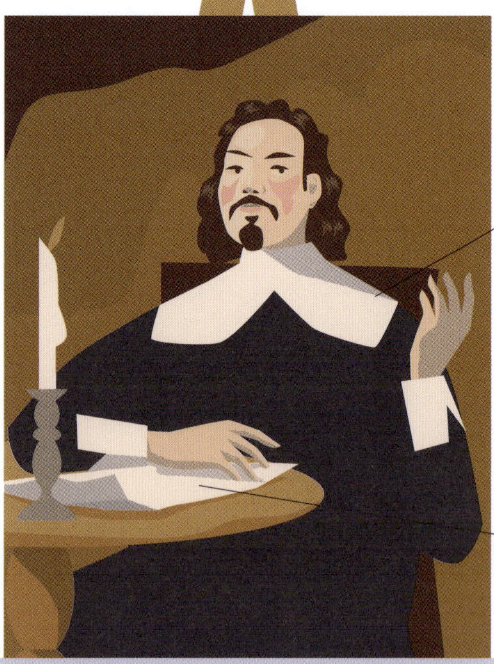

La vista de tres cuartos con el sujeto sentado era la más habitual para clérigos, académicos o científicos

Los libros podían simbolizar el conocimiento y la formación

Realista
A partir del siglo XVI, los artistas empezaron a prestar cada vez más atención a los rasgos personales de sus modelos, aunque la mayoría de los retratos seguían ajustándose a los formatos convencionales.

Técnicas y enfoques

Desde siempre, los retratistas han empleado un gran número de técnicas. Así, las galerías están repletas de retratos honoríficos, diseñados para enfatizar la dignidad y el poder del personaje en cuestión, piezas que suelen seguir convenciones formales establecidas: busto, medio cuerpo, tres cuartos y cuerpo entero. La caricatura es un tipo popular de retrato, usado de forma subversiva para burlarse de la autoridad política y otras figuras de poder, en el que se exageran y enfatizan algunos de sus rasgos faciales o corporales. El ambiente, la postura y el significado que pretenden transmitirse influyen en el impacto general de la obra.

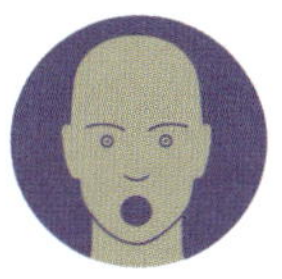

ACTITUD

POSE

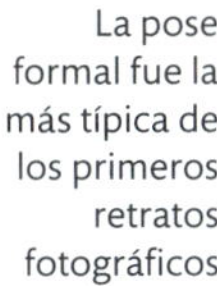

SIGNIFICADO

RETRATOS NO REPRESENTATIVOS

El artista cubano-estadounidense Félix González-Torres creó retratos a partir de montones de caramelos, cuyo peso total equivalía al del modelo, como una crítica a la crisis del sida. Cada espectador podía tomar uno de esos caramelos, de modo que el montón iba menguando poco a poco.

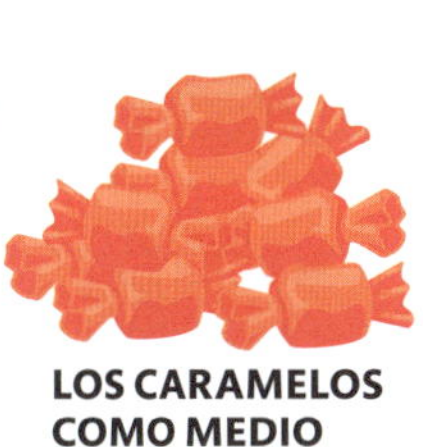

LOS CARAMELOS COMO MEDIO EXPRESIVO

EL RETRATO FLORECIÓ EN EL ANTIGUO EGIPTO HACE UNOS 5000 AÑOS

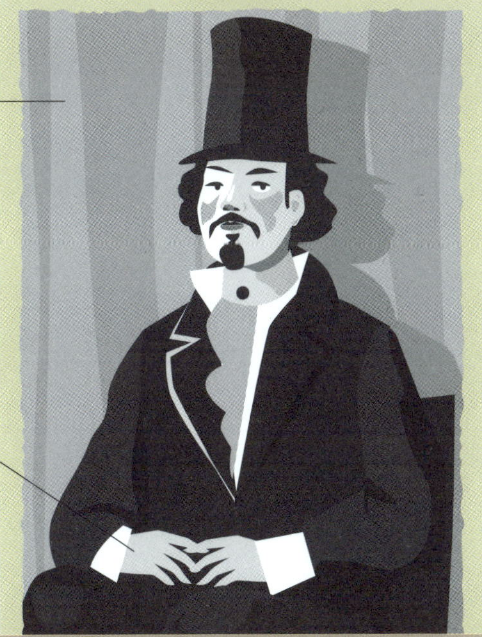

Los modelos solían posar ante fondos lisos

La pose formal fue la más típica de los primeros retratos fotográficos

Fotográfico
Los retratos fotográficos, popularizados durante la década de 1850, pueden parecer una representación objetiva del modelo. Sin embargo, tal y como sucede con la pintura, se basan en determinadas convenciones, como el encuadre o la pose.

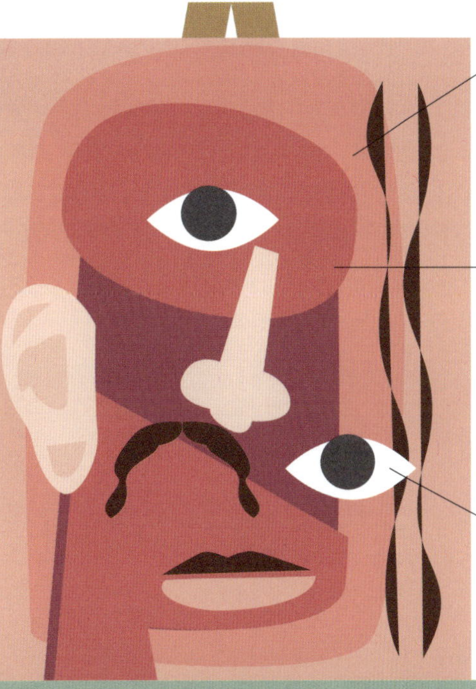

El modelo puede estar representado de formas irreconocibles

Se combinan varias formas simples para transmitir un parecido

Los rasgos faciales pueden presentarse en configuraciones extrañas

Deconstruido
El alejamiento de las representaciones realistas en el arte a partir de 1900 y la llegada del arte conceptual (véase págs. 216-217) dieron lugar a una forma moderna de retrato que evitaba el parecido naturalista de forma deliberada.

Temas religiosos

A lo largo de la historia, los artistas han recurrido a sus propios rostros para modelar los personajes presentes en sus pinturas narrativas bíblicas y mitológicas, incluso para representar a Cristo (es el caso de Dürer, célebre por su autorretrato del 1500). La «inserción» del artista en las pinturas religiosas podía tener varios objetivos: complacer a un mecenas en particular, plasmar la propia devoción del artista, transmitir un mensaje alegórico o, simplemente, aumentar el número de personajes en la escena

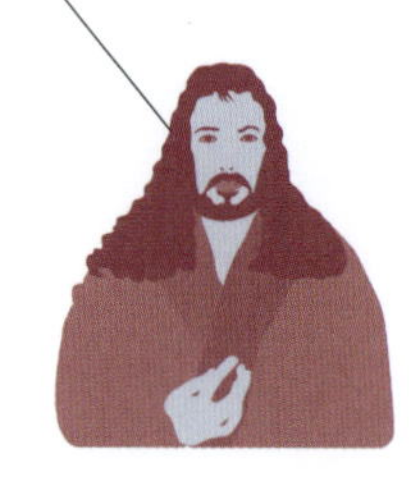

Pose de Cristo

Imagen mesiánica
Albrecht Dürer (1471-1528) fue un pintor pionero y prolífico autor de autorretratos que se retrató a sí mismo como una figura parecida a Cristo.

Rembrandt se pintó a sí mismo como un espectador

Escenas religiosas
Rembrandt van Rijn (1606-1669) pintó más de 80 innovadores autorretratos, entre los que se incluían escenas bíblicas.

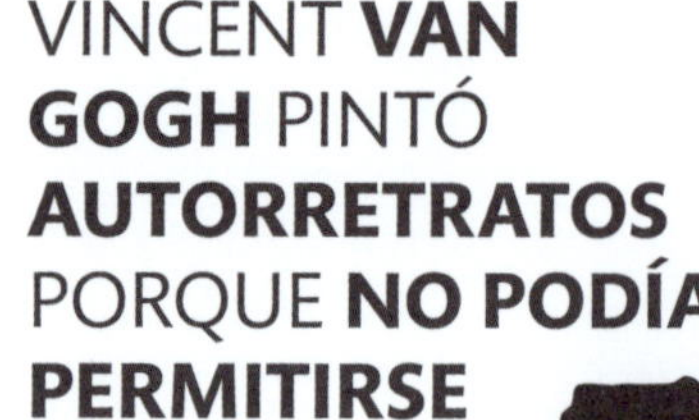

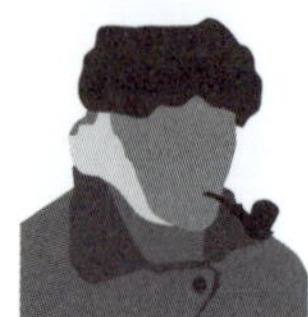

El autorretrato

Un autorretrato es el retrato que el artista hace de su propia figura. Este ejercicio, aparentemente sencillo, puede dar lugar a una gran variedad de estilos, convenciones representativas y medios, además de transmitir mensajes complejos.

La figura del artista

Los autorretratos surgieron como género artístico durante el Renacimiento (véase págs. 176-179), cuando los artistas empezaron a considerarse figuras importantes dotadas de atributos especiales, como la creatividad, la habilidad, la visión y el «genio». Los artistas insertaban autorretratos en escenas pintadas, a menudo como una figura entre la multitud que se giraba para mirar al espectador (véase más arriba). Desde entonces, los artistas han usado los autorretratos, ya sea para experimentar y desarrollar su propio estilo (la figura del artista es el modelo más fácil de obtener) como para reivindicar su estatus e intereses o para reflexionar sobre la subjetividad, la individualidad y la percepción.

Para realizar autorretratos, el artista debe recurrir a herramientas específicas. En el caso de la pintura, suele usarse un espejo. Para la fotografía química, en el pasado el artista debía mantener pulsado el disparador de la cámara. En la actualidad, basta con usar el temporizador. En el caso de la escultura, el artista puede trabajar a partir de fotografías.

Mediante el uso de un espejo, el artista puede convertirse fácilmente en modelo

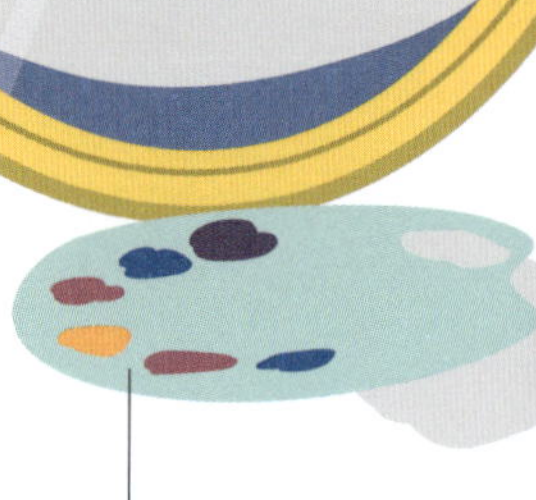

El reflejo de uno mismo
Se considera que muchos autorretratos desvelaban aspectos de la «verdadera» psicología del artista. En este sentido, pueden interpretarse como intentos de construir un yo artístico mediante la representación y de hallar significado a lo largo del propio proceso.

Para pintar su autorretrato, el artista recurre al espejo, el lienzo y la paleta

¿QUIÉN FUE EL AUTORRETRATISTA MÁS DESTACADO DEL SIGLO XX?

Frida Kahlo pintó alrededor de 55 autorretratos, muchos de los cuales abordaban temas relacionados con la subjetividad femenina y con la política e identidad mexicanas.

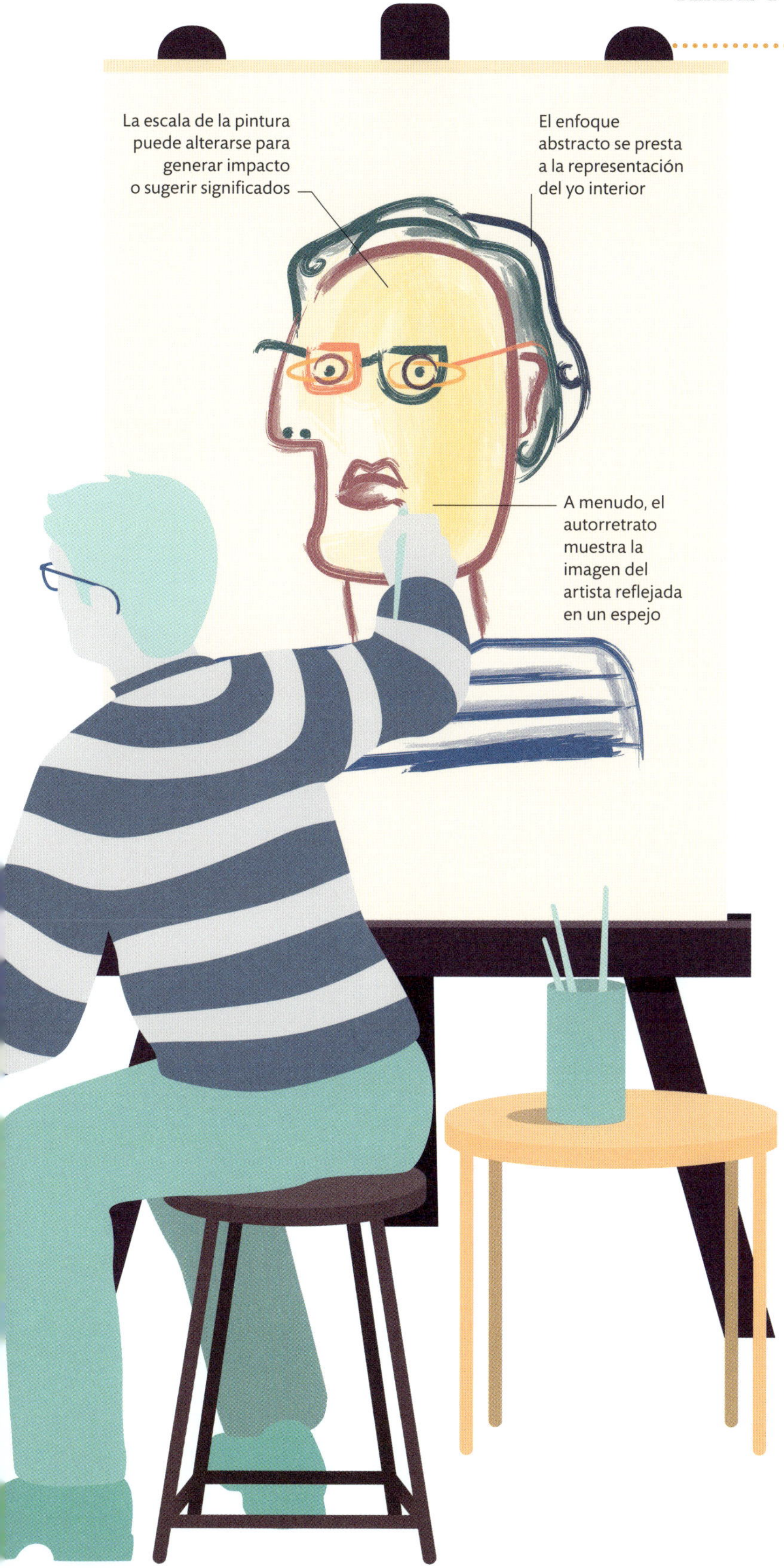

Otros tipos de autorretrato

Los autorretratos pueden adoptar formas muy diversas, desde semejanzas codificadas hasta representaciones abstractas o alegorías de uno mismo. A partir de inicios del siglo xx, los autorretratos alternativos fueron volviéndose cada vez más comunes y presentando nuevas formas.

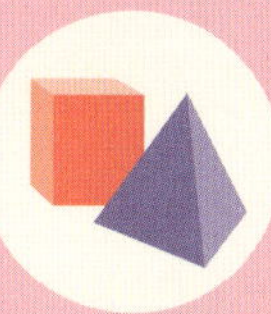

Escultura
Ego Geometria Sum, de Helen Chadwick, consiste en una serie de bloques de madera con fotografías de objetos significativos impresas en los lados.

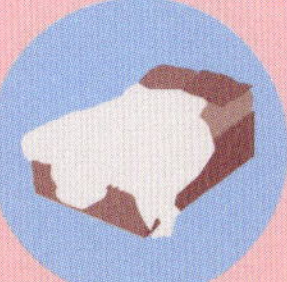

Objetos personales
En su instalación *Bed*, Tracey Emin expuso los residuos generados (ropa sucia, botellas de vodka vacías) tras un episodio de depresión.

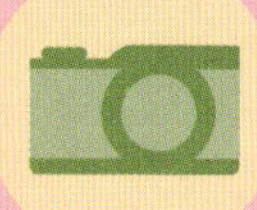

Fotografías
Oladélé Bamgboyé emplea exposiciones múltiples para aludir a la complejidad de la identidad construida en la diáspora africana.

SELFIS

Gracias a los teléfonos inteligentes y las cámaras digitales, la mayoría de las personas puede sacar buenos autorretratos (selfis) con facilidad. Los artistas han abordado cómo los selfis publicados en las redes sociales permiten crear identidades digitales relativamente autónomas. En su obra *Excellences & Perfections*, la fotógrafa Amalia Ulman «escenificó» en Instagram un cambio de estilo de vida a lo largo de varios meses retocando sus selfis mediante el programa Photoshop.

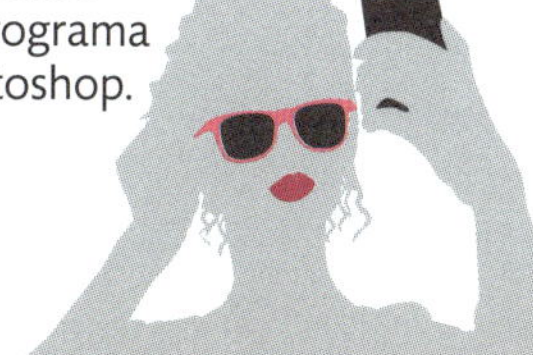

El dibujo del natural

La práctica del dibujo de observación con modelos humanos desnudos o semidesnudos se conoce como *dibujo del natural*. A partir del siglo xv, los alumnos de las escuelas de arte empezaron a estudiar el dibujo del natural para mejorar su capacidad de representar el cuerpo humano de forma realista. El dibujo del natural sigue siendo una de las modalidades más comunes a la hora de practicar las habilidades artísticas.

El papel del modelo

El modelo es una parte esencial del proceso de dibujo del natural. Los modelos experimentados son capaces de mantener determinadas poses que muestran el cuerpo en tensión, lo que permite a los artistas observar sus músculos y tendones.

La pose puede ser realista o estilizada

La desnudez permite capturar la forma humana con claridad

La musculatura y los tonos de piel pueden plasmarse con precisión mediante estudios detallados

Las líneas esbozadas rápidamente transmiten una impresión general del físico y la forma de la figura

MODELO AL NATURAL

Observación de la figura humana

En el siglo xv, artistas renacentistas como Albrecht Dürer, Leonardo da Vinci y Michelangelo Buonarroti (véase págs. 176-179) empezaron a observar y dibujar figuras desnudas en un intento de comprender y reproducir lo que consideraban la obra más sublime de Dios: el cuerpo humano. Así, el dibujo de observación pasó a ser muy apreciado como método para reproducir lo divino y comprender la forma y la estructura y se convirtió en una asignatura troncal de la educación artística.

Enfoques y proceso

Los instructores pueden recurrir a un amplio repertorio de técnicas y materiales para desafiar y enriquecer la práctica del dibujo con el objetivo de perfeccionar las habilidades de observación y guiar a los alumnos hacia nuevas formas de plasmar sobre el papel lo que ven. En el dibujo del natural, el verdadero valor suele radicar en la exploración y en el propio proceso, por lo que este descubrimiento es más importante que el resultado final.

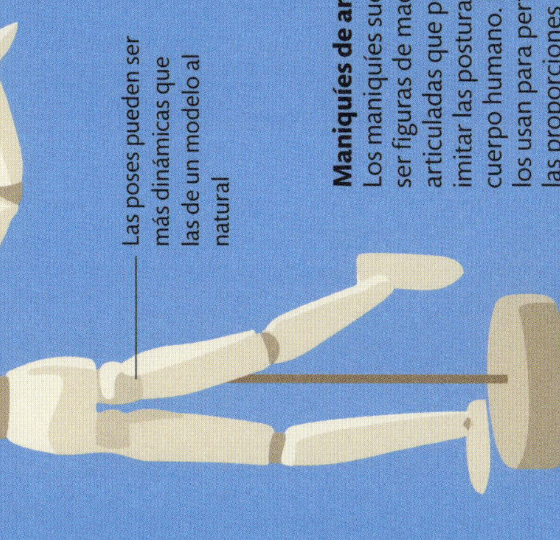

Maniquíes de artista
Los maniquíes suelen ser figuras de madera articuladas que permiten imitar las posturas del cuerpo humano. Los artistas los usan para perfeccionar las proporciones de las figuras que plasman.

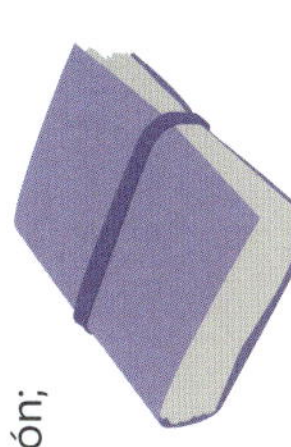

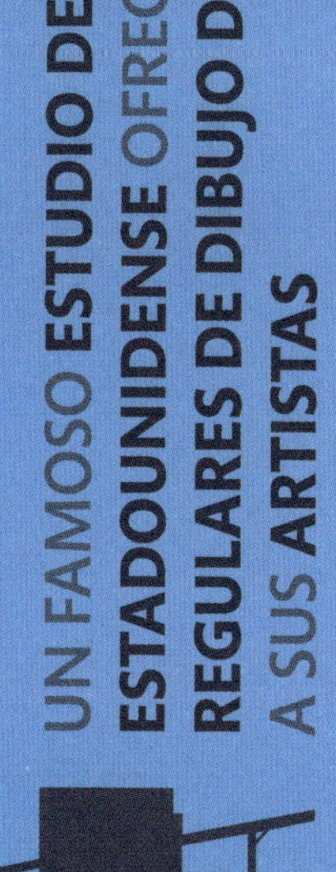

LOS CUADERNOS DE LEONARDO

Leonardo da Vinci dejó una gran cantidad de notas, diagramas científicos y bocetos de personas y animales en hojas de papel que, tras su muerte, se encuadernaron en tomos. Los extraordinarios dibujos del natural de Leonardo solían combinar observación y deducción; en ocasiones, aventuraba de forma imaginativa aspectos de la anatomía humana a partir de disecciones animales.

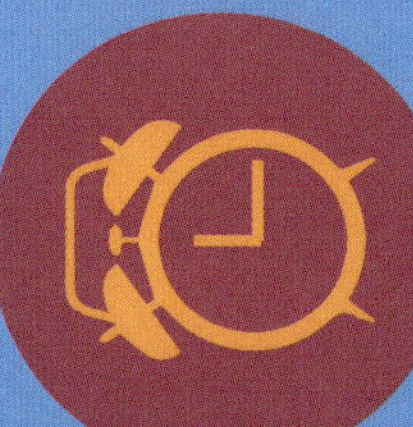

Dibujo rápido
Como ejercicio de calentamiento, el artista intenta dibujar al modelo con el mayor detalle posible en muy poco tiempo.

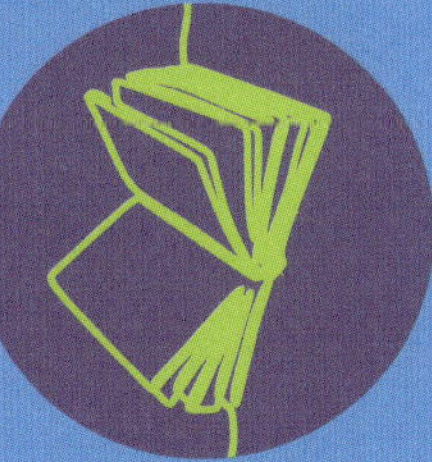

Lápiz continuo
El artista ejecuta un solo trazo largo y continuo, sin levantar el lápiz del papel, lo que da como resultado líneas superpuestas.

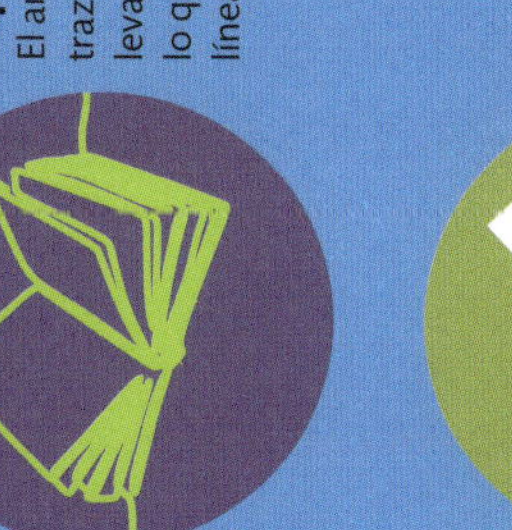

Dibujo «a ciegas»
Sin mirar el papel, el artista esboza la figura a partir de la observación de su forma y estructura.

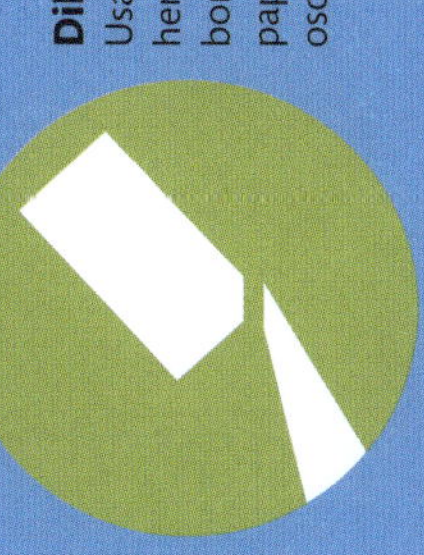

Dibujo con goma de borrar
Usando una goma de borrar como herramienta de dibujo, el artista borra las zonas sombreadas del papel y rellena los tonos más oscuros con un lápiz.

Palito y tinta
El artista moja un palito en tinta china y luego ejecuta trazos sobre el papel. La tinta puede correrse, lo que crea efectos curiosos.

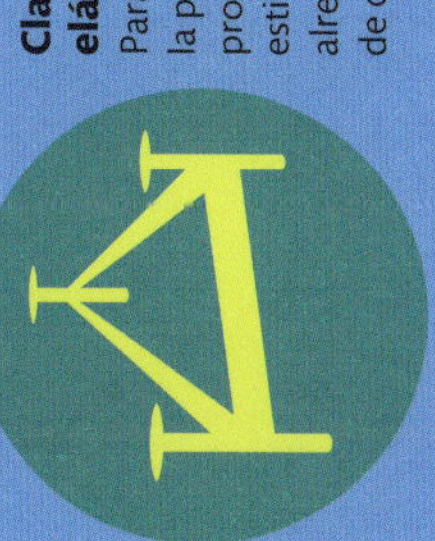

Clavos y gomas elásticas
Para ayudarse a calcular la perspectiva y la proporción, el artista estira gomas elásticas alrededor de una serie de clavos fijados al papel.

UN FAMOSO ESTUDIO DE ANIMACIÓN ESTADOUNIDENSE OFRECE CLASES REGULARES DE DIBUJO DEL NATURAL A SUS ARTISTAS

Naturaleza muerta y mortalidad

Tal y como su nombre indica, este género, también conocido como «bodegón», está fuertemente vinculado con el concepto de mortalidad. Las calaveras y otros *memento mori* (véase pág. 141) aparecen con frecuencia en las naturalezas muertas para recordar al espectador la fragilidad de la vida humana. Las vánitas incluían estos y otros símbolos, como el vino o los libros, para representar la vanidad de las actividades mundanas.

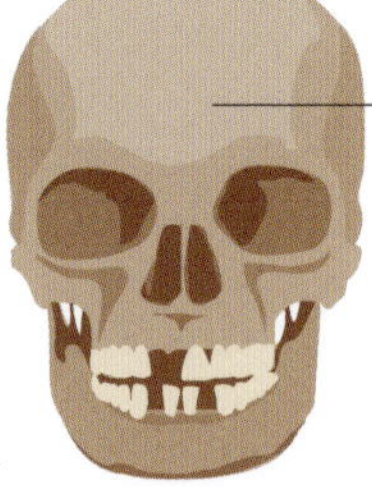

Las calaveras pueden yuxtaponerse con imágenes de excesos mundanos

Símbolos de la muerte
Calaveras, relojes de arena y velas son elementos habituales en las naturalezas muertas, como en *Los embajadores*, de Hans Holbein.

LAS **PRIMERAS NATURALEZAS MUERTAS** PROCEDEN DEL **ANTIGUO EGIPTO**

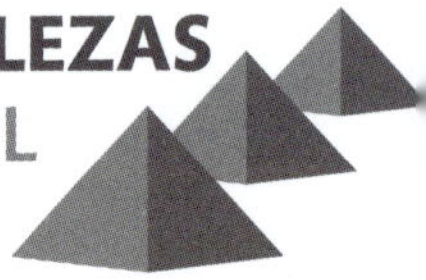

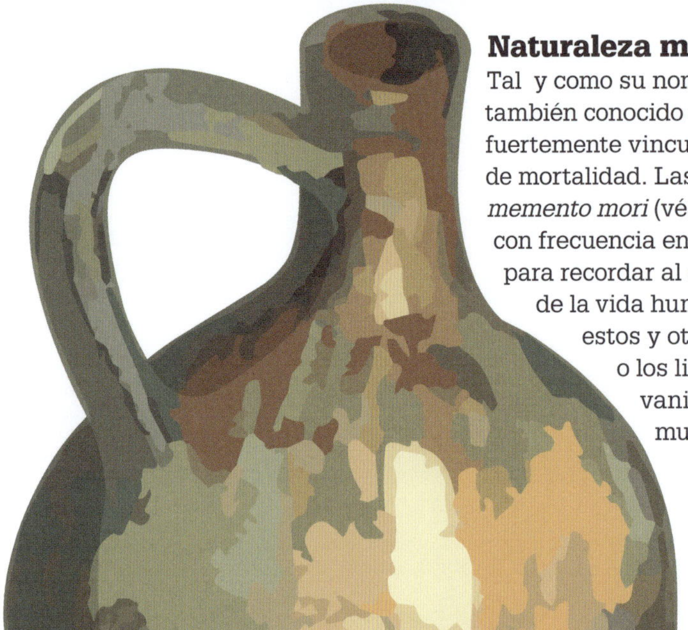

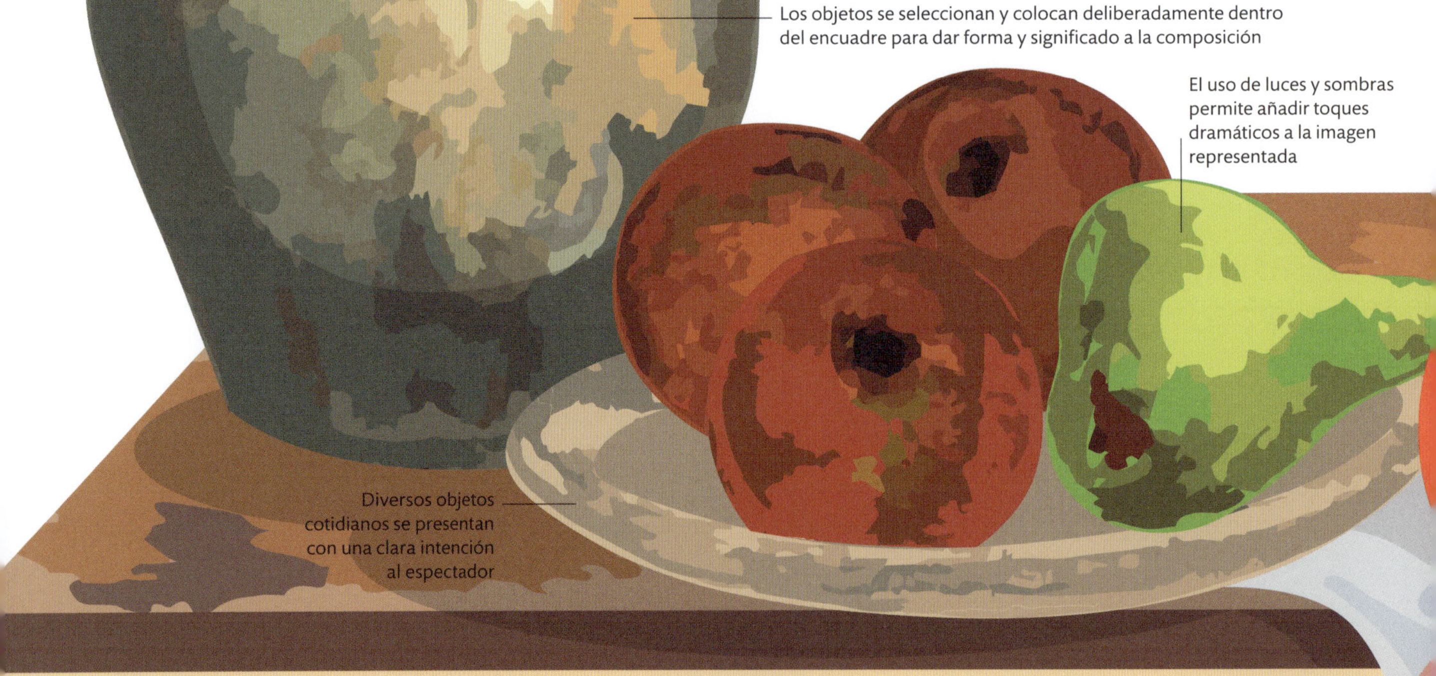

Los objetos se seleccionan y colocan deliberadamente dentro del encuadre para dar forma y significado a la composición

El uso de luces y sombras permite añadir toques dramáticos a la imagen representada

Diversos objetos cotidianos se presentan con una clara intención al espectador

Mercancías y simbolismo

A partir del siglo XVII, con la consolidación del comercio internacional, la naturaleza muerta ganó popularidad. Las mercancías exóticas empezaron a aparecer en las pinturas. El sentido de los objetos se determina por su ubicación en el sistema pictórico, pero ciertos objetos conservan significados simbólicos más amplios.

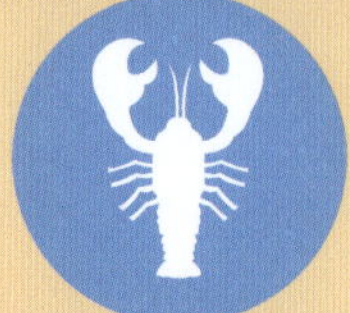

Langosta
Debido a su elevado precio, la langosta simbolizaba la riqueza, además de aludir a la relación del mecenas con el comercio marítimo.

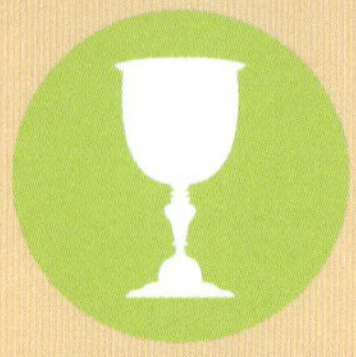

Copa de oro
Los objetos manufacturados eran un reflejo de la opulencia, el comercio internacional y el lujo.

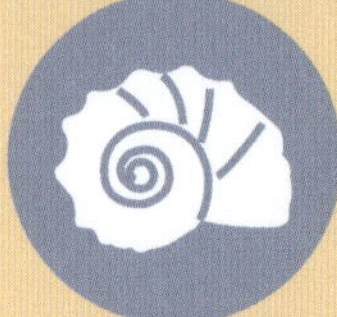

Concha
Exóticas pero vacías, las conchas pueden simbolizar la contraposición entre riqueza y vacuidad espiritual.

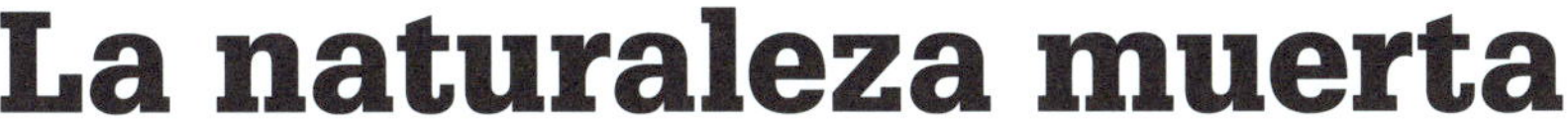

La naturaleza muerta

La naturaleza muerta es un género pictórico desarrollado en el norte de Europa a comienzos de la Edad Moderna en el que se representan conjuntos de objetos inanimados, ya sean naturales o artificiales.

Relación entre objetos

La naturaleza muerta puede entenderse como un sistema o como el conjunto de relaciones que se establecen entre una selección de objetos dispuestos en un espacio concreto. Inicialmente, la naturaleza muerta se consideraba inferior tanto a la pintura histórica y religiosa como al retrato y al paisaje. Sin embargo, a partir de los siglos XVII y XVIII, numerosos artistas empezaron a trabajar con nuevas técnicas y significados para crear atractivos bodegones. A finales del siglo XIX, los pintores vanguardistas, que intentaban traspasar los límites y romper con las normas, recurrieron a la naturaleza muerta para experimentar con la forma y el contenido. Los artistas modernos y contemporáneos, por su parte, han usado *collages*, *assemblages*, *ready-mades*, objetos industriales y esculturas.

NATURALEZA MUERTA MODERNA

El auge del consumo en América del Norte tras la Segunda Guerra Mundial llevó a los artistas a reflexionar sobre la omnipresencia de los productos básicos. Así, los bienes de consumo producidos en serie se convirtieron en el tema central del arte pop, desde latas de sopa hasta señales de tráfico y hamburguesas (véase págs. 212-213), por lo que pueden entenderse como una manifestación moderna de la naturaleza muerta.

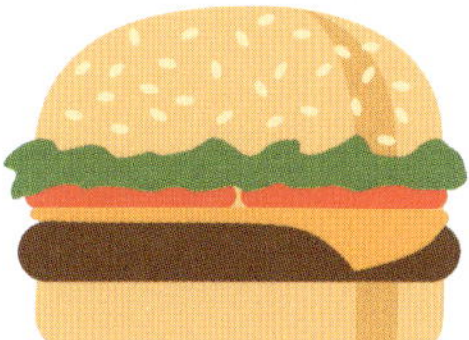

PRODUCTOS FABRICADOS EN SERIE

La escena suele estar fuertemente iluminada desde una dirección concreta

El fondo y el entorno contribuyen a definir la estética y el mensaje de la imagen

La colocación naturalista puede ocultar de forma deliberada la naturaleza artificial de la escena

¿QUIÉN HA SIDO RECONOCIDO COMO EL GRAN MAESTRO DE LA NATURALEZA MUERTA?

Las naturalezas muertas de Paul Cézanne, entre ellas *Bodegón con cupido de yeso* (1895), se cuentan entre las más influyentes de la historia del arte.

Mariposa
Las mariposas podían simbolizar la resurrección y el surgimiento de una nueva vida.

Manzana
Los productos frescos solían simbolizar la belleza terrenal, la fecundidad y la vida misma, pese a ser efímera.

Flor
La fertilidad y el rápido deterioro de las flores vinculaban el placer sexual con la fragilidad de la vida.

Vela
Las velas encendidas, con su significado implícito de luz finita y limitada en el tiempo, son un *memento mori*.

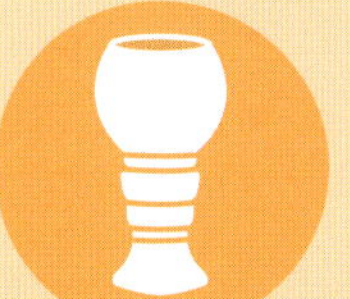

Vino
El vino, símbolo cristiano, también era sinónimo de riqueza y comercio, así como de placer y excesos.

El paisaje

A la hora de representar paisajes, el arte puede recurrir a todo tipo de medios, entre los cuales la pintura sigue siendo el más habitual. Los artistas pueden representar un paisaje para transmitir un mensaje o plasmar un sentimiento concreto, o simplemente inspirarse en su belleza para crear su obra.

Captura de escenas

Los artistas chinos llevan dedicándose a la pintura de paisajes desde el siglo IV d. C., género que también forma parte de la producción artística de numerosas culturas. El paisaje como género se desarrolló en Occidente en el siglo XVII en la pintura histórica y mitológica, con artistas que reimaginaban vistas contemporáneas como escenario para representar ubicaciones clásicas. La industrialización de Europa trajo consigo la reinterpretación del género por parte de J. M. W. Turner y los impresionistas (véase págs. 192-193), los cuales trataron de plasmar el significado cambiante del concepto «naturaleza». En los Estados Unidos, artistas como George Inness plasmaron paisajes agrestes.

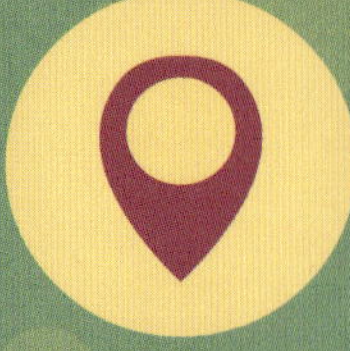

Lugar
Los paisajes pueden mostrar campos, bosques, montañas, costas, lagos, o construcciones.

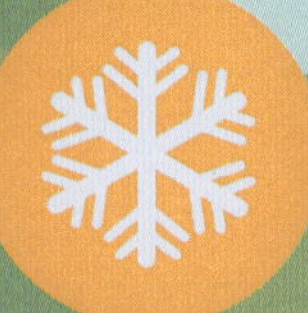

Estación del año
Algunos artistas pintan el mismo paisaje en diferentes estaciones del año para mostrar los cambios que experimenta.

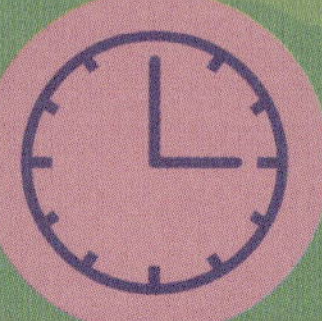

Momento del día
Muchos paisajes impresionistas intentan capturar momentos concretos del día, a menudo el alba o el atardecer.

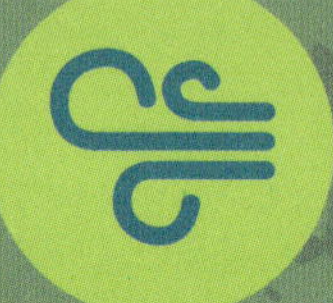

Condiciones atmosféricas
Al plasmar distintas condiciones meteorológicas y tipos de luz, los artistas pueden crear profundidad y ambiente.

FONDO

PLANO MEDIO

Las distintas capas de fondo, plano medio y primer plano crean profundidad

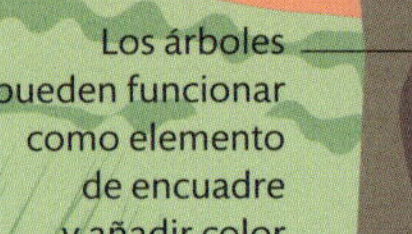

Los árboles pueden funcionar como elemento de encuadre y añadir color y textura a la escena

Las figuras humanas proporcionan escala y pueden usarse para generar reacciones sociales

PRIMER PLANO

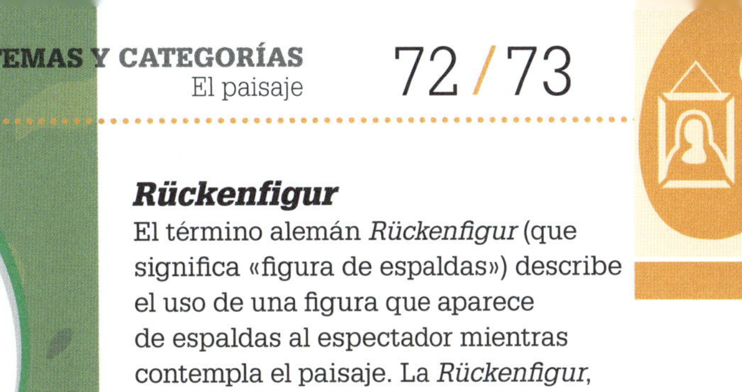

¿QUÉ ES UN PAISAJE SURREALISTA?

Los artistas surrealistas intentan representar el paisaje de la mente mediante la plasmación de imágenes inquietantes y símbolos fantásticos que pueblan escenas exteriores fruto de la imaginación.

Creación de la escena

Las pinturas paisajísticas suelen estar compuestas por varios elementos genéricos que el artista aborda de a uno para plasmar gradualmente la escena en el lienzo. Por lo general, se pintan el fondo y las zonas más oscuras antes de añadir el primer plano y los colores más claros.

El centro de la composición es la parte más brillante de la imagen, lo que genera una sensación de profundidad

Los espacios entre el follaje añaden inesperados contrastes de color

El paisaje controlado de la agricultura humana contrasta con las zonas silvestres y el cielo

Los tonos terrosos aportan calidez visual

Rückenfigur

El término alemán *Rückenfigur* (que significa «figura de espaldas») describe el uso de una figura que aparece de espaldas al espectador mientras contempla el paisaje. La *Rückenfigur*, pues, sitúa al espectador como observador del propio acto de contemplación. Este recurso fue popularizado por el Romanticismo alemán, en particular por el pintor Caspar David Friedrich, y desde entonces se ha adoptado en otros géneros artísticos.

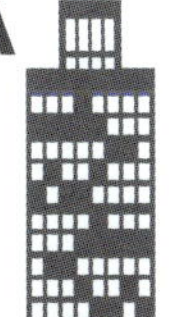

Figura contemplativa

La pintura paisajística, especialmente durante el Romanticismo, buscaba representar escenas majestuosas de la naturaleza y fenómenos meteorológicos intensos. Esto contrastaba con la diminuta escala del individuo, que podía contemplar la escena con asombro y sobrecogimiento.

LA ARTISTA AMERICANA GEORGIA O'KEEFFE FUE UNA DE LAS PIONERAS DEL PAISAJE URBANO

ESTRUCTURAS ARTIFICIALES

Los artistas pueden transformar objetos artificiales en los protagonistas de un paisaje. La artista británica Tacita Dean, por ejemplo, ha realizado películas que documentan estructuras humanas redundantes dentro del entorno natural. *Sound Mirrors* (1999) muestra «espejos acústicos» de hormigón obsoletos, diseñados originalmente para detectar aviones.

OBJETOS FABRICADOS

Bellas artes y artes decorativas

La diferencia entre las «bellas» artes y las artes «decorativas» se estableció durante el Renacimiento: las bellas artes se consideraban el fruto del trabajo de un individuo ilustrado (el artista), mientras que las artes decorativas se centraban en la belleza y la funcionalidad. En cualquier caso, ambas requieren destreza, habilidad e ingenio.

Funcionalidad y estética

El concepto «artes decorativas» hace referencia al diseño y ornamentación de un amplio repertorio de objetos estéticos que a la vez poseen una función práctica. En su ensayo de 1931, *Ornamento y delito*, Adolf Loos, un arquitecto austriaco, tachó la ornamentación de un signo de exceso y degeneración. El concepto «bellas artes», en contraste, alude a las manifestaciones artísticas tradicionalmente intelectuales, como la pintura y la escultura, así como a la arquitectura.

El estilo rococó (del francés *rocaille*, que hace referencia al uso de motivos de conchas marinas y rocas), muy ornamental, suntuoso y recargado, surgió en Francia en la década de 1720. El rococó, que adornaba piezas de cerámica, muebles, cubertería y otros elementos del diseño de interiores, influyó en el estilo de numerosas pinturas, como *El columpio* (1767) de Fragonard.

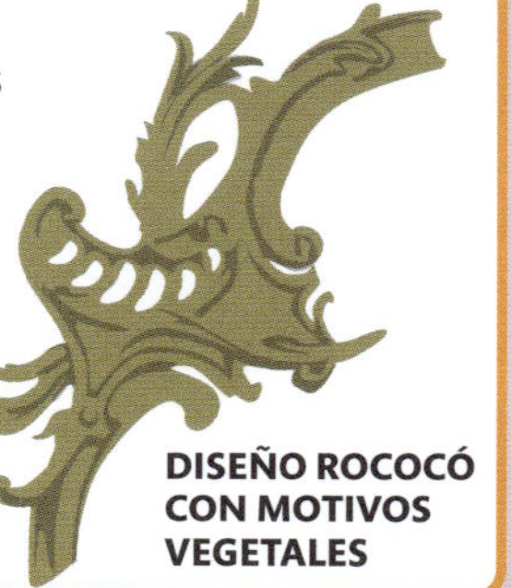

EL **CLÁSICO PATRÓN GRIEGO DEL MEANDRO** SE USÓ PROFUSAMENTE EN LAS **ARTES DECORATIVAS**

Bellas artes

Durante su etapa en Florencia, el erudito Leon Battista Alberti (1406-1472) definió las tres principales categorías de las bellas artes, dedicando un tratado a cada una de ellas. Las obras de Alberti fueron cruciales para la educación artística en Europa, lo que llevó a la división contemporánea entre las «bellas» artes y las artes «decorativas».

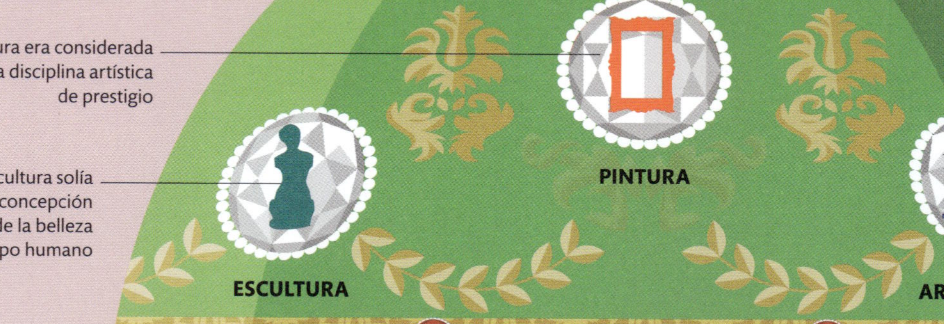

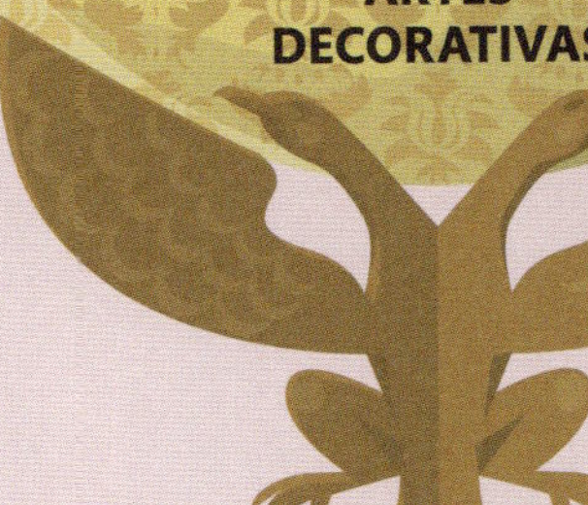

Aunque la cerámica se había considerado principalmente un arte utilitaria, a partir del siglo XX numerosos artistas comenzaron a emplearla como medio de exploración estética y conceptual

Las lámparas ornamentadas ganaron popularidad en el siglo XIX

Entre los objetos de metal había copas y candelabros

Gracias a su integración de técnicas textiles y de carpintería, la ebanistería abría múltiples posibilidades para el arte

Talleres

A diferencia de la idea del artista que produce en solitario obras de arte inspiradas en su personalidad, los objetos de las artes aplicadas y decorativas suelen fabricarse en talleres, lo que requiere la pericia de varios artistas y artesanos. Por ejemplo, en 1861, coincidiendo con el inicio del movimiento Arts and Crafts (véase págs. 196-197), William Morris fundó Morris & Co. Esta empresa fabricaba objetos propios de las artes decorativas, como papel pintado y textiles, que embellecía con intrincados motivos vegetales y animales.

Artes decorativas

Este adjetivo deriva del latín *decorare* («adornar» o «embellecer») y describe objetos funcionales que poseen un valor estético. Las artes decorativas incluyen objetos como muebles y joyas. Así, piezas como este huevo de Fabergé representaban el gusto por el ornamento entendido como fin en sí mismo.

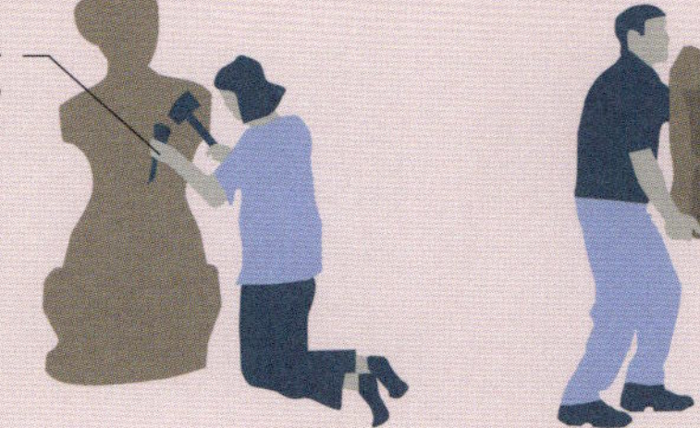

Un solo artista controla todo el proceso

Varios artistas y artesanos podían trabajar en un mismo objeto

¿CUÁNTOS HUEVOS DE FABERGÉ IMPERIALES LLEGARON A FABRICARSE?

Entre 1885 y 1917, Carl Fabergé fabricó en San Petersburgo 50 huevos de Pascua imperiales para la corte rusa, de los cuales se conservan 44 en la actualidad.

Tipos de realismo

El uso del realismo ha variado a lo largo de la historia. En la Edad Media, tanto la pintura como la escultura empezaron a mostrar mayor atención a los detalles y a las expresiones faciales, si bien el interés principal continuaba siendo la representación simbólica, tendencia que se mantuvo en el Renacimiento. Sin embargo, no fue hasta mediados del siglo XIX cuando el verdadero realismo en el arte vio la luz.

Realismo en el siglo XIX
Gustave Courbet retrató escenas de la vida cotidiana en lugar de dedicarse a los temas religiosos (véase págs. 190-191). El movimiento realista hacía referencia a los temas representados, no al estilo de la representación.

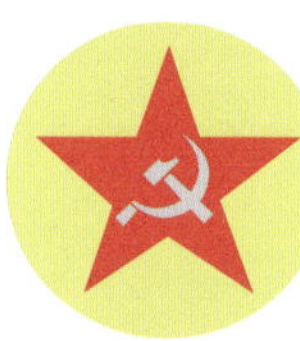

Realismo socialista
Los artistas soviéticos practicaban el realismo en el marco del constructivismo, en el cual se retrataba a trabajadores y ciudadanos de forma naturalista, pero muy idealizada.

Fotografía
La fotografía y otros medios basados en el uso de lentes capturan el mundo real, pero también permiten difundir mensajes sociales, políticos o artísticos.

¿CÓMO JUEGAN LOS ARTISTAS CON EL REALISMO?

Obras como *Un bar del Folies Bergère*, de Édouard Manet, con figuras realistas representadas en una simetría imposible y ángulos inviables, sugiere que incluso el arte realista nunca es verdaderamente real.

VERDAD Y TECNOLOGÍA

En el siglo XIX, se afirmaba que la entonces novedosa fotografía proporcionaba una reproducción puramente objetiva y neutral de los temas representados. Esto tuvo un gran impacto tanto en la sociedad como en el mundo del arte; sin embargo, tanto artistas como fotógrafos en general pronto se percataron de que la fotografía podía usarse para tergiversar y distorsionar lo «real» en la misma medida que cualquier otro medio visual.

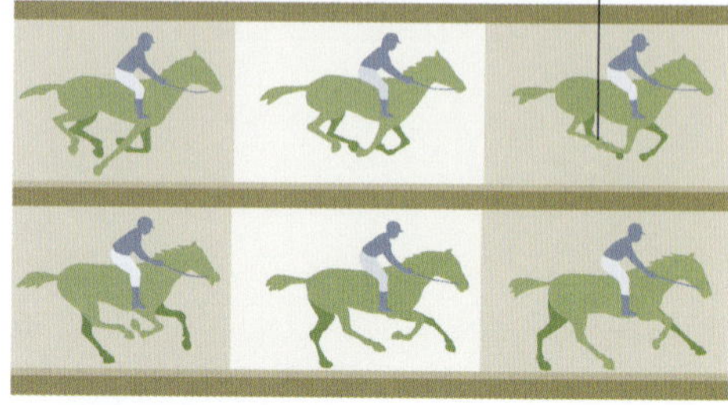

Captura del movimiento
En 1878, Eadweard Muybridge empleó la fotografía para capturar con precisión por primera vez en la historia a un caballo en movimiento.

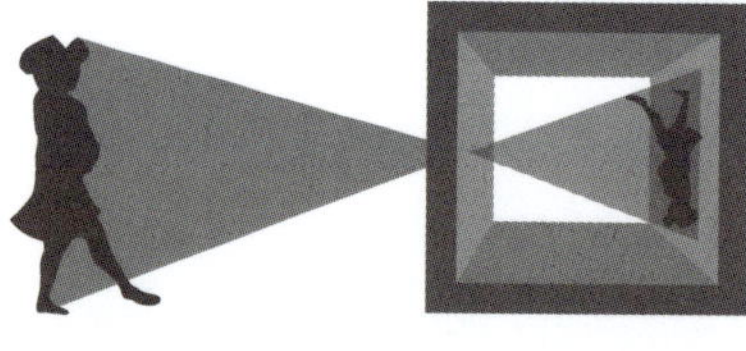

EL CIENTÍFICO FRANCÉS **JOSEPH NICÉPHORE NIÉPCE** TOMÓ LA **PRIMERA FOTOGRAFÍA DE LA HISTORIA EN 1826**

Realismo contemporáneo

El «realismo crítico» nació en la década de 1990 como un movimiento artístico que ponía en duda la veracidad de las imágenes y empleaba el texto junto con la fotografía para incitar al espectador a cuestionarse todo lo que veía. El artista contemporáneo Trevor Paglen usa imágenes procedentes de bases militares y agencias de inteligencia para desafiar las percepciones de la realidad. Otros artistas han empleado técnicas como la fotografía de paisajes con drones para explorar nuevos métodos de representación de la realidad.

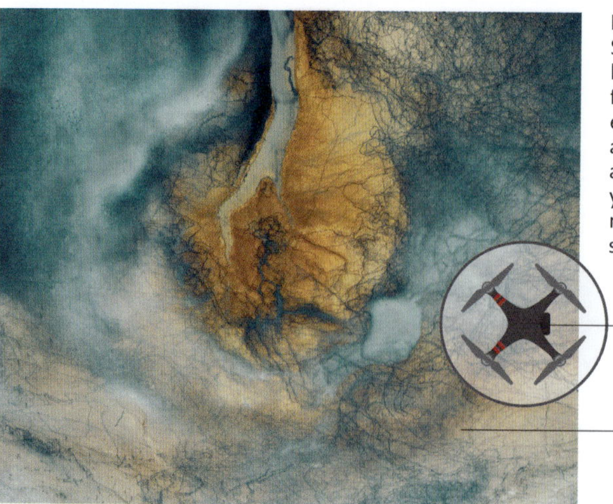

Paisajes con drones
Si bien la mayoría de las obras realistas son figurativas y se centran en el ser humano, algunos artistas han dirigido su atención a los paisajes y a la representación del mundo natural de forma sincera y expresiva.

Un dron cartografía el paisaje con precisión

Reproducir la naturaleza de forma realista permite resaltar sus cualidades abstractas

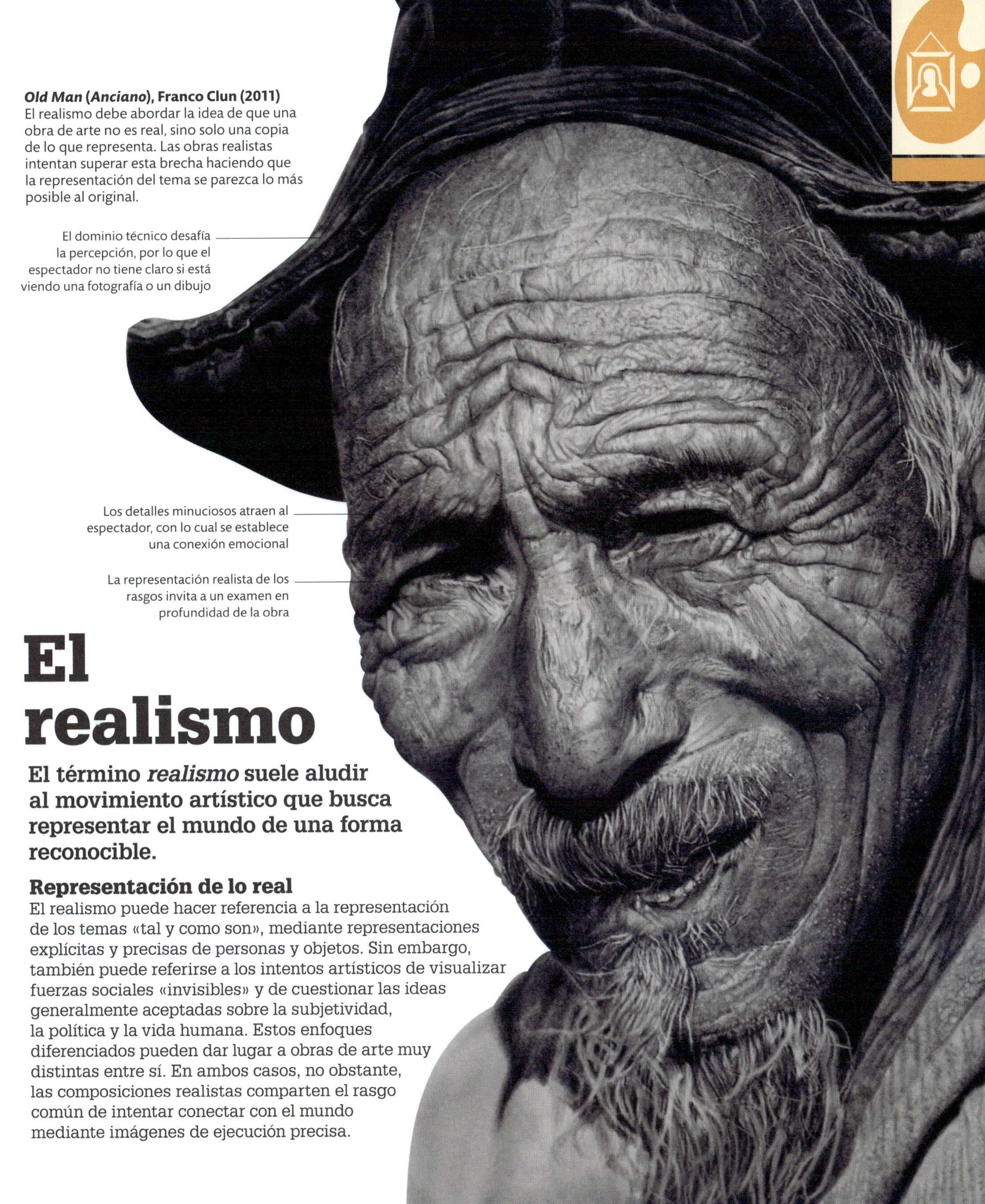

El realismo

El término *realismo* suele aludir al movimiento artístico que busca representar el mundo de una forma reconocible.

Representación de lo real

El realismo puede hacer referencia a la representación de los temas «tal y como son», mediante representaciones explícitas y precisas de personas y objetos. Sin embargo, también puede referirse a los intentos artísticos de visualizar fuerzas sociales «invisibles» y de cuestionar las ideas generalmente aceptadas sobre la subjetividad, la política y la vida humana. Estos enfoques diferenciados pueden dar lugar a obras de arte muy distintas entre sí. En ambos casos, no obstante, las composiciones realistas comparten el rasgo común de intentar conectar con el mundo mediante imágenes de ejecución precisa.

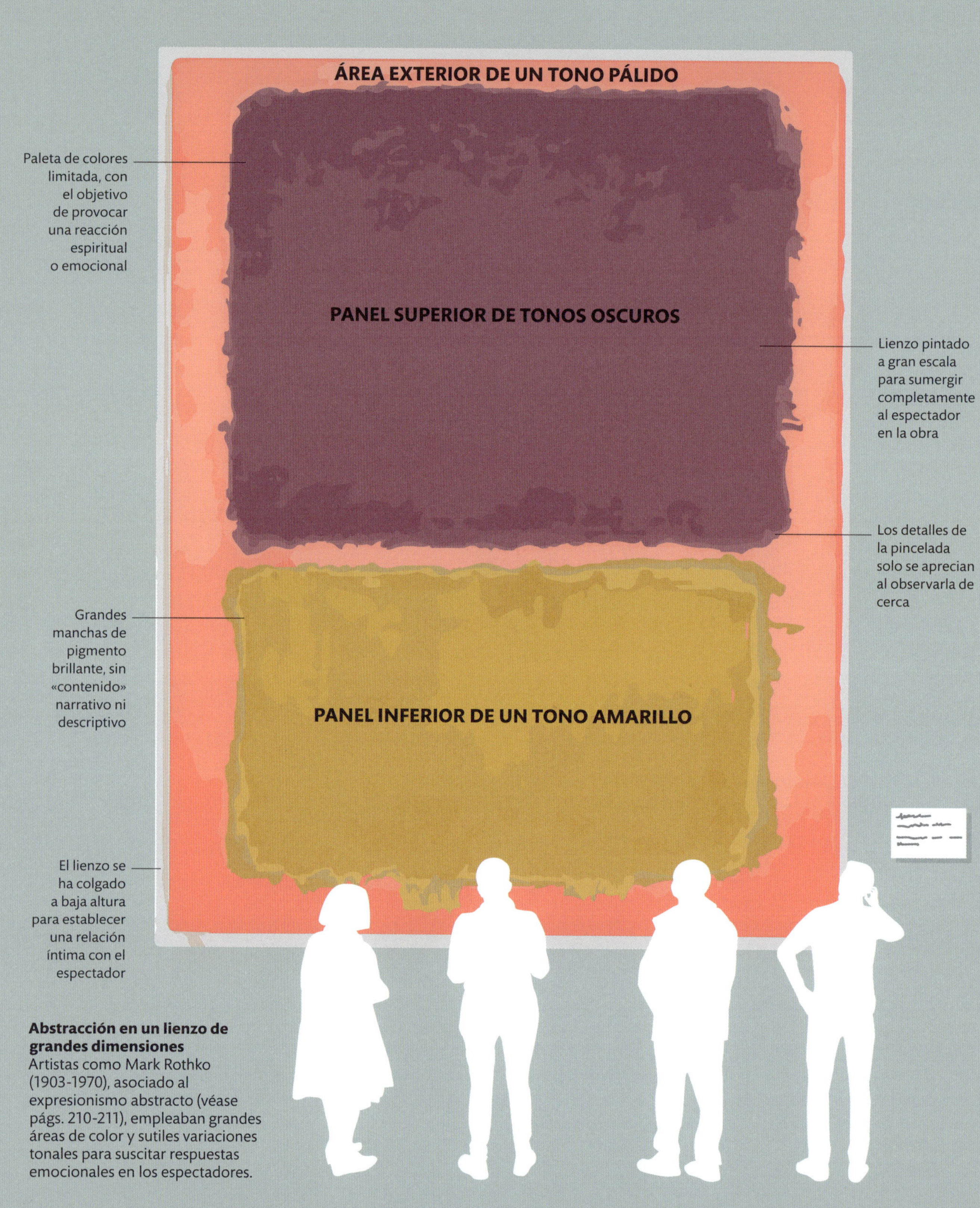

Abstracción en un lienzo de grandes dimensiones
Artistas como Mark Rothko (1903-1970), asociado al expresionismo abstracto (véase págs. 210-211), empleaban grandes áreas de color y sutiles variaciones tonales para suscitar respuestas emocionales en los espectadores.

La abstracción

La abstracción describe el arte que no representa temas, objetos ni personas de forma reconocible, sino que destaca los elementos formales de la obra, como la línea, el color, la forma, el patrón, la composición, la textura o la superficie. El «arte abstracto» abarca una extraordinaria variedad de prácticas, las cuales no están unificadas bajo una sola teoría, un uso específico de materiales ni una intención sociopolítica concreta.

Arte no representativo

La abstracción se concibe como lo opuesto a la figuración y la representación. Los patrones abstractos se han usado durante miles de años para embellecer objetos y edificios en todo el mundo, y en el arte islámico el diseño decorativo de muchas mezquitas recurre a la abstracción (véase págs. 164-165). Sin embargo, las obras de arte abstractas modernas y contemporáneas suelen estar mucho más cerca de la representación de lo que podría parecer a primera vista, como en el caso de los lienzos de campos de color vertidos de Helen Frankenthaler, que evocan la pintura paisajística.

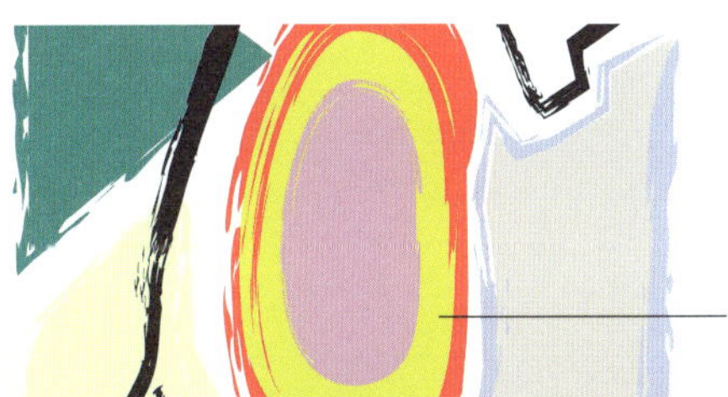

Realidad frente a abstracción
Aunque quizás nos parezca alejado de la realidad, el arte abstracto puede estar más cerca de la representación de lo que parece

Pintura abstracta que representa el sol poniéndose sobre un campo

¿QUÉ TIPO DE MATERIALES POCO CONVENCIONALES SE HAN USADO EN EL ARTE ABSTRACTO?

En Nueva York, durante la década de 1970, Howardena Pindell usó recortes de papel perforado y perfume para crear sus obras abstractas.

Elementos encontrados	Elementos poco comunes
Forma: énfasis en la construcción material de la obra	Figuración: representación de figuras y objetos del mundo
Composición: relación de las partes entre sí y con el conjunto	Narrativa: el arte abstracto no suele narrar historias de la misma manera que otras corrientes artísticas
Connotación: las formas, marcas y colores pueden ocultar asociaciones o significados particulares	Denotación: en el arte abstracto, los elementos de la obra no representan objetos concretos

YAYOI KUSAMA

La artista japonesa Kusama emplea la repetición de formas abstractas, entre las que destacan sus famosos puntos. En 1969, pintó puntos sobre bailarines desnudos durante un *happening* organizado en Wall Street para protestar contra la Guerra de Vietnam.

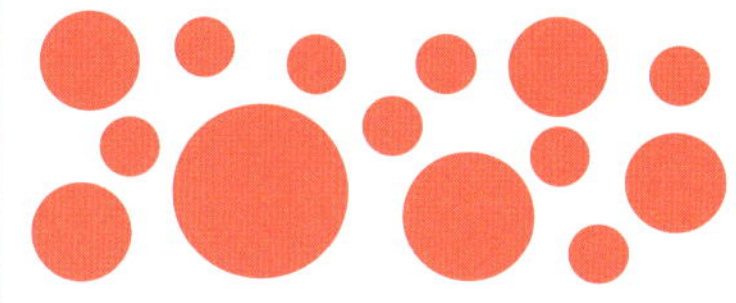

Los orígenes de la abstracción

Lejos de tener un único «inventor», la abstracción moderna se desarrolló en varios lugares a la vez, a raíz del nacimiento del cubismo y el futurismo (véase págs. 204-205). En Rusia, los artistas dejaron de representar la «naturaleza» para centrarse en la pura forma, el color y la línea, con el fin de hallar una nueva estética antielitista en consonancia con los objetivos de la Revolución de Octubre de 1917. Los artistas dadaístas de Zúrich, como Hans Arp y Sophie Taeuber-Arp, repudiaron la representación, movidos por el rechazo a los valores burgueses que habían provocado la matanza sin sentido de la Primera Guerra Mundial. En determinados momentos, los debates artísticos sobre el realismo y la abstracción han sido clave para el desarrollo del arte moderno.

Cuadrado negro, Kazimir Malevich, 1913
En 1915, Malevich mostró esta obra en la exposición que dio inicio al suprematismo, o lo que él denominó arte «no objetivo».

El arte religioso

Las religiones de todo el mundo han empleado el arte para difundir sus creencias. Tanto la arquitectura, como la escultura, la danza o la música.

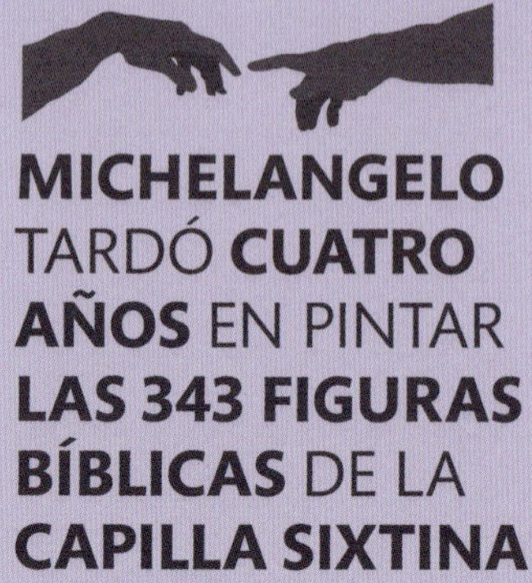

Devoción y rituales

Para entender el arte religioso es esencial considerar el objeto en su contexto del ritual. Los espacios, objetos, aromas y sonidos se experimentan a la vez, mientras que la observación de las piezas de forma individual en museos es muy distinta. A continuación, las seis religiones más practicadas y que usan el arte de esta manera.

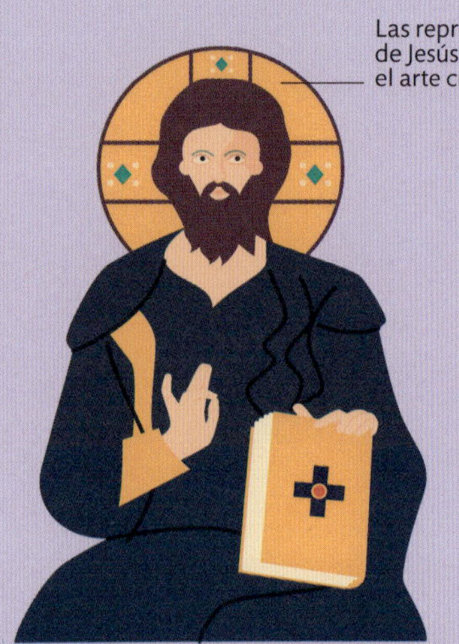

Las representaciones de Jesús imperan en el arte cristiano

Cristianismo
El arte cristiano se caracteriza por la arquitectura de las iglesias, los libros de oración y la representación figurativa de figuras sagradas, especialmente Cristo y la Virgen María, como elementos para facilitar el culto.

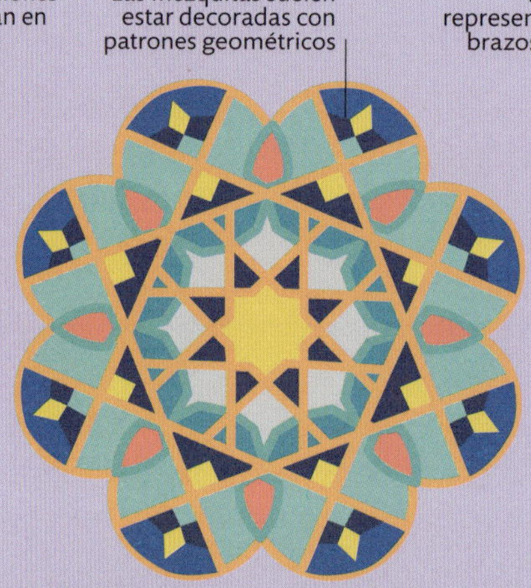

Las mezquitas suelen estar decoradas con patrones geométricos

Islamismo
Los patrones geométricos, la caligrafía y la cerámica son comunes en el arte islámico (véase págs. 164-165). Las imágenes figurativas son escasas, aunque los musulmanes suníes y los chiíes tienen opiniones diversas al respecto.

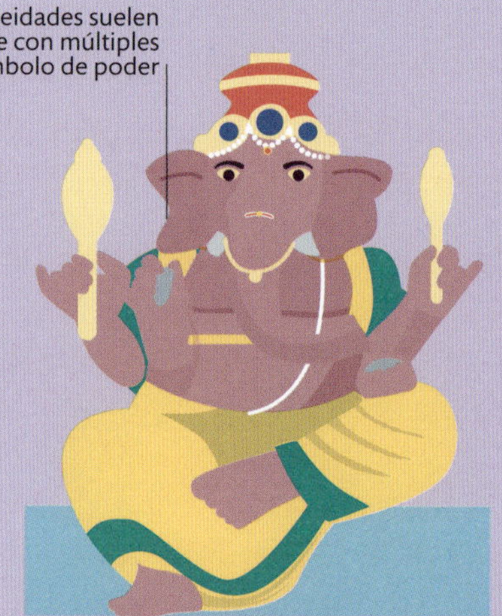

Las deidades suelen representarse con múltiples brazos, símbolo de poder

Hinduismo
Las innumerables deidades hindúes, representadas en colores vistosos y muy ornamentadas, están diseñadas para permitir la *dárshana*, la comunión directa con lo divino (véase págs. 160-161).

Otras religiones

Numerosas religiones de todo el mundo han desarrollado sus propias prácticas artísticas para transmitir creencias y difundir mensajes. Algunas de ellas pertenecen ya al pasado, como las antiguas religiones griega, romana, azteca y maya, y sobreviven solo como vestigios. Sin embargo, las prácticas artísticas religiosas aún vigentes siguen teniendo una enorme influencia en el mundo del arte contemporáneo. A la derecha se presenta una selección no exhaustiva de estas tradiciones.

Jainismo
En los templos se encuentran figuras esculpidas de los *jina*, almas veneradas liberadas de la reencarnación perpetua.

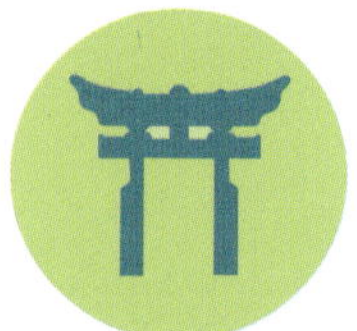

Sintoísmo
Desarrollados en Japón, los santuarios, edificios y monumentos sintoístas permiten la conexión y armonía con los *kami*, seres espirituales sobrenaturales.

Taoísmo
El taoísmo, originario de China, recurre a la caligrafía, la arquitectura y símbolos como el yin y el yang para fomentar el equilibrio y la armonía.

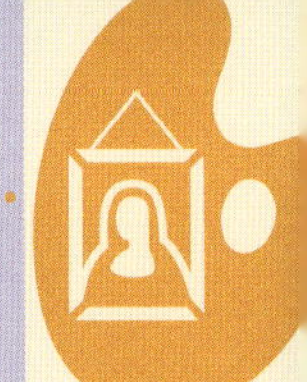

¿DÓNDE ESTÁ EL TEMPLO MÁS ANTIGUO QUE SE CONOCE EN EL MUNDO?

Se cree que el Göbekli Tepe, ubicado en Turquía y de 11.000 años de antigüedad, fue diseñado para venerar a Sirio, la «estrella perro». En sus pilares hay tallados buitres, leones y escorpiones.

CHILA KUMARI BURMAN

Chila Kumari Burman, de origen punyabí y liverpuliano, recurre a dioses e historias de la mitología hindú para abordar problemáticas del mundo poscolonial mediante pinturas, instalaciones, fotografías y grabados. Por ejemplo, se usa a sí misma como modelo fotográfica para representar a Kali, la diosa del poder, como forma de expresar su compromiso con el feminismo.

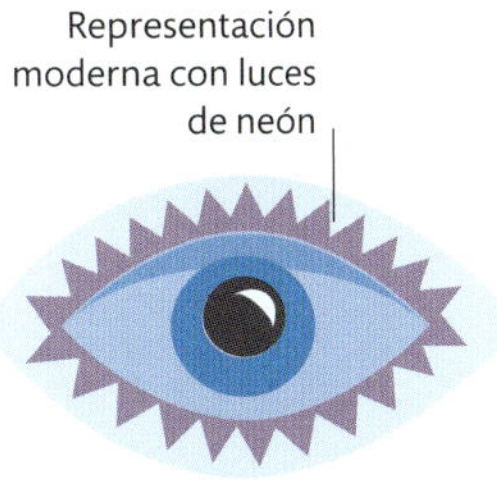

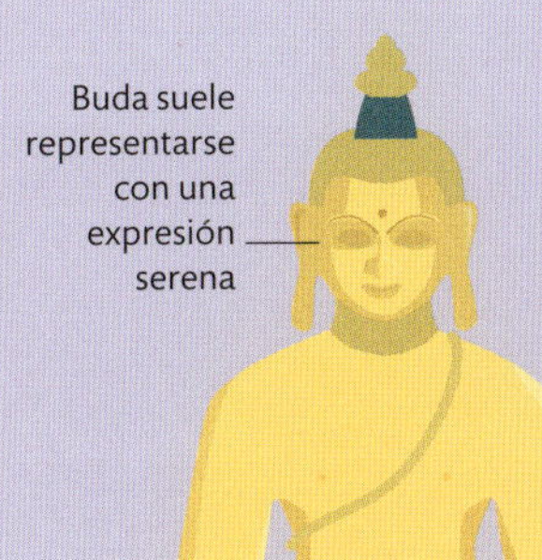
Buda suele representarse con una expresión serena

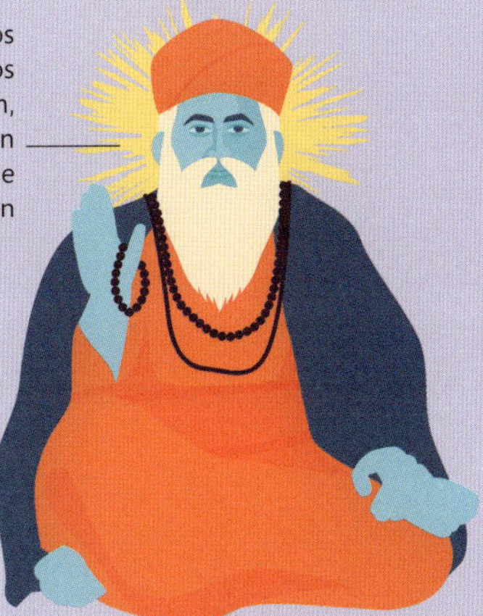
Los retratos de los gurús no son objetos de adoración, sino que sirven como fuente de inspiración

La decoración de las menorás y otros objetos tiene como objetivo elevar la espiritualidad

Budismo
El arte budista es increíblemente diverso; si bien inicialmente se caracterizaba por los símbolos de viaje e iluminación (árboles, ruedas, huellas y lotos), en la actualidad proliferan las imágenes del Buda.

Sijismo
El arte sij se centra en los símbolos, aunque también incluye retratos de gurús destacados, manuscritos iluminados, monedas, joyas y ropa.

Judaísmo
Los Diez Mandamientos prohíben la reproducción de iconos. Sin embargo, las sinagogas y sus objetos suelen estar exquisitamente construidos y decorados con adornos elaborados.

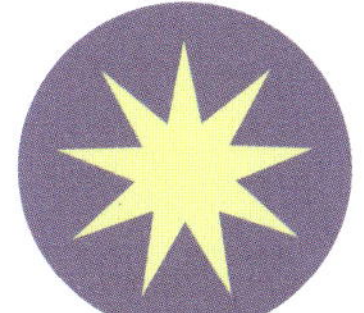

Bahaísmo
Surgida del islam chií iraní, la fe monoteísta del bahaísmo entiende el arte como una manifestación de la elevación del espíritu y el fomento de la unidad a escala global.

Zoroastrismo
Esta religión del antiguo Irán no cuenta con ningún arte asociado. Su símbolo religioso es el *faravahar*, una figura barbuda con alas.

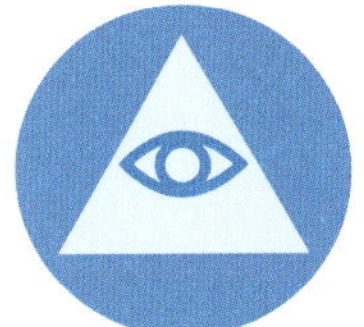

Caodaísmo
El caodaísmo usa el ojo de Dios dentro de un triángulo como símbolo característico. Su templo principal, decorado con motivos ornamentales de vivos colores, se encuentra en Vietnam.

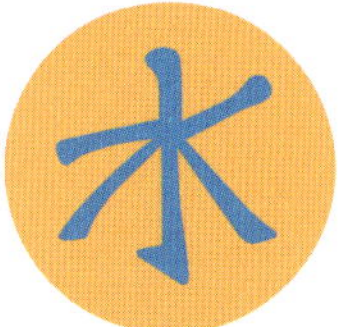

Confucianismo
El arte confuciano abarca la caligrafía, la pintura y la cerámica y emplea símbolos de fomento de la ética como la orquídea, que representa la moralidad.

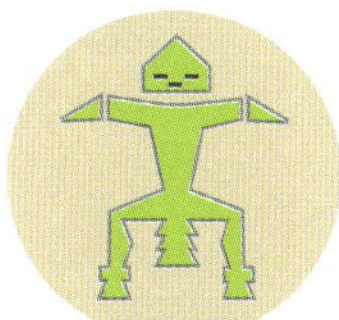

Navajos
Los navajos usan pinturas de arena en sus rituales. Estas pinturas cumplen un papel activo al invocar la ayuda de los dioses para la sanación y la cosecha.

El arte histórico

Civilizaciones de todo el mundo han empleado el arte para representar acontecimientos y personajes históricos. En el arte occidental de los siglos xv al xix, la pintura histórica se consideraba el género artístico más elevado.

Ilustrando la historia

La historia se transmite principalmente a través de relatos, entre los cuales las representaciones artísticas juegan un papel relevante al moldear la comprensión del pasado. Las pinturas históricas, pues, son obras narrativas de acontecimientos históricos, bíblicos o mitológicos, composiciones complejas a gran escala con abundantes figuras que ilustran momentos dramáticos y significativos. A menudo revelan más datos sobre las condiciones políticas imperantes en el momento de su creación que sobre los propios acontecimientos que representan.

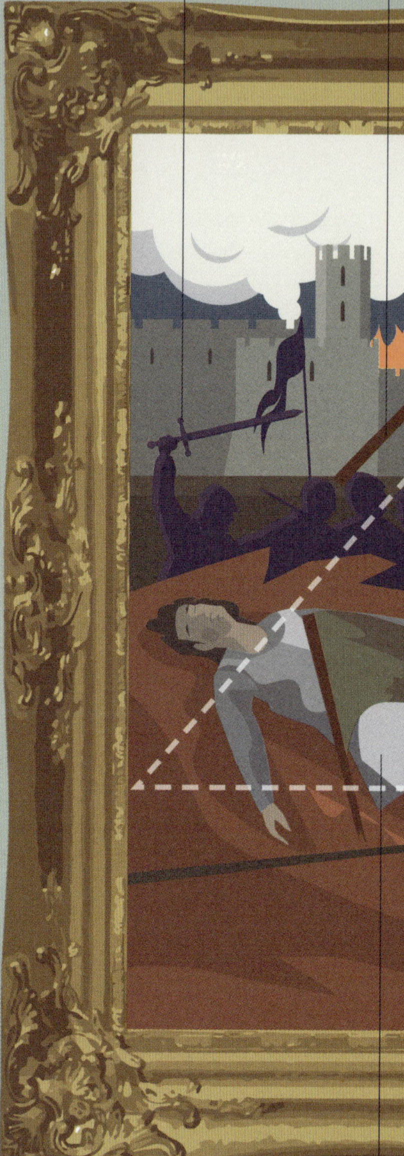

Escenas glorificadas
La representación pictórica de escenas anima al espectador a ver los acontecimientos históricos —a menudo batallas u otros actos violentos— desde un determinado punto de vista.

¿CÓMO SE CREA ARTE HISTÓRICO EN LA ACTUALIDAD?
Artistas contemporáneos como Tessa Boffin e Isaac Julien recurren a la fotografía y el cine para recrear versiones fantásticas de historias que han sido silenciadas.

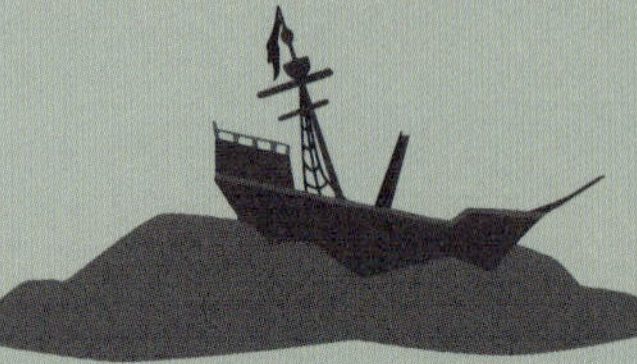

UN **NAUFRAGIO MORTAL PRODUCIDO EN 1816** FUE PLASMADO COMO UNA **ESCENA IDEALIZADA** EN *LA BALSA DE LA MEDUSA*

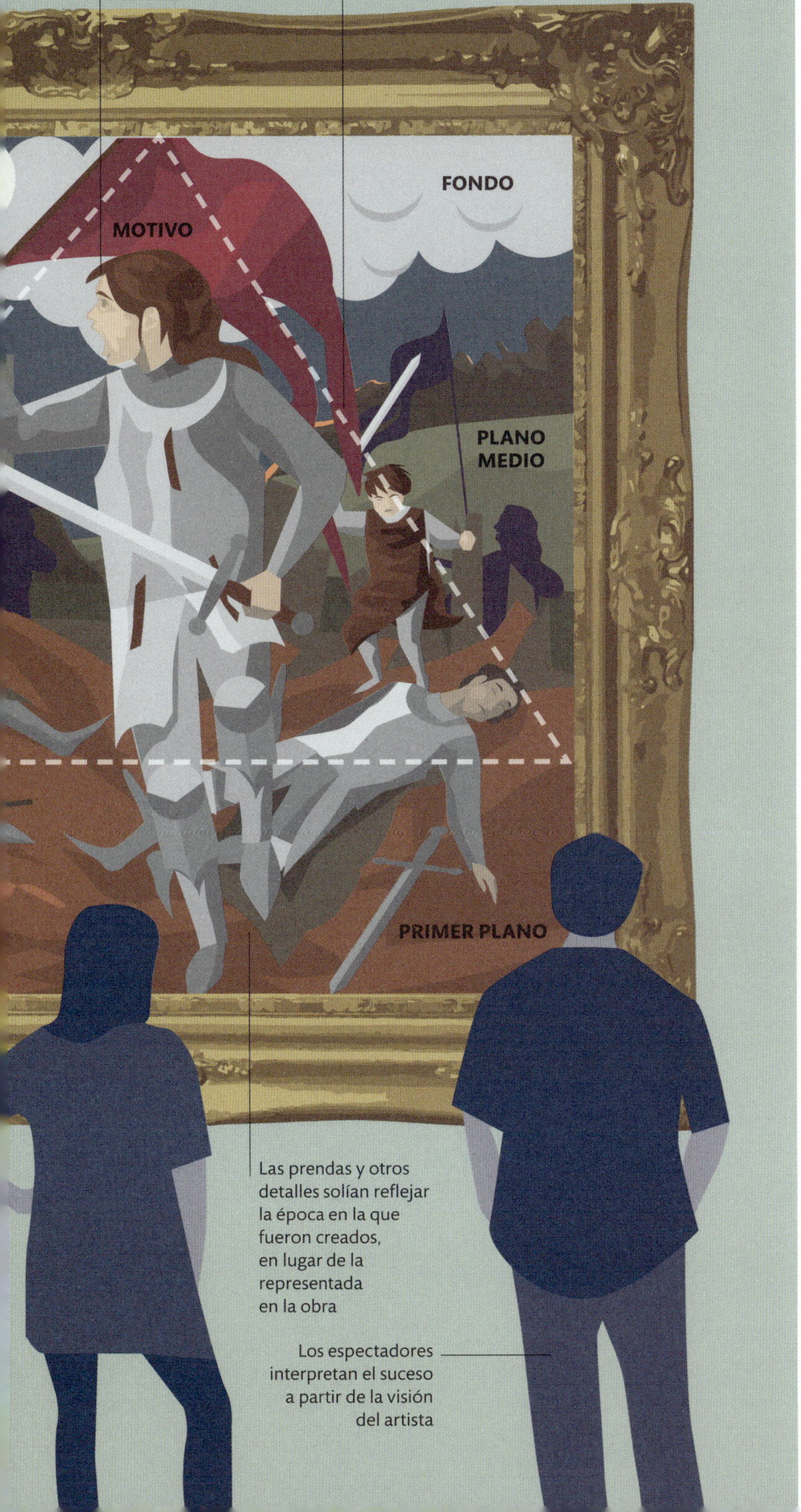

En ocasiones, los artistas recurrían a retratos reales para representar temas históricos

La composición central y triangular enfatiza la gloria de la figura en el vértice

Las prendas y otros detalles solían reflejar la época en la que fueron creados, en lugar de la representada en la obra

Los espectadores interpretan el suceso a partir de la visión del artista

La escultura en la historia

La escultura ha sido un medio fundamental para representar historias, escenas y figuras culturales en numerosas sociedades. Uno de los ejemplos más famosos es el del *David* de Michelangelo, terminado en 1504. Los estilos escultóricos clásicos suelen emplearse para representar figuras municipales mediante estatuas públicas. Estas obras ejemplifican las narrativas que una sociedad elige destacar sobre sí misma, y algunas estatuas de figuras controvertidas (como las relacionadas con el comercio de esclavos) han provocado críticas y protestas.

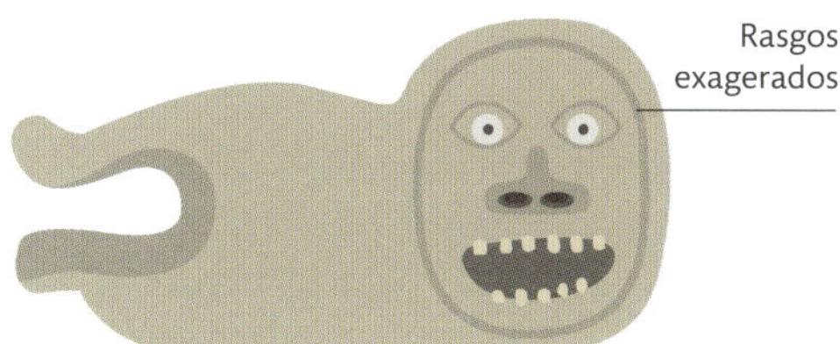

Historias de los inuit
Los pueblos inuit llevan miles de años realizando tallas a partir de huesos de ballena y otros materiales. El artista inuit moderno Karoo Ashevak adoptó un estilo expresionista y creó numerosas piezas inspiradas en la tradición y los relatos inuit.

TELEVISIÓN Y MEDIOS DE COMUNICACIÓN

La representación de un acontecimiento histórico en televisión puede quedar grabada en la mente de los espectadores como si fuera su propio recuerdo visual (por ejemplo, el asesinato del presidente estadounidense J. F. Kennedy). Los medios de comunicación contribuyen en gran medida a la construcción de los relatos de la historia moderna.

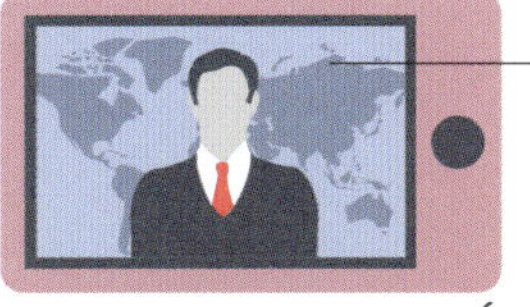

El arte político, social y propagandístico

El arte es intrínsecamente social y político, pues constituye una herramienta mediante la cual el ser humano representa el mundo y comunica ideas. El arte, usado para expresar el descontento político, crear consignas de solidaridad y promover el cambio social, ha estado presente en protestas y revoluciones durante cientos de años.

Revoluciones artísticas

A menudo, los artistas son también activistas. El dadaísmo, por ejemplo, surgió en Europa y América del Norte como protesta contra los horrores de la Primera Guerra Mundial. *La fuente*, de Marcel Duchamp (véase págs. 216-217), una de las piezas más famosas del arte moderno, también se ha interpretado como una obra de protesta. La Internacional Situacionista fue un grupo de artistas e intelectuales que participaron en las protestas de París en 1968, mientras que en 1969 la Art Workers' Coalition retiró varias obras de un museo parisino en protesta contra la Guerra de Vietnam.

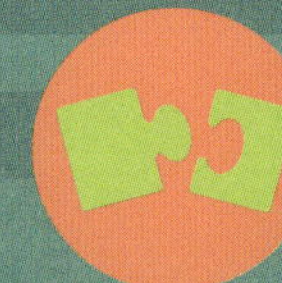

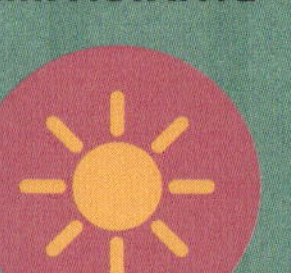

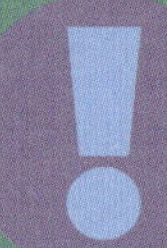

Características

El arte y el activismo de protesta suelen recurrir a imágenes sencillas e impactantes para transmitir su mensaje. En la era de Internet, estas imágenes pueden difundirse a gran velocidad.

¿CÓMO PUEDE EL ARTE ABORDAR TEMAS ESPECÍFICOS?

La fotógrafa estadounidense Nan Goldin fundó en 2017 el Prescription Addiction Intervention Now (PAIN), un grupo que recurre a la *performance* para protestar contra la industria de los opioides.

LAS ACTIVISTAS GUERRILLA GIRLS SUELEN RECURRIR A LAS ESTADÍSTICAS PARA PROTESTAR CONTRA EL SEXISMO EN EL MUNDO DEL ARTE

El arte de protesta moderno

Los grupos de activismo por el clima contemporáneos, como Extinction Rebellion o Wretched of the Earth, se han dado a conocer principalmente gracias a la fuerza de sus campañas visuales. El logotipo gráfico de Extinction Rebellion recuerda al de la Campaña para el Desarme Nuclear. Este grupo ha participado en varias *performances* de protesta, como la que colapsó las calles de Londres con un barco rosa y figuras fantasmales.

En las *performances* se recurre al uso de colores con simbolismo

La protesta en el arte
En 2019, Extinction Rebellion utilizó deliberadamente maquillaje blanco y túnicas rojo sangre para generar un potente impacto visual y concienciar al público sobre la gravedad de la crisis climática.

Tipos de arte de protesta

Para ser eficaz, el arte de protesta debe recurrir al uso de métodos de comunicación familiares para las masas. Los carteles en espacios públicos han tenido un gran uso, pero desde la llegada de la TV e Internet, el activismo artístico se ha ido centrando en estos canales de comunicación a la hora de organizar sus acciones y campañas gráficas. Sin embargo, en la actualidad también se sigue recurriendo a formatos y espacios más tradicionales. Es el caso del artista estadounidense y activista contra el sida Keith Haring, quien no solo expuso sus pinturas y dibujos en numerosas galerías, sino que también creó murales y esculturas.

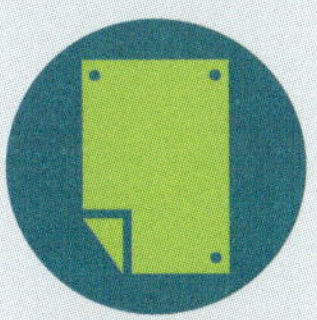

Carteles
Son eficaces, al ser públicamente visibles y baratos de fabricar.

Instalaciones
Al ser un medio interactivo pueden suscitar emociones intensas.

Proyecciones
Pueden proyectarse imágenes de gran tamaño en edificios públicos.

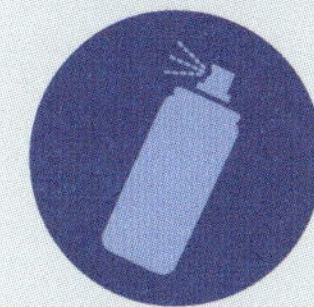

Grafitis
Al estar pintados en espacios públicos, los grafitis llegan a un amplio público.

Medios de protesta
El arte activista puede adoptar casi cualquier medio, pero alcanza su máximo impacto cuando se concibe y difunde para llegar al mayor público posible.

ARTISTAS EXILIADOS

Numerosos artistas políticos trabajan en el exilio, lejos de sus países de origen. En 1973, Cecilia Vicuña se exilió de Chile cuando el dictador Augusto Pinochet tomó el poder. Vicuña continúa creando obras feministas, que incluyen poemas, pinturas e instalaciones textiles, en protesta contra las dictaduras.

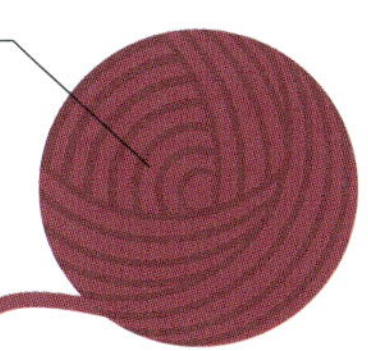

Vicuña utilizó lana roja para crear «un poema en el espacio»

EL TEJIDO COMO PROTESTA

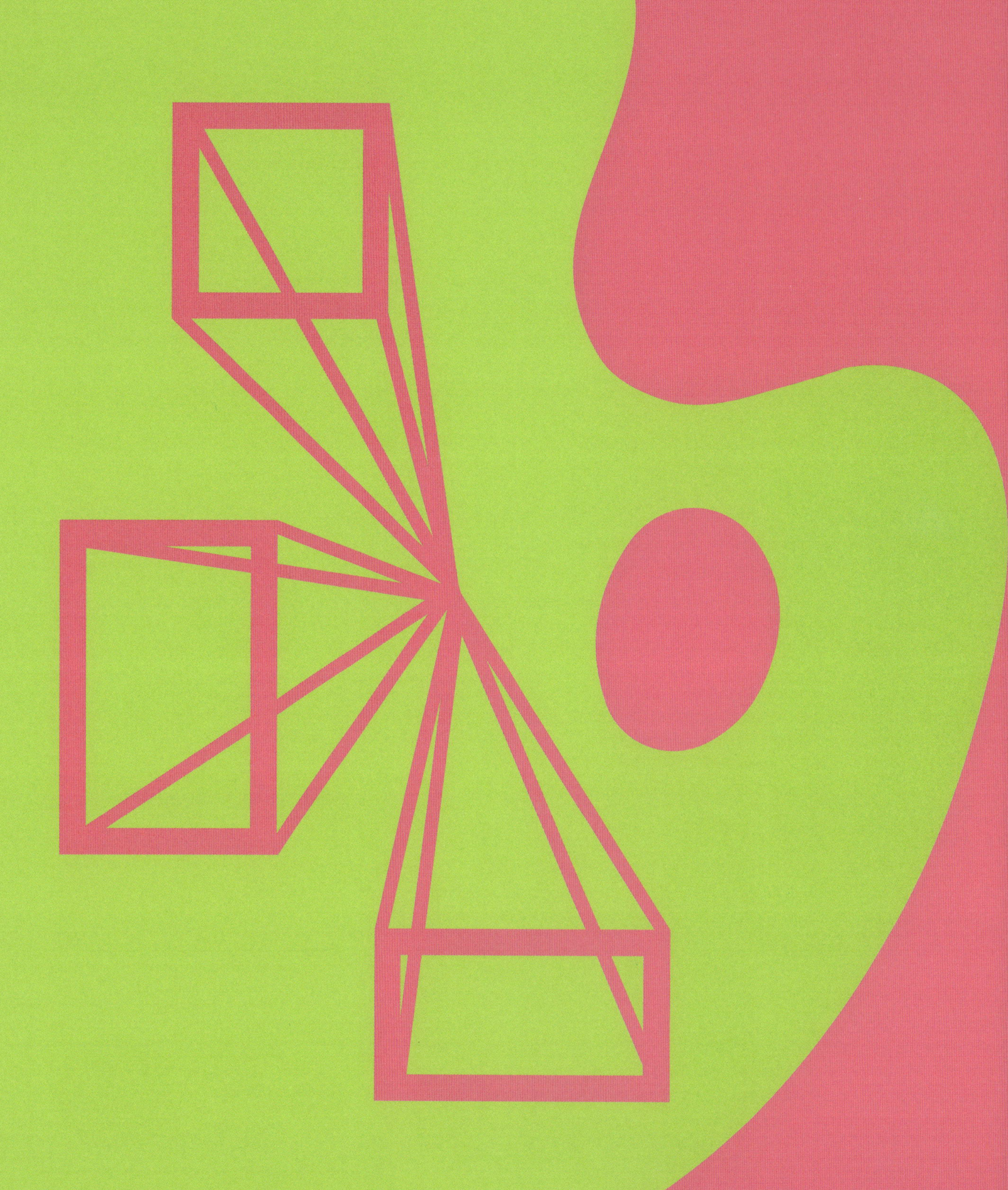

LOS ELEMENTOS DEL ARTE

Cómo funciona el color

A mediados del siglo XVII, el científico inglés Isaac Newton descubrió que la luz blanca está compuesta por siete colores visibles: el espectro visible. Cada color posee una longitud de onda distinta, detectable por los receptores del ojo humano. Dado que los objetos reflejan estas longitudes de onda en diferentes grados, nuestro ojo las percibe como colores distintos. Este conocimiento ha influido en cómo los artistas usan y entienden el color.

1.000.000

EL NÚMERO MEDIO DE **COLORES** QUE **EL OJO HUMANO ES CAPAZ DE DETECTAR**

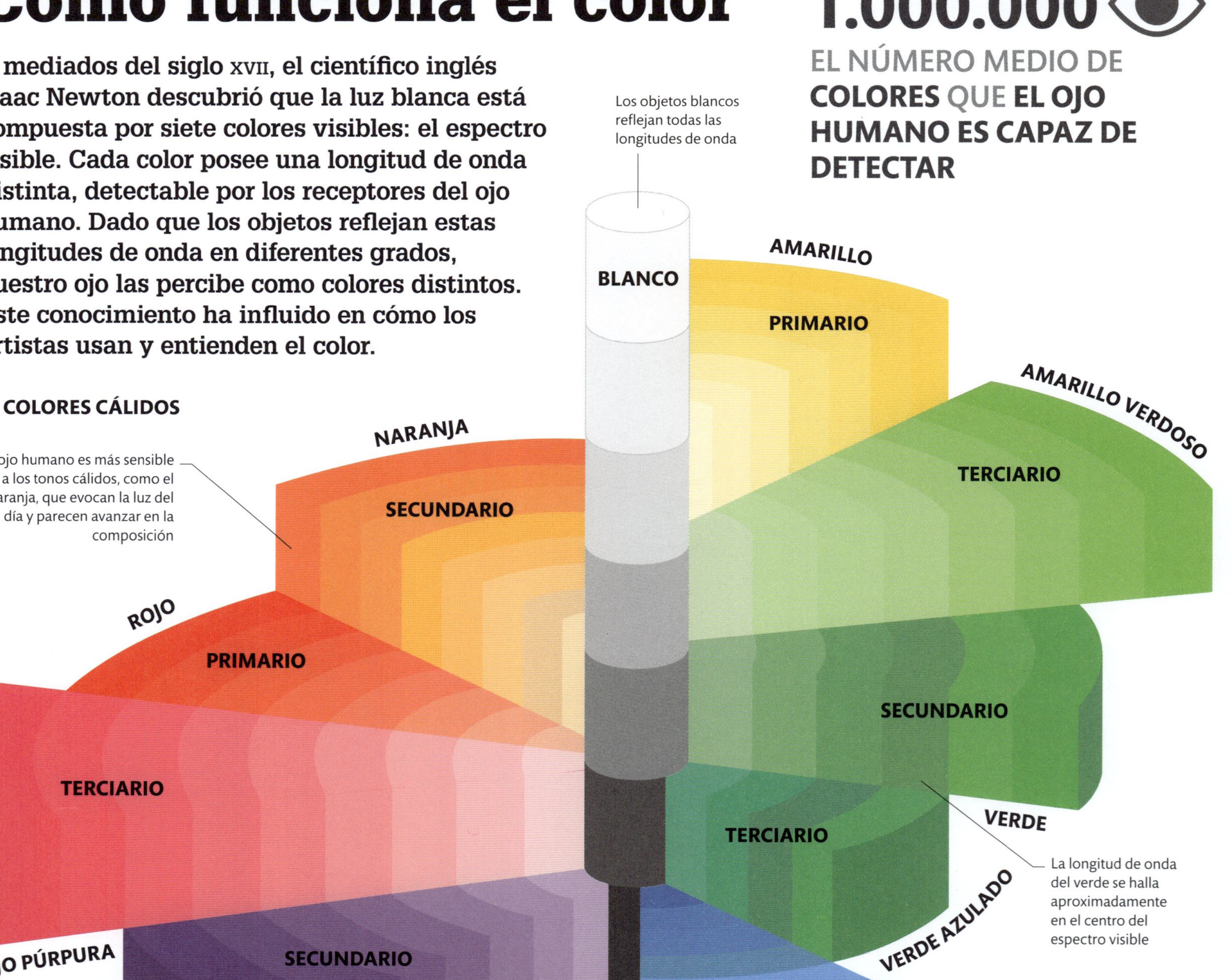

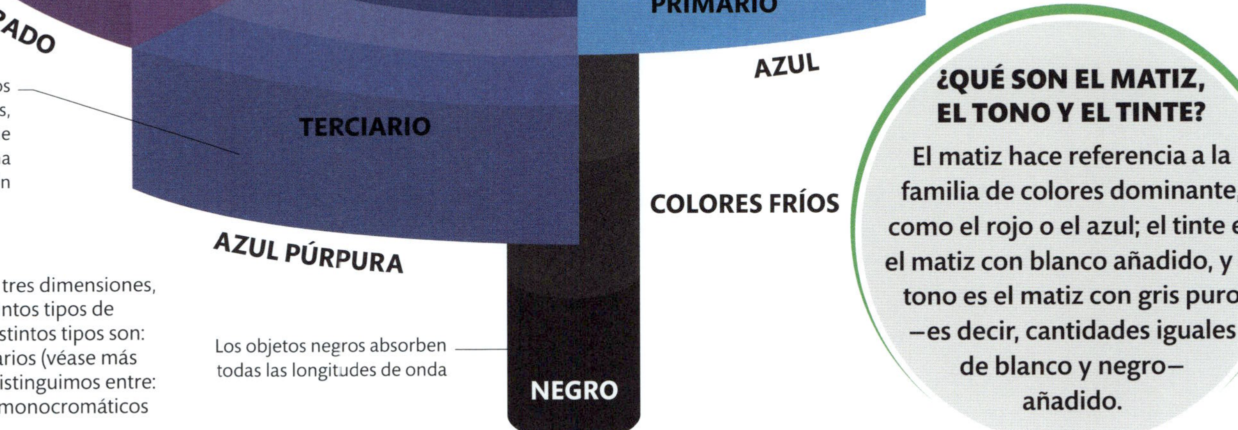

El ojo es relativamente menos sensible a los colores fríos, como el morado o el azul, que pueden parecer alejarse en una composición

Los objetos negros absorben todas las longitudes de onda

¿QUÉ SON EL MATIZ, EL TONO Y EL TINTE?

El matiz hace referencia a la familia de colores dominante, como el rojo o el azul; el tinte es el matiz con blanco añadido, y el tono es el matiz con gris puro —es decir, cantidades iguales de blanco y negro— añadido.

El círculo cromático
Este círculo, mostrado aquí en tres dimensiones, está organizado según los distintos tipos de colores y sus relaciones. Los distintos tipos son: primarios, secundarios o terciarios (véase más abajo). Según sus relaciones, distinguimos entre: complementarios, análogos y monocromáticos (véase abajo de todo).

Primario, secundario, terciario

En el siglo XVII, el químico irlandés Robert Boyle (1627-1691) identificó el rojo, el amarillo y el azul como colores primarios, es decir, como colores que no es posible crear mezclando otros, pero a partir de los cuales pueden crearse todos los demás. Al mezclar dos colores primarios, se obtienen los secundarios: verde, naranja y violeta. Los colores terciarios, por su parte, se crean combinando un color primario con uno secundario, como el morado rojizo (magenta) o el verde azulado (turquesa). El artista puntillista Paul Signac (1863-1935) usaba puntos de pintura de colores primarios y secundarios opuestos para llenar sus obras de intensidad y viveza.

COLOR Y LONGITUDES DE ONDA

La luz blanca contiene todas las longitudes de onda, y al dirigirla a través de un prisma de cristal, se divide en los colores que la componen, todos ellos con distintas longitudes de onda. El rojo posee la longitud de onda más larga y el violeta, la más corta.

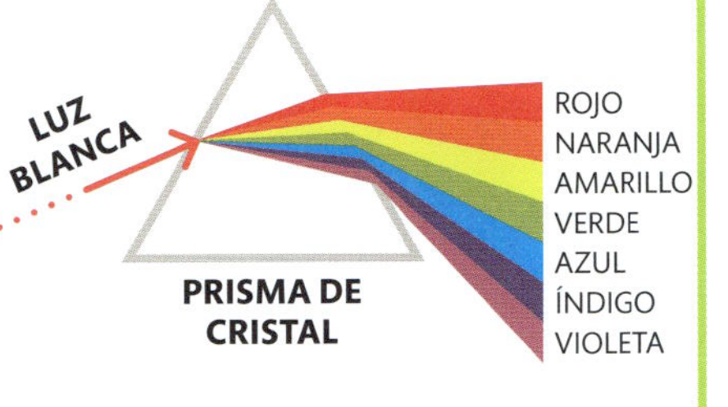

Complementarios y más

En el círculo cromático, los colores complementarios se hallan en posiciones directamente opuestas. Cada par está formado por un color primario y la mezcla de los otros dos primarios. El complementario del rojo, por ejemplo, es el verde (amarillo mezclado con azul). Los colores complementarios contrastan especialmente entre sí y se realzan de forma mutua al usarlos juntos. Los colores en posiciones contiguas en el círculo cromático se conocen como análogos y parecen combinarse fácilmente, lo que crea mezclas armoniosas. Los colores monocromáticos, por su parte, son los que consisten únicamente en distintos matices del mismo color.

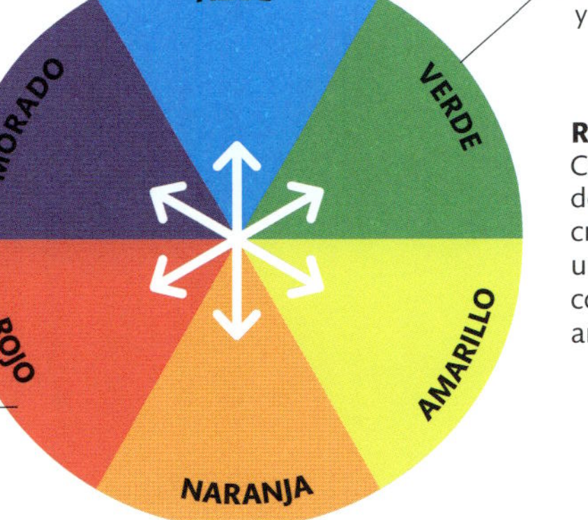

El verde complementa al rojo y es análogo al azul y al amarillo

Relaciones complementarias
Cada una de las flechas de doble punta de este círculo cromático apunta a colores con una relación complementaria, como el verde y el rojo o el amarillo y el morado.

El rojo complementa al verde y es análogo al naranja y al morado

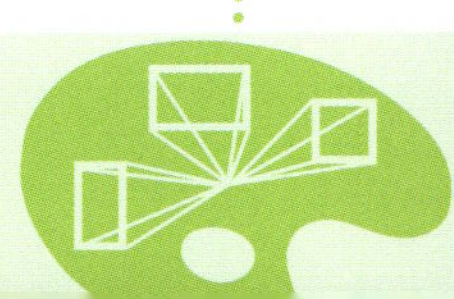

Los pigmentos

Los pigmentos son sustancias que aportan color a los medios pictóricos. Pueden ser de origen natural o sintético, y están formados por partículas no solubles mezcladas en un aglutinante a base de agua o aceite que se aplica sobre las superficies.

SE DICE QUE **NAPOLEÓN MURIÓ** DEBIDO A LA PRESENCIA DE **ARSÉNICO** EN EL **PAPEL PINTADO** DE SU CASA, QUE ERA **DE COLOR VERDE**

Colores simbólicos

Los colores pueden tener significados simbólicos, que varían según la cultura. Así, el blanco puede representar la esperanza o la pureza; el negro, desánimo o muerte; el rojo, ira o peligro, y el azul, significar calma o santidad. El morado, por su parte, puede simbolizar la realeza, la magia o el poder; el verde puede aludir a la fertilidad, el crecimiento o la curación, y el amarillo puede simbolizar calidez, felicidad o positividad.

PELIGRO

REALEZA

NATURALEZA

La esencia del arte

El descubrimiento de los pigmentos de color fue clave para la evolución del arte. Los primeros procedían de fuentes naturales. Podían ser inorgánicos, como arcillas, rocas y carbón vegetal, o bien orgánicos, como conchas de caracol, partes de plantas e insectos. En la actualidad, los pigmentos pueden ser de origen natural o sintético. La mayoría son inorgánicos u orgánicos sintéticos (fabricados en un laboratorio). Varios de los usados antiguamente contenían sustancias muy tóxicas.

PINTURAS	AZUL	AMARILLO
NOMBRES	Azul egipcio, azul cobalto, azul ultramar, azul de Prusia, azul cerúleo, índigo, IKB (International Klein Blue).	Amarillo limón, amarillo de cadmio, ocre amarillo, amarillo de cromo, aureolina (o amarillo de cobalto).
ORÍGENES	El azul ultramar se obtenía del lapislázuli; el índigo procedía de un cultivo de la India y Egipto, y el azul de Prusia, el primer color sintético, se creó en 1708.	El primero fue el ocre amarillo, un pigmento terrestre. En algunas culturas utilizaban el oro, mientras que el oropimente (amarillo del rey) se elaboraba con arsénico.
USOS	El azul de Prusia fue utilizado por los artistas japoneses del *ukiyo-e* y por Picasso durante su período azul, entre 1901 y 1904.	El pigmento amarillo elaborado a partir de pan de oro se usó en el arte egipcio, romano, bizantino, medieval y renacentista, así como en Japón durante los siglos XVI y XVII.

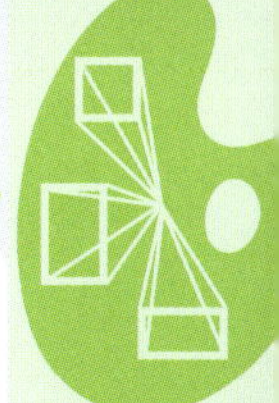

¿QUÉ INVENTO INFLUYÓ EN LA PRÁCTICA DE LA PINTURA?

Los tubos de pintura metálicos permitieron salir del estudio y pintar al aire libre, además de facilitar la fabricación de pintura en masa.

LA DÉCADA MALVA

La malveína, descubierta por el químico William Henry Perkin en 1856 mientras buscaba un tratamiento para la malaria, fue uno de los primeros colorantes químicos sintéticos que empezaron a producirse en masa. Su popularidad fue tal que la década de 1890 llegó a conocerse como «década malva».

COLOR PRODUCIDO EN SERIE

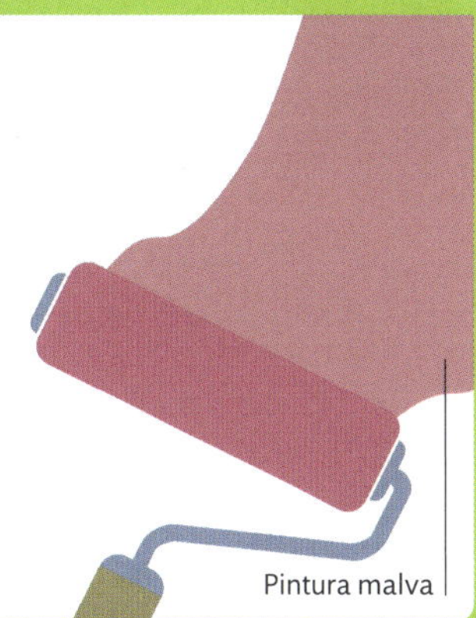

Pintura malva

ROJO

Bermellón, carmín, granza naranja, carmín de alizarina, rojo óxido de hierro, granza, magenta, marrón, minio, cinabrio.

El ocre rojo es un pigmento terroso procedente de Francia; el cinabrio es un mineral con un elevado contenido en mercurio, y el carmín se obtenía de las cochinillas.

Durante los siglos XVII y XVIII, los artistas mogoles de India y Persia usaron un pigmento llamado minio, motivo por el cual algunas pinturas pasaron a conocerse como «miniaturas».

VERDE

Verde de cobalto, verde esmeralda, tierra verde, verde malaquita, verdigris, viridián.

Los antiguos egipcios usaban pigmentos verdes obtenidos de la tierra y de la malaquita; además, en las primeras fórmulas de pigmentos verdes también se empleaba arsénico.

Los impresionistas emplearon ampliamente el verde, en cierto modo debido al desarrollo de nuevos pigmentos sintéticos más brillantes.

NARANJA

Ocre naranja, rejalgar, cadmio , naranja de cobalto.

Los artistas del antiguo Egipto y de la Edad Media usaban el rejalgar, otros pigmentos naranja se elaboraban a partir de oropimente, un mineral muy tóxico.

El naranja fue muy popular entre los prerrafaelitas. Los impresionistas y posimpresionistas solían situar el naranja junto a su complementario, el azul, para intensificar su contraste.

MORADO

Manganeso, púrpura de Tiro, violeta de cobalto, malva.

El púrpura de Tiro se obtenía a partir de la mucosidad de los caracoles *Murex*; en el siglo XIX, el malva recibió su nombre de la flor de esta planta.

Alrededor del 15.000 a. C., los artistas empleaban varas de manganeso y polvo de hematites para dibujar en las paredes de las cuevas. Este color tan poco común acabó asociándose a la realeza.

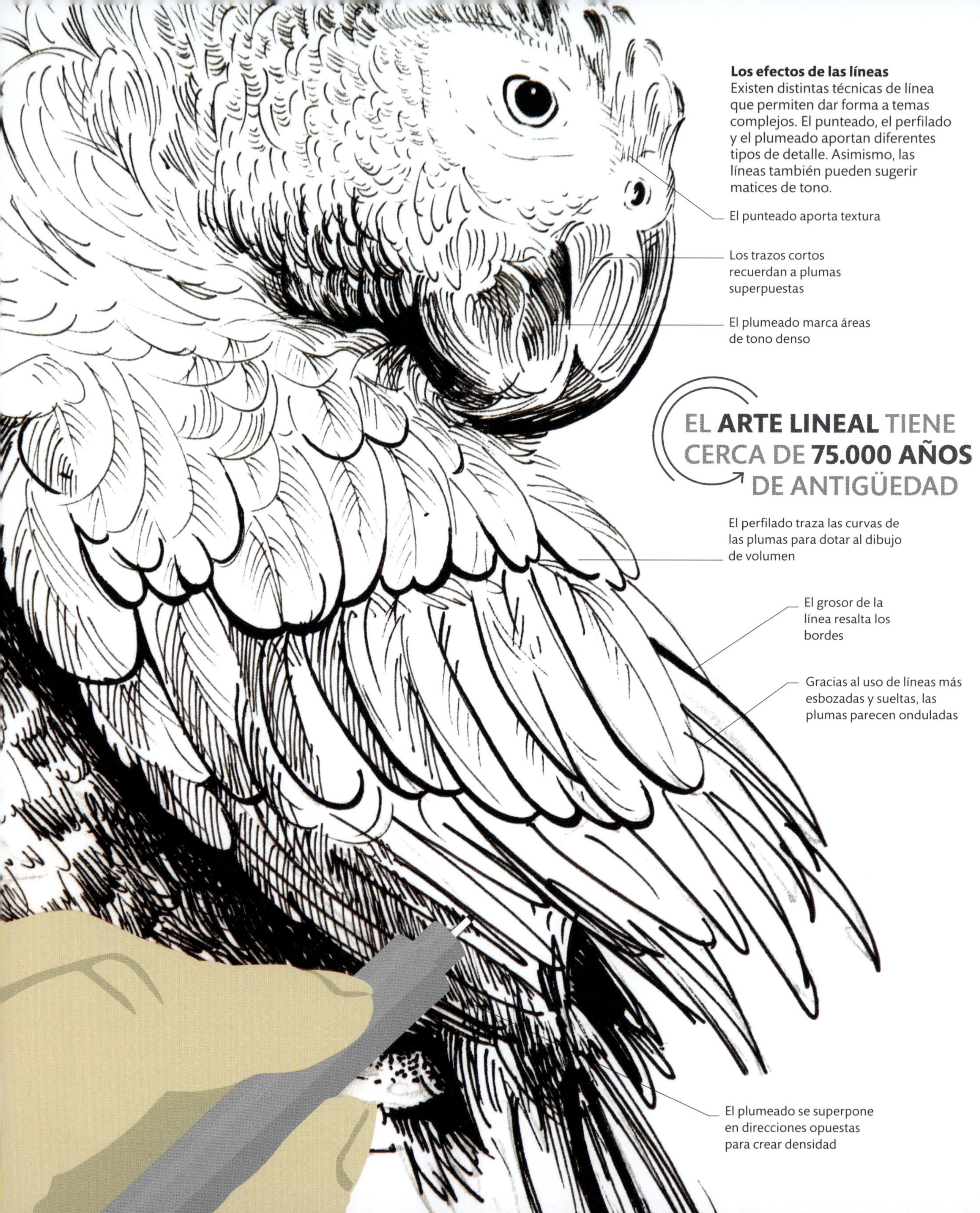

Los efectos de las líneas
Existen distintas técnicas de línea que permiten dar forma a temas complejos. El punteado, el perfilado y el plumeado aportan diferentes tipos de detalle. Asimismo, las líneas también pueden sugerir matices de tono.
El punteado aporta textura
Los trazos cortos recuerdan a plumas superpuestas
El plumeado marca áreas de tono denso
EL ARTE LINEAL TIENE CERCA DE 75.000 AÑOS DE ANTIGÜEDAD
El perfilado traza las curvas de las plumas para dotar al dibujo de volumen
El grosor de la línea resalta los bordes
Gracias al uso de líneas más esbozadas y sueltas, las plumas parecen onduladas
El plumeado se superpone en direcciones opuestas para crear densidad

La línea

La línea permite articular y definir la forma y el espacio, además, es una acción expresiva y gestual. Se trata de un elemento clave en todos los medios artísticos.

Dibujo lineal

El dibujo lineal puede usarse para trazar contornos, definir espacios y estructuras y sugerir variaciones tonales. Los materiales utilizados, las técnicas aplicadas y la elección del grosor de la línea dotan a los dibujos de distintas cualidades. El lápiz y el grafito aportan precisión a la forma, mientras que el carboncillo crea una línea sugerente que puede difuminarse y superponerse (véase págs. 22-23). La monoestampa produce líneas suaves, mientras que la tinta crea líneas caligráficas y expresivas (véase págs. 24-25). Trabajar con limitaciones ayuda a desarrollar las habilidades artísticas, tal y como sucede en los dibujos de línea continua, en los que el útil de dibujo permanece sobre la superficie de la página en todo momento.

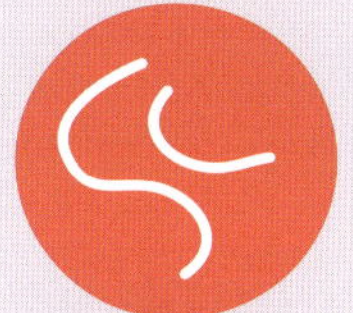

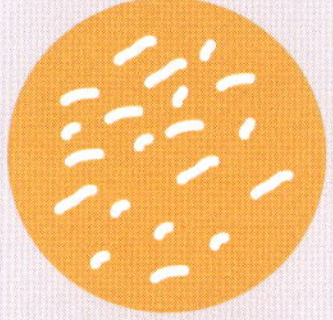

Técnicas
El perfilado y el plumeado crean densidad y fluidez, mientras que el punteado añade textura. El uso de un pincel plano o el borde de una tarjeta permite variar la calidad de la línea.

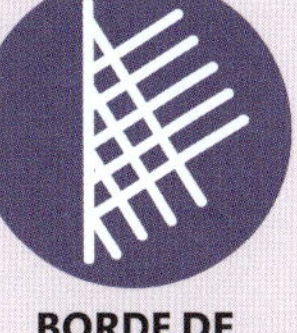

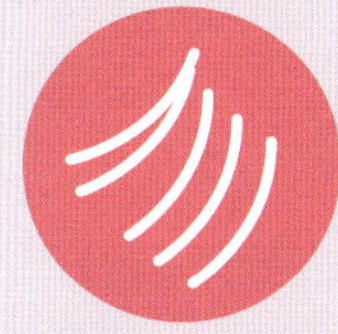

Grosor de la línea
La oscuridad o intensidad de la línea es lo que se conoce como *grosor*. Una línea más gruesa sugiere fuerza.

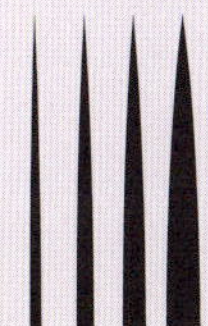

Calidad de la línea
La sensación que transmite la línea, que puede ser áspera, suave, blanda o dura, se denomina *calidad de la línea*.

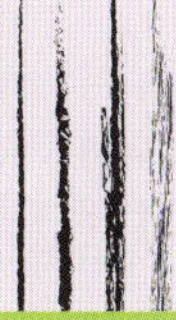

Línea real y línea implícita

La línea real es un trazo físico y lineal que establece una conexión sólida entre varios puntos de una página. Se obtiene al colocar el útil de dibujo en contacto con la superficie de una página y moverlo para ejecutar un trazo continuo. En el caso de las líneas implícitas, los trazos sugieren contornos y cambios tonales. La variación en la intensidad y la cercanía de los trazos produce la sensación de una línea continua, que la mente del espectador tiende a completar.

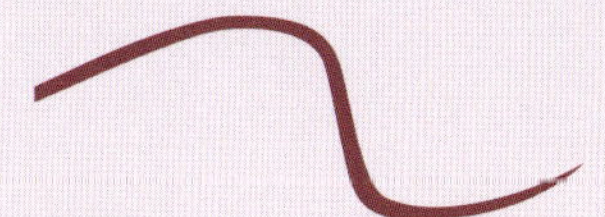

Línea real
El artista Sol Le Witt afirmó que «el dibujo de una persona no es una persona real, mientras que el dibujo de una línea es una verdadera línea».

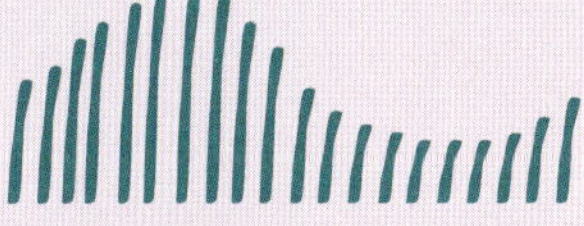

Línea implícita
Mediante la repetición de pequeñas pinceladas se generan áreas de espacio positivo y negativo, cuya disposición sugiere la existencia de una línea.

¿A QUÉ SE DEBE LA POPULARIDAD DE LOS DIBUJOS LINEALES DE PICASSO?

Pese a ser aparentemente sencillos, los dibujos lineales de Picasso transmiten una alegre frescura y simplicidad mediante el uso de diestros e intuitivos trazos.

DEL 2D AL 3D

La línea puede pasar de dos a tres dimensiones. Recurriendo a un alambre u otro material fino, el artista puede tomar un dibujo lineal y convertirlo en un objeto espacial. La artista venezolana Gego es conocida por sus instalaciones de dibujos realizados con alambre.

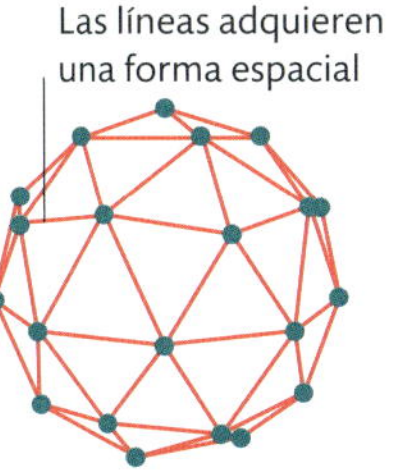

Abstracción y geometría

Durante el siglo xx, algunos artistas liberaron la forma de la figura y exploraron la yuxtaposición abstracta de formas geométricas jugando con sus cualidades y simbolismo. El artista ruso-ucraniano Kazimir Malevich creó un nuevo lenguaje, al que denominó «suprematismo», que empleaba únicamente formas geométricas. El artista ruso Wassily Kandinsky padecía sinestesia, una condición en la que los sentidos se entrelazan, por lo que la combinación de formas orgánicas y geométricas le solía evocar la música.

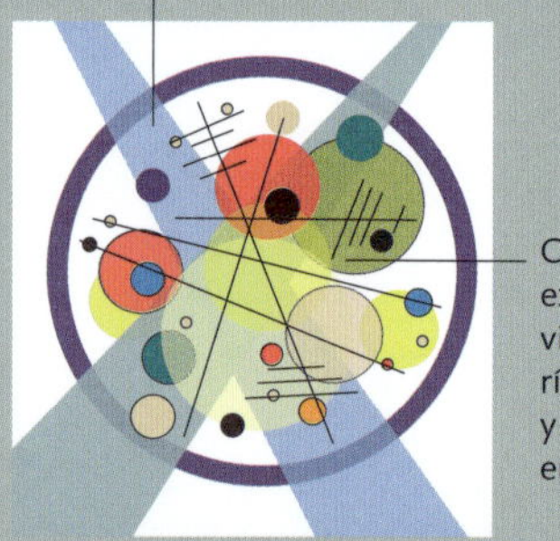

Uso de colores vivos, formas geométricas, líneas y texturas

Crea una experiencia visual rítmica y evoca emociones

Abstracción
Los artistas suelen usar formas geométricas en sus obras abstractas, que les permiten generar una sensación de espacio visual abstracto y establecer una desconexión respecto al mundo observado.

Formas orgánicas

Las formas orgánicas pueden definirse como formas libres a menudo relacionadas con los volúmenes naturales, como el del cuerpo. Pueden ser irregulares, curvas y fluidas, lo que dota a la obra de una sensación asimétrica e impredecible. Los dibujos de la artista franco-estadounidense Louise Bourgeois recurren a formas orgánicas entrelazadas para transmitir movimiento, conexión y una sensación corpórea y natural. Por su parte, las pinturas de la artista abstracta inglesa Gillian Ayres juegan con formas orgánicas fluidas y entrelazadas que anulan la distinción entre fondo y primer plano.

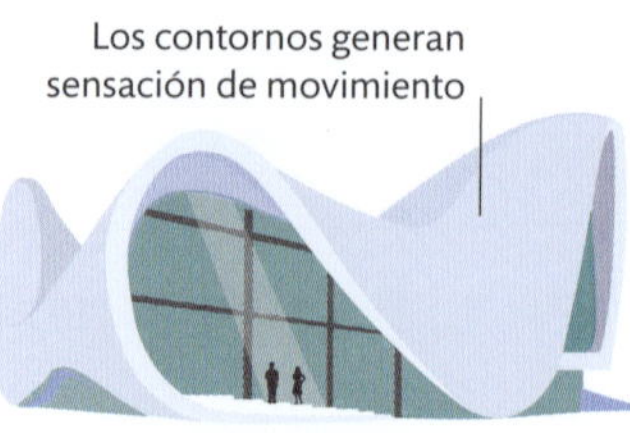

Los contornos generan sensación de movimiento

ARQUITECTURA ORGÁNICA

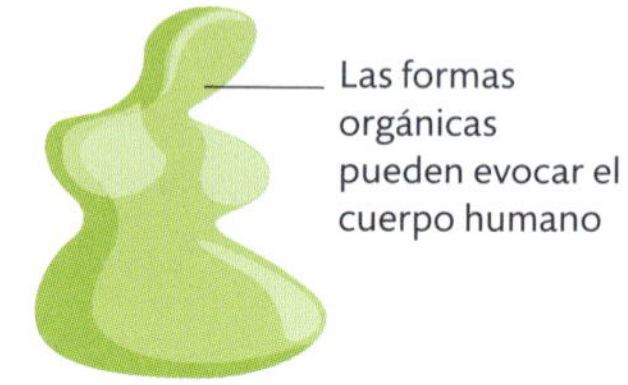

Las formas orgánicas pueden evocar el cuerpo humano

ESCULTURA ORGÁNICA

Formas simplificadas

Una manera efectiva de comprender las figuras estructurales enmarcadas dentro de formas complejas consiste en recurrir a la simplificación. Reducir los volúmenes, los espacios y los objetos observados a sus contornos básicos ayuda a entender cómo encajan entre sí. Al dibujar figuras, simplificar la anatomía compleja en formas básicas puede resultar de gran utilidad para comprender las proporciones.

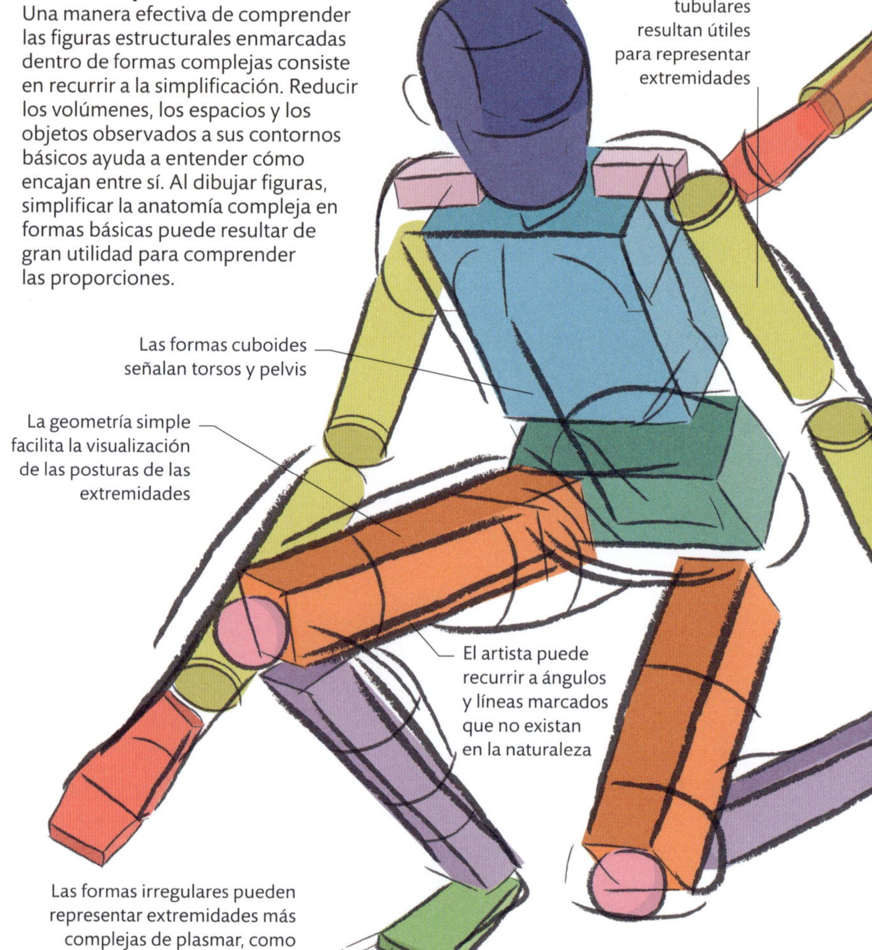

Las formas tubulares resultan útiles para representar extremidades

Las formas cuboides señalan torsos y pelvis

La geometría simple facilita la visualización de las posturas de las extremidades

El artista puede recurrir a ángulos y líneas marcados que no existan en la naturaleza

Las formas irregulares pueden representar extremidades más complejas de plasmar, como pies o manos

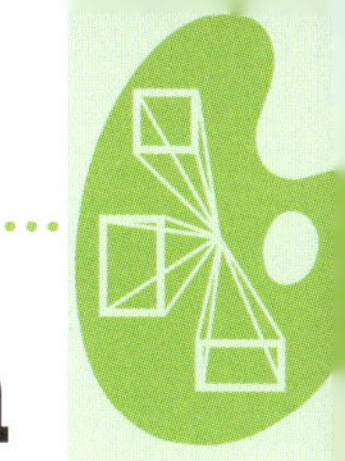

La forma como figura

En el arte, una forma puede definirse como un espacio cerrado bidimensional. La forma puede ser geométrica y definirse matemáticamente —como un círculo, un cuadrado o un triángulo—, o bien orgánica, asimétrica y fluida.

Orgánica y geométrica

Ya sean geométricas u orgánicas, las formas encarnan cualidades específicas, como la estructura, la simetría, la fluidez o la espontaneidad, que el artista puede usar en obras tanto figurativas como abstractas. En la abstracción (véase págs. 78-79), las formas geométricas y orgánicas pueden combinarse para crear distintas velocidades visuales en la obra. En el arte figurativo, las formas son clave para que el artista interprete lo que está viendo y pueda plasmarlo. Las formas creadas por los objetos son las *formas positivas*, mientras que los espacios que rodean a dichos objetos se conocen como *formas o espacios negativos*. Al observar y registrar tanto las formas negativas como las positivas, el artista puede comprender mejor cómo los volúmenes ocupan el espacio. La forma como figura está relacionada con la forma como volumen (véase págs. 96-97), al combinar la primera con las propiedades tridimensionales.

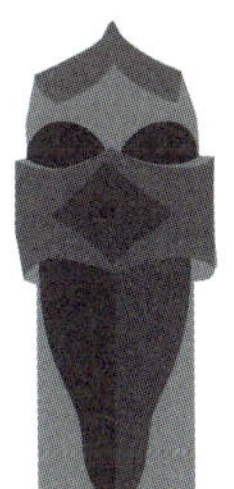

LA ARQUITECTURA DE ANTONI GAUDÍ SE INSPIRÓ EN LA NATURALEZA Y SUS FORMAS ORGÁNICAS

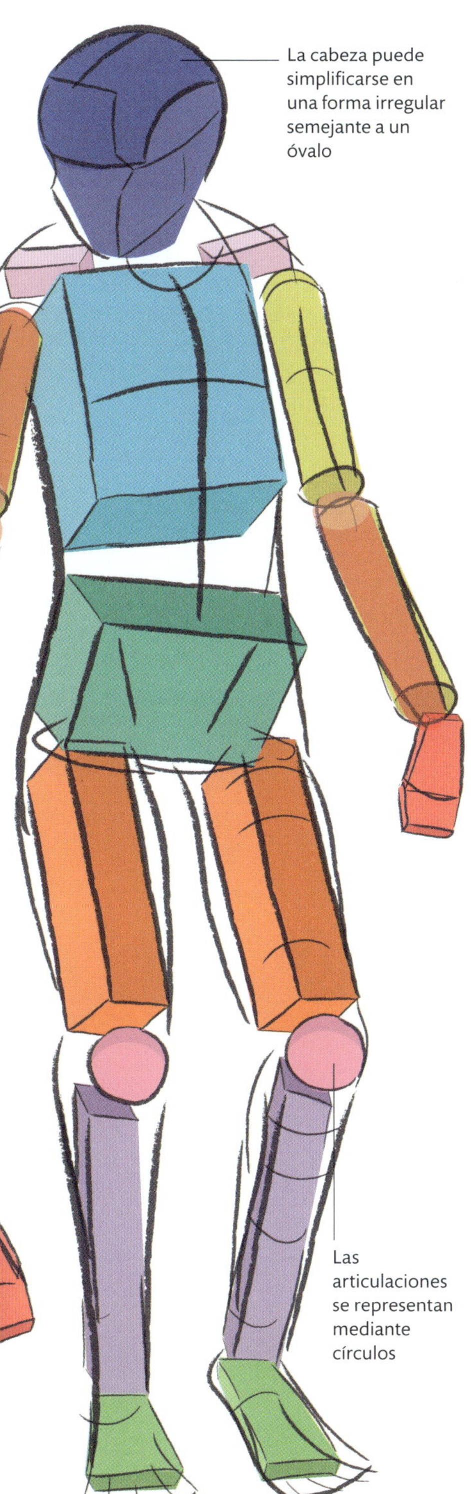

SUPERFICIES CON FORMA

Algunos artistas cuestionan la forma rectilínea convencional del lienzo para explorar otras formas que atraen la atención sobre los bordes de la obra y la relación de la pieza con el espacio circundante. Los lienzos del artista estadounidense Ellsworth Kelly, por ejemplo, acercaron la pintura a la escultura al convertir las sombras proyectadas en la pared en una dimensión adicional.

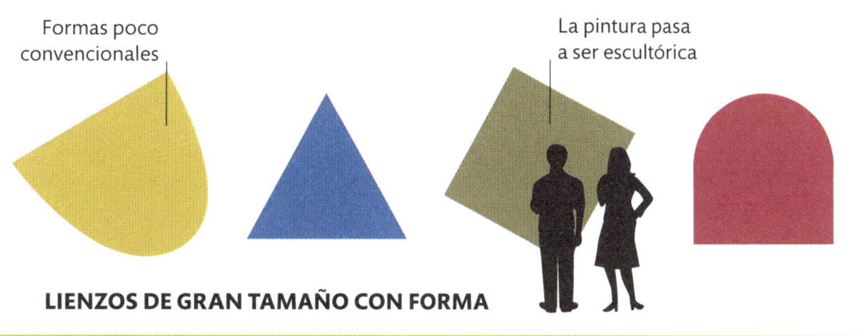

La forma como volumen

En el arte, la forma está relacionada con la figura, pero también abarca la masa y el volumen, el peso y la estructura. Hay dos maneras de entender la forma: en primer lugar, como el aspecto general y la naturaleza física de la obra de arte en sí misma, y en segundo, como la expresión y descripción de las formas dentro de la propia obra.

Trabajar con la forma

Una forma es una figura (véase págs. 94-95) en tres dimensiones, ya sea representada en una pintura o dibujo o bien esculpida en escultura. En las obras de arte bidimensionales, la forma puede plasmarse mediante el tono, el modelado, la escala y las relaciones espaciales. Los artistas emplean los efectos de la luz y la sombra para sugerir la forma, recurriendo al contraste entre distintos grados de claridad u oscuridad para crear un efecto tridimensional. En escultura, la forma corresponde a un objeto sólido definido por su figura, estructura y tamaño, así como por la disposición de componentes como la longitud, la anchura y la profundidad.

Forma escultural
Esta representación parcial de una figura se plasma en tres dimensiones a gran escala para generar un gran impacto visual. La presencia física de una forma escultórica en un espacio influye en la manera de interpretarla por parte del público.

Escala
El uso de una escala 1:1 favorece el realismo, mientras que aumentarla significativamente intensifica el impacto generado por la forma.

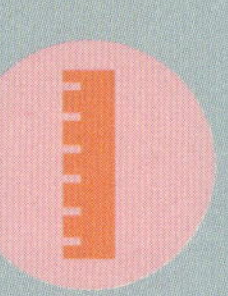

Contraste
El uso del contraste entre luz y sombra en una forma intensifica la sensación de solidez y presencia.

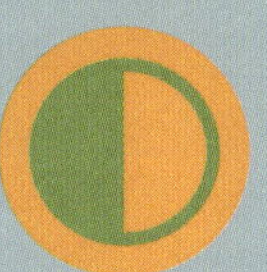

Yuxtaposición
En pintura, la yuxtaposición de formas contra áreas planas de pintura potencia su calidad tridimensional.

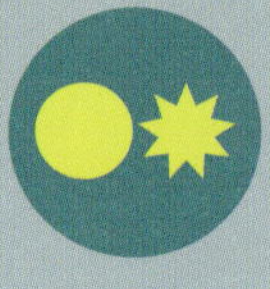

El zócalo eleva la escultura, lo que influye en la manera en la que el espectador percibe su forma

Objetos encontrados
Los artistas llevan la atención del espectador a la forma de los objetos *ready-made* para resaltar las asociaciones culturales.

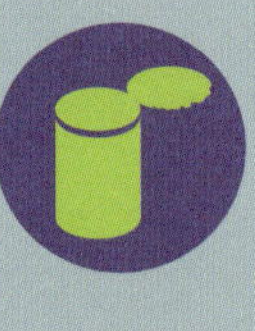

Modelado del natural
Trabajar a partir del natural en pintura y escultura proporciona al artista una conexión directa con la forma del sujeto (véase a la derecha).

Formas abstractas
En la abstracción, la forma no es representativa. El arte abstracto emplea la figura, el color y el gesto para denotar formas.

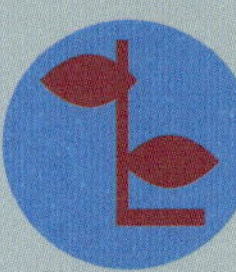

ALTERACIÓN DE LA FORMA

Algunos escultores juegan con la percepción de las formas manipulando los materiales para que se comporten de modos inesperados. El escultor británico Julian Wild usa materiales industriales como el acero inoxidable para representar formas y colores presentes en la naturaleza, doblando el metal en sinuosos nudos o despegándolo de su forma central para revelar un color oculto.

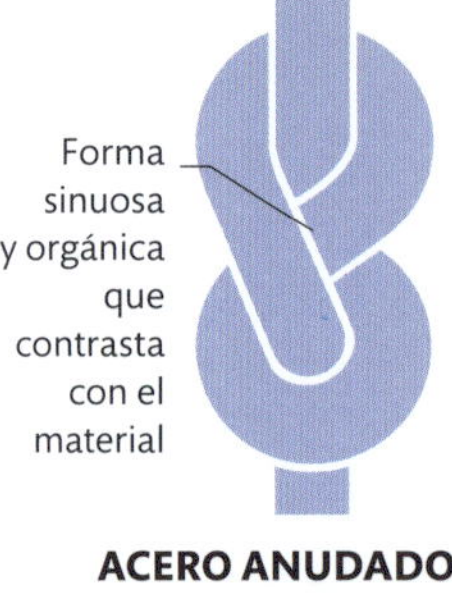

Forma sinuosa y orgánica que contrasta con el material

ACERO ANUDADO

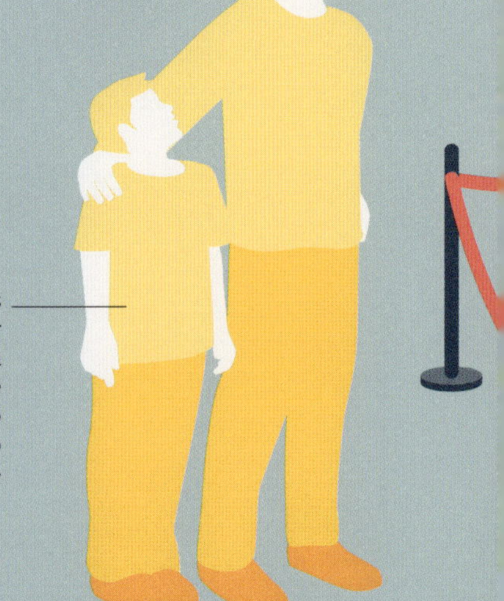

Los espectadores pueden caminar alrededor de la escultura para observarla desde todos los ángulos, lo que se conoce como «escultura de bulto»

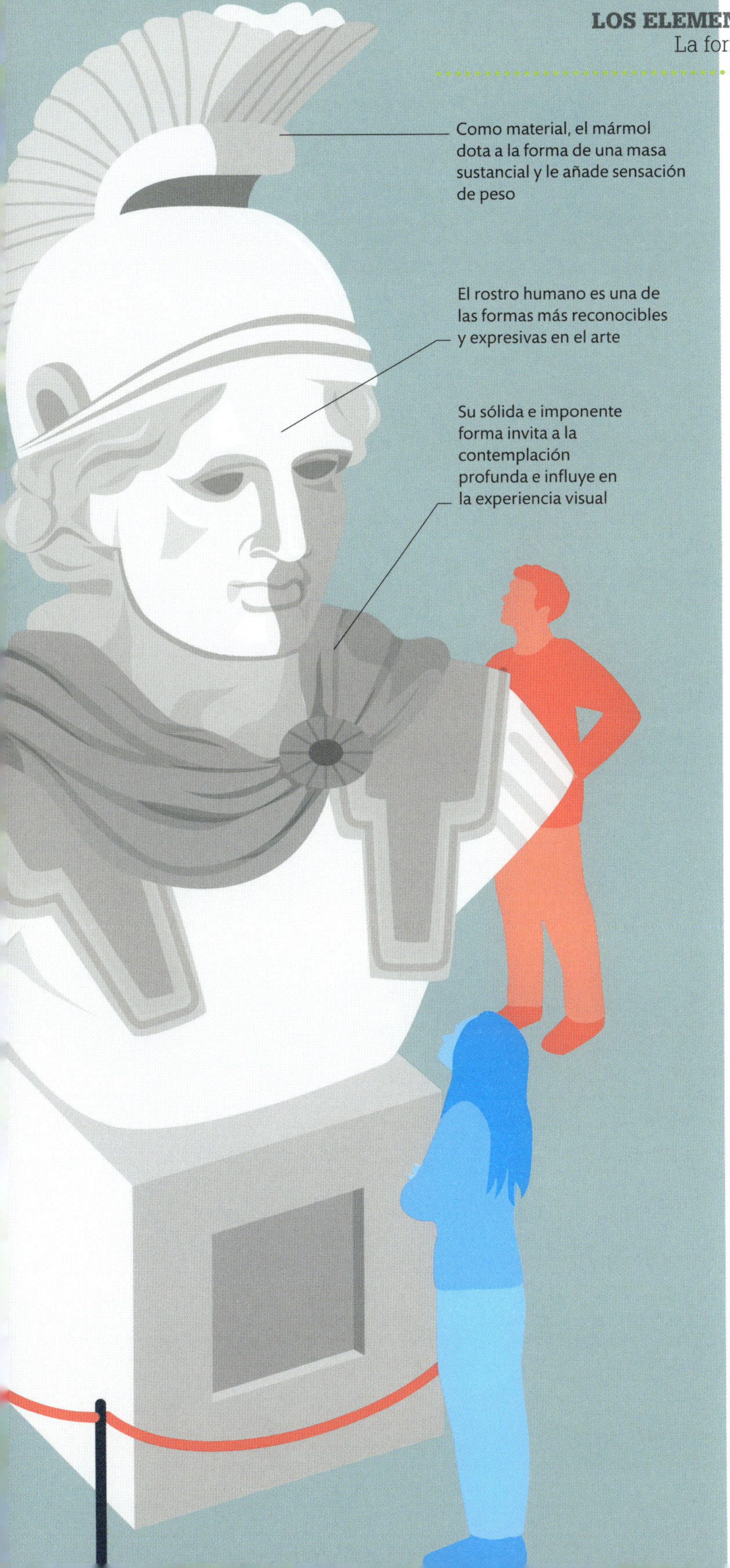

Como material, el mármol dota a la forma de una masa sustancial y le añade sensación de peso

El rostro humano es una de las formas más reconocibles y expresivas en el arte

Su sólida e imponente forma invita a la contemplación profunda e influye en la experiencia visual

Dibujo a partir de la observación

Dibujar del natural ayuda a los artistas a comprender la forma y cómo esta ocupa el espacio. La naturaleza muerta (véase págs. 70-71) constituye un ejercicio de dibujo basado en la observación: un análisis preciso y detallado que traslada la forma tridimensional al plano bidimensional, tanto en clave realista como abstracta. Dibujar un objeto o una figura desde distintos ángulos contribuye a la comprensión de su forma, mientras que identificar el espacio negativo ayuda a situarlo en su entorno.

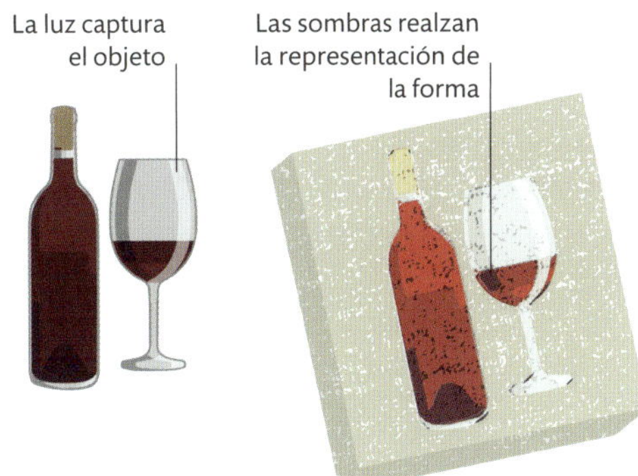

Naturaleza muerta y forma
Recursos como representar con detalle cómo cae la sombra sobre un objeto o figura o centrarse en las sombras y los reflejos permite realzar el aspecto tridimensional de un dibujo.

EN EL **ARTE TRIDIMENSIONAL**, LOS **PATRONES Y LOS COLORES** PERMITEN **DISIMULAR** U **OCULTAR** TANTO EL **VOLUMEN** COMO LA **MASA** DE UN OBJETO

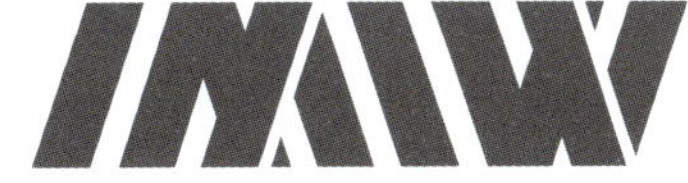

Textura implícita

En el ámbito de la pintura, la textura puede sugerirse por medio de la ilusión, reproduciendo su apariencia. Algunos ejemplos de ello serían el uso de gotas de disolvente sobre pintura al óleo, que permiten recrear el aspecto de una superficie rugosa como la de una pared; la combinación de pinceladas breves y técnicas de difuminado, que puede simular el pelaje, o la superposición de capas acrílicas semitransparentes, recurso que ofrece un resultado semejante al cristal. Así, el artista puede sugerir texturas sin necesidad de añadir nuevas sustancias o materiales a la pintura.

ANNI ALBERS RECURRIÓ AL TEJIDO PARA CREAR OBRAS DE ARTE REVOLUCIONARIAS EN LA DÉCADA DE 1920

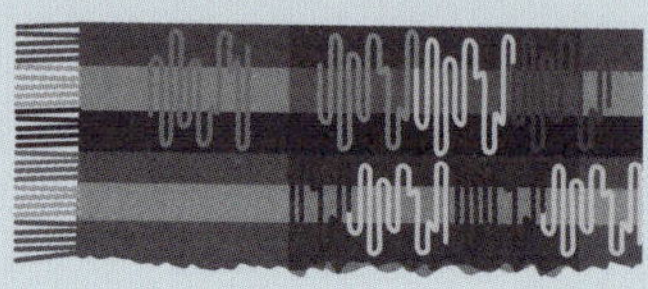

ORGÁNICA

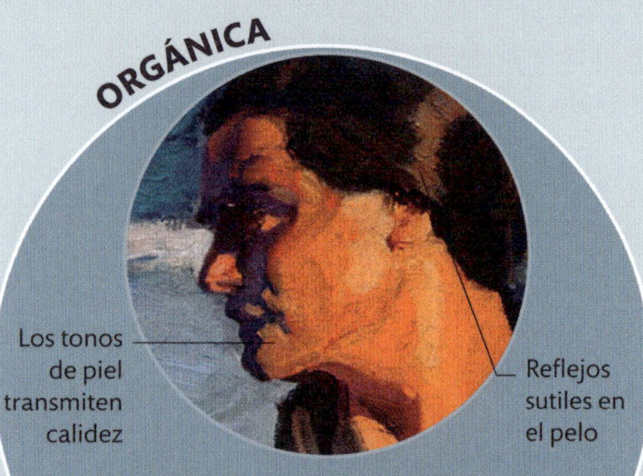

Los tonos de piel transmiten calidez

Reflejos sutiles en el pelo

La textura del cabello se sugiere mediante secciones resaltadas que siguen los contornos implícitos de la cabeza. La textura suave de la piel, por su parte, se genera mezclando tonos cálidos.

HÚMEDA

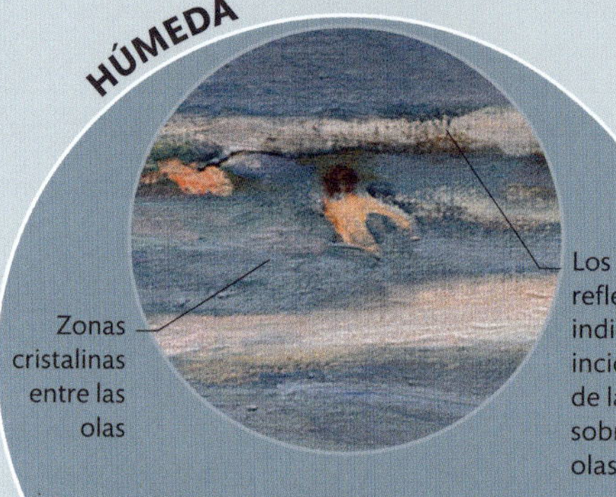

Zonas cristalinas entre las olas

Los reflejos indican la incidencia de la luz sobre las olas

La fluidez del mar se sugiere a través de ondas y olas más ligeras que contrastan con el azul del océano. Las pinceladas aluden al movimiento en la superficie.

ÁSPERA

Áreas más amplias con una sombra tenue

La rugosidad se sugiere mediante breves pinceladas

La rugosa y uniforme textura de la arena se sugiere mediante la superposición de pinceladas secas, las cuales dejan visibles los trazos del color subyacente.

FLUIDA

Mezcla suave

Color en un ligero degradado

El artista sugiere la presencia de una tela blanca y fluida mediante el uso de un suave difuminado y el contraste entre luces y sombras, de forma que la propia tela parezca lisa.

Para sugerir la forma de las nubes puede recurrirse al uso de texturas suaves y pinceladas amplias

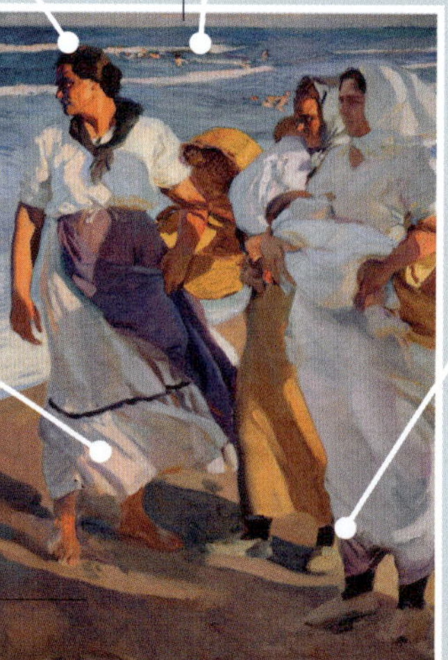

La textura granulada de la arena se obtiene mediante pinceladas gruesas

Combinación de texturas

Esta pintura integra una gran variedad de texturas implícitas, con sutiles diferencias entre cada una de ellas y en la forma de representarlas. Esto garantiza que el cuadro pueda «leerse» como un todo, además de generar una sensación de ilusión y espacio atmosférico.

La textura

La textura es la apariencia o sensación que transmite una superficie, que puede ser desde áspera y abrasiva hasta suave y llana. La textura puede estar implícita o generarse físicamente, dependiendo de la obra y del efecto deseado.

Textura real

El concepto «textura real» alude al uso de la textura física y tangible de los objetos y superficies en una obra de arte para transmitir emociones, ideas y sensaciones. Todos los materiales escultóricos poseen su propio «lenguaje». La arcilla, por ejemplo, puede modelarse, pero también transmite inmediatez al conservar la impresión de las manos. El yeso, por su parte, genera una sensación fría y serena y puede emplearse para captar detalles finos en el moldeado, mientras que metales como el acero pueden pulirse como un espejo o dejarse con un acabado de estilo industrial.

Rugoso frente a liso

En una escultura, el uso de las texturas por parte del artista puede influir en cómo el espectador la interprete. Una textura lisa y pulida puede transmitir una sensación de serenidad o vacío, mientras que una textura rugosa puede evocar dinamismo e inmediatez.

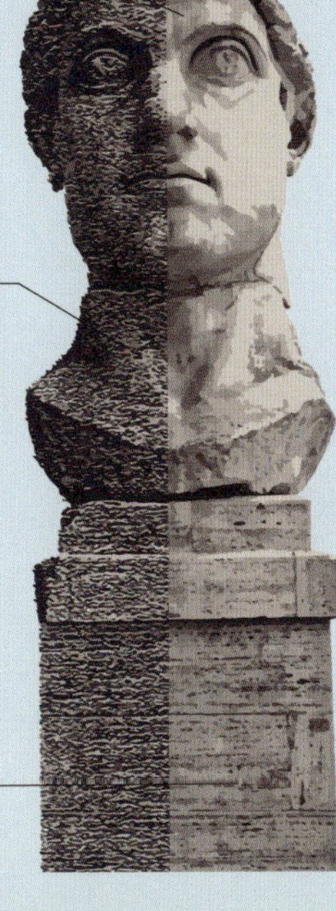

Los detalles y texturas delicados pueden transmitir una sensación de realismo

Las marcas visibles contribuyen a la conexión entre el espectador y el proceso artístico

La suavidad en los ángulos y planos geométricos puede sugerir la presencia de objetos industriales

ABSTRACTA O POCO COMÚN

La textura también puede usarse de forma abstracta para generar efectos inesperados. En una pintura abstracta, la transición entre el empaste (véase más abajo) y las áreas planas genera distintos ritmos visuales. En la escultura, la textura abstracta sugiere sensaciones táctiles.

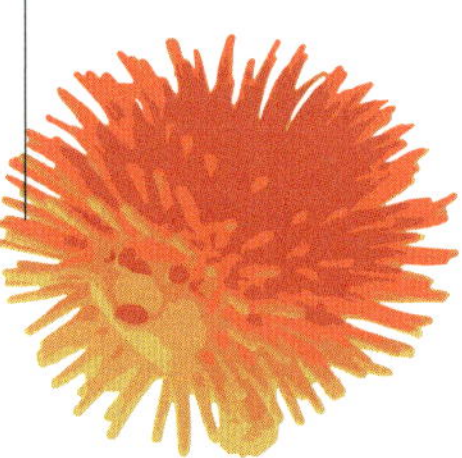

Impacto visual causado por el uso de materiales poco comunes

TEXTURA INESPERADA

¿CÓMO CREÓ VINCENT VAN GOGH SUS OBRAS CON TEXTURA?

Van Gogh usaba breves pinceladas de pintura en empaste en colores complementarios para crear cuadros llenos de movimiento.

Materiales y efectos

En pintura, pueden emplearse diversas herramientas para crear un amplio repertorio de texturas superficiales reales. Espátulas, estropajos y papel de lija sirven para raspar o borrar la pintura. También pueden añadirse sustancias como polvo de mármol o cera de abeja para aportar volumen y cuerpo.

Empaste con espátula

El empaste consiste en la aplicación de pintura en capas gruesas, proceso que en la pintura al óleo suele llevarse a cabo mediante una espátula.

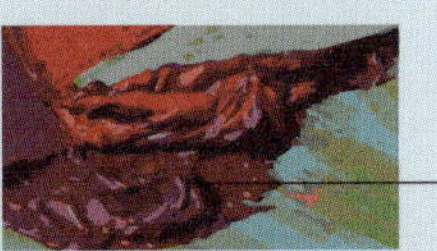

La pintura espesa sobresale del lienzo

Arena y gravilla

El artista puede añadir arena, gravilla fina y hasta cemento a la pintura para crear un efecto arquitectónico.

La textura granulada sugiere superficies de piedra

Peinado

Los cepillos y peines prefabricados o hechos a medida permiten peinar la pintura para crear surcos paralelos.

Papel y tela

Absorben la pintura de forma distinta y crean texturas, desde la seda fina hasta el papel rugoso artesanal.

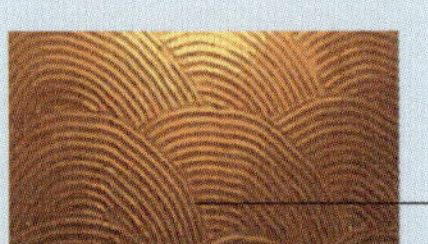

Las líneas densas y repetidas crean uniformidad

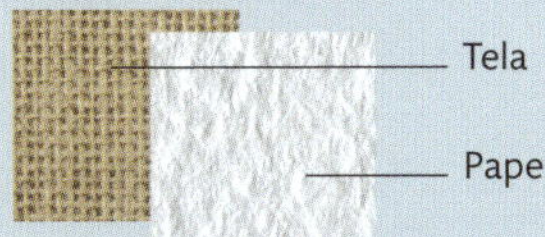

Tela

Papel

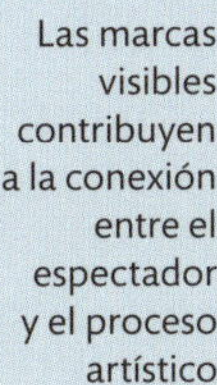

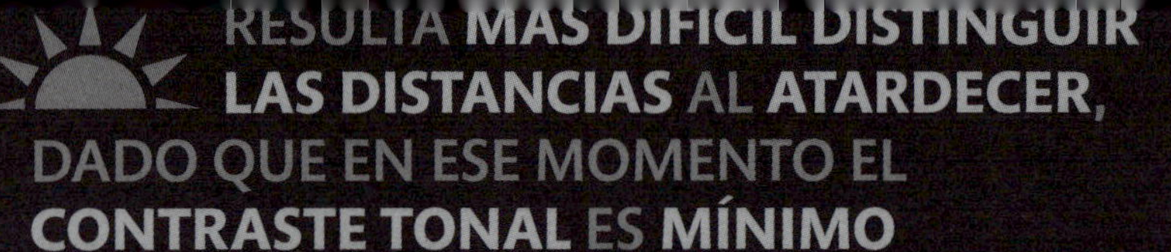

Alto contraste

El uso del alto contraste permite generar dramatismo y expresividad mediante la yuxtaposición de luces y sombras. La escalera oscura conduce a una zona muy iluminada, en una clara referencia a la composición expresionista, que emplea luces y sombras intensas y ángulos inusuales para crear tensión. Las figuras se recortan contra dicha luz intensa, lo que crea un halo de misterio y transmite una narrativa implícita.

LA LUZ EN LAS INSTALACIONES

En sus instalaciones, los artistas suelen recurrir tanto a la luz directa como a proyecciones para transformar los objetos. La artista inglesa Cornelia Parker, por ejemplo, dramatizó su escultura de un cobertizo «en plena explosión» usando una iluminación direccional para realzar la sombra proyectada.

FUENTE DE LUZ EN EL CENTRO

Escena dramática

Esta imagen muestra una sencilla escena urbana en la que varias personas se acercan a una escalera. Sin embargo, gracias al uso de un elevado contraste, la escena adquiere un tono dramático y premonitorio, como si algo estuviera a punto de suceder.

Las figuras se muestran en forma de silueta, lo que las dota de un aire misterioso y andrógino

En el fondo, la gama tonal se atenúa para crear distancia

Las formas, concretas y reconocibles, contrastan en negro sobre blanco

Los escalones crean reflejos angulares

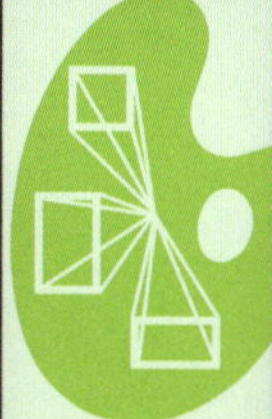

Luz, sombra y contraste

La luz, la sombra y el contraste pueden emplearse en todo tipo de manifestaciones artísticas para plasmar la forma, el dramatismo, la ilusión y la atmósfera de maneras diversas. Algunos materiales, como el carboncillo, la tiza, la pintura en aerosol y las plantillas, permiten lograr efectos de contraste particularmente acentuados. La manipulación digital de las imágenes también resulta útil para exagerar el contraste.

¿QUÉ ES EL CLAROSCURO EN EL ARTE?

El claroscuro consiste en el uso de luces y sombras para definir objetos tridimensionales. En pintura, esta técnica adquirió notoriedad gracias a los artistas del Renacimiento (véase págs. 176-177) y del Barroco (véase págs. 182-183).

Ampliación de la gama tonal

Tanto en el dibujo como en la pintura, resulta fundamental explorar el poder de la luz y la sombra para ir más allá de una gama tonal limitada. Al dibujar a partir de la observación, entrecerrar los ojos ayuda a percibir con claridad las diferencias tonales, que pueden acentuarse para aumentar el dramatismo. Reconocer las áreas más oscuras y claras de una escena y trabajar dentro de esos límites permite ampliar la gama tonal. Además, técnicas como el uso de siluetas, la iluminación direccional intensa o el resalte de un objeto iluminado dentro de un espacio oscuro refuerzan este efecto.

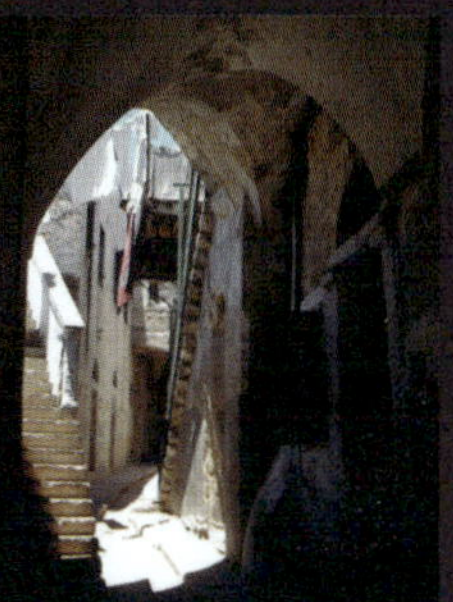

ESCENA MÁS PLANA

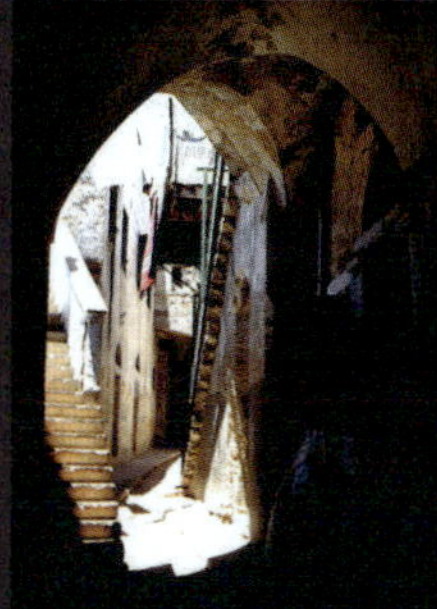

MÁS PROFUNDIDAD

Luz y oscuridad
En este caso, se ha exagerado el contraste entre luz y oscuridad en ambas imágenes. Gracias al uso de la luz en una posición central, la segunda imagen genera una mayor sensación de profundidad e invita al espectador a adentrarse en la escena.

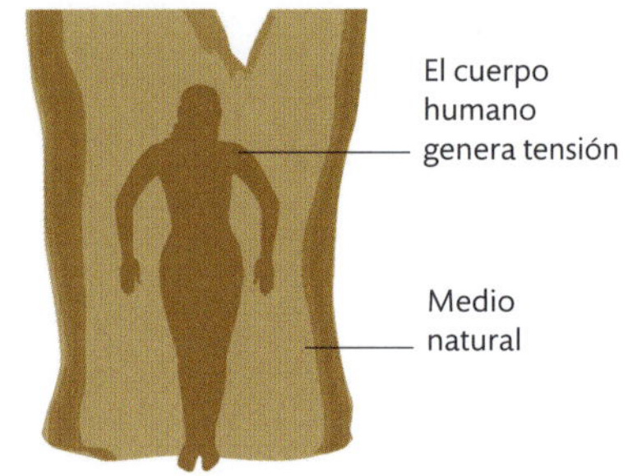

ESPACIO AMBIENTAL

Espacio y arte ambiental

Los artistas pueden recurrir al mundo natural como espacio de creación, hasta el punto de emplear el paisaje y el aire libre como medio en sí mismo (véase pág. 115). Numerosos artistas, con el fin de llamar la atención sobre cuestiones medioambientales, utilizan el entorno natural tanto como una forma de ampliar la escala convencional de sus obras como de transformar las expectativas sobre la manera de observarlas y experimentarlas. Los artistas también pueden explorar el espacio mediante el cuerpo. La artista multidisciplinar Ana Mendieta, por ejemplo, creó más de 200 obras en las que se situaba a sí misma en un entorno exterior, aprovechando dicho espacio como medio escultórico y performativo.

El espacio

La creación, sugerencia y manipulación del espacio es un recurso empleado en todas las manifestaciones artísticas. El espacio permite generar ilusión de profundidad y constituye un medio en sí mismo dentro del arte tridimensional.

Espacio pictórico

El término *espacio pictórico* hace referencia a la ilusión de espacio generada dentro del plano de la imagen, como si la superficie del cuadro fuera transparente y, al situarse frente al artista, dejara ver un espacio imaginario. La representación del espacio ilusorio en la pintura surgió tras el desarrollo de la perspectiva geométrica en el siglo xv. En el arte moderno y contemporáneo, el espacio puede construirse de diversas formas: empleando la perspectiva; creando una distinción entre primer plano, plano medio y fondo; recurriendo a capas de colores más o menos dominantes; haciendo uso de la superposición, o usando objetos de tamaño relativo.

Creación de espacio mediante planos
Los planos organizados en distintos ángulos de perspectiva generan una sensación de espacio y distancia al retroceder dentro del plano pictórico.

Perspectiva geométrica
Los artistas pueden recurrir a elementos como la perspectiva, los planos variables, los patrones y las formas para crear espacio pictórico en una pintura u otra obra bidimensional. Las figuras añaden tensión y significado al espacio.

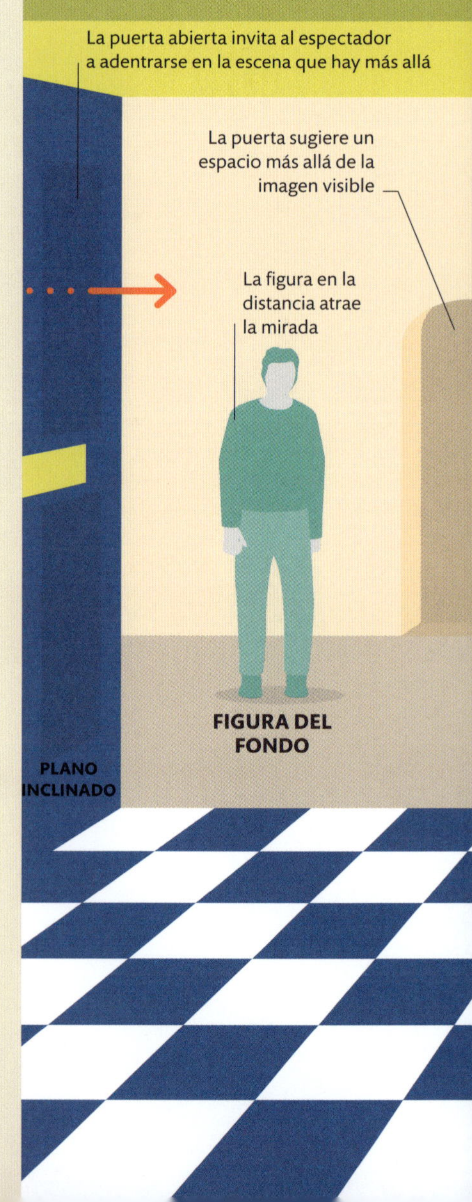

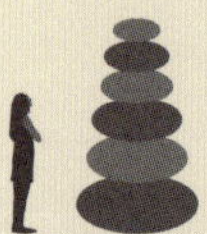

LAS INSTALACIONES ARTÍSTICAS JUEGAN CON LOS CONCEPTOS DE ESPACIO PARA SUMERGIR AL ESPECTADOR EN UNA EXPERIENCIA MÁS COMPLETA

ESPACIO INTERIOR Y EXTERIOR

En sus instalaciones, los artistas suelen explorar y resaltar tanto la sensación y el carácter de espacios concretos como la relación entre interior y exterior. James Turrell crea espacios para la contemplación enmarcando el cielo desde un interior tranquilo y minimalista.

Las fronteras entre arte, naturaleza y arquitectura se difuminan

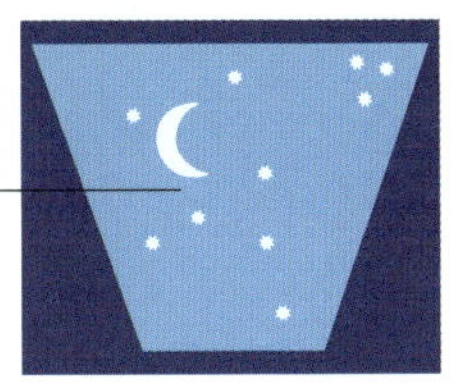

CIELO ENMARCADO

¿CÓMO SE UTILIZA EL ESPACIO EN LA ESCULTURA?

Las esculturas pueden contener áreas de espacio negativo, como los agujeros formados en las figuras de Henry Moore. Asimismo, las obras pueden interactuar con el espacio que ocupan.

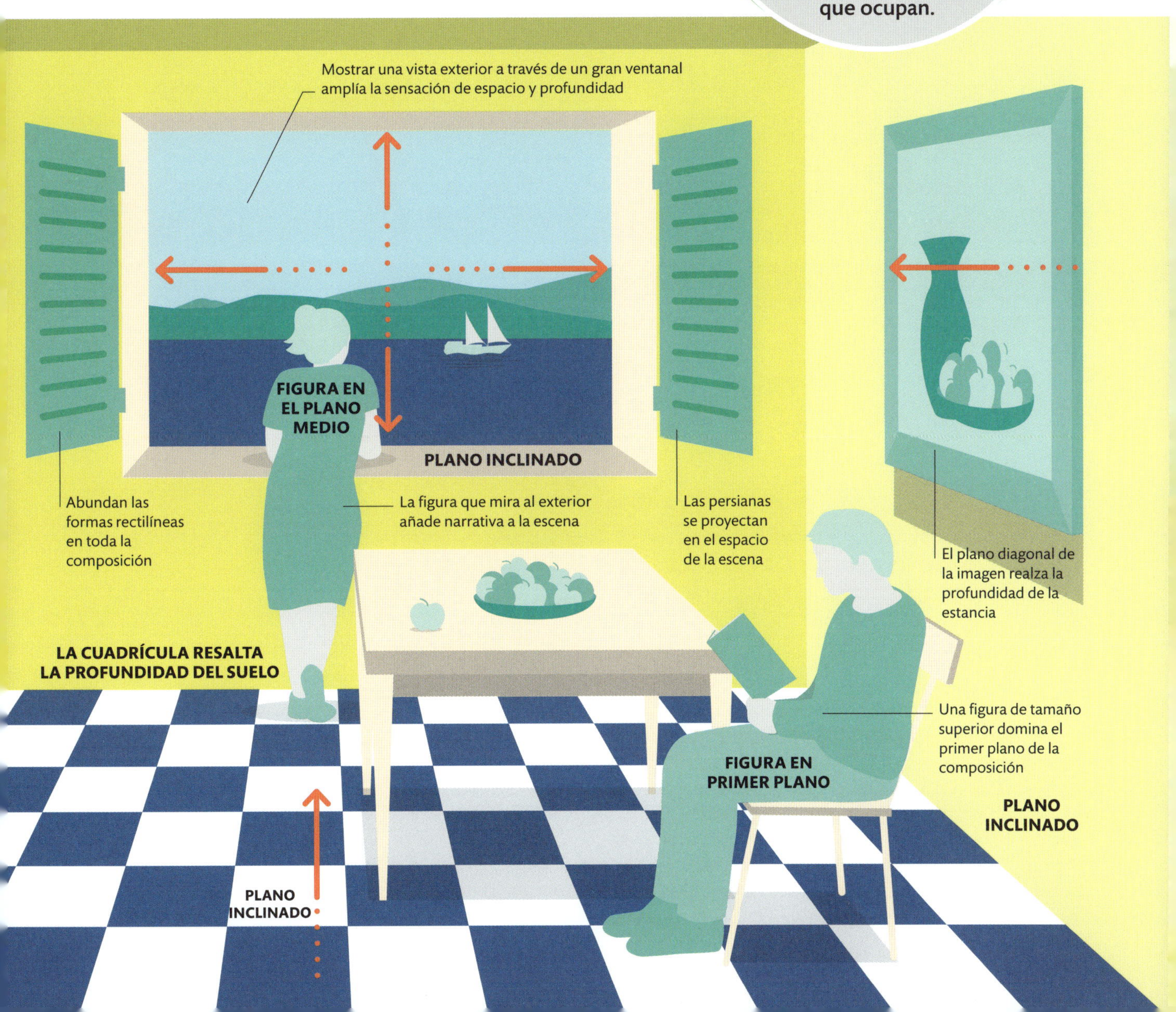

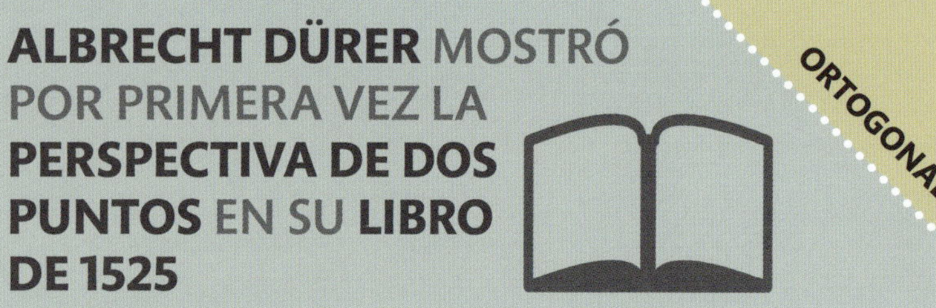

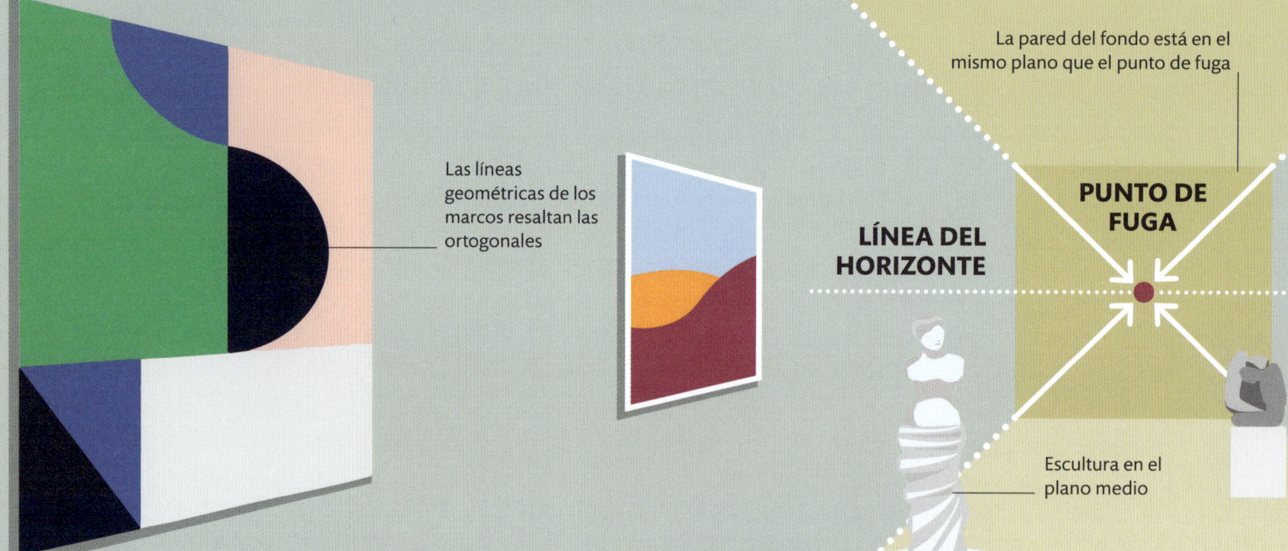

La perspectiva lineal

Crear la ilusión de profundidad en una pintura o dibujo depende de técnicas concretas y de la habilidad a la hora de usar la perspectiva. Los artistas recurren al sistema de perspectiva lineal para transmitir la ilusión de profundidad espacial en escenas con líneas rectas, lo que les permite plasmar con precisión el mundo real en papel o lienzo.

Funcionamiento de la perspectiva lineal

Al percibir la profundidad, los objetos más cercanos al espectador parecen más grandes que los que están más lejos. Por poner un ejemplo, un árbol en el primer plano de una pintura puede ser más grande que una montaña en la distancia. En una superficie bidimensional, la diferencia de tamaño crea la ilusión de profundidad. Para representarla, el artista recurre a tres componentes: la línea del horizonte, que separa cielo y tierra; las ortogonales o líneas diagonales que se dirigen hacia el fondo, y el punto de fuga, en el que convergen todas esas líneas.

Punto de vista
El punto de vista es el punto desde el que se observa la escena, el cual se ve afectado por la altura de la línea del horizonte. Si la línea del horizonte es más alta, el espectador tiene la sensación de poder entrar en la escena; si es más baja, el espectador podría estar mirando hacia abajo. Finalmente, una línea del horizonte central aporta equilibrio a la composición.

ESPECTADOR

ORTOGONAL

Perspectivas múltiples

Las imágenes con un único punto de fuga en la línea del horizonte emplean el sistema de perspectiva de un punto. Esta es la técnica a la que recurre el artista para representar con precisión una carretera, un pasillo o un edificio con la fachada directamente frente a él. En sus inicios, la perspectiva se basaba en un único punto de fuga, hasta que, con el tiempo, fueron incorporándose más para dotar a las escenas de mayor realismo.

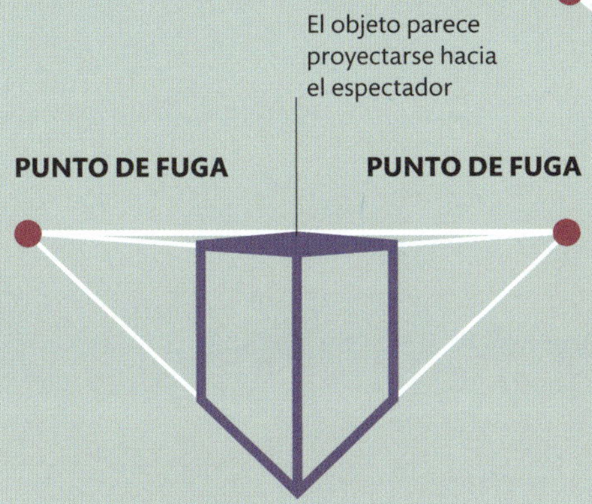

PUNTO DE FUGA

Línea de altura vertical

LÍNEA DE ALTURA

PUNTO DE FUGA

El objeto parece proyectarse hacia el espectador

PUNTO DE FUGA   **PUNTO DE FUGA**

Ortogonales

Perspectiva de dos puntos
Este método utiliza dos puntos de retroceso en la línea del horizonte para crear una vista que avanza hacia el espectador, recurso ideal para plasmar paisajes arquitectónicos.

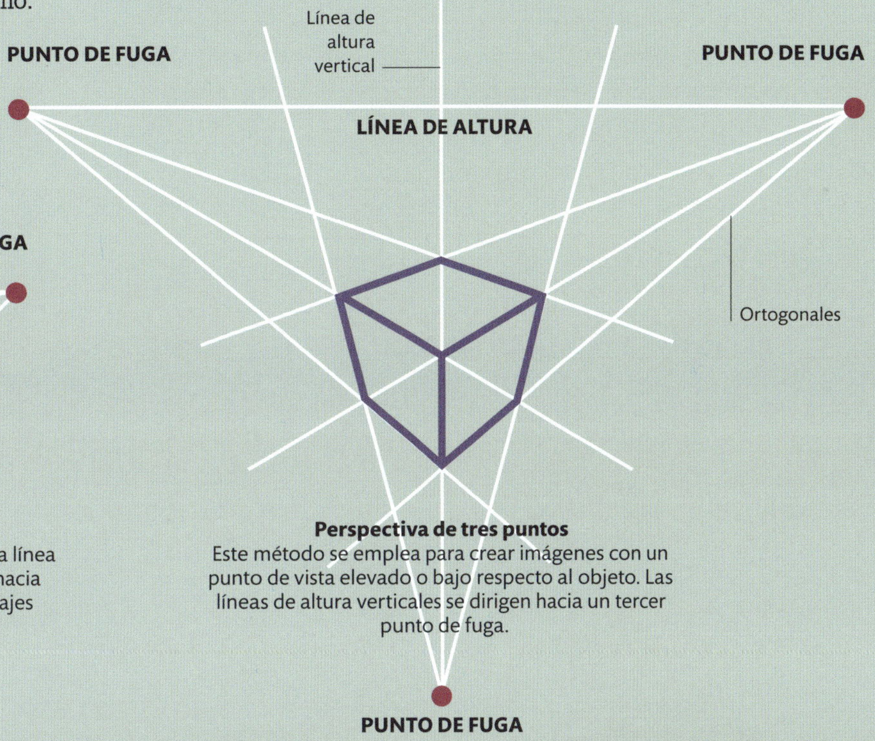

Perspectiva de tres puntos
Este método se emplea para crear imágenes con un punto de vista elevado o bajo respecto al objeto. Las líneas de altura verticales se dirigen hacia un tercer punto de fuga.

PUNTO DE FUGA

¿QUÉ ARTISTAS APROVECHARON LOS DESCUBRIMIENTOS SOBRE LA PERSPECTIVA DE BRUNELLESCHI?

Artistas del Renacimiento como Michelangelo, Leonardo da Vinci o Botticelli utilizaron este sistema para crear obras de fama mundial.

FILIPPO BRUNELLESCHI

La perspectiva ya era conocida por los antiguos griegos y romanos, pero su uso se perdió durante la Edad Media. El arquitecto renacentista italiano Filippo Brunelleschi formuló la teoría de la perspectiva lineal alrededor de 1415, cuando demostró el concepto del punto de fuga único al representar con gran precisión el Baptisterio de Florencia en dos pinturas. Los descubrimientos de Brunelleschi transformaron el medio para dar paso a una era de mayor realismo.

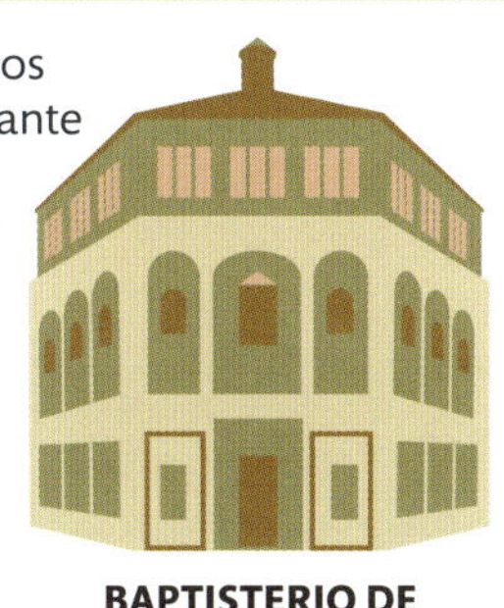

BAPTISTERIO DE FLORENCIA

Los juegos de perspectiva

Leonardo da Vinci fue uno de los primeros artistas en observar que, cuando un paisaje se aleja en la distancia, su apariencia cambia en términos de color y tono. En pintura y dibujo, esto se denomina *perspectiva aérea* o *atmosférica*. Los objetos y las figuras también son susceptibles de distorsión en forma de escorzo y otras ilusiones ópticas.

Perspectiva aérea

Al observarlos desde la distancia, los edificios, los árboles y otros elementos del paisaje se ven borrosos, los contornos y los detalles apenas se distinguen y los colores se vuelven más tenues y se velan con un tono azulado. Mediante sutiles ajustes de color, combinados con un cambio gradual de tono entre el primer plano cálido y el fondo más frío, el artista puede reproducir el fenómeno de la perspectiva aérea y crear ilusión de profundidad en su obra.

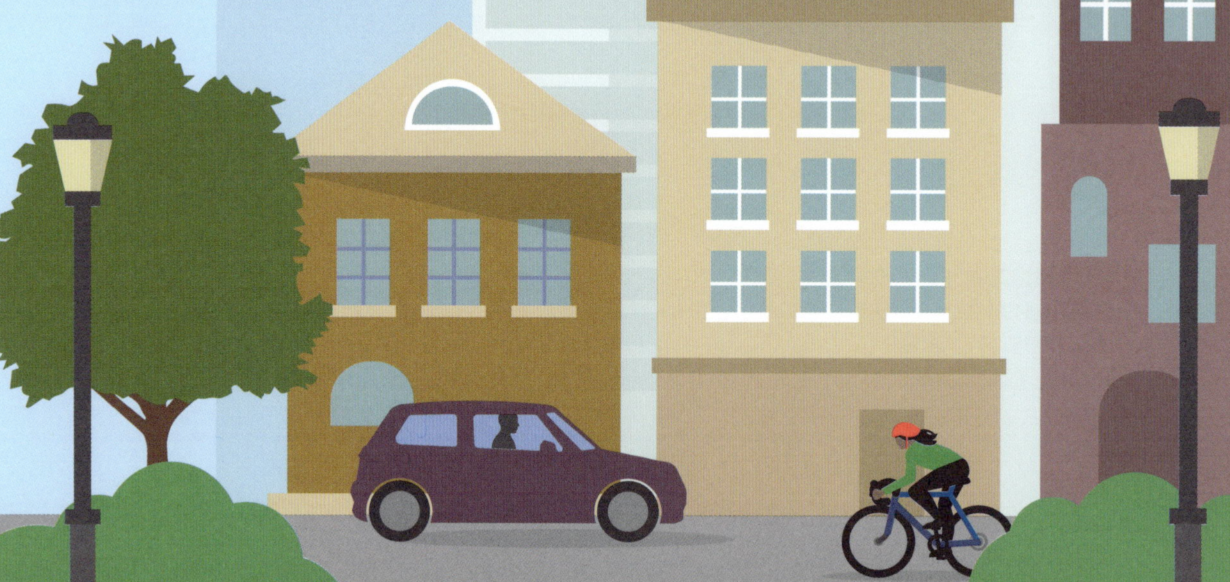

Escorzo

La técnica del escorzo permite representar un objeto o una figura en profundidad. Se trata de la distorsión percibida por el ojo al observar algo desde lejos o desde un ángulo extraño. Por ejemplo, si se representa a una figura recostada con los pies más cercanos al espectador, los pies parecerán desproporcionadamente grandes, mientras que las partes del cuerpo más alejadas serán anormalmente pequeñas.

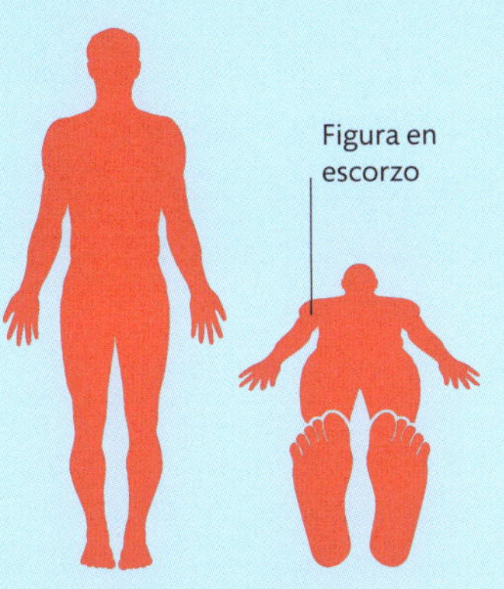

Sensación de espacio
Las piernas y el pecho de una figura en escorzo parecen más cortos, lo que transmite sensación de profundidad.

UNA FIGURA IMPOSIBLE

El triángulo de Penrose, diseñado por Oscar Reutersvärd en 1934, es una figura imposible, una forma incoherente que genera una perspectiva desorientadora. Las barras parecen ir en direcciones opuestas, pero a la vez conectarse.

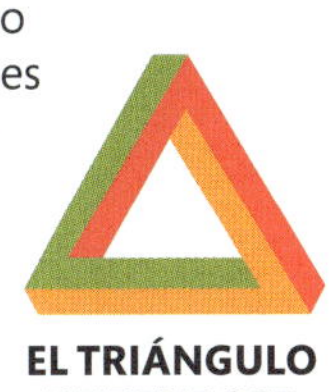

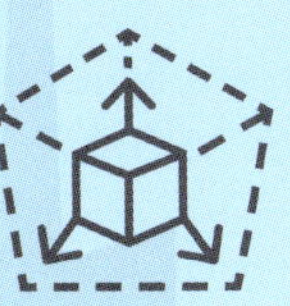

EL **ARTISTA J. M. W. TURNER** IMPARTIÓ CLASES DE **PERSPECTIVA** DURANTE **30 AÑOS**

Partículas en el aire
La presencia de humedad y partículas de polvo en la atmósfera provoca la dispersión de la luz. Dado que la luz azul es la que más se dispersa, los edificios situados a gran distancia suelen adquirir un tono azulado.

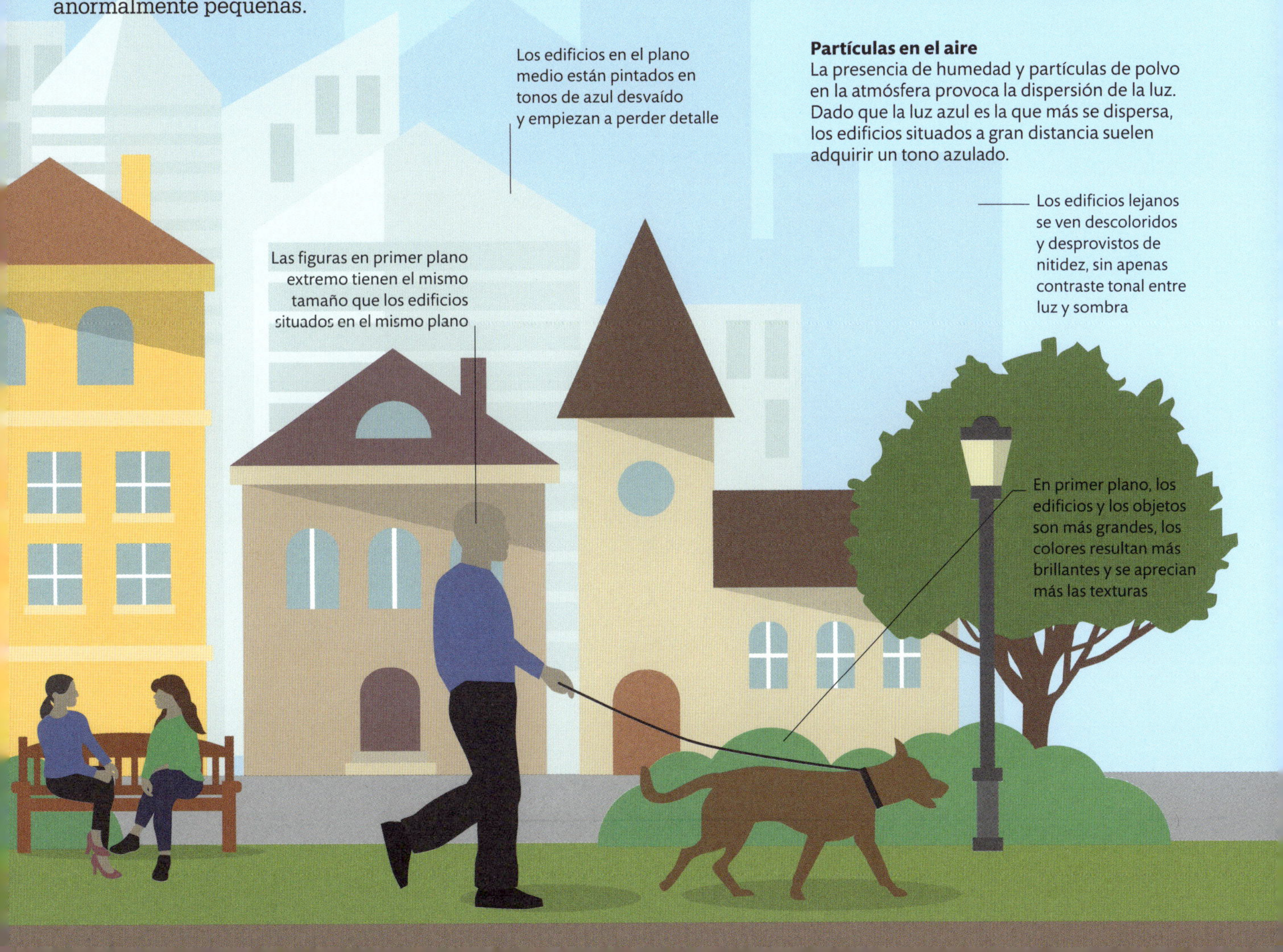

Los edificios en el plano medio están pintados en tonos de azul desvaído y empiezan a perder detalle

Los edificios lejanos se ven descoloridos y desprovistos de nitidez, sin apenas contraste tonal entre luz y sombra

Las figuras en primer plano extremo tienen el mismo tamaño que los edificios situados en el mismo plano

En primer plano, los edificios y los objetos son más grandes, los colores resultan más brillantes y se aprecian más las texturas

El tema

El tema es el principal elemento representado en una obra de arte. Puede dar forma a la pieza en términos de materiales, lenguaje visual, escala y experiencia del espectador, y es lo que distingue a un ejercicio de estudio de una obra de arte relevante.

Principales tipos de tema

Los artistas pueden elegir el tema de sus obras a partir de sus propias inquietudes. Algunos combinan la autobiografía con cuestiones más amplias, como la raza o el género. Otros pueden tener motivaciones políticas o crear obras inspiradas en la historia. También hay quienes consideran que la propia naturaleza de los materiales constituye el tema, y exploran ideas sobre el paso del tiempo o la transformación a través de ellos. Analizar el lenguaje visual de la obra nos ayuda a entender mejor estos planteamientos.

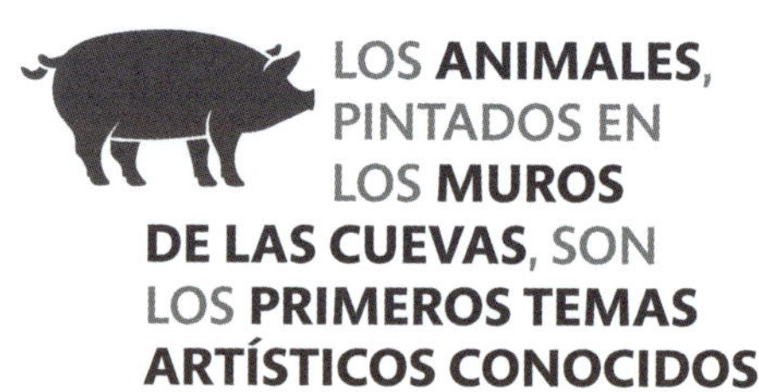

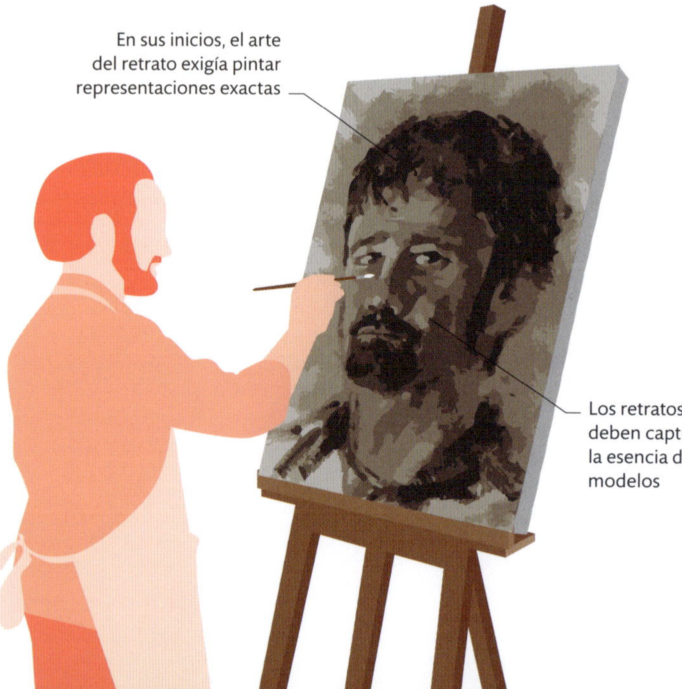

Retrato
El retrato se ha utilizado históricamente para reforzar las jerarquías, como en la representación de la realeza, y constituye una ventana a la experiencia humana. Los retratos ofrecen la perspectiva del artista sobre el tema tratado que en ocasiones incluye pistas visuales, desde objetos hasta prendas de vestir.

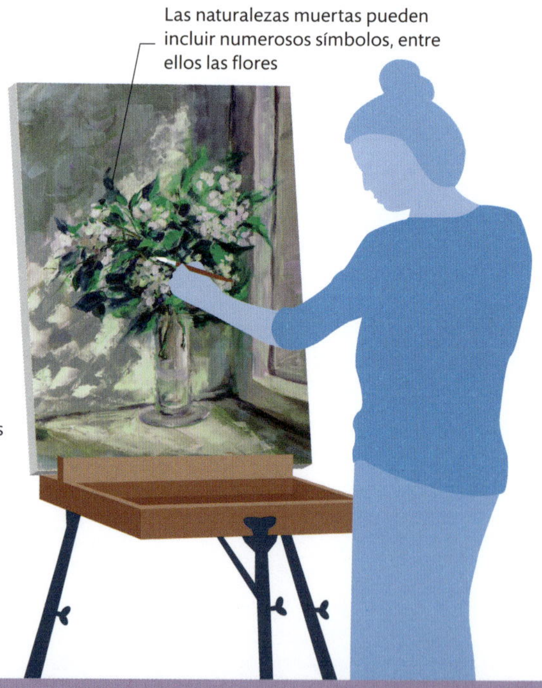

Naturaleza muerta
Los pintores holandeses del siglo XVII la emplean de forma alegórica para sugerir ideas como la prosperidad o la mortalidad. En el siglo XX, artistas como Georges Braque y Paul Cézanne recurrieron a este género para profundizar en el concepto mismo de composición.

Temas históricos

En el pasado, los temas solían inspirarse en leyendas e historias ampliamente conocidas. Poco a poco, los artistas fueron ampliando sus horizontes para incorporar temas cotidianos y no narrativos, un cambio que les permitió expresar mejor su propia identidad y crear un arte más inclusivo.

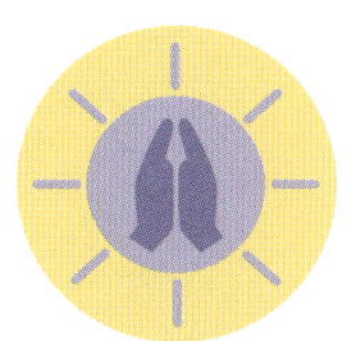

Devocional
Este arte permitía difundir ideas religiosas a través de imágenes a un público mayoritariamente analfabeto.

Narrativo
Los temas históricos, míticos o religiosos se abordaban en obras que narraban una historia fácilmente identificable.

De género
Las pinturas que mostraban escenas de la vida cotidiana ganaron popularidad a partir del siglo XVII.

LA VIDA INFLUYE EN EL ARTE

Los artistas son un reflejo de su entorno. Factores externos como los medios de comunicación que consumen, sus relaciones personales y los espacios donde viven se entrelazan con sus propios recuerdos, pensamientos y estados anímicos para moldear su obra.

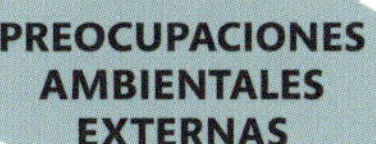

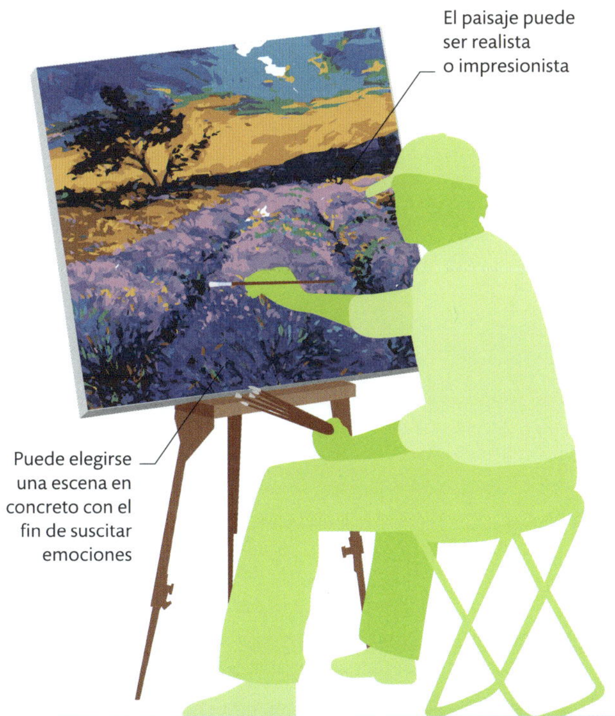

Paisaje
Además de ser una representación de la naturaleza, refleja la actitud de la época: ordenada y tranquila en la era clásica, o salvaje e intensa durante el romanticismo. También puede transmitir mensajes sociales o políticos, como en los campos de batalla de la Primera Guerra Mundial de Paul Nash.

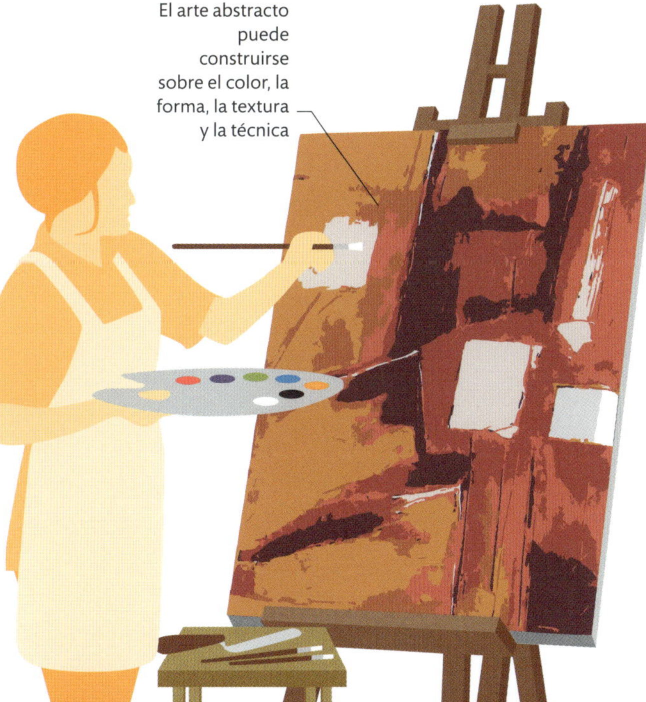

Abstracto
Algunos artistas reducen las formas naturales a figuras geométricas u orgánicas abstractas, mientras que otros exploran nuevas ideas filosóficas y revolucionarias que, para ellos, solo pueden expresarse mediante la abstracción y no a través de imágenes figurativas.

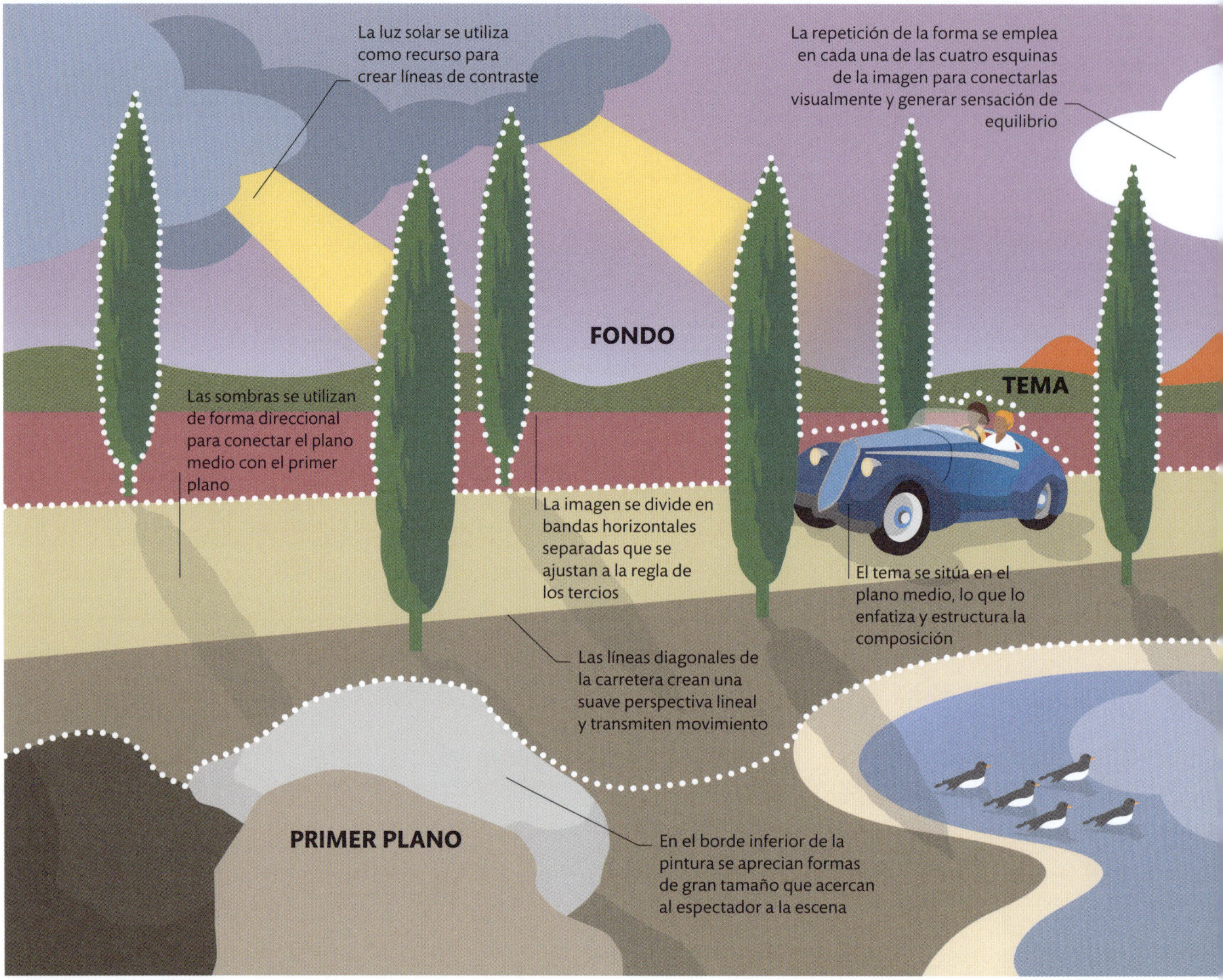

La luz solar se utiliza
como recurso para
crear líneas de contraste

La repetición de la forma se emplea
en cada una de las cuatro esquinas
de la imagen para conectarlas
visualmente y generar sensación de
equilibrio

FONDO

TEMA

Las sombras se utilizan
de forma direccional
para conectar el plano
medio con el primer
plano

La imagen se divide en
bandas horizontales
separadas que se
ajustan a la regla de
los tercios

El tema se sitúa en el
plano medio, lo que lo
enfatiza y estructura la
composición

Las líneas diagonales de
la carretera crean una
suave perspectiva lineal
y transmiten movimiento

PRIMER PLANO

En el borde inferior de la
pintura se aprecian formas
de gran tamaño que acercan
al espectador a la escena

LA REGLA DE LOS TERCIOS

La regla de los tercios es
una sencilla herramienta
de composición para obras
bidimensionales. Consiste
en dividir la imagen en una
cuadrícula hipotética de tres por
tres y situar los puntos focales
de la obra según esta estructura,
lo que genera una disposición
equilibrada, sugerente
y visualmente armoniosa de los
elementos.

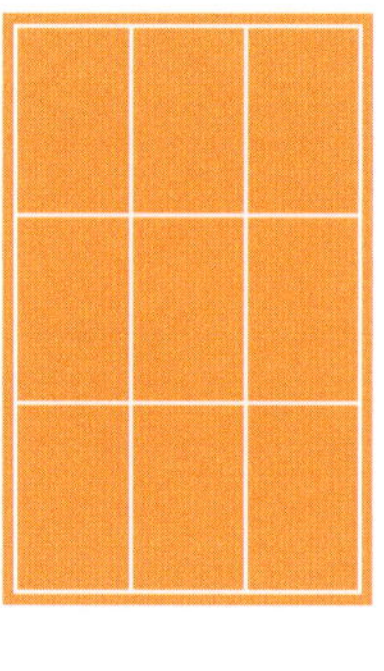

CUADRÍCULA SIMPLE

Estrategias de composición

A lo largo de la historia, los
artistas han empleado un amplio
repertorio de estrategias o recursos
fundamentales de composición.
Estas estrategias permiten crear la
estructura principal de la obra, así
como situar en ella figuras, objetos,
colores y espacios. La composición
moderna puede incorporar, subvertir
o combinar estas técnicas dentro de
una misma obra.

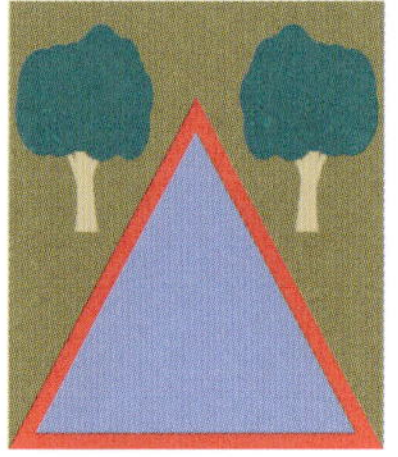

Triangular
El triángulo, muy
habitual en las
pinturas renacentistas,
es el principio
organizativo en torno
al cual se disponen
los elementos para
crear una composición
dinámica.

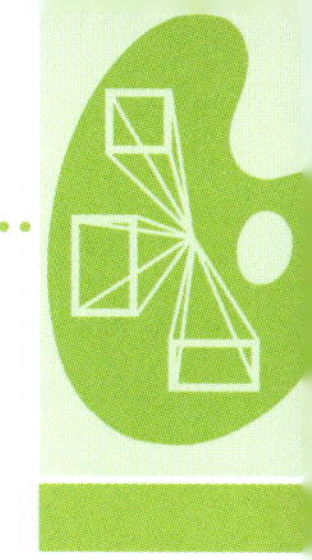

La composición

El término *composición* describe la manera en la que está estructurada una obra y cómo se disponen y organizan sus elementos individuales para crear una impresión visual global. Antes de empezar a trabajar en una obra, los artistas tienen siempre en cuenta su composición.

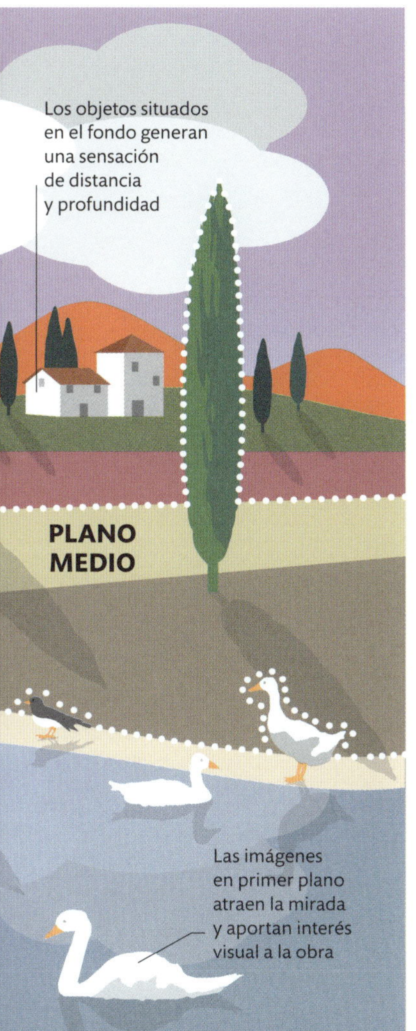

Estructura deliberada

La composición, empleada sobre todo en obras bidimensionales, es la manera que tiene el artista de guiar al espectador por la imagen, recurriendo a la estructura del espacio pictórico para generar movimiento y puntos de interés deliberados. La composición no se limita a la disposición de los elementos sobre la superficie, sino que también incluye cómo está construida la obra y la relación entre la ilusión de profundidad y dicha superficie.

Combinación de elementos

La composición combina elementos para crear un efecto deseado. La perspectiva, los planos de profundidad, los tamaños en contraste y las líneas en ángulo dotan a la escena de dramatismo e impacto visual.

¿CÓMO UTILIZAN LOS ARTISTAS LA COMPOSICIÓN AL TRABAJAR A PARTIR DEL NATURAL?

Al dibujar o pintar una escena real, el artista puede emplear un visor rectangular para «enmarcar» distintas perspectivas y hallar la composición más adecuada.

LAS COMPOSICIONES EQUILIBRADAS TRANSMITEN UNA SENSACIÓN DE ARMONÍA

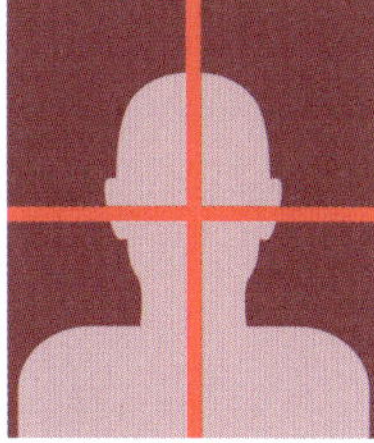

Centrado

Este estilo de composición, muy frecuente en los retratos, es sencillo y atrae la atención hacia la figura gracias a su ubicación central.

En diagonal

Las diagonales permiten generar fuerzas dinámicas dentro de la obra. Al guiar la mirada de un extremo a otro, parece que la imagen se prolonga más allá de sus límites.

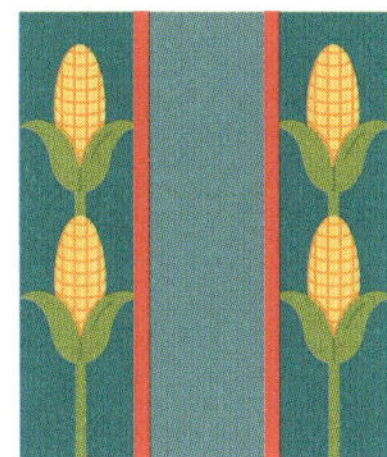

En vertical

La disposición de los distintos elementos de la obra enfatiza las líneas verticales para transmitir una sensación de altura o longitud, lo que puede resultar inquietante o imponente.

Punto focal

El uso de la perspectiva o sensación de distancia puede atraer deliberadamente la mirada del espectador hacia un punto focal. También es posible organizar la obra en torno a varios puntos focales.

Asimetría

Una composición que juegue con la irregularidad puede resultar más estimulante, al hacer que la mirada recorra la obra a distintas velocidades y transmitir una sensación de cambio o inestabilidad.

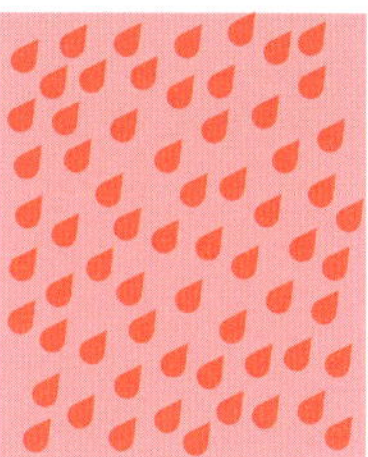

Sin punto focal

En este caso, la composición se centra más en la superficie que en la percepción espacial. La repetición de los trazos crea una sensación de movimiento.

El punto de vista

El término *punto de vista* hace referencia a la forma en la que el artista presenta una obra y su tema en relación con el espectador. Esto puede darse tanto dentro de la propia obra —por ejemplo, con los puntos de vista implícitos en un cuadro— como referirse a la ubicación del objeto artístico en sí.

Colocación estratégica

El artista puede manipular el ángulo desde el que el espectador observa la obra para generar un efecto concreto. En la pintura y el dibujo, es posible emplear recursos como la perspectiva geométrica, el recorte y las imágenes múltiples para crear puntos de vista específicos dentro de la propia obra. En la escultura y las instalaciones, la forma en la que el espectador se acerca a la obra y se mueve a su alrededor en el espacio tridimensional se convierte en parte fundamental de su experiencia.

VISTA DESDE ABAJO

El punto de vista bajo enfatiza el tamaño del elemento representado

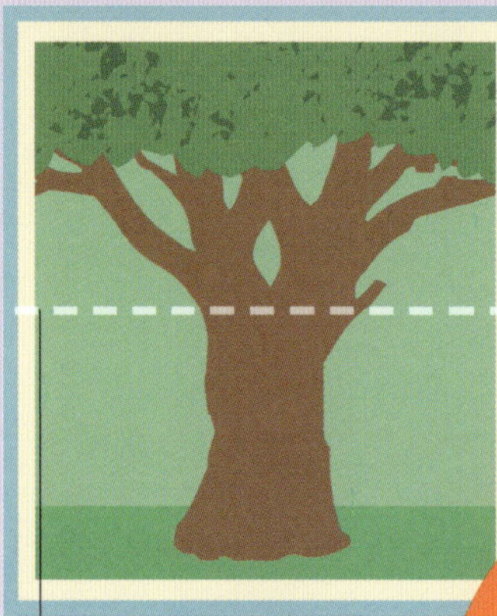

VISTA FRONTAL

El punto de vista nivelado transmite sensación de realismo

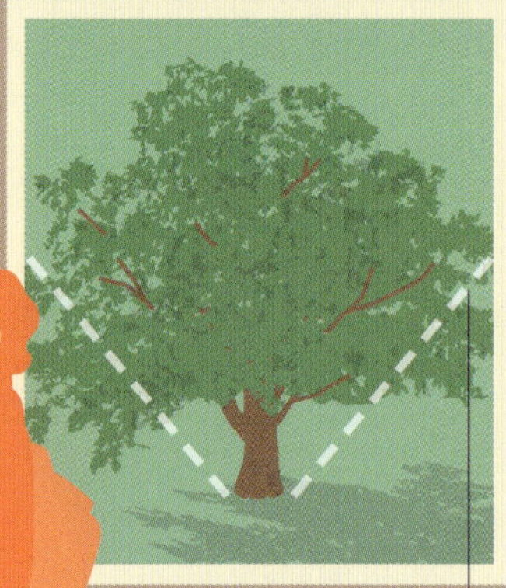

VISTA DESDE ARRIBA

Un punto de vista elevado puede hacer que los elementos parezcan pequeños o crear una sensación de amplitud

Distintos puntos de vista

El punto de vista influye en la sensación del espectador: desde abajo, el tema representado impone; de frente, parece más cercano, y desde arriba, puede causar vértigo.

Puntos de vista inusuales

El punto de vista en la pintura y el dibujo está estrechamente relacionado con el uso de la perspectiva (véase págs. 104-107), la cual puede manipularse para generar una sensación de espacio distorsionado o con múltiples puntos de vista. Representar distintos espacios en una misma obra permite desplazar el punto de vista a lo largo de la composición para alterar las convenciones de primer plano, plano medio y fondo. Algunos artistas recurren al uso de puntos de vista ingeniosos, como el recorte de la imagen o el enmarcado de la vista principal con un objeto cercano, para añadir narrativa o dramatismo a su obra.

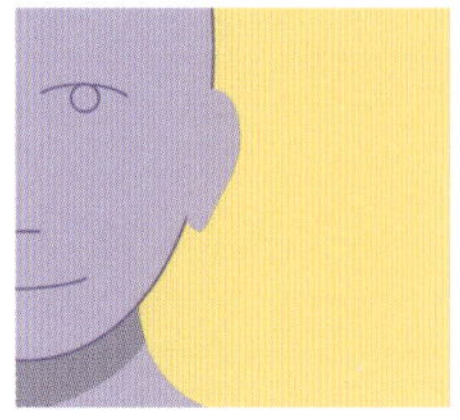

Plano detalle

El plano detalle, o acercamiento, puede sugerir un fragmento de una escena más amplia para generar un punto de vista dramático y cinematográfico.

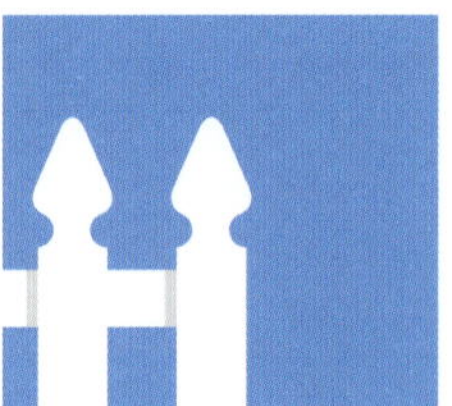

Perspectiva profunda

Desplazar el punto de vista más allá del primer plano, hacia el fondo de la composición, ayuda a situar al espectador dentro del espacio.

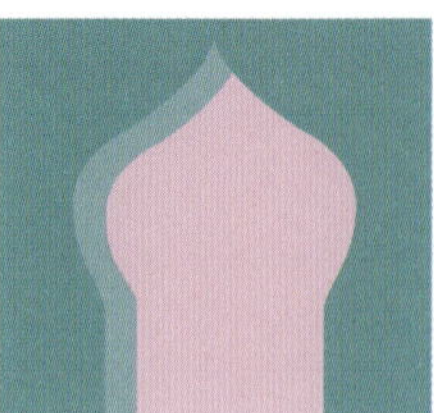

Vista a través

Resaltar el espacio detrás o más allá de los elementos representados guía la mirada del espectador y crea una sensación de capas.

LA **ANAMORFOSIS** SE REFIERE A UNA **IMAGEN DISTORSIONADA** QUE PARECE NORMAL DESDE UN **PUNTO DE VISTA CONCRETO**

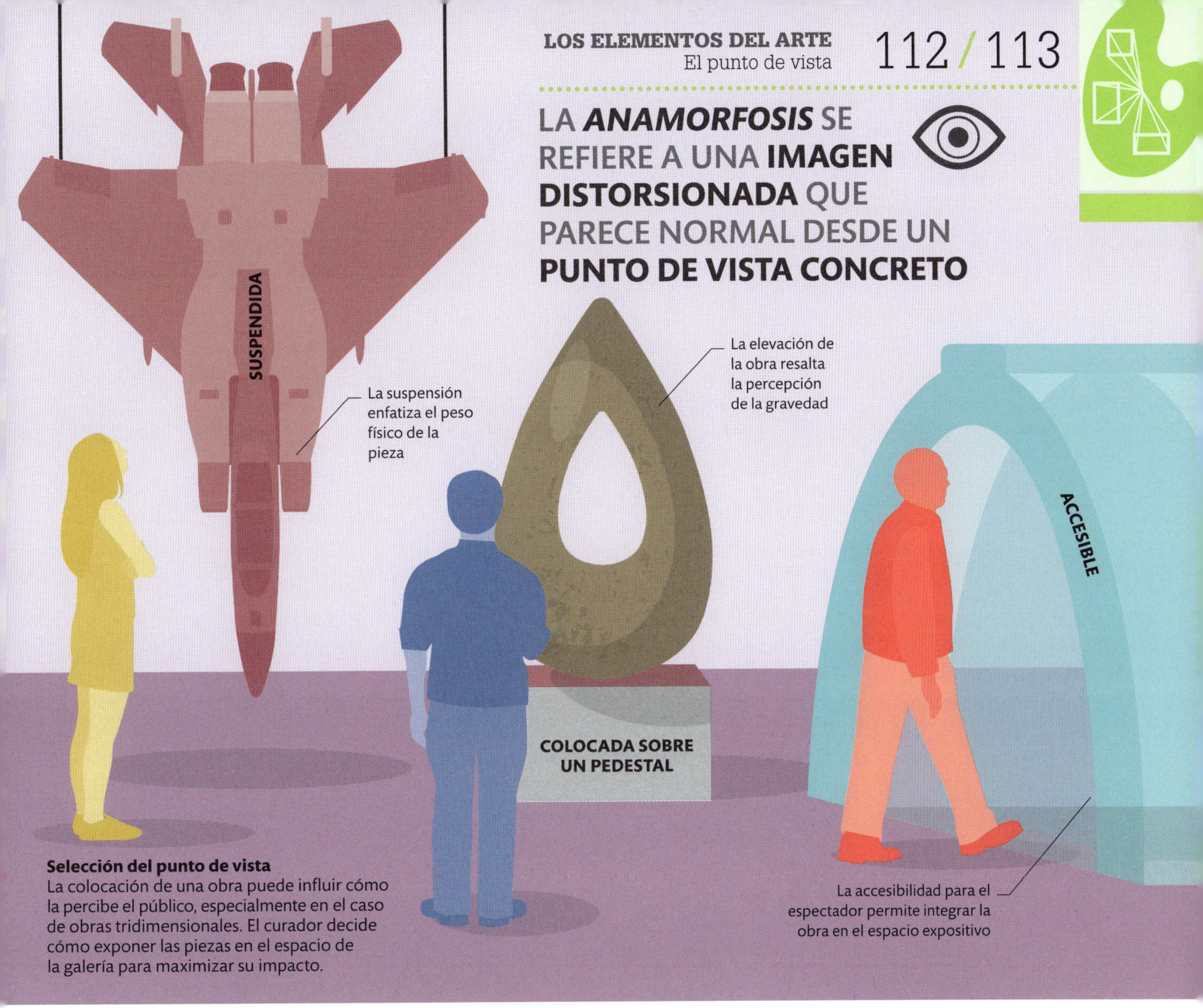

SUSPENDIDA

La suspensión enfatiza el peso físico de la pieza

La elevación de la obra resalta la percepción de la gravedad

COLOCADA SOBRE UN PEDESTAL

ACCESIBLE

La accesibilidad para el espectador permite integrar la obra en el espacio expositivo

Selección del punto de vista
La colocación de una obra puede influir cómo la percibe el público, especialmente en el caso de obras tridimensionales. El curador decide cómo exponer las piezas en el espacio de la galería para maximizar su impacto.

PUNTOS DE VISTA CAMBIANTES

En el arte de la instalación (véase págs. 60-61), los artistas suelen gozar de más libertad para jugar con el punto de vista. A medida que el espectador se mueve alrededor de la obra, el punto de vista —y con ello su experiencia— va cambiando. La artista visual Pipilotti Rist crea entornos inmersivos con láminas de organza colgadas sobre las que se proyectan imágenes. Gracias a los puntos de vista cambiantes, el espectador experimenta una sensación onírica que desafía su sentido del espacio.

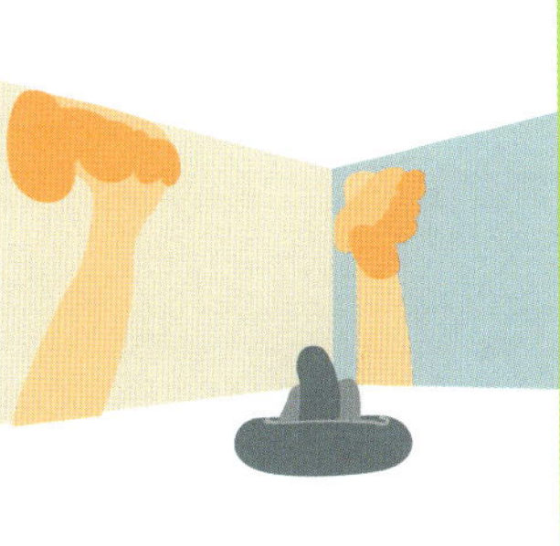

¿CÓMO LOGRÓ VERMEER QUE SUS PUNTOS DE VISTA PARECIERAN TAN REALISTAS?

Se cree que Johannes Vermeer utilizó una cámara oscura para proyectar la imagen de un espacio sobre el lienzo, lo que le permitía capturar la escena con precisión.

Las condiciones atmosféricas en la pintura

Gracias a su fluidez, la pintura es el medio ideal para plasmar los efectos del tiempo en un paisaje. Las sutiles condiciones atmosféricas, como las del atardecer, pueden capturarse mediante suaves variaciones de color y tono, mientras que la luz solar puede sugerirse recurriendo a un elevado contraste y a yuxtaposiciones de color. La perspectiva atmosférica (véase págs. 106-107) emplea la variación tonal para transmitir una sensación de distancia.

Sol

Los efectos de la luz solar, como la luz moteada o los fuertes contrastes de sombras, pueden representarse con colores que van desde los tonos más fríos e intensos hasta los más cálidos y brillantes, según la estación del año (véase a la derecha).

Arcoíris

La técnica de la acuarela resulta ideal para captar la luminosidad y el difuminado de un arcoíris. Aprovechando la iluminación proporcionada por un fondo blanco, los colores pueden fusionarse para crear una cualidad visual efímera.

Bruma y niebla

El efecto de la niebla y la bruma sobre un paisaje suele plasmarse mediante capas de acrílico o veladuras al óleo. Este recurso permite generar una sensación de incertidumbre o de irrealidad en una escena que, por lo demás, sería ordinaria.

Viento

El viento puede añadir dinamismo y movimiento (véase págs. 126-127) a escenas que, de otro modo, serían estáticas. El artista puede representar elementos como árboles inclinados o figuras que parezcan estar luchando contra el viento.

Atmósfera y estado del tiempo

Representar las condiciones atmosféricas puede ser una forma eficaz de captar y transmitir un ambiente en una obra. La luz y la oscuridad atmosféricas permiten crear el escenario de una narración, reflejar sentimientos de euforia o confusión, o describir un paisaje o lugar concreto.

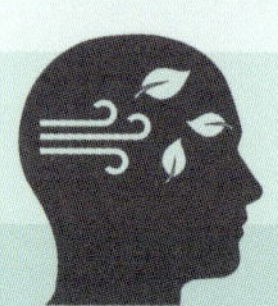

DURANTE EL PERÍODO DEL **ROMANTICISMO** CRECIÓ EL INTERÉS **POR LAS REPRESENTACIONES ARTÍSTICAS Y PERSONALES** DEL ESTADO DEL TIEMPO

¿QUÉ ES EL *SKYING* EN EL ÁMBITO DE LA PINTURA?

El término *skying* («observar las nubes») fue acuñado por el pintor del siglo XIX John Constable, quien realizó cientos de estudios de formaciones nubosas.

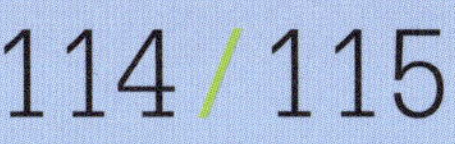
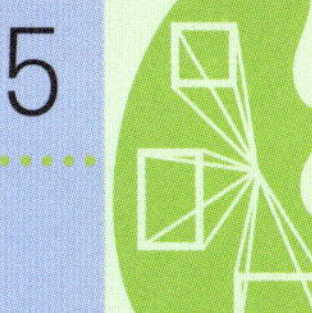

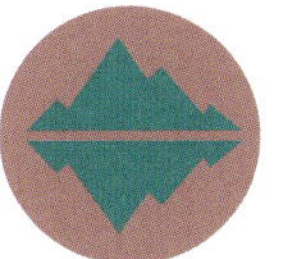

Reflejos

Los reflejos en el agua ofrecen una imagen distorsionada pero reconocible de un entorno familiar, el cual puede representarse con detalle o reducirse a formas simples o incluso manchas de color.

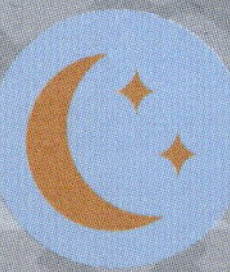

Noche

Para recrear una atmósfera nocturna, puede recurrirse a la superposición de capas de acrílico u óleo en colores oscuros, como el azul y el verde. Asimismo, el artista puede emplear más de un bloque de color para dotar la escena de profundidad.

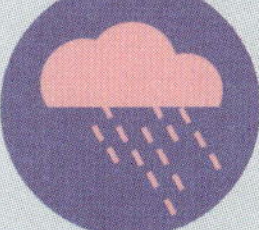

Lluvia

La lluvia suele evocarse mediante azules y grises intensos pintados en líneas rectas y diagonales. Algunos artistas aplican agua con un pincel sobre la pintura húmeda. Además, los reflejos blancos pueden sugerir salpicaduras de lluvia.

Tormentas

Las condiciones tormentosas pueden simbolizar agitación o el poder de la naturaleza. Los artistas recurren al uso de colores como el gris de Payne, el índigo y el azul de Prusia mezclados con sombra quemada para crear atmósferas inquietantes.

ARTE AMBIENTAL

Figuras del arte ambiental como Andy Goldsworthy recurren a las formas naturales, como hojas, madera o piedras, para crear obras dentro del paisaje. Algunos artistas, como Milton Becerra, usan el arte ambiental como herramienta de concienciación sobre cuestiones ecológicas.

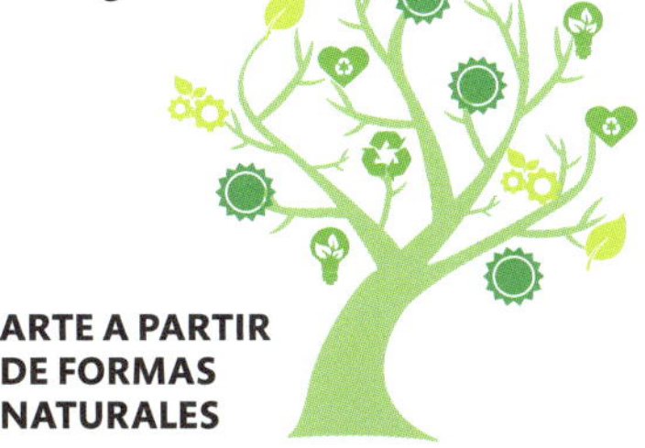

ARTE A PARTIR DE FORMAS NATURALES

Paleta estacional

Los artistas han recurrido a la representación de las estaciones como forma de evocar un momento, un lugar y una actitud concretos respecto a un paisaje. Cada estación del año suele tener asociada una gama cromática concreta, tal y como puede apreciarse en los ricos tonos otoñales de las pinturas de la naturaleza salvaje canadiense del Grupo de los Siete. Sin embargo, otras elecciones de color pueden resultar sorprendentes. En sus paisajes nevados, Claude Monet (véase págs. 192-193) utilizó una amplia gama de tonos púrpura y azul para representar la nieve y el hielo. Durante el invierno de 1874-1875, Monet pintó 18 paisajes nevados en Argenteuil, Francia.

Primavera

Los colores vivos, como el amarillo limón, el azul cerúleo y el verde vejiga, sugieren frescura y vida que nace en primavera.

Verano

Los colores intensos, como el magenta, el azul cobalto y el amarillo de cadmio, transmiten el calor del verano.

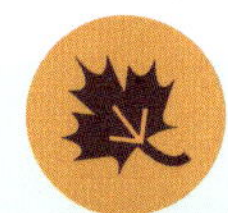

Otoño

Los tonos cálidos y ricos de ocre amarillo, sombra quemada y carmesí llevan la paleta a los matices más profundos del otoño.

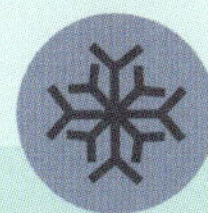

Invierno

Los colores oscuros, como el gris de Payne, el azul de Prusia y el negro de humo, contrastan con los tonos lila y sugieren el frío del invierno.

Jugando con la escala

Las obras a gran escala ofrecen una sensación de inmersión y pueden relacionarse con el espacio y la arquitectura. En el extremo opuesto, trabajar en miniatura ofrece una experiencia de observación íntima, con un aire ficticio que evoca el mundo imaginario de una casa de muñecas. Al variar la escala de los temas representados dentro de una composición, el artista puede enfatizar algunos de sus aspectos o insinuar relaciones entre ellos.

Las figuras de tamaño similar hacen que la escena resulte creíble

Al ser más grande, la figura central genera dinamismo

Escala uniforme
El uso de una escala uniforme permite establecer una relación de igualdad entre las figuras y lograr una composición sencilla.

Escala modificada
En este caso se altera la escala para resaltar la figura central y generar una composición dinámica.

LA ESCALA EN ESCULTURA

En escultura, el trabajo a gran escala permite atraer la atención del espectador, incluso hasta el punto de abrumarlo. El escultor australiano Ron Mueck juega con la escala del cuerpo, a menudo creando figuras de tamaño superior al natural, lo que genera una contradicción entre su realismo y sus proporciones extrañas.

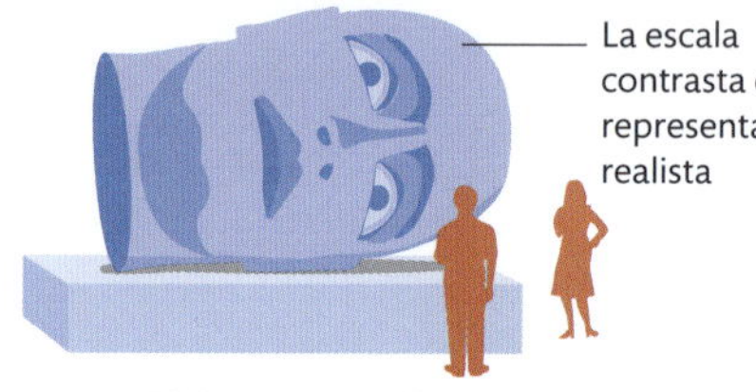

La escala contrasta con la representación realista

ESCULTURA DE UNA CABEZA

Cuerdas de plomada y proporción

El dibujo del natural (véase págs. 68-69) es una buena forma de desarrollar el sentido de la proporción a través de la observación. Las cuerdas de plomada (hilos con un peso atado) permiten obtener una vertical real con la que medir la proporción y alineación de una figura. Para estimar las proporciones de forma más aproximada a simple vista, puede usarse un lápiz sostenido con el brazo extendido.

La línea pasa por el centro de gravedad

Tanto la cabeza como el pecho y el ombligo están en la misma línea

Las proporciones se centran en la línea

CUERDA DE PLOMADA CENTRADA

¿QUÉ ES EL CONTRAPPOSTO?

El término italiano *contrapposto* describe a una figura humana que apoya todo su peso sobre una pierna, con distintos elementos del cuerpo orientados en direcciones opuestas.

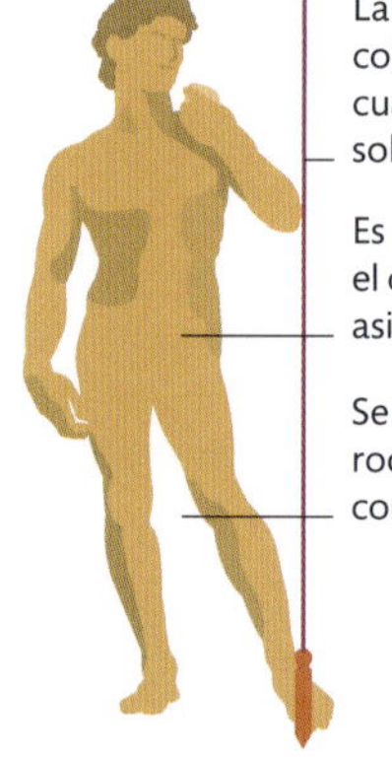

La línea puede colocarse en cualquier lugar, no solo en el centro

Es posible estimar el centro de gravedad asimétrico

Se observa que la rodilla está alineada con el hombro

CUERDA DE PLOMADA DESCENTRADA

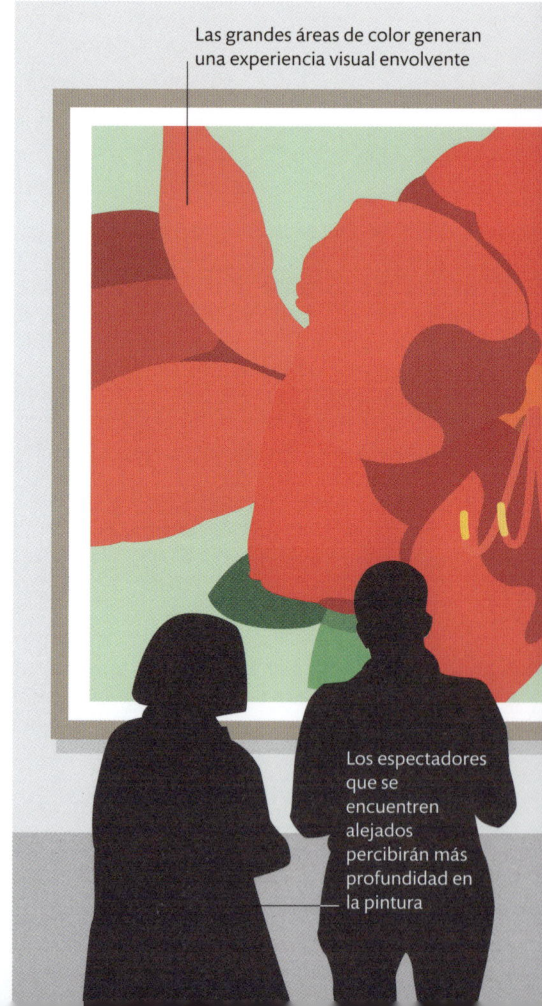

Las grandes áreas de color generan una experiencia visual envolvente

Los espectadores que se encuentren alejados percibirán más profundidad en la pintura

Tamaño, escala y proporción

El tamaño, la escala y la proporción son aspectos clave que todo artista debe tener en cuenta a la hora de crear una obra, ya que determinan cómo el espectador se relacionará, tanto física como psicológicamente, con la pieza.

Relación con el cuerpo

Las personas percibimos la escala, el tamaño y la proporción en relación con nuestro propio cuerpo, por lo que la experiencia del espectador respecto a una obra está vinculada tanto a su presencia física como a las dimensiones del espacio que lo rodea. El tamaño hace referencia a las dimensiones físicas de una obra de arte; la escala es el tamaño relativo de un objeto en relación con otro objeto, persona o espacio, y la proporción describe las relaciones entre la altura, la anchura y la profundidad (de una figura, por ejemplo). Los artistas pueden ajustar o manipular estos elementos para lograr un efecto, narrar una historia o despertar una emoción concreta.

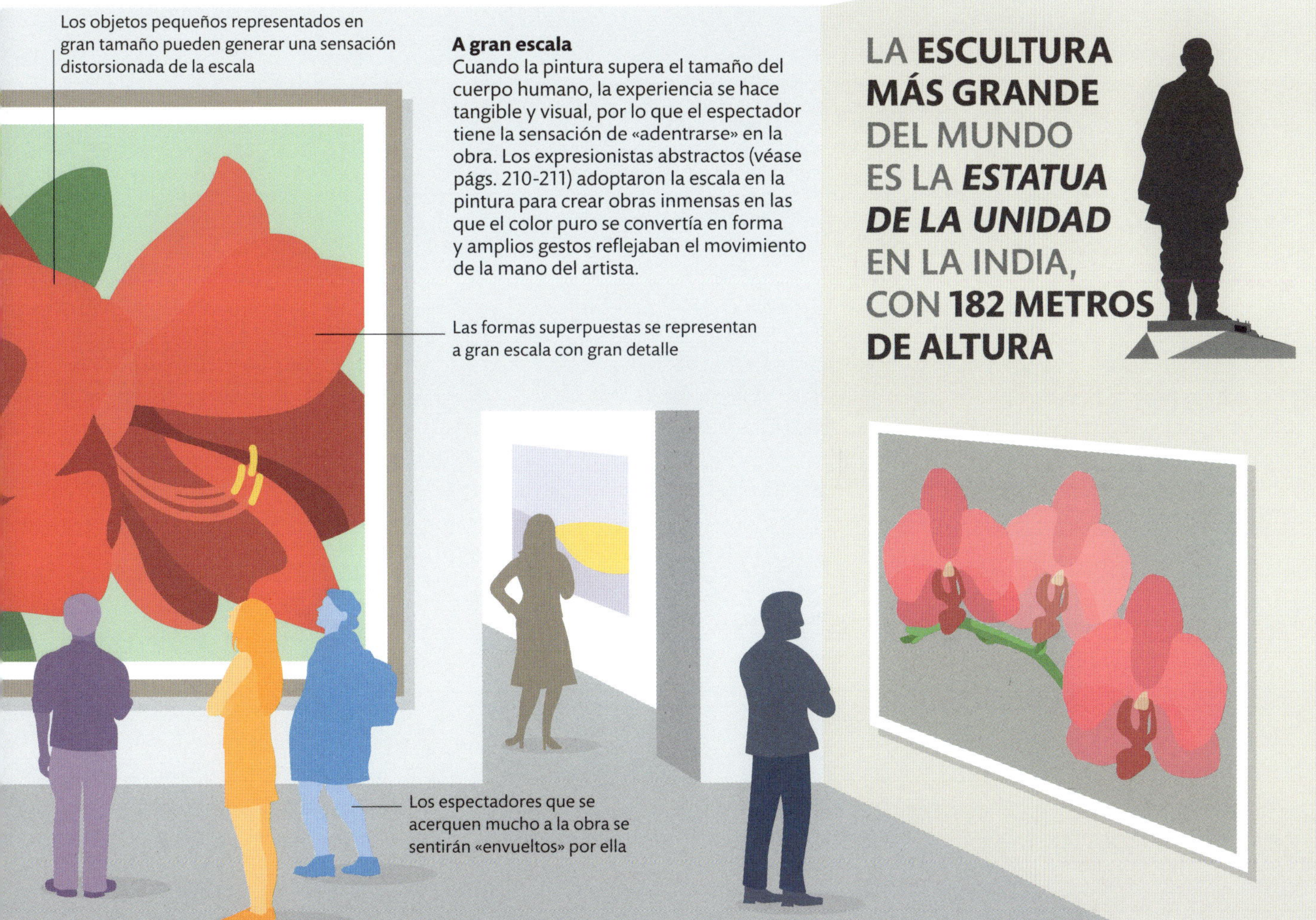

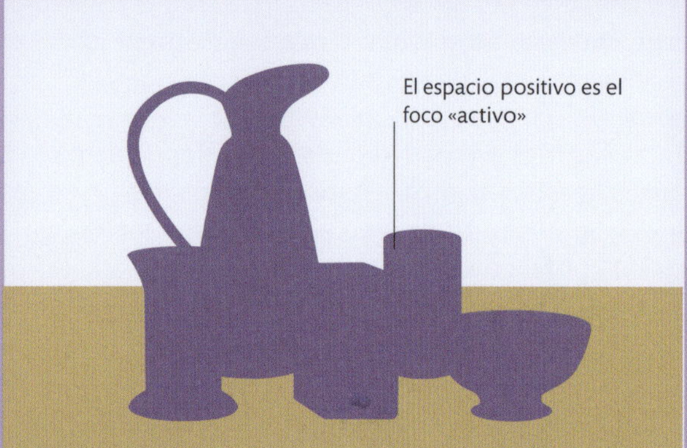

Espacio positivo
La mirada del espectador suele sentirse atraída hacia la zona más concurrida del espacio positivo. Este suele ser más dinámico e interesante que el espacio negativo, por lo que la mirada se dirige automáticamente hacia él.

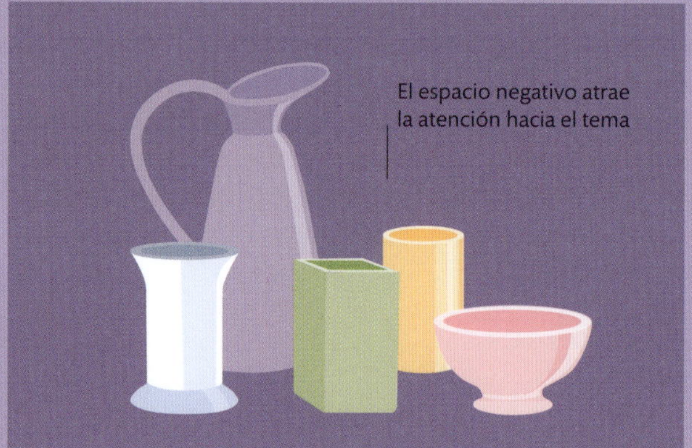

Espacio negativo
El espacio negativo ofrece al ojo del espectador un lugar donde descansar y genera una sensación de amplitud dentro de la imagen. Si el espacio negativo resulta excesivo, es posible que el tema parezca insustancial o que se genere una sensación de vacío.

Espacio positivo y negativo

El espacio positivo es el tema principal de una obra de arte, mientras que el espacio negativo es el área que lo rodea. Ambos elementos son indispensables para formar una composición equilibrada.

Una guía para la mirada

El espacio positivo es la parte positiva y definible de una imagen, como un árbol en un paisaje o una persona en un retrato, y suele ser el primer punto en el que se detiene la mirada del espectador. El espacio negativo es el área que rodea al espacio positivo, como el que puede haber entre las hojas de un árbol o alrededor de una figura. Su presencia activa y contextualiza el espacio positivo, por lo que el artista puede recurrir a él como herramienta para guiar la mirada del espectador hacia el tema.

¿CÓMO REPRESENTAN LOS ARTISTAS EL ESPACIO NEGATIVO?

En ocasiones, el artista centra su atención en los espacios que se generan entre los objetos del encuadre, como los vacíos entre las hojas de una planta, más que en los objetos en sí.

EL MOLDE DEL **INTERIOR DE UNA VIVIENDA** DE LA ESCULTORA **RACHEL WHITEREAD** FUE **DESMONTADO** AL CABO DE **POCOS MESES** DE HABERSE CREADO

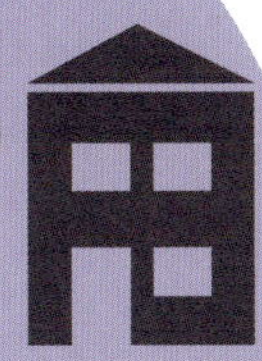

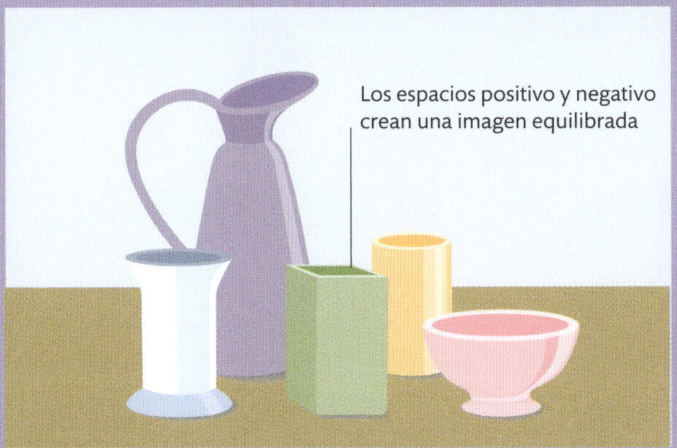

Equilibrio compositivo

Los espacios positivo y negativo deben cooperar para aportar equilibrio y tensión a la composición. Ambos elementos están íntimamente relacionados y el uno no existe sin el otro.

El espacio negativo en escultura

En escultura, el espacio positivo es el objeto en sí mismo, mientras que el negativo se halla en las áreas vacías alrededor de la forma. Una escultura puede presentar un agujero en el centro, o bien su forma puede crear huecos de espacio negativo. La escultora del siglo xx Barbara Hepworth exploró estas ideas en sus obras tallando agujeros en piedra, madera y yeso para crear espacios abstractos.

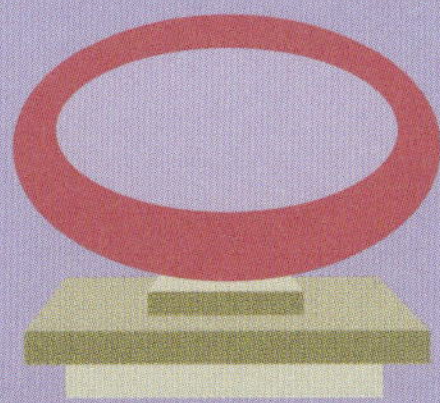

EL ESPACIO EN LA ESCULTURA

Copa de Rubin

Alrededor de 1915, el psicólogo Edgar Rubin ilustró cómo el espacio positivo y el negativo pueden jugar con la percepción mediante el desarrollo de esta ilusión óptica (véase págs. 120-121). Si la forma central se considera como espacio positivo, la figura parece ser una copa, pero si esa misma forma se toma como espacio negativo, aparecen los perfiles de dos rostros en negro, puesto que las curvas de la copa crean la ilusión de una frente, una nariz y una boca.

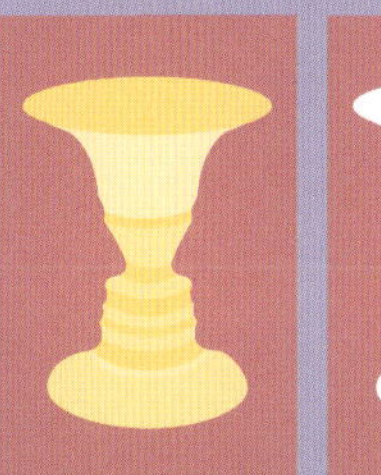

Claridad y oscuridad

El cerebro percibe las formas positivas como oscuras y las negativas como claras, ya que las figuras suelen verse oscuras en contraste con el cielo. Cuando una forma puede percibirse de ambos modos, nos hallamos ante la denominada inversión de figura y fondo.

Ruptura de las expectativas
En el arte, la ilusión se logra al generar una sensación de «disonancia cognitiva» en el espectador mediante la combinación convincente de elementos contradictorios en un todo aparentemente coherente.

La ilusión

Dada su naturaleza, gran parte del arte figurativo es una forma de ilusión. En algunas obras, no obstante, los artistas se proponen hacer un uso deliberado de la ilusión para engañar o divertir al espectador, demostrar su destreza técnica o producir efectos visuales interesantes.

¿Por qué se usa la ilusión en el arte?

La ilusión permite crear un amplio repertorio de efectos, desde transportar al espectador a un lugar imaginario hasta jugar con la percepción de un objeto o espacio o crear una ilusión óptica. Quizás el más famoso de todos ellos sea el trampantojo, o creación de ilusiones a través de simulaciones muy realistas de objetos o espacios arquitectónicos. Esto puede lograrse, por ejemplo, con el fotorrealismo, que reproduce las escenas con gran detalle, aunque no depende exclusivamente de él. Las pinceladas del artista pueden ser expresivas en la superficie, pero al observar la obra desde cierta distancia, formar una ilusión figurativa y convincente. Las esculturas también pueden emplear el realismo para crear ilusiones, o bien experimentar con la forma y la perspectiva, como ocurre en la anamorfosis (véase más arriba).

La anamorfosis describe imágenes u obras de arte distorsionadas de tal manera que solo pueden entenderse al observarlas desde un ángulo en concreto. Una obra puede parecer distorsionada a primera vista, pero, al observarla desde el ángulo adecuado, convertirse en una imagen coherente. Se trata de una técnica muy compleja, que requiere de un profundo conocimiento de la perspectiva y la percepción visual por parte del artista.

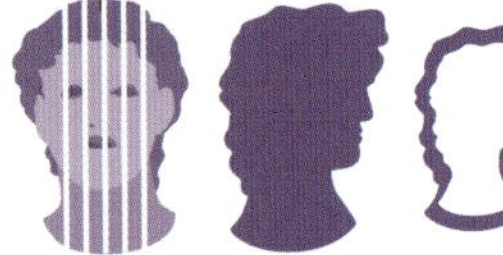
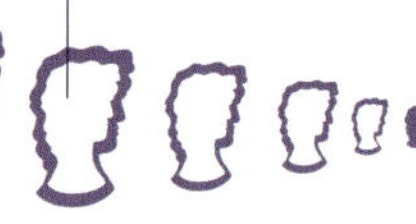

Escultura anamórfica
Vista de lado, esta escultura parece representar varias «secciones» de un rostro. Al observarla de frente, sin embargo, la pieza «se convierte» en una cabeza completa.

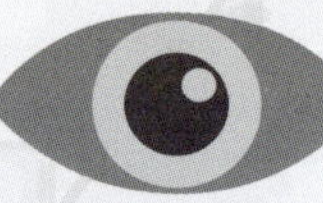

COMO EL PROPIO TÉRMINO INDICA, UN *TRAMPANTOJO* ES UN ENGAÑO PARA LA VISTA

El arte óptico

El arte óptico fue un movimiento pictórico de la década de 1960 que empleaba formas geométricas para crear complejos efectos ópticos. También se recurría a la teoría del color para explorar cómo las yuxtaposiciones de colores crean perturbaciones visuales y cómo los cambios graduales en las formas sugieren movimiento, distorsión y espacio tridimensional. Bridget Riley, la artista más conocida del grupo, se inspiró en los impresionistas, quienes, en lugar de mezclar los colores en la paleta, los aplicaban directamente sobre el lienzo para que el ojo del espectador acabara de mezclarlos.

¿CUÁL ES UN EJEMPLO REPRESENTATIVO DEL ARTE ANAMÓRFICO?

Encontramos un uso célebre de esta técnica en *Los embajadores*, de Hans Holbein, un retrato doble que contiene la imagen de una calavera que solo puede verse desde un ángulo.

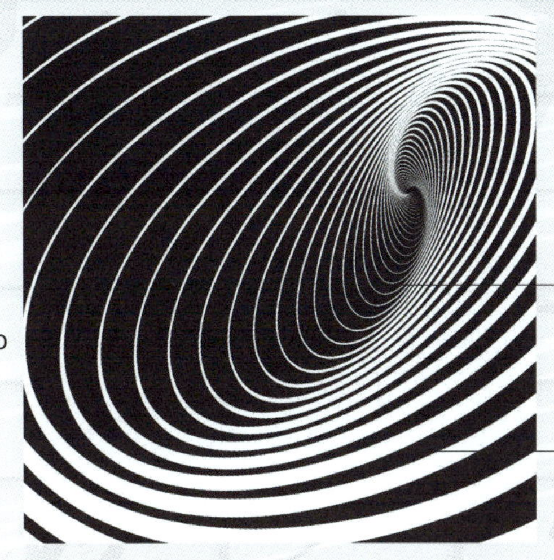

Ilusión de movimiento
En esta obra, la sugerencia de un vórtice se genera a través de la gradación cambiante de franjas negras asimétricas y descentradas sobre un fondo blanco.

Las franjas blancas se van cerrando para crear la ilusión de compresión

Las franjas se van volviendo más anchas a medida que parecen avanzar hacia el espectador

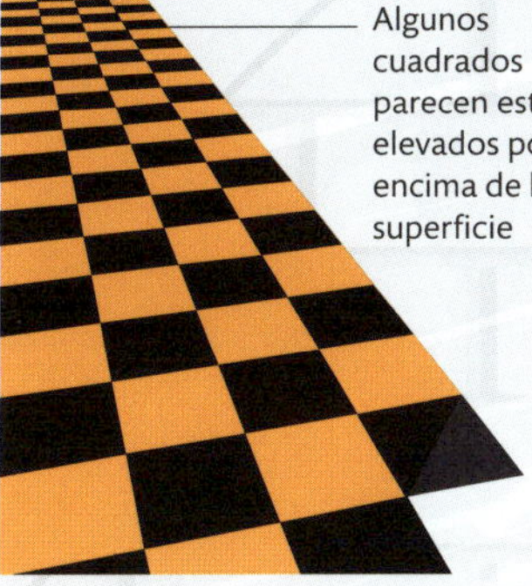

Algunos cuadrados parecen estar elevados por encima de la superficie

El recurso de la perspectiva
Las líneas rectas y anguladas y los colores alternados sugieren la idea de convergencia.

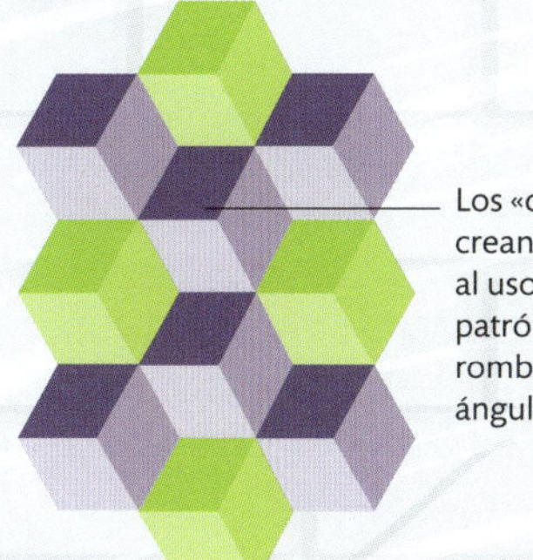

Los «cubos» se crean gracias al uso de un patrón de rombos en ángulo

Un desafío a la percepción
El patrón sugiere cubos que parecen cambiar de dimensión debido a la disposición del color.

Técnicas básicas

A la hora de crear ilusiones, los artistas recurren a seis técnicas básicas, las cuales se aplican principalmente a la pintura y al dibujo, aunque también pueden resultar válidas en escultura. Otro método algo más avanzado consiste en elaborar *collages* o maquetas tridimensionales como material de referencia, con el fin de transmitir una sensación más directa en cuanto a profundidad y espacio.

Perspectiva
Las perspectivas de uno, dos y tres puntos crean ilusiones al reproducir el espacio tridimensional.

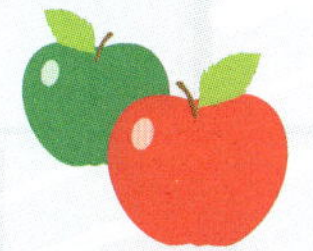

Superposición
Al superponer dos elementos se genera una sensación de perspectiva y profundidad.

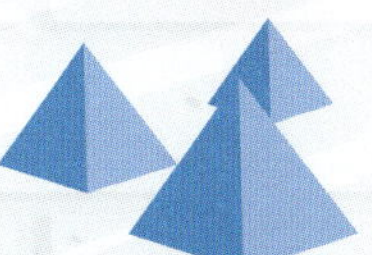

Tamaño
La representación de objetos similares en distintos tamaños produce una idea creíble de la escala.

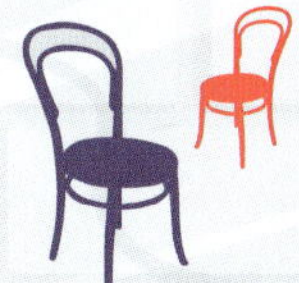

Ubicación
Al colocar objetos en la parte inferior de una imagen, estos parecen más cercanos que los ubicados en la parte superior.

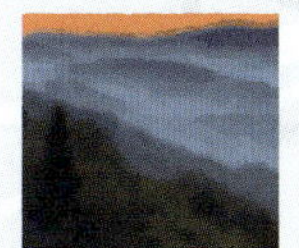

Color y textura
El uso de colores degradados sugiere profundidad, mientras que la adición de texturas permite crear un primer plano.

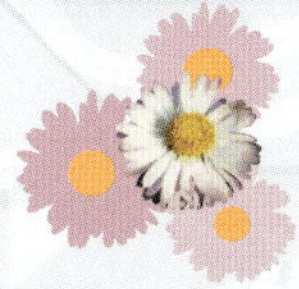

Detalles
Al añadir detalles, el ojo se centra en una zona de la imagen que parece así más cercana.

Simetría y asimetría

El equilibrio simétrico se produce en una obra bidimensional o tridimensional cuando el peso visual es igual en ambos lados de una composición.

Equilibrio o desequilibrio

La simetría bilateral en una obra de arte (véase más abajo) produce un efecto de reflejo, en el que ninguna parte de la composición es dominante. El efecto resulta armonioso y la mirada del espectador recorre la obra a un ritmo mesurado y constante. En el arte, la simetría suele asociarse al orden, la estructura o la claridad, mientras que la asimetría puede representar el desorden, la perturbación y el desequilibrio, además de resultar visualmente dinámica. El artista debe preguntarse si quiere crear una composición equilibrada o desequilibrada, y hasta qué punto el enfoque adoptado logrará transmitir sus ideas con eficacia.

EL PARTENÓN DE ATENAS ES UN EJEMPLO TEMPRANO DEL USO DE LA SIMETRÍA BILATERAL

Equilibrio
En esta imagen, se recurre a la simetría bilateral para crear un efecto de espejo en el que la composición resulta equilibrada.

Tipos de equilibrio visual

A lo largo de la historia, artistas y filósofos han investigado y debatido sobre la simetría y la asimetría. Algunas voces sostienen que la estructura simétrica equivale a la belleza, mientras que otras la consideran rígida y poco representativa de la verdadera forma del mundo que nos rodea. En el arte, es posible recurrir a diferentes tipos de simetría y equilibrio visual para crear efectos variados.

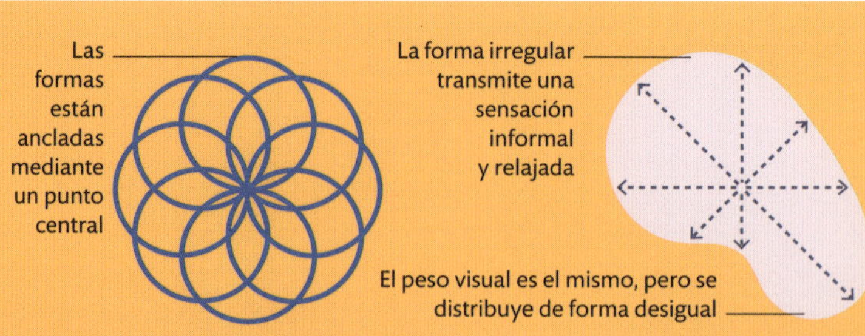

Simetría radial
En este tipo de simetría, los elementos irradian desde un punto central. Las ondas que se forman en el agua tras arrojarle una piedra serían un ejemplo de simetría radial.

Equilibrio asimétrico
Aunque las dos mitades de una imagen sean distintas, ambas poseen el mismo peso visual e interactúan para generar una sensación de equilibrio.

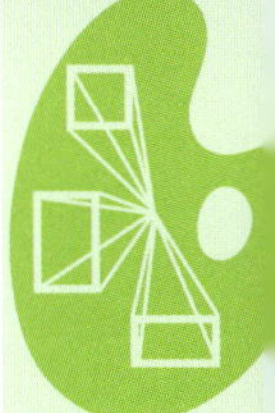

ASIMETRÍA

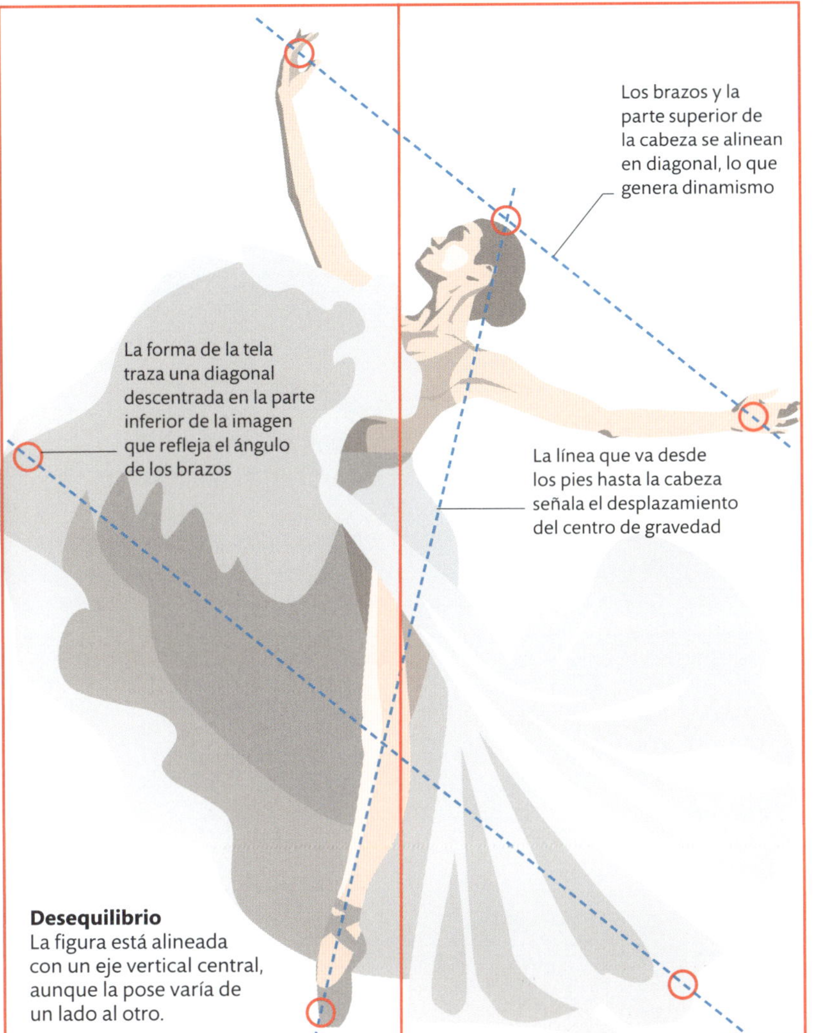

Desequilibrio
La figura está alineada con un eje vertical central, aunque la pose varía de un lado al otro.

LA PROPORCIÓN ÁUREA

También conocida como proporción divina, la proporción áurea es una relación matemática de 1,618. En su forma visual, un rectángulo se subdivide continuamente en estas proporciones para crear una espiral natural. En las composiciones artísticas, los elementos pueden colocarse en puntos clave dentro de las particiones, lo que dota a la imagen de una sensación armoniosa e infinita.

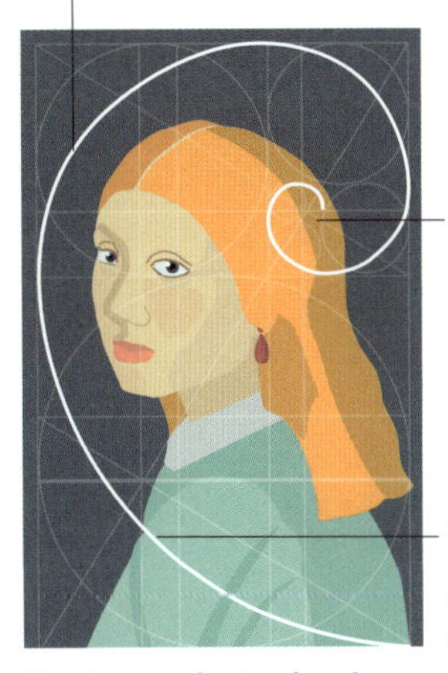

Una herramienta visual
Aunque se recurra a ella sobre todo en la pintura, la proporción áurea puede emplearse en casi cualquier medio visual.

Las diagonales se alinean entre sí

Una línea imaginaria atraviesa el centro de la forma

La repetición de líneas genera una sensación de dirección predominante

Las formas se combinan para crear un patrón

Simetría bilateral
Una imagen u objeto se refleja de manera simétrica a través de una línea vertical imaginaria. El peso visual queda equilibrado.

Simetría de traslación
Los elementos se repiten en diferentes puntos del espacio para generar una sensación de ritmo, movimiento y velocidad.

¿CUÁLES SON LOS ORÍGENES DE LA PROPORCIÓN ÁUREA?

Euclides, matemático de la antigua Grecia, fue el primero en documentar la proporción áurea en una obra escrita, titulada *Elementos*.

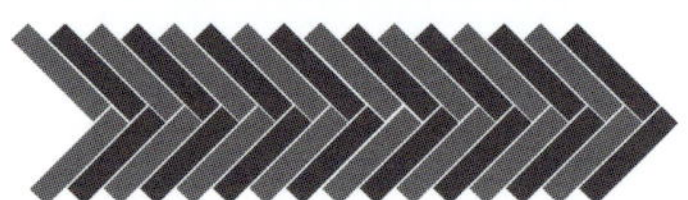

PATRONES ORGÁNICOS

Algunos artistas se inspiran en patrones observables en la naturaleza, como formas cristalinas, telarañas o copos de nieve. Muchos patrones en la naturaleza son fractales, es decir, que se repiten a escalas cada vez más pequeñas. El arte digital también recurre a fractales generados por ordenador.

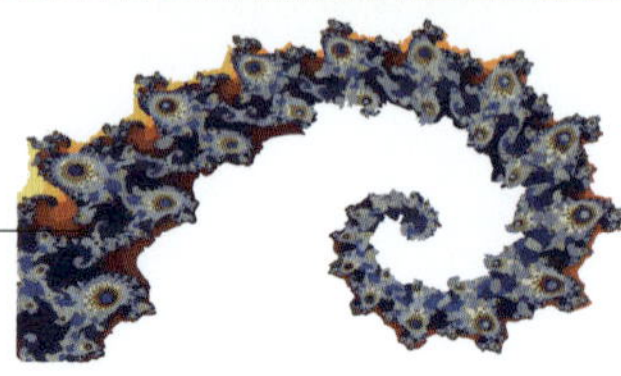

El patrón

El uso de los patrones en el arte es un recurso antiguo y universal. Estos pueden emplearse tanto como elemento decorativo como para generar efectos ópticos o evocar ideas filosóficas.

Búsqueda de patrones

Un patrón es la disposición visual de elementos en una secuencia o un diseño repetido. Reconocer patrones es una característica propia del ser humano: los buscamos en la naturaleza, en el comportamiento humano y hasta en el arte. Los patrones también pueden reflejar secuencias del mundo natural. Se emplean en todo tipo de manifestaciones artísticas, desde textiles hasta pintura, dibujo o escultura.

Repetición de objetos
En este caso, se repite y superpone una imagen reconocible para crear un «motivo». Este motivo puede modificarse empleando distintos colores o cambiando su orientación.

Punto central
Al partir de un punto central y expandir el patrón hacia afuera, la imagen ya no parece plana, sino que se crea un efecto tridimensional (véase págs. 120-121).

Patrones lineales
En los patrones de líneas repetidas, el grosor y la trayectoria de cada línea determinan la calidad visual del diseño. Las líneas que cambian gradualmente a lo largo de una superficie pueden generar una ilusión óptica.

Patrones domésticos

Los patrones presentes en objetos domésticos, como telas, papeles pintados o muebles, pueden emplearse para expresar ideas sobre el género, el hogar o los recuerdos. Algunos artistas contemporáneos trabajan a partir de textiles con estampados previos, apropiándose de su forma o añadiéndoles imágenes o nuevos diseños. Históricamente, los artistas han recurrido a estos patrones para explorar y cuestionar la perspectiva y la profundidad. Las pinturas de interiores del posimpresionista Jean-Édouard Vuillard, influenciadas por los grabados japoneses, usan patrones domésticos para fundir las figuras con los espacios, lo que crea perspectivas singulares.

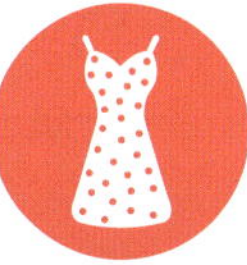
ROPA

PAPEL PINTADO

VAJILLA

MOBILIARIO

Enfoques culturales

Los patrones suelen tener un significado cultural y pueden emplearse para transmitir ideas concretas. El arte islámico (véase págs. 164-165) usa los patrones como forma de representar lo infinito, sin recurrir a iconografía ni imágenes; un ejemplo de ello es la bellísima repetición de patrones en los espacios de la Alhambra en España. Por su parte, la artista Yinka Shonibare usa telas africanas estampadas producidas en los Países Bajos para llamar la atención sobre el colonialismo.

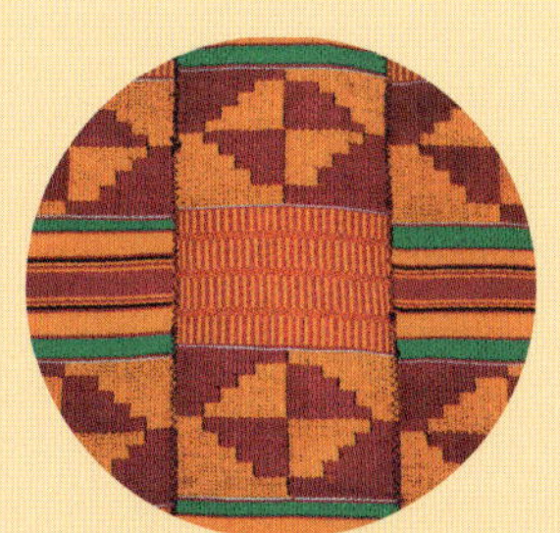

Tela *kente*
Tejido artesanal de Ghana concebido en origen como vestimenta para la realeza. Cada patrón posee su propio nombre y significado.

Tejido *kente*
Los colores y símbolos elegidos para cada tela pueden representar motivos tradicionales, creencias religiosas o ideas políticas.

El verde simboliza la renovación, mientras que el dorado representa el estatus

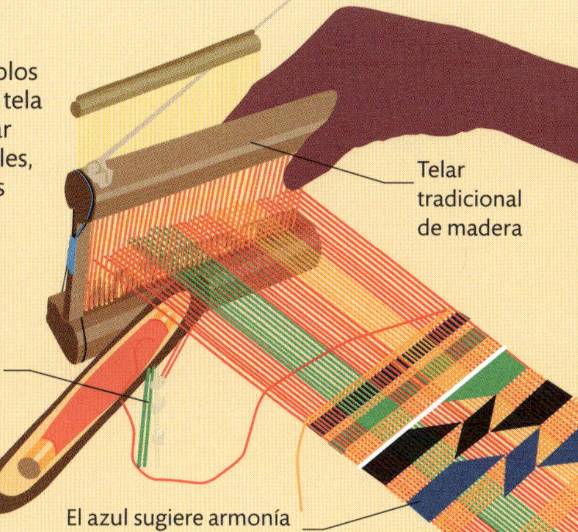

El contraste entre los distintos colores produce efectos visuales variados

Las formas se delinean para resaltar las irregularidades

La repetición hipnótica crea un efecto elegante

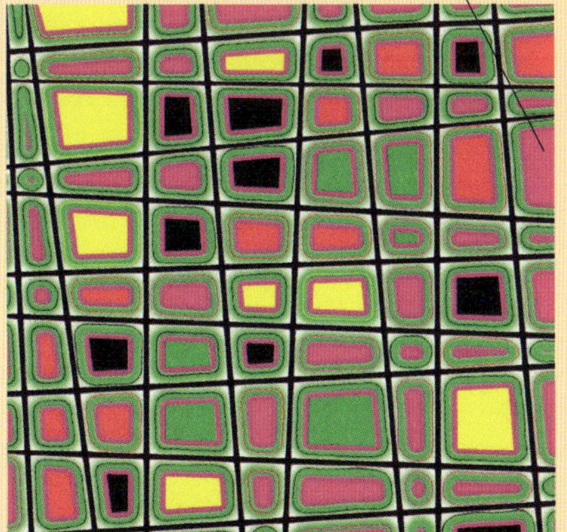

Repetición de colores
La yuxtaposición de colores es importante, ya que su percepción varía según su posición en el espectro. Los colores análogos generan sensaciones visuales distintas de los armónicos.

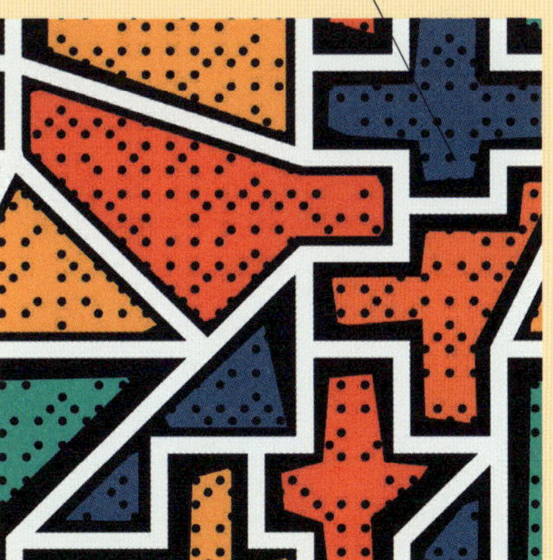

Patrones irregulares
Un patrón irregular crea una superficie de formas entrelazadas que encajan entre sí y sugieren complejidad en lugar de orden. La forma en la que este patrón se repite puede ser impredecible.

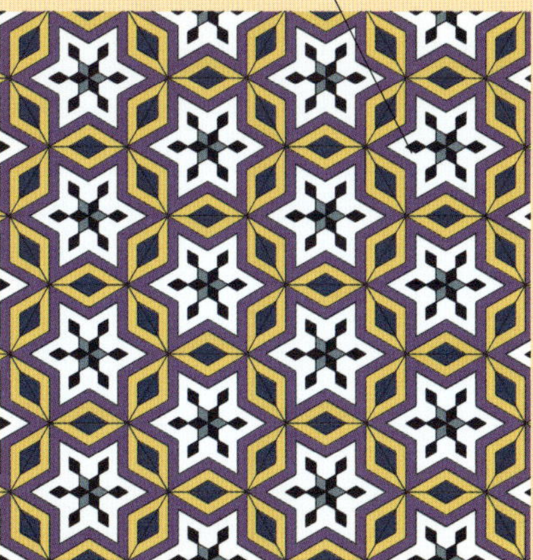

Repetición de formas
Repetir elementos genera una sensación de orden, simetría e infinito. Esta repetición puede resultar hipnótica y producir un efecto de calma sobre quien la observa.

La creación de movimiento

La representación visual del movimiento dentro de una obra de arte tiene como objetivo capturar la impresión de una acción, un evento o una fuerza dinámica, y también puede ser una forma de guiar al espectador a través del espacio pictórico. Esto se logra recurriendo a unos pocos elementos compositivos y técnicas sencillas.

Técnicas empleadas

Los artistas suelen sugerir movimiento mediante una combinación de ritmo, línea, color y estructura. El ritmo puede transmitirse mediante un elemento o motivo repetido como reflejo visual a lo largo de la obra. Las líneas dinámicas que discurren en diagonal hasta el borde del plano pictórico, o que son irregulares o expresivas, evocan movimiento al generar desequilibrio dentro de la composición. La yuxtaposición de colores complementarios (véase págs. 88-89), junto con el uso de pinceladas expresivas, también puede evocar la sensación visual de movimiento.

Movimiento implícito

El movimiento puede sugerirse mediante la posición particular de una forma o figura. Capturar una figura en movimiento es un modo eficaz de transmitir movimiento en el arte, algo que puede enfatizarse mediante el uso de líneas direccionales o pinceladas para describir la forma. El artista impresionista Edgar Degas realizó numerosos estudios de bailarinas recurriendo a rápidas pinceladas en pastel o pintura que evocaban una sensación de movimiento fugaz y anticipación.

Pose y gestos
El cuerpo humano, una forma bien conocida en el arte, puede representarse de modo que parezca que está en movimiento.

ARTE CINÉTICO

El arte cinético es una manifestación artística que emplea la energía cinética, o movimiento real, como medio. Este movimiento se genera mediante el uso de elementos mecánicos que pueden ser accionados de diversos modos, como el tacto, el viento, el agua, la gravedad o el equilibrio.

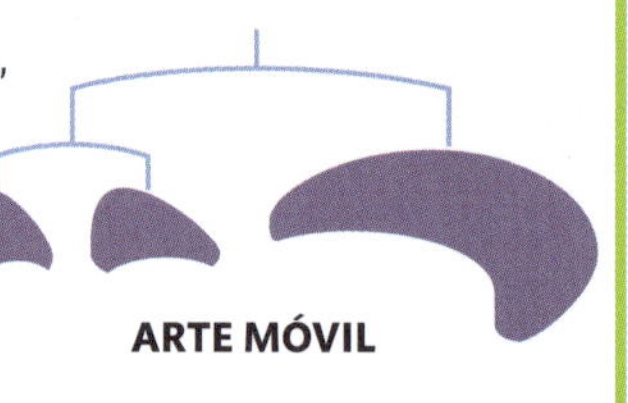

Textura
La textura del tejido en movimiento se sugiere a través de su forma ondulada y el uso de tonos claros y oscuros de un mismo color para reflejar su forma cambiante.

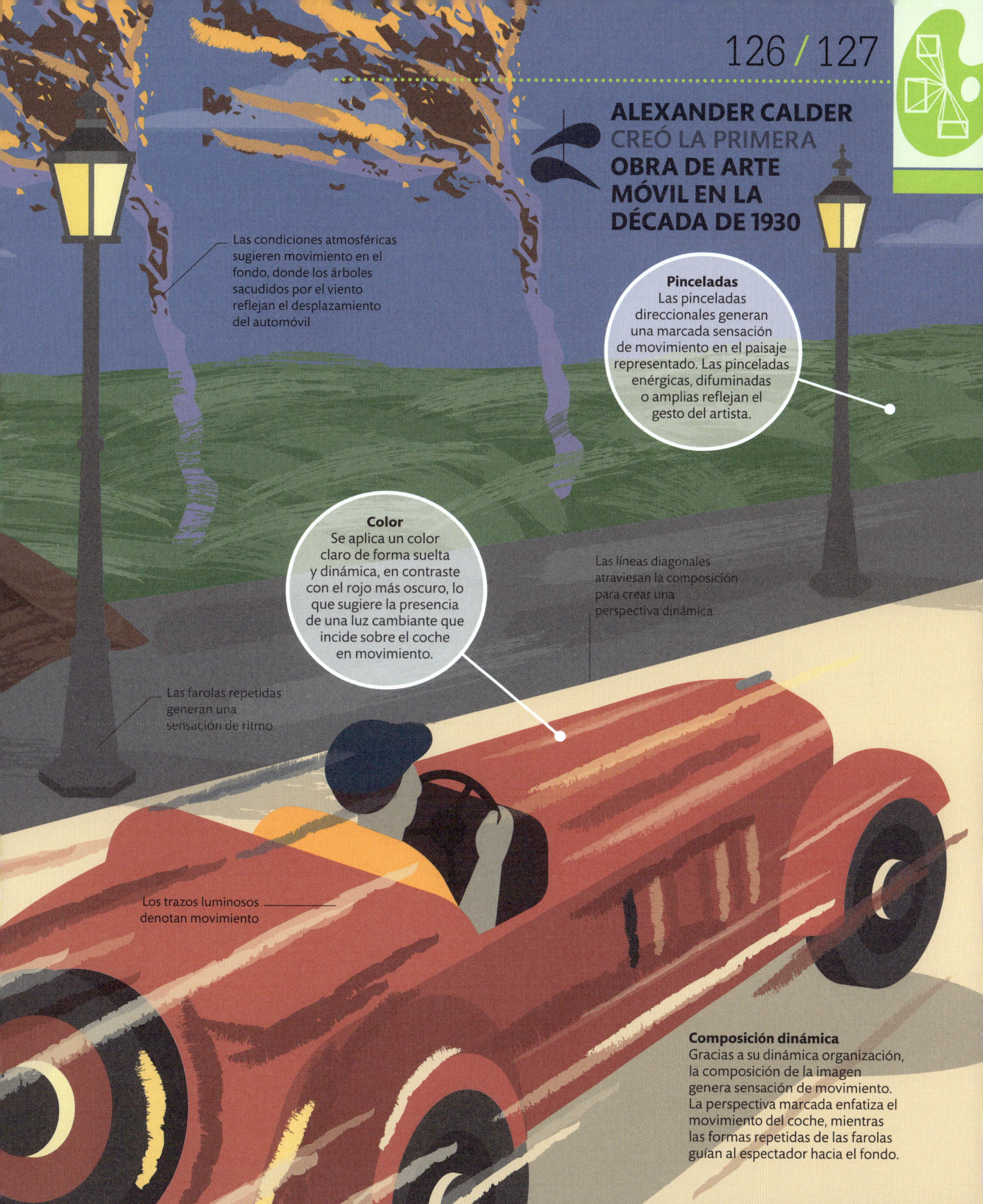

ALEXANDER CALDER
CREÓ LA PRIMERA
OBRA DE ARTE MÓVIL EN LA DÉCADA DE 1930

Las condiciones atmosféricas sugieren movimiento en el fondo, donde los árboles sacudidos por el viento reflejan el desplazamiento del automóvil

Pinceladas
Las pinceladas direccionales generan una marcada sensación de movimiento en el paisaje representado. Las pinceladas enérgicas, difuminadas o amplias reflejan el gesto del artista.

Color
Se aplica un color claro de forma suelta y dinámica, en contraste con el rojo más oscuro, lo que sugiere la presencia de una luz cambiante que incide sobre el coche en movimiento.

Las líneas diagonales atraviesan la composición para crear una perspectiva dinámica

Las farolas repetidas generan una sensación de ritmo

Los trazos luminosos denotan movimiento

Composición dinámica
Gracias a su dinámica organización, la composición de la imagen genera sensación de movimiento. La perspectiva marcada enfatiza el movimiento del coche, mientras las formas repetidas de las farolas guían al espectador hacia el fondo.

Componentes

Las marcas visibles, el contraste y las sombras exageradas suelen ser componentes habituales en las obras de arte expresivas. Los artistas pueden recurrir a los colores para expresar emociones, como el azul, el gris de Payne y el negro para sugerir tristeza, o bien a los tonos primarios como el rojo de cadmio y el amarillo para indicar alegría. Tanto el contraste tonal como la luz y las sombras intensas son recursos que aportan expresividad.

CONTRASTE

ILUMINACIÓN

MEDIOS

TEXTURA

COLORES

TRAZOS

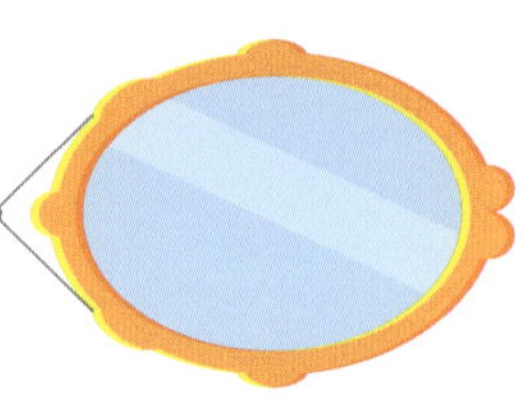

LA AUTOBIOGRAFÍA EN EL ARTE

Los artistas pueden inspirarse en sus propias experiencias para crear obras de arte expresivas. Así, los temas autobiográficos se transforman en algo universal, con lo que cualquier espectador puede identificarse. La artista británica Tracey Emin recurre a sus vivencias personales para crear piezas crudas que cuestionan las expectativas y los estereotipos de género.

EL ARTE REFLEJA EL YO

Atmósfera y ambiente

El ambiente es clave en toda obra de arte, al reflejar los sentimientos del artista a través de sus elementos (véase a la derecha). El uso de imágenes con un impacto psicológico o metafórico contribuye a transmitir un estado de ánimo concreto, mientras que la introducción de cierta ambigüedad genera intriga y anima al espectador a cuestionarse lo que está viendo.

INQUIETUD

AMBIGÜEDAD

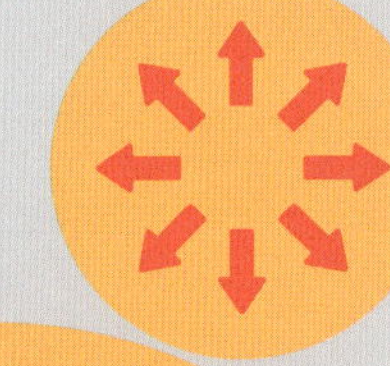

ALEGRÍA

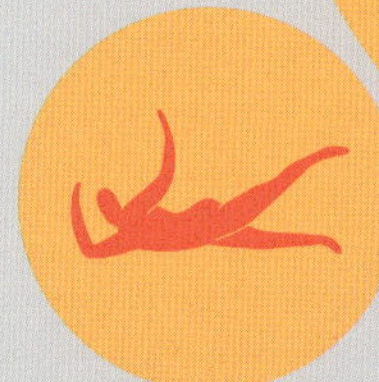

MELANCOLÍA

Elementos básicos

En el arte, el tema influye tanto en la estructura de la obra como en la narrativa que el artista desea incorporar. El tema puede representarse de forma distorsionada o antinatural para transmitir emoción, mientras que la fragmentación o la ruptura de la composición contribuyen a transmitir la subjetividad emocional.

COMPOSICIÓN

NARRATIVA

TEMA

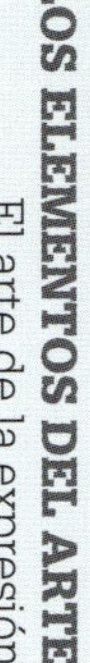

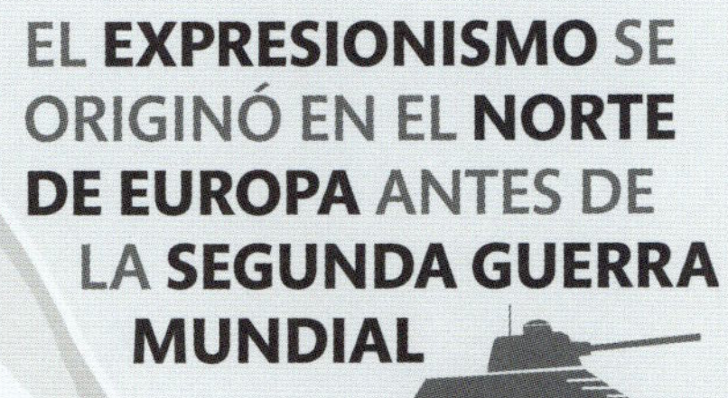

¿QUÉ MOTIVA LA EXPRESIÓN EMOCIONAL EN EL ARTE?

Un artista puede sentirse preocupado o emocionado por un tema en concreto y, a través de la creación de una obra de arte, explorar y aclarar sus propios sentimientos al respecto.

El arte de la expresión

El arte es una actividad expresiva que abarca elementos de la experiencia personal y las emociones. Los artistas deben plasmar su expresión personal en un lenguaje visual que pueda ser leído y comprendido.

Expresión y emoción

Aunque todo arte puede considerarse expresivo, algunos artistas fundamentan su práctica en la comunicación explícita de emociones, empatía y estados interiores. Un ejemplo de ello es el expresionismo, movimiento artístico del siglo xx (véase págs. 202-203) que se centraba en la experiencia emocional por encima de la realidad física, y que a menudo tuvo un carácter político, al denunciar los problemas sociales de su época. Un rasgo común del arte expresivo es la distorsión del cuerpo para mostrar distintos estados emocionales. Por otro lado, los artistas abstractos pueden expresar estados psicológicos mediante recursos como el contraste de colores o la escala.

A menudo, el propio tema de la obra influye en la forma de ejecutarla. El artista Edvard Munch, por ejemplo, rodeaba a sus figuras de formas amenazantes y envolventes, lo que dotaba a sus obras de una dimensión psicológica (véase págs. 198-199). El alemán George Grosz, por su parte, empleaba la distorsión y lo grotesco para expresar su odio hacia el fascismo.

La percepción

La percepción es nuestra experiencia subjetiva del mundo, la forma en la que interpretamos la información recibida a través de nuestros sentidos. Para la mayoría de los artistas, esto significa traducir su propia percepción del mundo en algo que pueda compartirse e interpretarse.

Entender la percepción

El artista cubista Georges Braque afirmó en una ocasión que «una cosa no puede estar en dos lugares a la vez. No puedes tenerla en tu cabeza y también ante tus ojos». Aunque, en realidad, así es como funciona justamente la percepción: el cerebro debe unir lo que vemos con lo que sabemos o reconocemos del objeto en cuestión. Este fenómeno se apoya en un conjunto de procesos cognitivos en los que intervienen la memoria, el conocimiento y las emociones. En el arte, estos procesos se complican debido al hecho de que una pintura o una escultura son tanto un objeto en sí mismas como una representación de otra cosa, por lo que el cerebro debe redoblar sus esfuerzos para percibirlas plenamente.

LEONARDO DA VINCI DISECCIONÓ OJOS HUMANOS PARA COMPRENDER CÓMO **FUNCIONABAN LA VISTA Y LA PERCEPCIÓN**

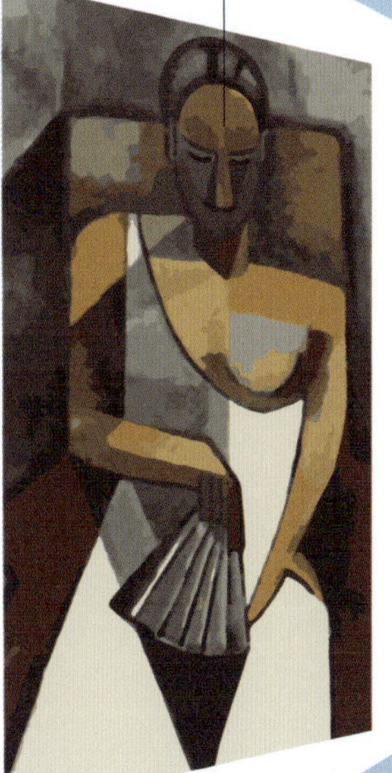

La obra de arte
El artista representa el mundo tal y como lo percibe, recurriendo para ello a elementos visuales como la línea, la figura, el color, el patrón y la forma, para crear una obra de arte lista para el análisis del espectador.

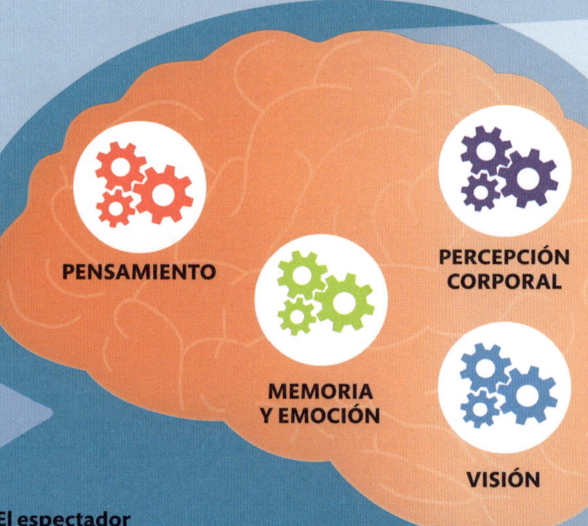

El espectador
Entender una obra va mucho más allá de simplemente observarla. La información visual estimula distintas áreas del cerebro que, junto con la identidad y experiencias del espectador, se combinan para influir en su percepción.

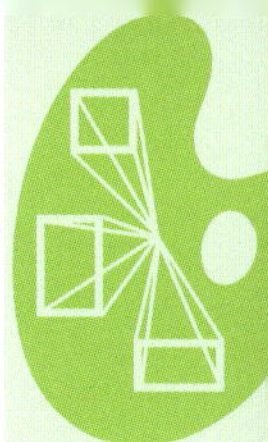

Campo de visión

Cuando percibimos el mundo, utilizamos la visión central para enfocarnos en los detalles principales de una escena y la visión periférica para captar información del entorno. Algunos artistas se valen de este fenómeno para crear determinados efectos en sus obras. Los impresionistas (véase págs. 192-193) se interesaron por la visión periférica y emplearon pinceladas de color alejadas de las imágenes centrales de sus cuadros para atraer la mirada y ampliar el campo de visión. Por su parte, algunos artistas modernos crean obras sin una imagen central principal y con varios puntos focales repartidos por todo el cuadro. Esto lleva al espectador a ir variando de campo de visión mientras observa la obra.

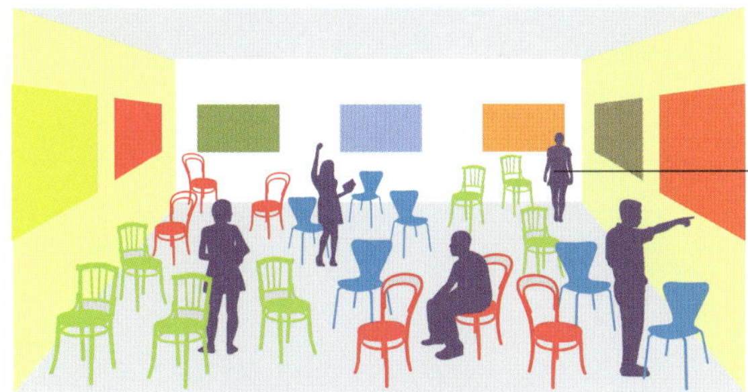

VARIOS PUNTOS FOCALES

Las figuras humanas crean múltiples puntos focales naturales dentro de la composición

Puntos focales
El campo de visión del espectador, así como su forma de experimentar la imagen, cambia con cada punto focal.

PERCEPCIÓN ALTERADA

En ocasiones, los artistas recurren a sustancias que alteran la percepción para que estas influyan en su obra. Al igual que su amigo Pablo Picasso, el surrealista Jean Cocteau consumía opio para realizar algunos de sus dibujos. Las pinturas psicodélicas y el diseño de los carteles de la década de 1960 se inspiraron en alucinógenos como el LSD.

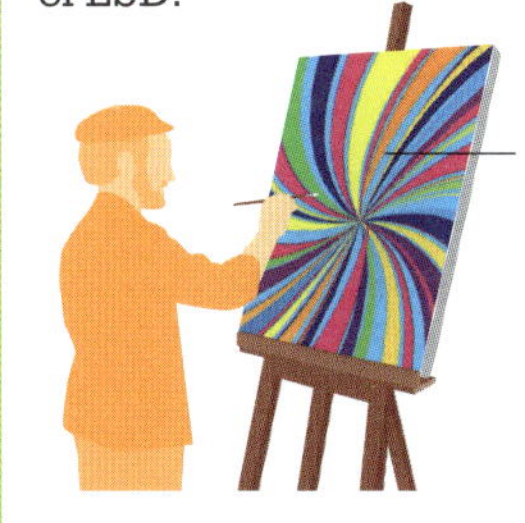

Colores vivos y formas onduladas

La narración de una historia
El artista puede organizar la obra de forma que el espectador perciba una narrativa, la cual puede basarse en información personal, cultural o histórica transmitida mediante señales visuales que el espectador deberá comprender y traducir.

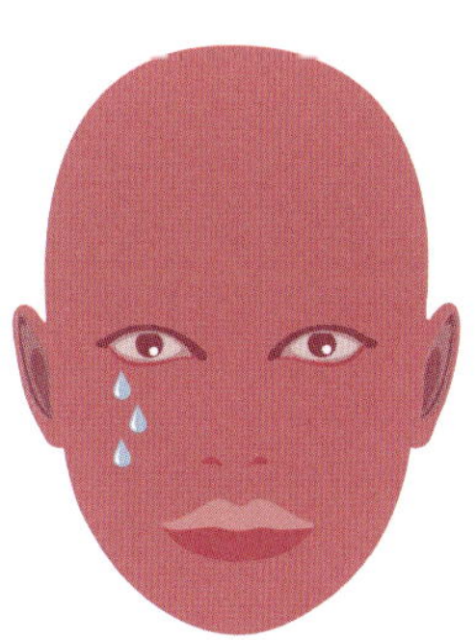

Evocación de emociones
El artista puede usar determinadas imágenes para conectar con los sentimientos del espectador y provocar respuestas emocionales. Para ello, es posible recurrir a elementos que el espectador perciba, como los colores, los trazos expresivos, la composición y las luces y sombras.

Difusión de un mensaje
Los artistas pueden traducir su percepción del mundo en un mensaje o idea específicos, ya sea de carácter personal o político. Para ello, deben conectar con las percepciones del espectador mediante temas o cuestiones que les resulten familiares.

La narración de una historia

En el arte, la narración se entiende como la capacidad de contar una historia. Incluso en obras estáticas, los elementos pueden organizarse para sugerir una historia más amplia.

¿Por qué se narran historias en el arte?

Durante siglos, la narración se consideró la esencia del arte, y aún hoy se utiliza para jugar con la forma en la que los espectadores ven el mundo. Una obra de arte puede dar forma y carácter a sucesos reales, realidades imaginadas o sistemas y comportamientos sociales. En una obra, la narrativa puede construirse a través de la colocación de las figuras o la representación de acciones, así como mediante el ambiente, la atmósfera y el uso de imágenes y símbolos identificables. Aunque la narrativa fue rechazada por algunos estilos modernos, entre ellos el abstracto (véase págs. 78-79), sigue siendo un recurso habitual para transmitir significado en el arte. Al presentar los escenarios familiares, la narración permite «leer» una obra y percibir que tiene un principio, un final y —tal vez— un significado.

LAS HISTORIAS PUEDEN NARRARSE EN FORMA DE **SERIE**, COMO EN *EL PROGRESO DEL LIBERTINO*, DE WILLIAM HOGARTH, UNA FÁBULA CON MORALEJA EN **OCHO GRABADOS**

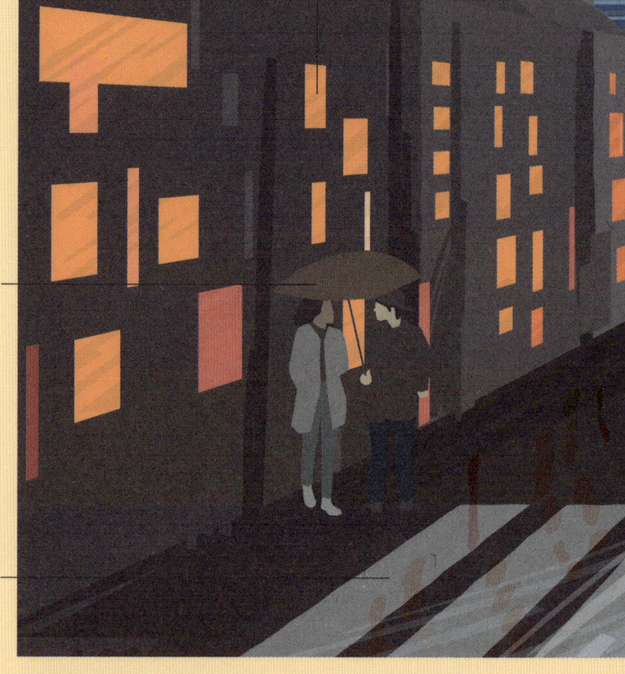

Las luces en las ventanas sugieren actividad y el desarrollo de historias detrás de las fachadas

Las figuras distantes permiten determinar que el personaje no está solo

Al hallarse en la parte inferior del primer plano, el cruce remite a un escenario teatral

Escena urbana nocturna
Esta imagen recurre al tema de una mujer cruzando una calle para sugerir una narrativa más amplia, enfatizada por el paisaje urbano crepuscular y el uso de una pronunciada perspectiva de un punto.

Tipos de narración

La narración fue una de las primeras manifestaciones artísticas, ya que nuestros antepasados más remotos usaron las paredes de las cuevas prehistóricas (véase págs. 144-145) para plasmar historias a través de imágenes mucho antes de llegar a desarrollar la escritura o la alfabetización o de establecerse en sociedades sedentarias. Este aspecto comunitario y narrativo del arte aprovecha la necesidad humana fundamental de compartir experiencias e interpretar el mundo o darle sentido representándolo visualmente. Como método artístico, la narración puede dividirse en cuatro categorías principales.

Mítica
Ideas como los mitos griegos y los episodios religiosos solían transmitirse a través de estatuas y pinturas simbólicas de gran tamaño.

Histórica
El arte histórico puede representar un acontecimiento mediante una interpretación específica, concebida para influir en el espectador (véase págs. 82-83).

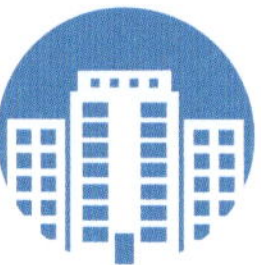

Contemporánea
Los artistas de la actualidad pueden narrar historias recurriendo a formas modernas de expresión, como la *performance* y los medios digitales.

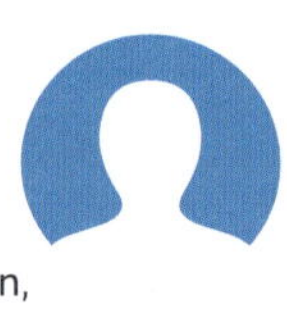

Personal
En el arte, la narración de experiencias personales se basa en el uso de la expresión para forjar un vínculo con el espectador y fomentar la empatía.

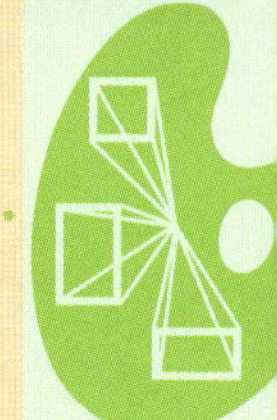

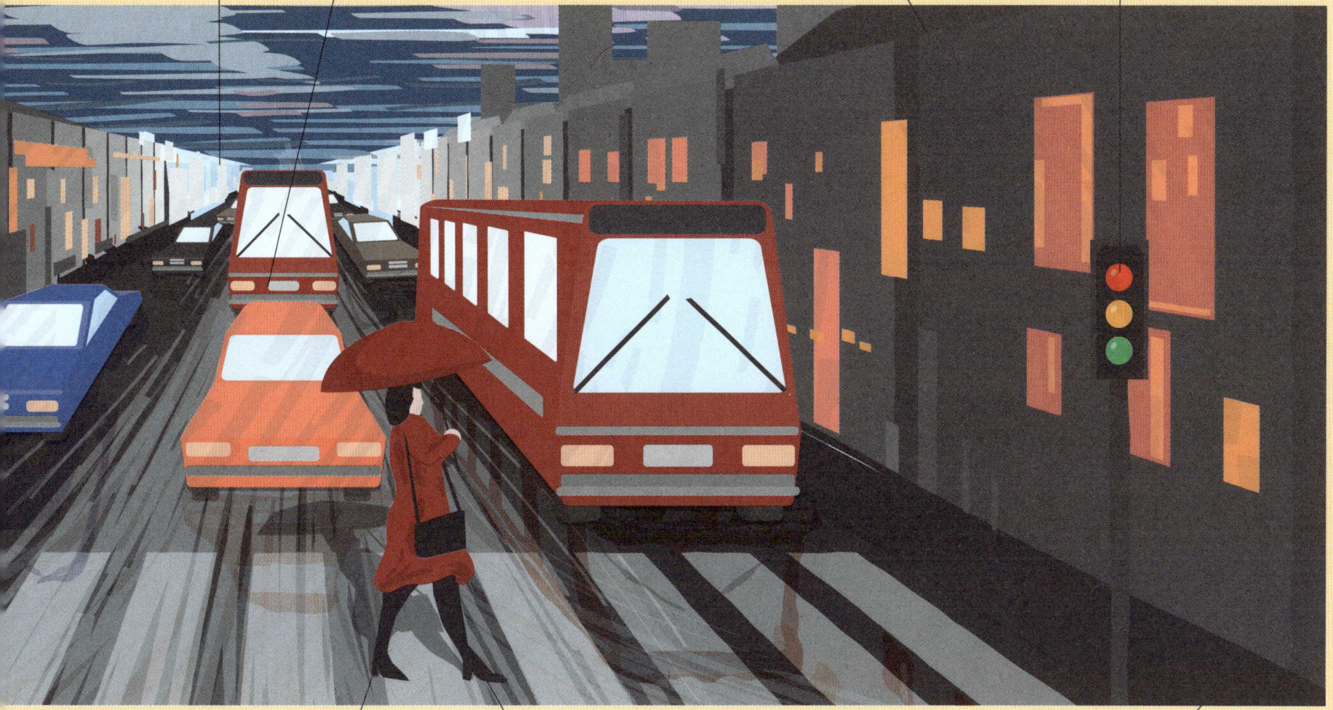

La enorme ciudad se extiende en la distancia, lo que sitúa la escena en su contexto

Los faros de los vehículos en el plano medio parecen observar al sujeto representado

Las líneas diagonales crean perspectiva para llevar al sujeto representado al primer plano de la composición

El artista ha resaltado los semáforos para anticipar el movimiento y el cambio en la escena

La figura en primer plano atrae la mirada con sus colores vivos y constituye el tema de la narrativa implícita

La postura en zancada de la figura sugiere un movimiento apresurado

Los colores oscuros en los bordes del marco evocan un ambiente en tensión

LA AMBIGÜEDAD EN LA NARRACIÓN

La ambigüedad permite intrigar al espectador con posibilidades alternativas, lo que le obliga a cuestionarse su interpretación de una situación concreta. La artista luso-británica Paula Rego, por ejemplo, crea inquietantes dibujos y pinturas en los que la violencia convive con una atmósfera de cuento de hadas.

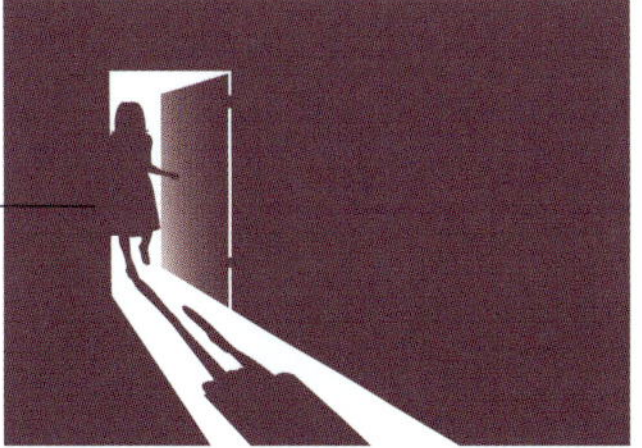

Rumbo a lo desconocido
La ambigüedad puede aprovechar la incertidumbre deliberada para generar tensión.

¿CÓMO HA INFLUIDO EL CINE EN EL ARTE?

Las pinturas de Edward Hopper, inspiradas en el cine negro, sugieren historias llenas de suspense mediante el uso de recursos cinematográficos, como el recorte, para insinuar que la acción tiene lugar fuera del campo visual.

La expresión de las emociones

En el arte, la transmisión de emociones permite conectar con el espectador a un nivel fundamental e intuitivo. Los artistas generan empatía en sus obras representando emociones de manera visual mediante elementos como la expresión, el color, la narrativa, los gestos y la técnica.

Formas de expresar los sentimientos

Los artistas siempre han plasmado las emociones de formas muy diversas. El expresionismo (véase págs. 202-203) convirtió las emociones en el foco principal de sus obras. Artistas como Käthe Kollwitz empleaban el color, las formas distorsionadas y los trazos expresivos para transmitir emociones como la desesperación y la introspección. Francisco de Goya (véase págs. 186-187) recurrió a la oscuridad y a la representación de personajes extraños e inhumanos para mostrar el horror de la persecución, mientras que Henri Matisse empleó recortes sencillos de papel de colores brillantes para transmitir una sensación de alegría infantil al espectador.

EL USO DE LA **LUZ Y LA SOMBRA**, CONOCIDO COMO *CLAROSCURO*, ES UNA TÉCNICA QUE PERMITE TRANSMITIR **DRAMATISMO EN EL ARTE**

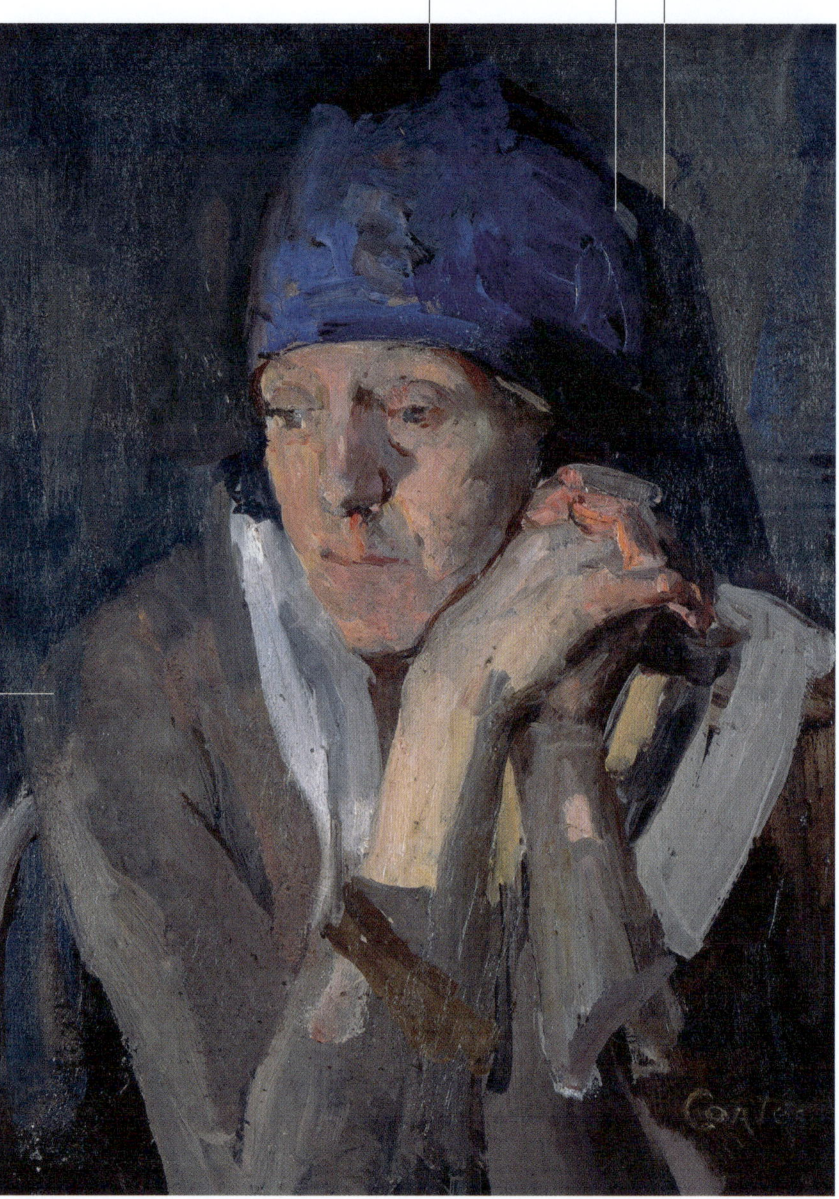

Memories (Recuerdos), George James Coates (1926)
En esta obra rebosante de emoción expresiva, el artista consigue que el espectador sienta empatía por la figura representada.

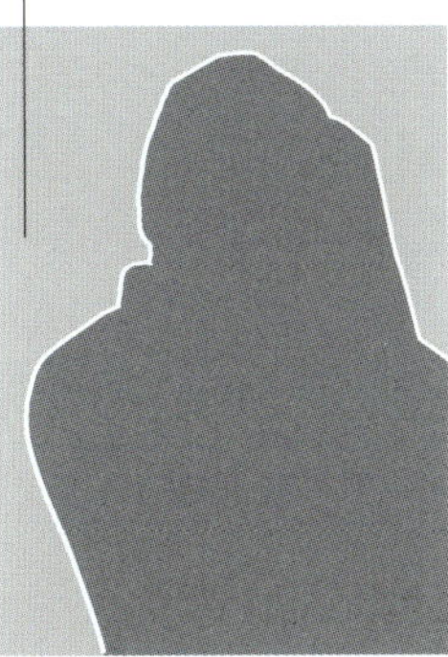

El espacio que rodea a la mujer es neutro

Composición
La composición está centrada para dirigir la atención del espectador hacia la figura, en especial a su rostro y sus manos.

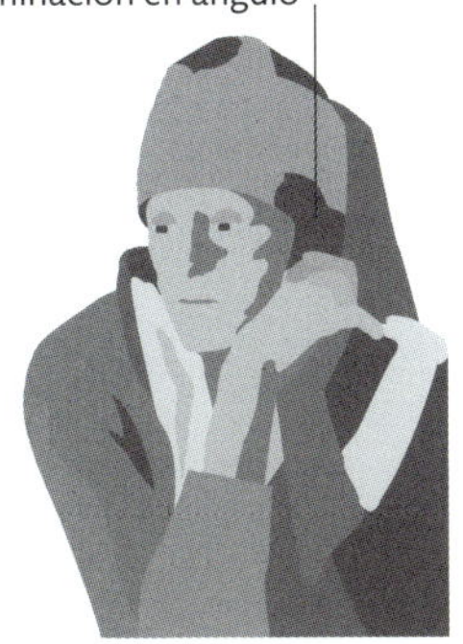

Sombras evocadoras generadas por la iluminación en ángulo

Luz y sombra
La luz, que cae sobre el rostro desde un ángulo como si fuera la de una vela o una lámpara de gas, crea un aire introspectivo, mientras que la oscuridad que lo rodea transmite soledad.

El pañuelo azul cobalto atrae la mirada

Colores
La paleta es melancólica, con azules y grises que contrastan con los cálidos tonos de la piel. El cuello pálido ayuda a enmarcar el rostro.

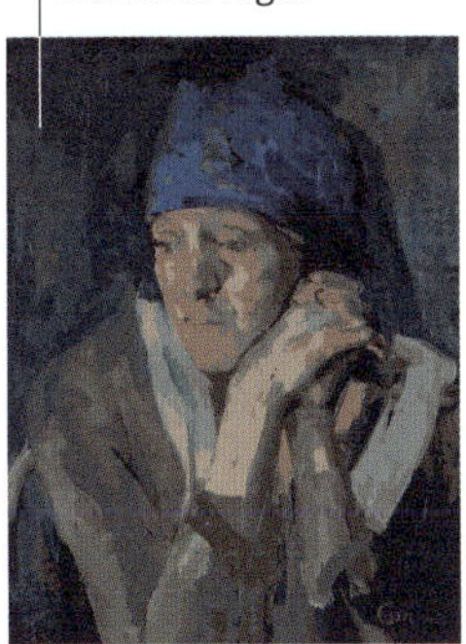

Los trazos impresionistas generan la sensación de momento fugaz

Pinceladas o trazos
Las pinceladas son sueltas, lo que transmite una sensación de suavidad y sensibilidad. La escena desprende compasión a través de sus trazos.

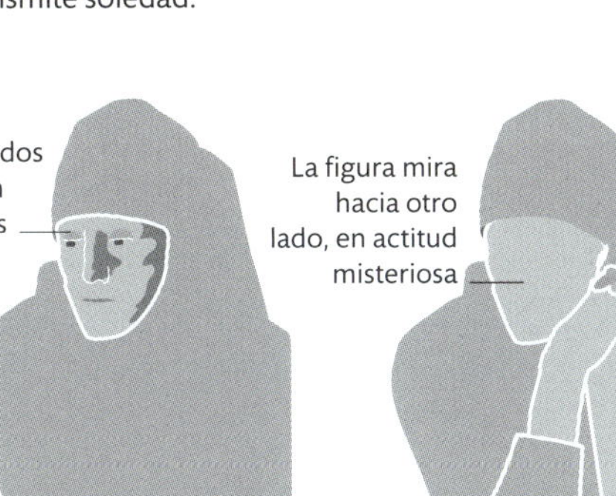

Los ojos entrecerrados transmiten emociones

La figura mira hacia otro lado, en actitud misteriosa

Expresión
El rostro aparece pensativo y está ligeramente inclinado hacia abajo, lo que sugiere contemplación. La mirada baja puede reflejar tristeza o arrepentimiento.

Pose
Los hombros encorvados indican vulnerabilidad, mientras que las manos entrelazadas bajo el rostro sugieren profunda reflexión.

Emoción abstracta

El arte no figurativo ha servido históricamente para expresar sentimientos. La abstracción (véase págs. 78-79) explora a menudo el poder del color puro, la composición y la forma, recurriendo a la yuxtaposición de color, luz y sombra para crear un ambiente. Los expresionistas abstractos (véase págs. 210-211) empleaban el gesto para comunicar emociones: Mark Rothko, por ejemplo, pintaba suaves rectángulos de tonos oscuros sobre rojos profundos para transmitir sentimientos intensos como la tristeza. Las pinturas de Wassily Kandinsky, por su parte, representaban emociones alegres y enérgicas al establecer una especie de «danza» entre color y forma luminosa influenciada por la música.

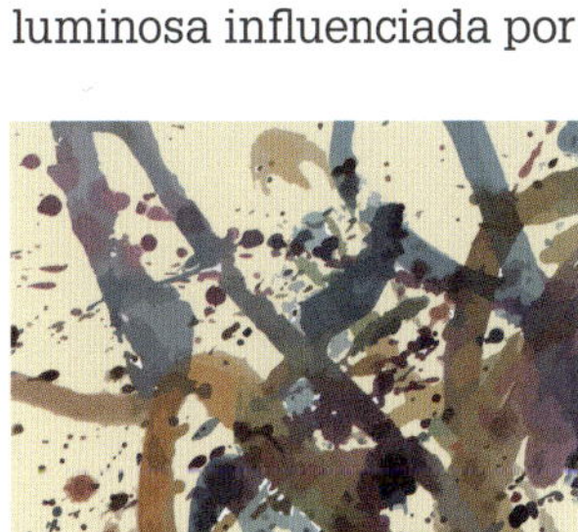

Emoción sin rostro
El arte puede plasmar sentimientos sin necesidad de recurrir a figuras ni personajes, empleando para ello la expresión, el color y la luz.

EL ARTE DE LA GUERRA

El arte relacionado con la guerra suele transmitir emociones intensas. En 1917, las pinturas bélicas de Christopher Nevinson fueron prohibidas en Gran Bretaña por su contenido perturbador. Por su parte, la obra de Peter Howson sobre el conflicto bosnio de la década de 1990 destaca por su impacto.

REPRESENTACIONES DEL CONFLICTO

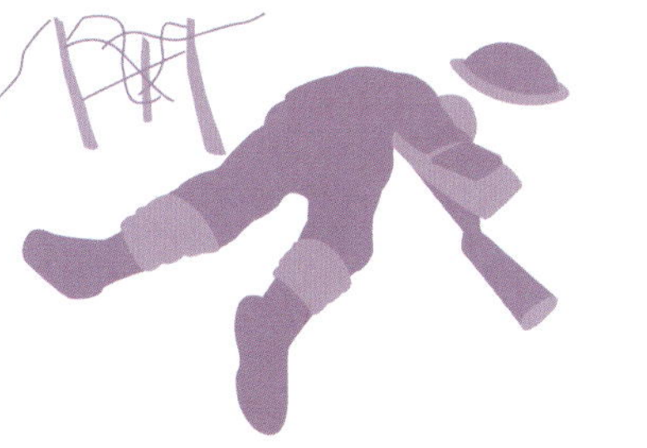

¿PUEDE EL COLOR INFLUIR EN NUESTRAS EMOCIONES?

El azul y el púrpura son colores fríos y relajantes, mientras que el rojo, el naranja y el amarillo pueden despertar respuestas emocionales intensas. El verde es el color más equilibrado en la paleta del artista.

La transmisión de información

El artista se comunica con el público a través de su obra. Transmitir información implica elegir el tema de la obra, desarrollar un lenguaje visual que describa y exprese su contenido y tomar decisiones sobre el medio, los materiales, el tamaño y otros aspectos.

Tema e inspiración

El tema describe aquello que el artista elige como contenido principal de la obra (véase págs. 108-109). El artista se inspira en sus propios intereses para escoger temas que le apasionen. Estos pueden ser personales, políticos o filosóficos y a menudo busca la inspiración en la historia del arte.

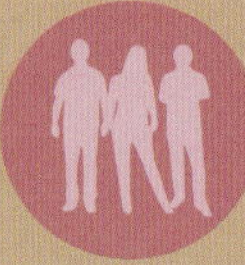

Imágenes figurativas

Las obras figurativas permiten comunicar historias de manera efectiva, al invitar al espectador a imaginar las conexiones entre las figuras representadas.

El mundo natural

Las formas paisajísticas u orgánicas pueden emplearse para expresar preocupación por el medio ambiente o para explorar ideas filosóficas sobre la naturaleza.

La humanidad

La actividad humana puede explorarse a través de metáforas visuales como la arquitectura y el espacio urbano, así como escenas sociales o comunitarias.

Imaginación

Los sueños y los recuerdos pueden expresarse mediante el lenguaje visual, utilizando para ello recursos como la yuxtaposición surrealista y la fragmentación.

Medios y materiales

El medio, los materiales y la forma de utilizarlos son intencionados. Cada material puede sugerir algo por sí mismo, como la maleabilidad en el caso de la arcilla o la dureza en el del metal. Los materiales pictóricos también poseen identidad propia, por lo que la elección de la pintura por parte del artista puede influir en el ambiente y el significado transmitidos por la obra.

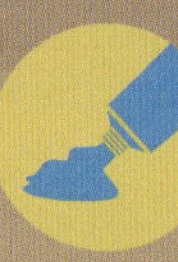

Pintura

Las propiedades visuales de los distintos tipos de pintura pueden aprovecharse para transmitir información.

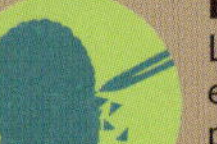

Escultura

Los materiales escultóricos pueden transmitir una idea, como la ligereza o la pesadez.

Lenguaje visual

El lenguaje visual es la manera en la que cada artista emplea los medios y materiales a su alcance para crear su propio vocabulario visual. Este vocabulario puede centrarse en la forma, el color o las líneas, o en una combinación de varios elementos para transmitir la información deseada.

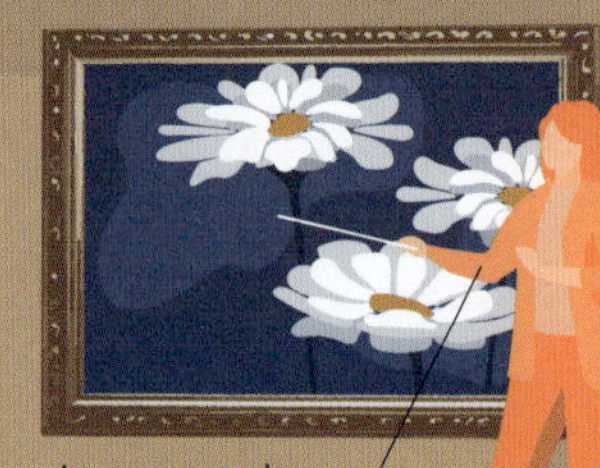

Los espectadores leen y descifran las señales visuales del artista

MECENAZGO

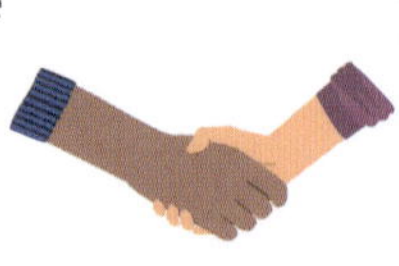

En el pasado, individuos en posiciones de poder, como miembros de la realeza o la Iglesia, financiaban a los artistas para que crearan obras para ellos. A menudo, el artista incluía información visual que hacía referencia a su mecenas.

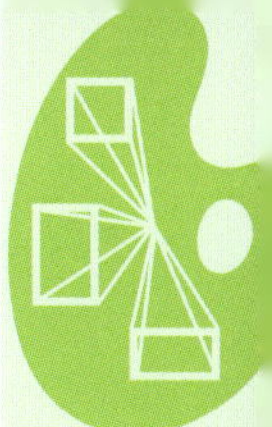

Fusión de contenido y técnica

En el arte, el contenido y la técnica están íntimamente relacionados. La forma en la que se crea una obra de arte puede transmitir al espectador tanta información como su propio contenido visual o narración. La técnica empleada a la hora de crear la pieza influirá en la forma de percibirla y experimentarla. Así, el artista puede recurrir a trazos gestuales, bordes definidos, superficies lisas o rugosas o a una paleta de colores concreta, por lo que todos estos elementos deben tenerse en cuenta a la hora de decidir cómo se desea plasmar el contenido de la obra.

Escala y presentación

Se trata de dos aspectos clave a la hora de interpretar una obra (véase págs. 116-117). Una obra a pequeña escala, ya sea pintura o escultura, ofrece una experiencia de observación más íntima, en contraste con la cualidad más envolvente de una obra de gran tamaño. El arte bidimensional puede enmarcarse para transmitir una sensación de formalidad, o bien dejarse con los bordes inacabados para lograr un efecto más informal.

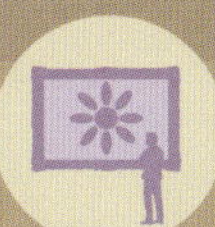

Grande
Las obras de gran tamaño pueden generar efectos dramáticos.

Pequeña
Las obras pequeñas invitan a un examen minucioso.

Técnicas

Algunos artistas consideran que las técnicas son el elemento comunicativo más importante de su obra, dado que es posible transmitir información mediante la composición, el pincelado, los trazos o el uso de la luz en el lienzo.

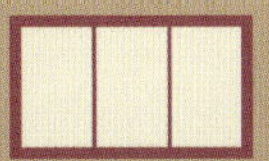

LA COMPOSICIÓN

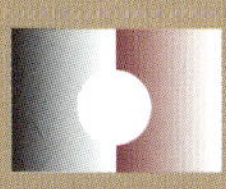

LUZ Y SOMBRA

SUPERFICIES CON TEXTURA

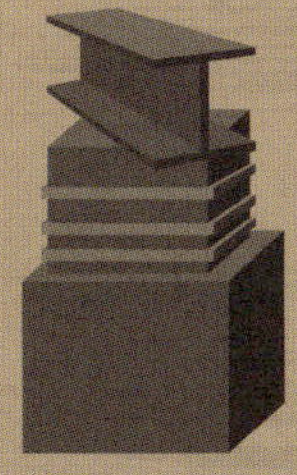

EL ARTISTA ANSELM KIEFER EMPLEA MATERIALES PESADOS COMO PLOMO Y ARCILLA PARA REFLEJAR EL PESO DE LA HISTORIA

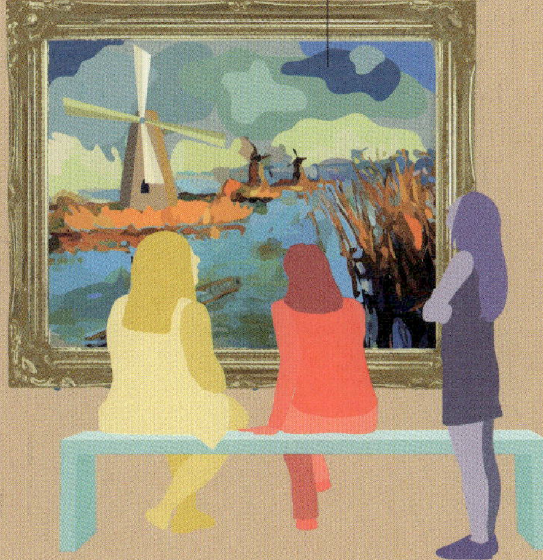

Conexión con el espectador

El artista puede decidir transmitir la información de forma directa y clara, sin exigirle mucho al espectador. Un enfoque más sutil, sin embargo, enriquece la obra, al invitar a examinarla con atención para descubrir posibles significados ocultos.

¿CUÁNTO TIEMPO SUELE DEDICAR UNA PERSONA A OBSERVAR UNA OBRA DE ARTE?

Se estima que el tiempo promedio que cada visitante dedica a una obra es de entre 15 y 30 segundos.

La comunicación de ideas

En el arte, transmitir ideas consiste en compartir con el espectador conceptos que pueden ser complejos, tanto de manera directa como a través de un enfoque más sutil.

¿De qué recursos disponen los artistas a la hora de transmitir sus ideas?

La mayoría de las obras de arte consisten en una serie de elementos individuales combinados en un todo. El artista puede utilizar algunos o todos estos componentes para transmitir un mensaje o una idea matizada que trascienda la apariencia superficial de la pieza. Estos elementos pueden ser simples y visuales o bien requerir una observación o comprensión más profunda.

EL MOVIMIENTO ARTÍSTICO CONOCIDO COMO **DADAÍSMO** RECURRIÓ AL **ABSURDO** PARA **OPONERSE A LA PRIMERA GUERRA MUNDIAL**

¿TODAS LAS OBRAS DE ARTE TRANSMITEN UN MENSAJE?

El arte, en su esencia, es un ejercicio de creatividad y expresión personal (el «arte por el arte»), por lo que corresponde al artista decidir si desea incorporar un mensaje a su obra.

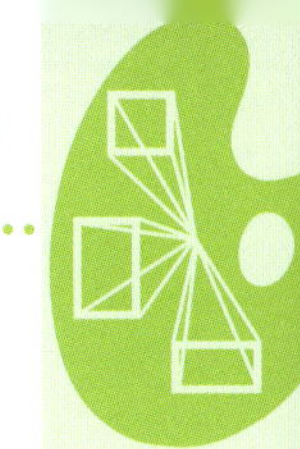

¿Qué ideas pueden comunicarse a través del arte?

En realidad, el arte permite comunicar cualquier tipo de idea. Los artistas suelen combinar elementos personales o autobiográficos con temas más amplios, desde cuestiones de actualidad o políticas propias de su época hasta ideas filosóficas e históricas más generales. El arte es el medio perfecto para abordar temas trascendentales, y los artistas suelen cuestionarse la sociedad con curiosidad y una mentalidad abierta y creativa. Estas ideas suelen comunicarse de forma no literal, confiando en que la experiencia e interpretación del espectador resulten más intensas y gratificantes si la obra ofrece múltiples capas de significado por descubrir.

Combinación de elementos visuales

El mensaje de la obra de arte, junto con su tono y el impacto emocional que pretende causar, pueden transmitirse a través de la combinación de sus elementos visuales básicos. Estos pueden ser el tema y el lenguaje visual, el tamaño y la escala, la composición y el uso del color. En conjunto, estos elementos también pueden indicar cómo se supone que el espectador debe «leer» la obra.

Materiales y medios

Los materiales elegidos y los procesos creativos empleados en la obra influyen en la manera de transmitir su mensaje. Su apariencia física, por ejemplo, puede causar un impacto notable. Así, marcar, cortar o dañar intencionadamente un lienzo puede expresar una postura política o personal, mientras que una selección poco usual o deliberadamente limitada de materiales puede transmitir significados concretos.

Mensajes ocultos

A lo largo de la historia y en distintas culturas, los artistas han incorporado mensajes alegóricos o simbólicos en sus obras (véase págs. 140-141). Son ejemplo de ello obras como *Los embajadores* de Hans Holbein y numerosas naturalezas muertas holandesas del siglo XVII, todas ellas repletas de símbolos que ayudaban a interpretar su significado: un vaso vacío evocaba la transitoriedad de la vida, mientras que los instrumentos musicales representaban la paz y la armonía.

Contexto

El contexto físico en el que se exhibe el arte —es decir, cómo y dónde se observa— también es un recurso válido a la hora de transmitir ideas. De este modo, ver una obra en una galería no es lo mismo que observarla en otros espacios. Asimismo, a partir de la década de 1960 empezó a prestarse más atención al contexto social del arte, por lo que los artistas han sido cada vez más conscientes del lenguaje que emplean para transmitir sus ideas y de cómo podrían interpretarse sus obras tanto hoy como en el futuro.

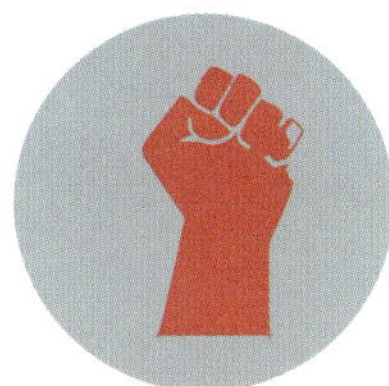

Político y social
El arte está influenciado por la sociedad y a menudo se emplea como medio para reflejarla y comentarla.

Filosófico
El arte brinda la posibilidad de reflexionar sobre los temas trascendentales de la vida de forma visual y cercana.

Religioso
Si bien en el pasado el arte religioso transmitía principalmente mensajes de fe, hoy también invita a reflexionar sobre cuestiones espirituales.

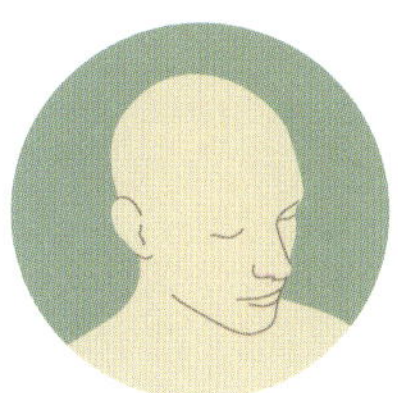

Personal
Las vivencias del artista permiten relacionar lo individual y lo universal de una manera profunda y emotiva.

Signos y símbolos

Desde la antigüedad, los signos y símbolos se han utilizado como herramientas para transmitir ideas más allá de las apariencias superficiales o las barreras del lenguaje. Entre estos recursos se incluyen la fauna y la flora, así como colores, formas y hasta gestos humanos.

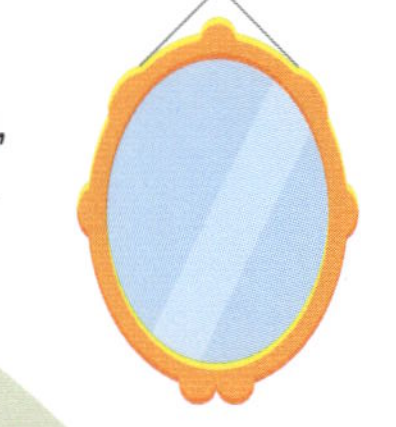

Significados simbólicos en el arte

Los símbolos artísticos suelen tener su origen en la religión, la cultura o la mitología. Al incorporarlos en su obra, el artista puede estar situándola en un marco narrativo conocido, aunque también pueden servirle para establecer paralelismos o contrastes. Los símbolos permiten establecer una comunicación directa entre artista y espectador, al ofrecer un nivel más profundo de comprensión e interpretación de la obra. A continuación, se presentan algunos de los símbolos más habituales en el arte.

Conocimiento introspectivo

Durante siglos, los espejos han simbolizado la percepción, el conocimiento de uno mismo, la verdad, el engaño, la sabiduría, la vanidad y la introspección. En el siglo XVI sustituyeron al agua, los metales pulidos o la obsidiana como medios para verse a uno mismo, y desde entonces numerosos mitos les han atribuido poderes mágicos, como revelar verdades ocultas, acceder a la propia alma o abrir la entrada a otro mundo.

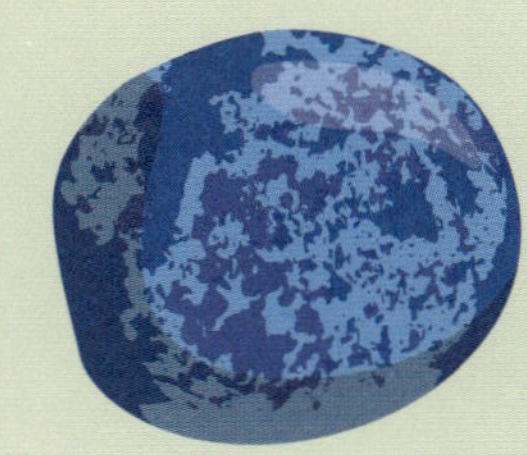

EL ESPEJO COMO SÍMBOLO DE LA VERDAD

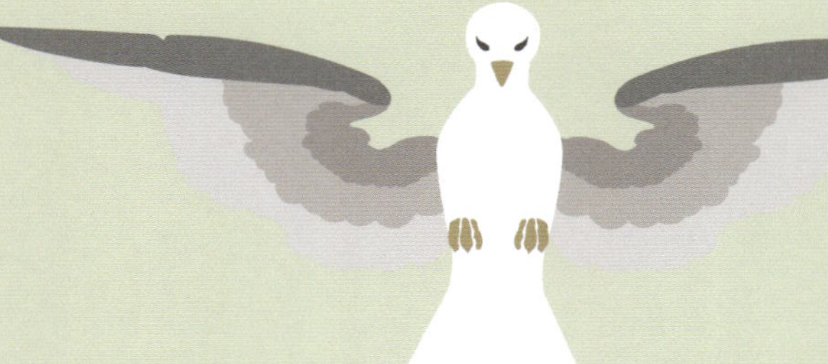

Manzana
Las manzanas simbolizan la salud, el bienestar, el conocimiento, la sabiduría, la inmortalidad, la juventud eterna o el fruto del árbol prohibido bíblico.

Paloma
Representada en numerosas culturas y religiones, la paloma puede simbolizar la paz, la sanación, la pureza espiritual, la inocencia, la esperanza, la felicidad, la maternidad, la armonía o el amor.

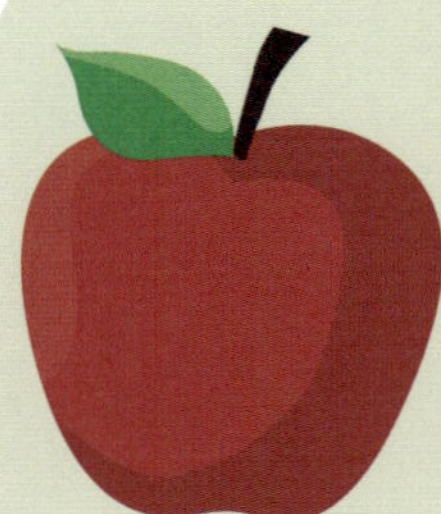

Azul (lapislázuli)
Históricamente, el azul ha representado la verdad, la claridad y el cielo, además de asociarse a la Virgen María y a la dimensión espiritual en el cristianismo.

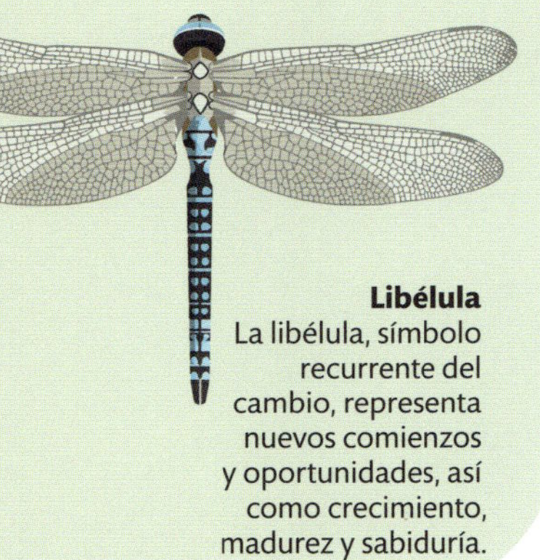

Lirio
Los lirios, presentes en la religión, la mitología y la historia, pueden representar la feminidad, la pureza, la modestia, la muerte y el luto.

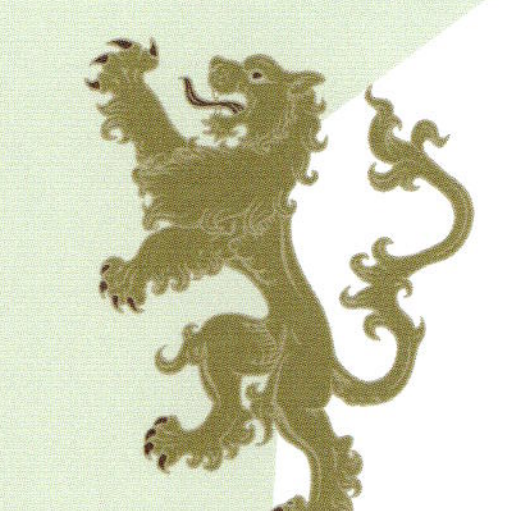

Loto
En el hinduismo, la flor de loto simboliza a la diosa Lakshmí. En otras culturas, representa la sabiduría, la iluminación y la belleza.

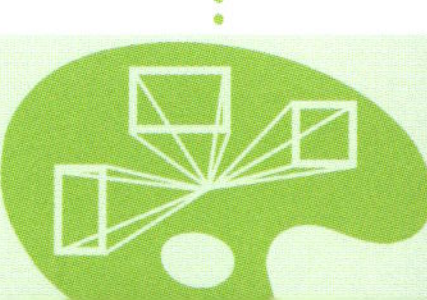

Libélula
La libélula, símbolo recurrente del cambio, representa nuevos comienzos y oportunidades, así como crecimiento, madurez y sabiduría.

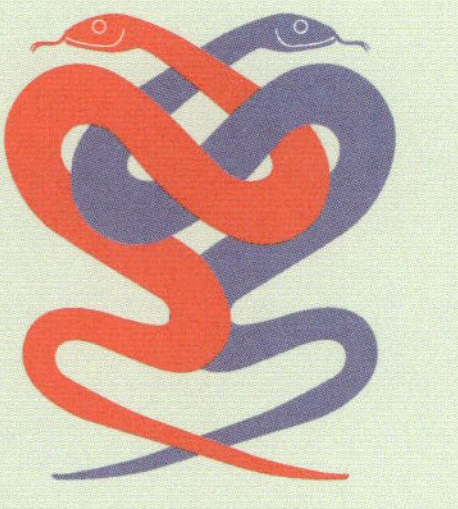

Agua
El agua, tradicionalmente asociada a la pureza y la santificación, puede representar también cambio o renacimiento. Cuando es turbulenta, evoca poder y caos.

Triángulo
En la tradición cristiana, simboliza la Santísima Trinidad. Según la simbología pagana, un triángulo con la punta hacia arriba representa el fuego, y hacia abajo, un cáliz o el agua.

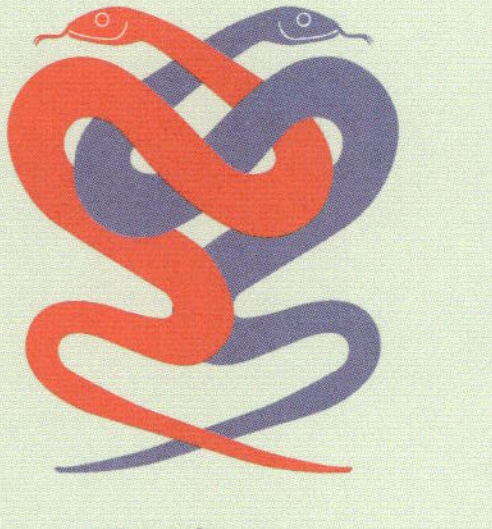

Serpiente
Las serpientes pueden representar el mal, la tentación, la sabiduría o el renacimiento. En la cultura china, la elegancia, la naturaleza y la buena suerte.

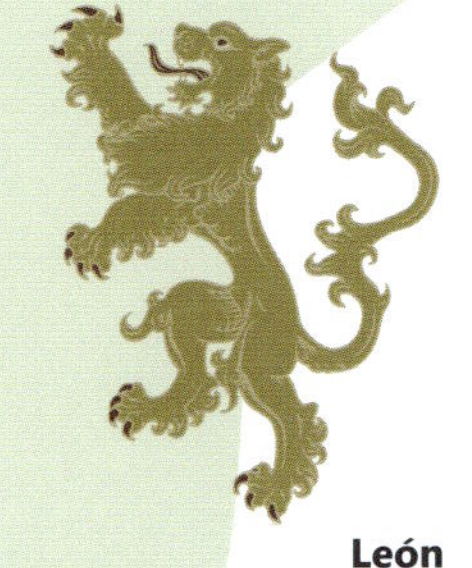

León
En numerosas culturas, el león simboliza a la clase gobernante. En el arte, suele representar fuerza, valor, majestuosidad y firmeza.

PINTURAS *MEMENTO MORI*

La expresión latina *memento mori*, que significa «recuerda que morirás», hace referencia a las obras destinadas a recordar al espectador la mortalidad y la fragilidad de la vida. Estas pinturas, muy populares en el siglo XVII, solían incluir relojes de arena o de otro tipo, velas apagadas o a punto de extinguirse, calaveras, frutas podridas y flores marchitas.

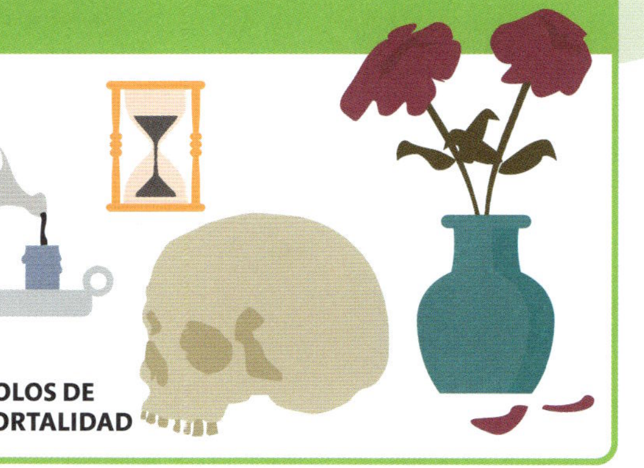
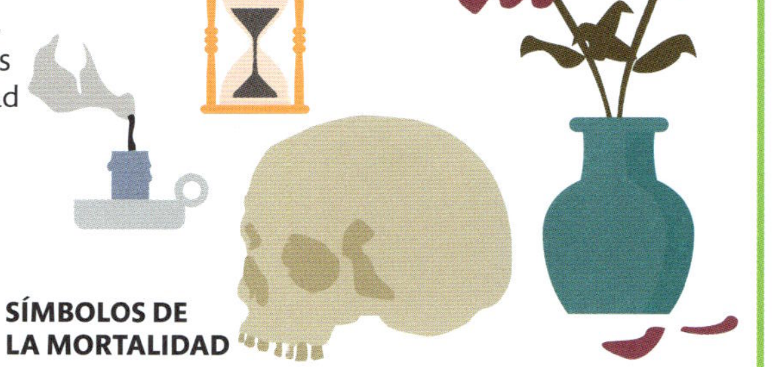

¿QUÉ NOMBRE RECIBE EL ESTUDIO DE LOS SIGNOS?

La semiótica se ocupa del análisis de símbolos y signos, especialmente en el ámbito filosófico. La iconografía, por su parte, estudia los sistemas de signos y sus significados.

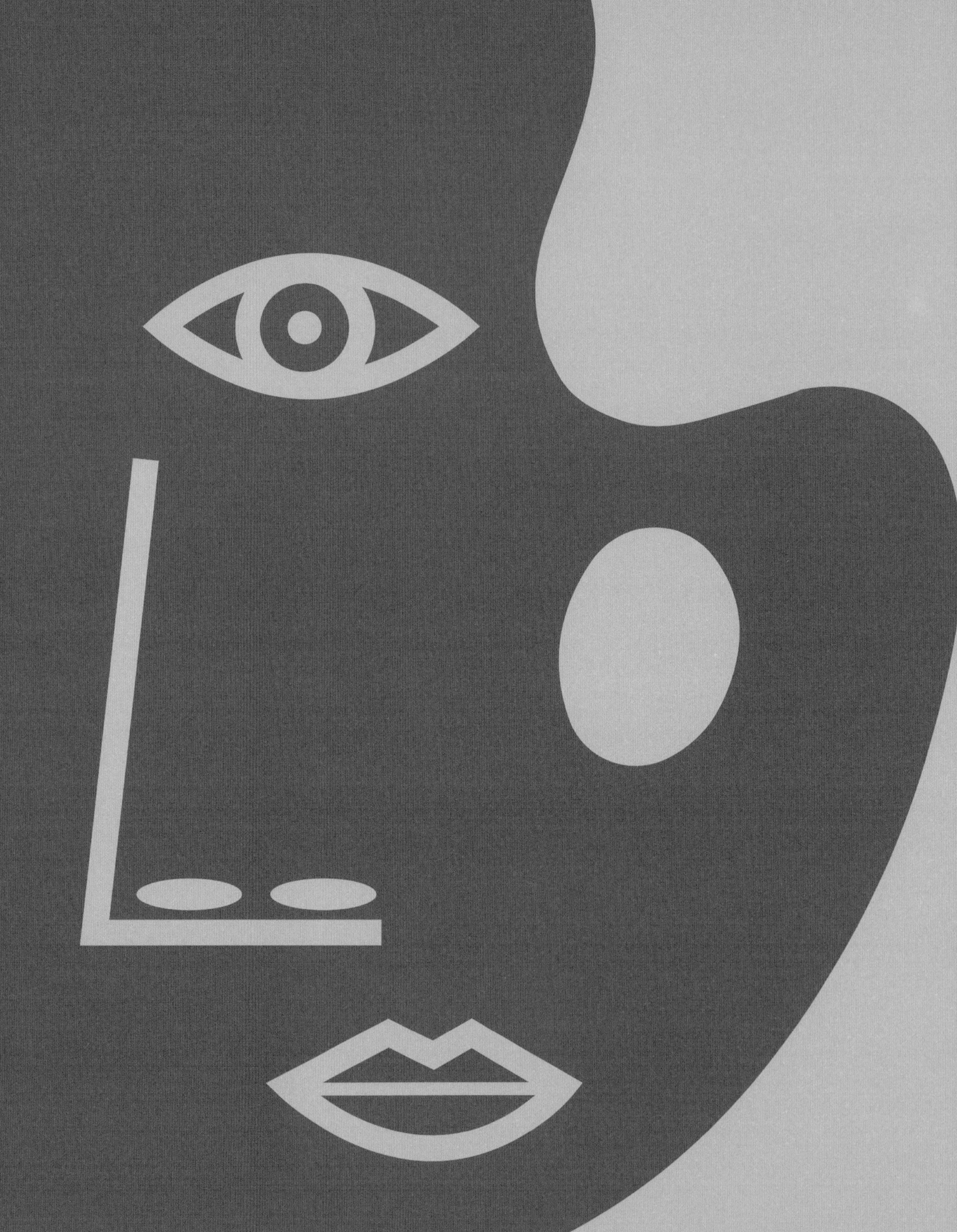

MOVIMIENTOS

El arte en la Edad de Piedra

Lo que sabemos sobre el arte del Paleolítico, o la Edad de Piedra, procede principalmente de ejemplos de pinturas rupestres que han sobrevivido durante miles de años conservadas en el interior de cuevas resguardadas.

Arte rupestre

Las primeras pinturas rupestres prehistóricas se descubrieron en España en la década de 1860 y, desde entonces, se han hallado otros yacimientos en lugares tan alejados entre sí como Argentina, Indonesia o los Estados Unidos. Pese a estar separadas por miles de kilómetros, muchas se realizaron con herramientas y materiales parecidos. Se cree que los primeros artistas emplearon materiales fáciles de obtener para crear imágenes cargadas de simbolismo de la fauna con la que se topaban en su día a día. Algunas obras se crearon recurriendo a la plantilla más simple de la que se disponía: soplando pigmento alrededor de una mano posada sobre una pared.

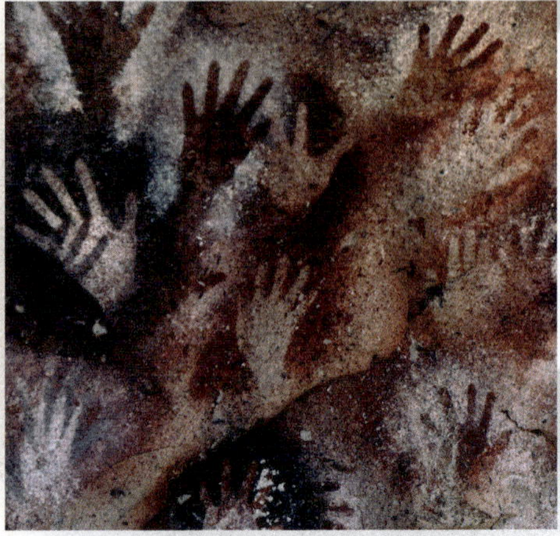

Cueva de las Manos

Esta cueva de Argentina alberga numerosas huellas de manos pintadas. La mayoría son de manos izquierdas, lo que parece indicar que los primeros artistas sostenían una cerbatana en la mano derecha. Se cree que estas huellas se empleaban para marcar la presencia en un lugar.

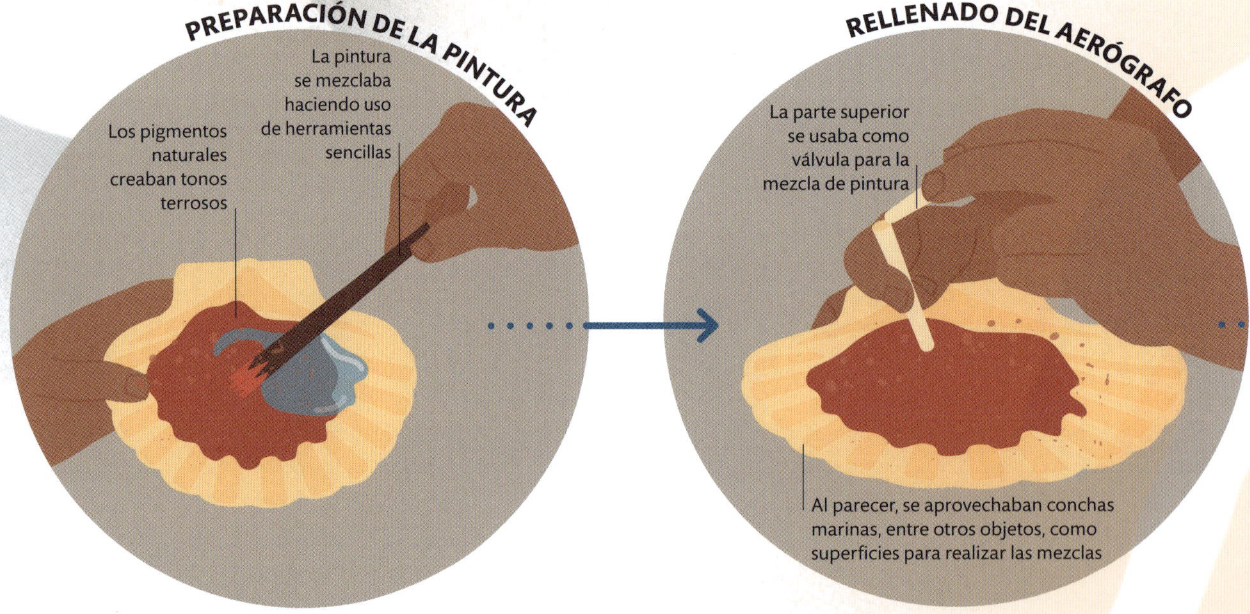

1 Preparación de la pintura

Se cree que esta rudimentaria pintura se creaba mezclando arcillas naturales molidas o minerales procedentes de la tierra (denominados *tierras de color*) con agua, grasa animal o saliva para crear una pasta fina y maleable.

2 Rellenado del aerógrafo

Luego, el artista habría usado un par de cañas huecas o huesos de pájaro como aerógrafo básico. Uno de los tubos se rellenaba con la mezcla de pintura de la paleta y se sostenía con la base sumergida en la pintura.

Herramientas y materiales

Los artistas de la Edad de Piedra empleaban materiales naturales que formaban parte indispensable de sus vidas, como el sílex, que también se usaba para fabricar herramientas y puntas de flecha, o el carbón vegetal procedente de las hogueras. En algunas obras se recurría a las formas naturales de la roca como punto de partida para pintar figuras de animales. Mientras que al principio se usaban las manos y los dedos, posteriormente empezó a recurrirse a herramientas sencillas como pinceles hechos con plumas o tizas afiladas.

Elementos naturales
Los artistas prehistóricos usaron palos de carbón vegetal procedente de las hogueras o pigmentos naturales obtenidos de la tierra para crear las primeras pinturas de colores.

¿QUÉ ANTIGÜEDAD TIENE EL ARTE DE LA EDAD DE PIEDRA?

Las primeras obras de arte registradas datan de hace unos 45.000 años. Se cree que una imagen de un jabalí descubierta en Indonesia es la obra de arte figurativa más antigua conocida en el mundo.

Rellena de musgo para poder extender la pintura sobre grandes superficies

Usada como paleta

Se le ataban plumas a un hueso o un palo

Obtenido tras la quema de madera o huesos

Usado para obtener los colores amarillo, naranja o marrón

BOLSA DE PINTURA DE CUERO **CONCHA** **PINCEL DE PLUMA** **CARBÓN VEGETAL** **OCRE**

CREACIÓN DE LA PINTURA

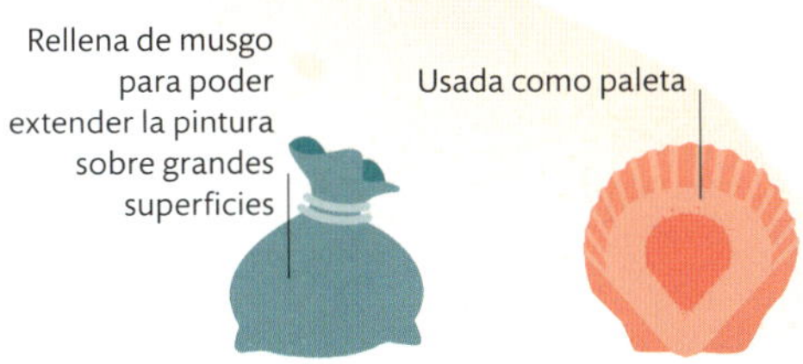

Mano usada como plantilla

El aire soplado difuminaba la pintura en una fina niebla

3 Creación de la pintura
Finalmente, el artista colocaba las manos sobre un muro de la cueva y soplaba aire sobre la parte superior del tubo con pintura para rociar el pigmento y dejar una huella personal.

SE CREE QUE LA **ESCULTURA** *HOMBRE LEÓN*, DE 40.000 AÑOS DE ANTIGÜEDAD, ES EL EJEMPLO MÁS ANTIGUO DE ARTE RELIGIOSO

TEMAS

Los creadores de las primeras obras de arte conocidas recurrieron sobre todo al mundo natural para elegir los temas representados. Aunque es imposible determinar con certeza cuál era el propósito original del arte de la Edad de Piedra, las decoraciones murales prehistóricas representan básicamente la gran variedad de vida animal que coexistió con los primeros seres humanos, y se cree que estas imágenes tenían un significado ritual o sagrado.

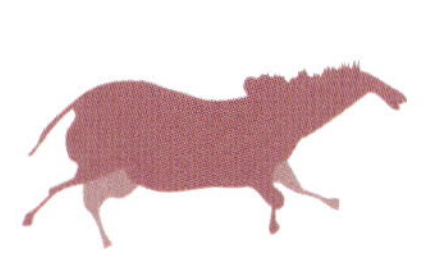 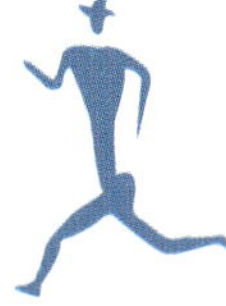 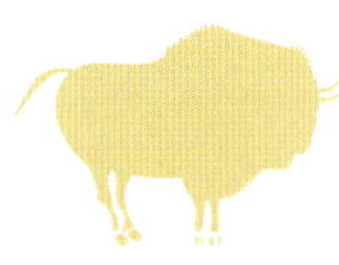

CABALLO SALVAJE **CAZADOR** **BISONTE SALVAJE**

El primer arte australiano

El arte rupestre es una parte fundamental de la cultura indígena de Australia, con una tradición ininterrumpida que se remonta desde la prehistoria hasta la actualidad. Se estima que hay unos 100.000 yacimientos relevantes de arte rupestre en toda Australia.

Historias del pasado

Hace entre 45.000 y 50.000 años, los primeros australianos se asentaron en el continente y empezaron a crear obras de arte en lugares de importancia simbólica para transmitir los mitos y relatos de la creación. El arte rupestre les servía para transmitir estas narrativas de generación en generación. Posteriormente, los artistas fueron añadiendo nuevas obras o modificando las existentes con el paso de los siglos, un proceso que ha perdurado hasta nuestros días.

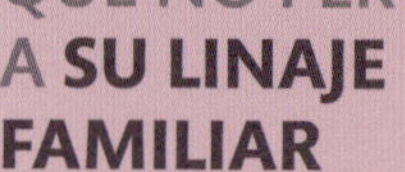

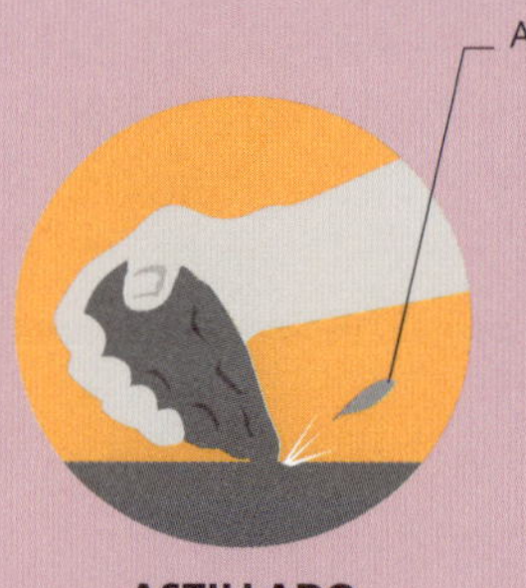

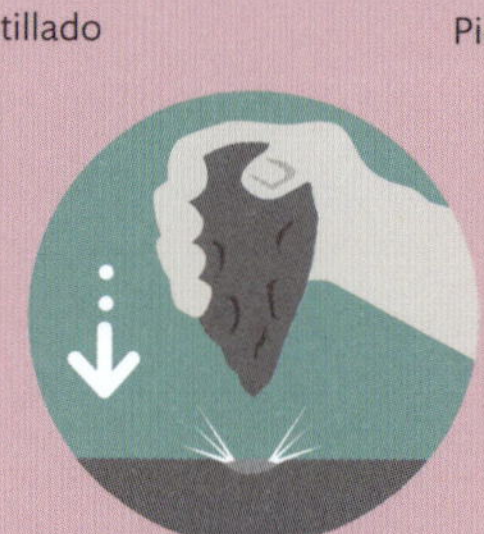

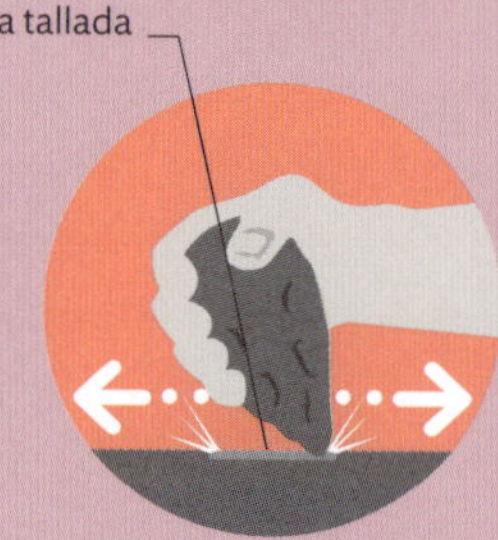

PETROGLIFO

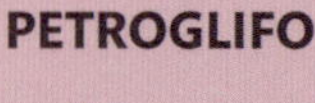

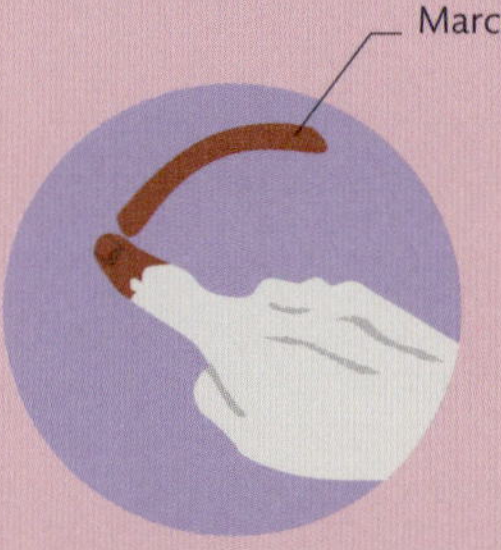

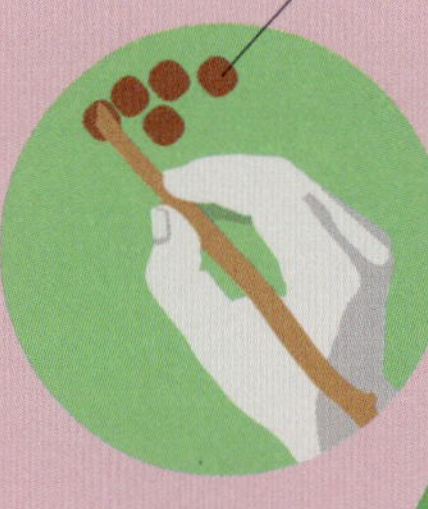

PICTOGRAMAS

Petroglifos y pictogramas

Los dos principales tipos de arte rupestre aborigen australiano son los petroglifos (grabados tallados en la roca) y los pictogramas (dibujos realizados con pigmentos naturales). Estas obras consisten principalmente en formas geométricas, como círculos, arcos y puntos, o formas figurativas de seres humanos o animales.

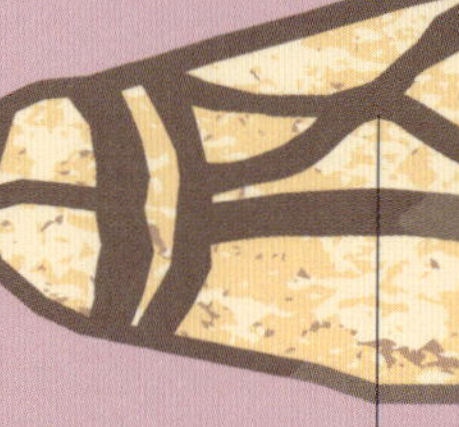
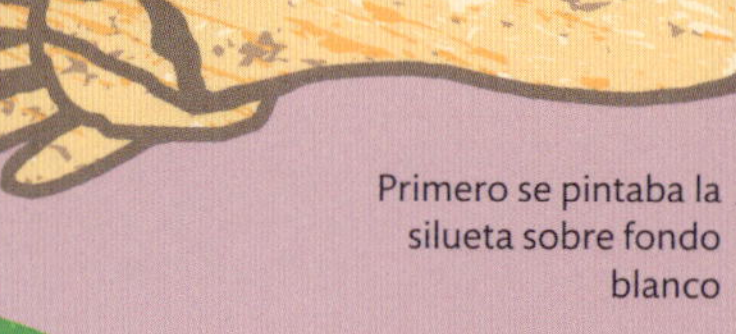
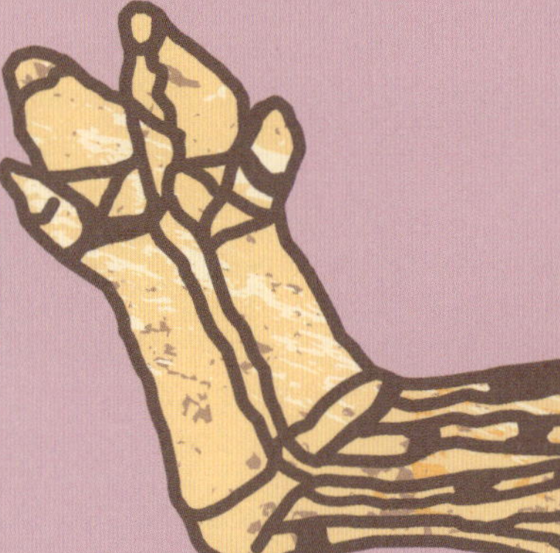

¿QUÉ ANTIGÜEDAD TIENE EL PRIMER ARTE AUSTRALIANO?

Se cree que las primeras obras de arte rupestre australiano conocidas se crearon hace al menos 30.000 años.

PINTURAS PUNTILLISTAS

Los aborígenes australianos llevan miles de años creando «pinturas puntillistas». Para ello, se aplican pigmentos minerales de colores vivos en forma de puntos y rayas de forma rítmica sobre el cuerpo para crear arte rupestre. Los artistas de la actualidad también emplean acrílicos y lienzos modernos para crear obras que se exponen en museos y galerías de todo el mundo, lejos de la tierra y los rituales del desierto que los inspiraron.

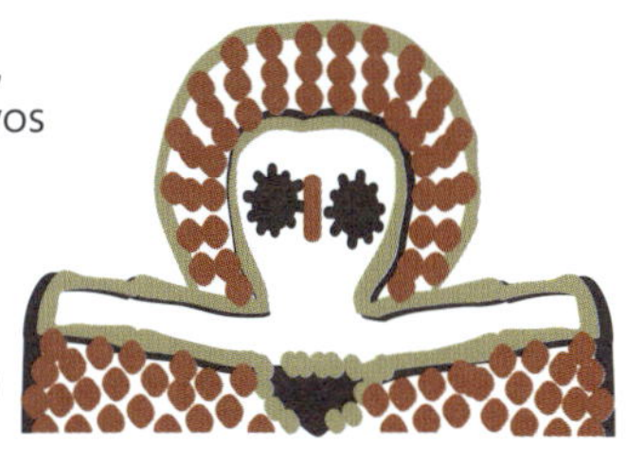

PINTURA PUNTILLISTA MODERNA

Estilo «radiografía»

Los ejemplos más antiguos de arte rupestre datan del 2000 a. C. Algunos dibujos representan figuras esbeltas o animales con sus esqueletos y órganos internos visibles en un estilo «radiográfico» y demuestran un cierto conocimiento de la anatomía humana y animal.

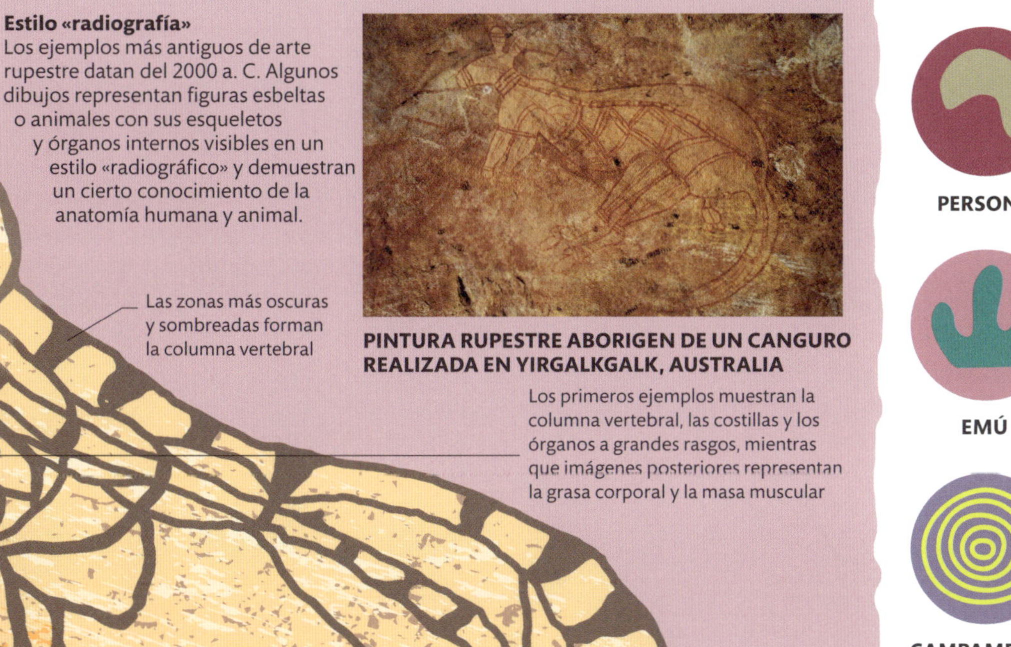

Las zonas más oscuras y sombreadas forman la columna vertebral

PINTURA RUPESTRE ABORIGEN DE UN CANGURO REALIZADA EN YIRGALKGALK, AUSTRALIA

Los primeros ejemplos muestran la columna vertebral, las costillas y los órganos a grandes rasgos, mientras que imágenes posteriores representan la grasa corporal y la masa muscular

Símbolos y sus significados

El arte aborigen australiano abarca una iconografía tradicional legada a lo largo de cientos de generaciones. Este rico simbolismo tiene sus raíces en el concepto del «Tiempo del Sueño», una época en la que el mundo fue moldeado por espíritus que adoptaban la forma de animales y humanos, creencia que aún hoy rige su vida.

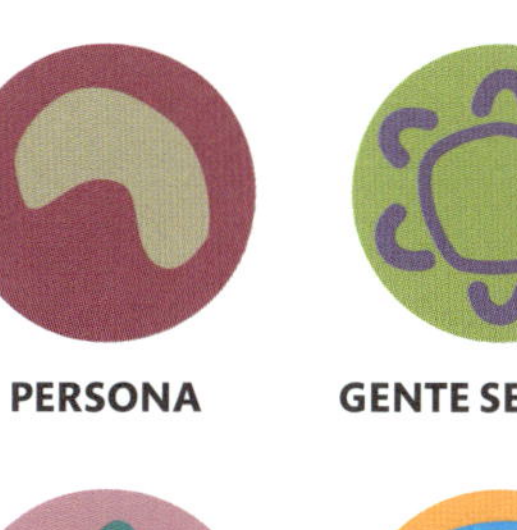

PERSONA

GENTE SENTADA

EMÚ

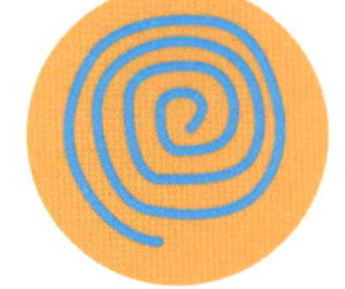

ABREVADERO

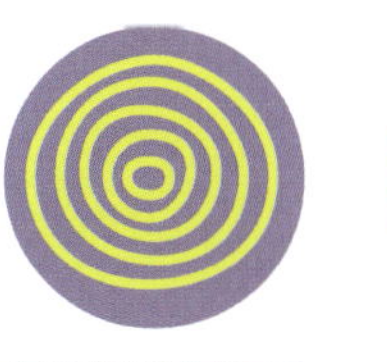

CAMPAMENTO

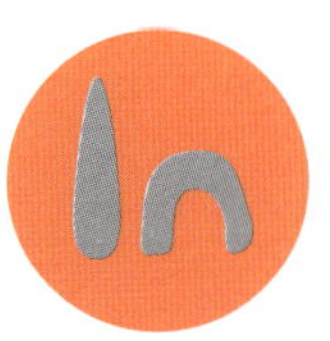

MUJER

CANGURO

El arte mesopotámico

La antigua Mesopotamia era una región situada en lo que hoy es Oriente Medio. Gracias a sus fértiles tierras, al desarrollo temprano de los sistemas de riego y a la agricultura organizada, allí surgieron las primeras ciudades del mundo, alrededor del cuarto milenio a. C.

Artefactos religiosos

Las sociedades urbanas producían elaboradas tallas de piedra y adornos de metal, terracota y madera. El arte mesopotámico que ha sobrevivido hasta nuestros días es principalmente escultórico —ya que materiales como los textiles se han ido perdiendo con el paso del tiempo— y en su mayor parte fue creado con fines religiosos. Se han encontrado numerosos objetos tallados en forma de animales, entre ellos ovejas, cabras, leones y vacas.

Sellos cilíndricos

El arte mesopotámico también ha sobrevivido en forma de sellos cilíndricos de piedra grabados que, al hacerse rodar sobre arcilla húmeda, dejaban un diseño impreso. Estos diseños, que representaban patrones e imágenes de dioses, humanos y animales, eran exclusivos del propietario del sello y podían usarse para identificar posesiones o para formalizar acuerdos legales.

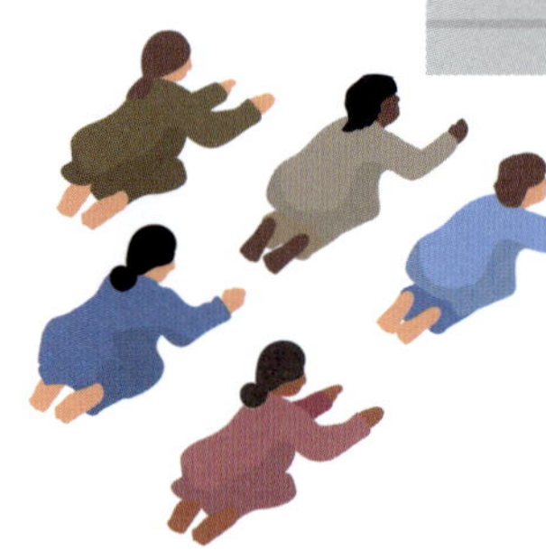

Escultura sagrada

En la antigua Mesopotamia, las esculturas se usaban en rituales de fertilidad para apaciguar a los dioses, a quienes se consideraba responsables de enviar crecidas de aguas ricas en minerales.

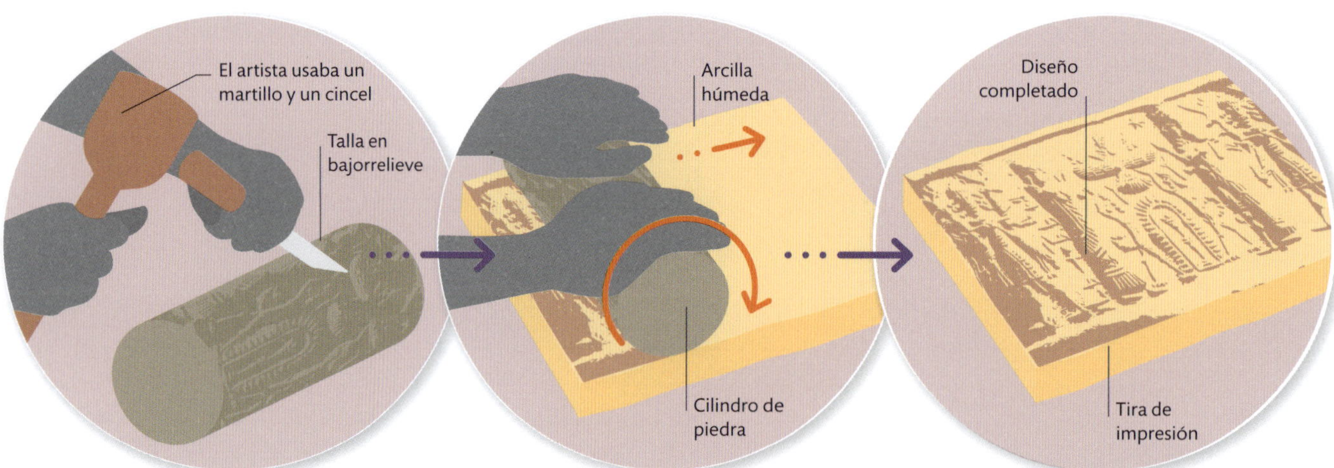

1 Grabado
El artista cincela y talla un diseño único en un cilindro de piedra para crear un relieve hueco.

2 Rodadura
El artista pasa con firmeza el sello grabado sobre una gruesa lámina de arcilla húmeda para dejar el diseño impreso en la superficie.

3 Secado
A medida que la arcilla se seca, la imagen en relieve se va endureciendo hasta convertirse en una impresión inalterable y duradera.

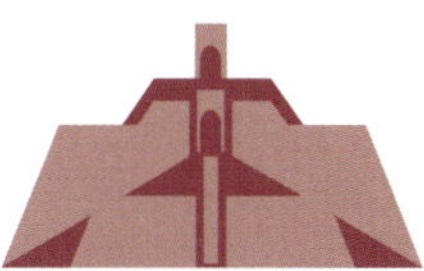

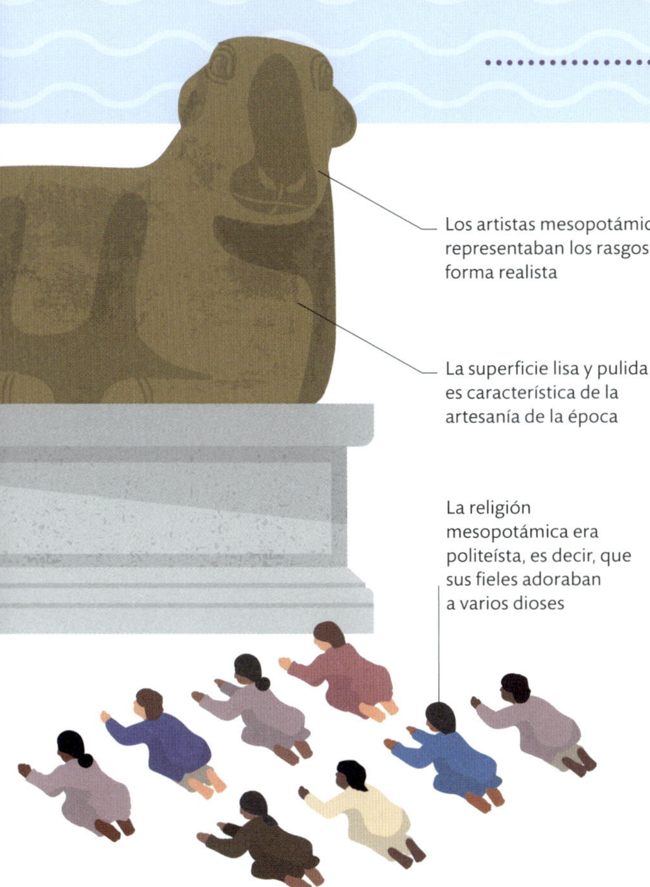

Los artistas mesopotámicos representaban los rasgos de forma realista

La superficie lisa y pulida es característica de la artesanía de la época

La religión mesopotámica era politeísta, es decir, que sus fieles adoraban a varios dioses

LA CIUDAD DE UR

Ur, una de las ciudades más importantes de la antigua Mesopotamia, contaba con un impresionante zigurat, o torre escalonada, en su centro. En el siglo XX, las excavaciones arqueológicas en el cementerio real de la ciudad revelaron importantes tesoros artísticos.

EL GRAN ZIGURAT DE UR

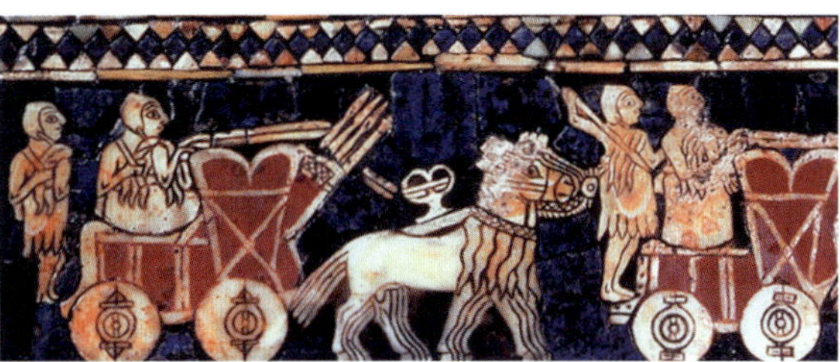

Detalle del *Estandarte de Ur*
El *Estandarte de Ur*, descubierto en la década de 1920, es un objeto rectangular de madera decorado con lapislázuli (una piedra de color azul brillante) y conchas que representa una victoria militar.

EL ***HOMBRE DE URFA*, QUE DATA APROXIMADAMENTE DEL AÑO 9000 A. C., SE CONSIDERA LA ESTATUA HUMANA DE TAMAÑO REAL MÁS ANTIGUA**

¿QUÉ SIGNIFICA EL NOMBRE MESOPOTAMIA?

Mesopotamia significa literalmente «la tierra entre los ríos», en alusión al Tigris y el Éufrates.

Comercio de materiales

La piedra y la madera escaseaban en las llanuras aluviales del Creciente Fértil, por lo que muchos de los materiales usados en la realización de esculturas debían importarse. Mesopotamia era el centro de una importante red comercial que unía Oriente y Occidente, al exportar productos agrícolas, como fruta, frutos secos y animales, a cambio de minerales metalíferos, piedras semipreciosas y madera.

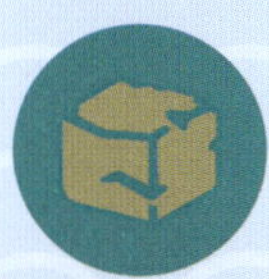

PIEDRA

MADERA

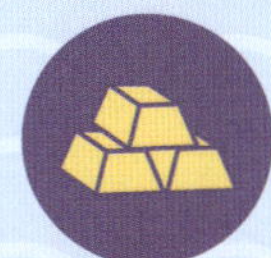

ORO

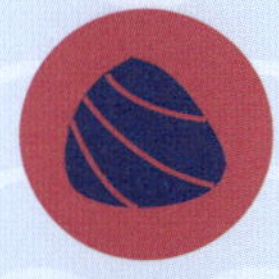

LAPISLÁZULI

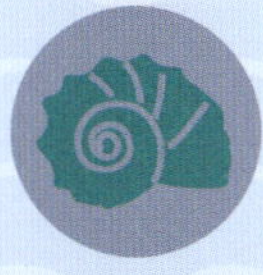

CONCHAS

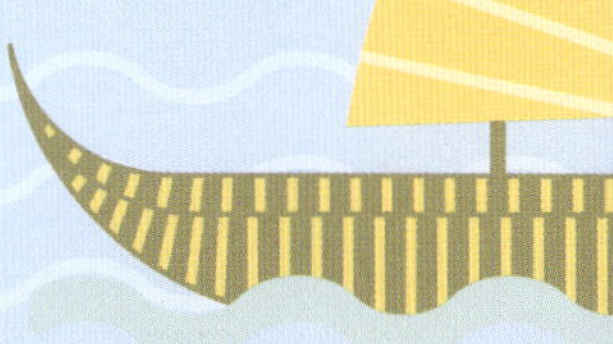

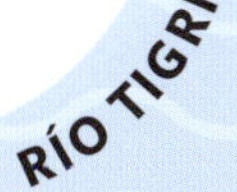

RÍO TIGRIS

El arte polinesio

Las islas del Pacífico fueron poblándose a lo largo de miles de años. Aunque sus distintas sociedades comparten similitudes lingüísticas y culturales, así como una conexión tradicional con el mundo natural, las obras de arte producidas en cada región poseen una identidad estética propia.

Legado natural

Los primeros colonizadores del Pacífico eran expertos navegantes que recorrían vastas zonas del océano guiándose por las estrellas, los patrones climáticos y la fauna. Esta conexión con la naturaleza fue transmitiéndose de generación en generación y se plasmó en el arte de las islas, consolidado por la creencia generalizada en la presencia espiritual permanente de los antepasados, que numerosas culturas polinesias consideran clave para mantener el orden social y una vida comunitaria armoniosa. Las obras de arte, desde pequeños objetos cotidianos de factura artesanal legados de generación en generación hasta objetos ceremoniales creados para celebrar acontecimientos concretos, recuerdan a los seres queridos fallecidos y su vínculo perpetuo con la naturaleza.

¿QUÉ PIEDRA SE USÓ PARA TALLAR LAS ESTATUAS DE «CABEZAS» DE RAPA NUI?

La mayoría de las esculturas se realizaron con toba volcánica. Este tipo de piedra caliza se erosiona fácilmente, por lo que muchos de sus detalles se han perdido.

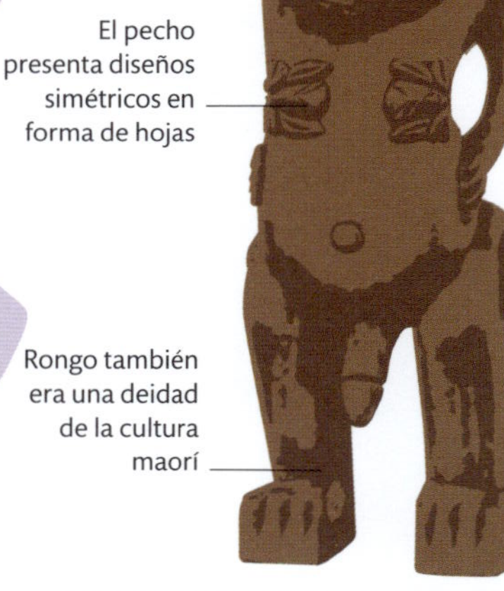

ESTATUA DE RONGO, EL DIOS DE LOS CULTIVOS, EN MANGAIA

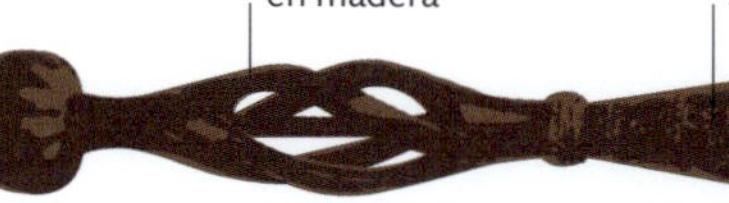

TENEDOR DE FIYI, PROBABLEMENTE USADO POR JEFES Y ANCIANOS

LAS ISLAS POLINESIAS

Polinesia abarca una vasta zona triangular situada entre Nueva Zelanda, Hawái y Rapa Nui (antes conocida como Isla de Pascua) e incluye más de mil islas del Pacífico repartidas por millones de kilómetros cuadrados de océano.

Estatus y legado

En todas las islas de la agrupación, las obras de arte son principalmente esculturas y pueden indicar el estatus y el rango de sus habitantes, tanto vivos como fallecidos. Entre las piezas más famosas se cuentan las gigantescas esculturas de piedra de cabezas y torsos estilizados y agrandados, conocidas como moái de Rapa Nui (antes Isla de Pascua). Se tallaron y erigieron más de 887 estatuas orientadas hacia el interior, las cuales se cree que representan a antepasados venerados y que otorgaban poder divino a los jefes locales.

Arte maorí

El pueblo maorí de Nueva Zelanda acumula una larga y variada historia artística que caracteriza muchos aspectos del arte polinesio. Los colgantes tallados en *pounamu* (piedra verde) llamados *hei tiki* suelen compartir características visuales similares inspiradas en formas naturales, aunque suelen usarse para representar una historia personal relacionada con un antepasado concreto. Los remolinos ondulados tallados en la cara y el cuerpo del *hei tiki*, conocidos como *moko*, narran complejas historias genealógicas.

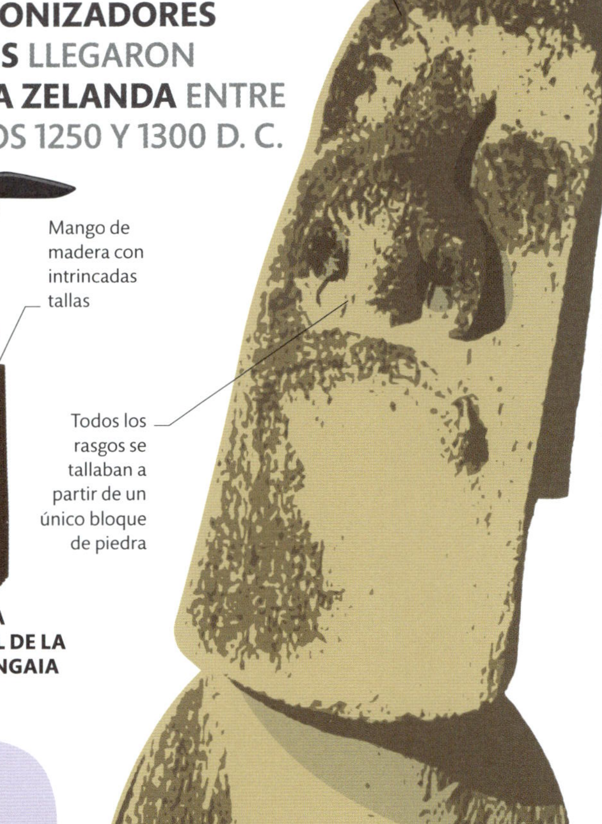

HACHA CEREMONIAL DE LA ISLA DE MANGAIA

CABEZA MOÁI DE RAPA NUI

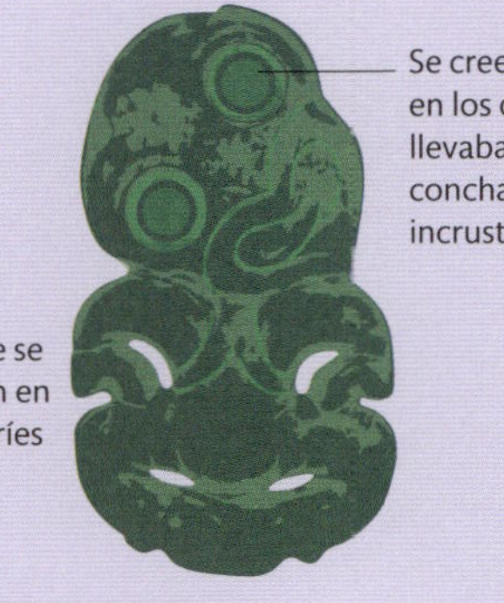

Dioses maoríes originales
Esta talla representa a los primeros dioses: Rangi, el padre del cielo, y Papa, la madre de la tierra. Juntos tuvieron 70 hijos.

Uno de los 70 niños varones que se convirtieron en dioses maoríes

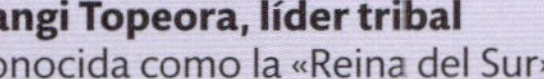

Colgante maorí
Un experto tallador tardaba varios meses en cincelar y tallar un hei tiki sagrado como este.

Se cree que en los ojos llevaba conchas incrustadas

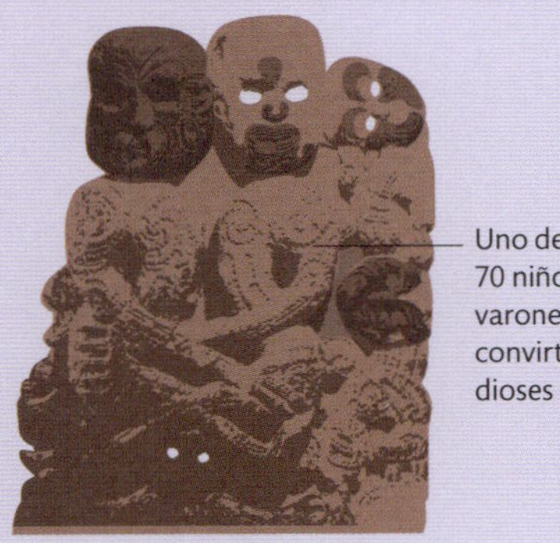

Rangi Topeora, líder tribal
Conocida como la «Reina del Sur», Rangi Topeora fue una compos tora y líder tribal maorí. En este retrato lleva tres colgantes *hei tiki*.

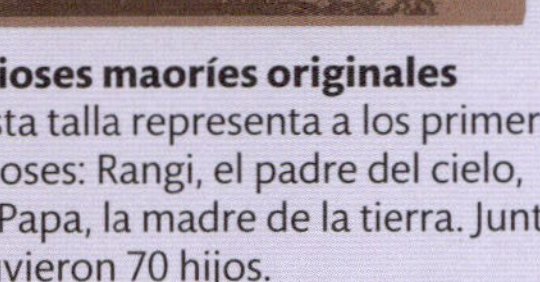

Dibujo en la roca
Un dibujo maorí, datado alrededor del 1400 d. C., fue descubierto cerca del río Opihi en Nueva Zelanda. La imagen muestra a dos figuras en una balsa llamada *mokihi*, que se usaba para cazar aves acuáticas.

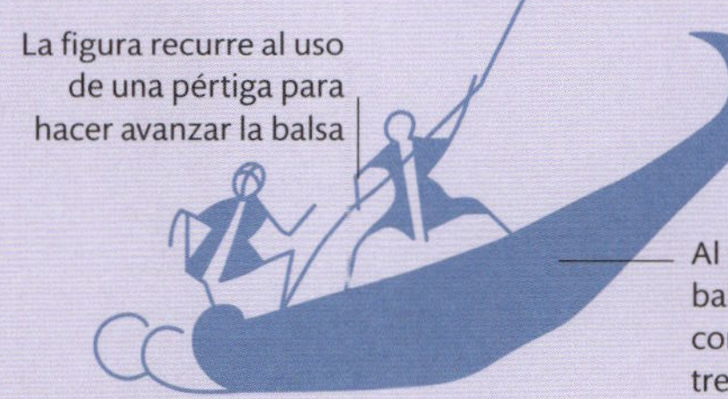

Las pinturas de la tumba de un rey
Las pinturas de las tumbas seguían unas reglas específicas: las figuras debían mostrarse completas, de perfil, y el tamaño relativo del individuo, dios o animal representado dependía de su importancia. La pared norte de la tumba de Tutankamón muestra al rey en tres escenas dispuestas de derecha a izquierda.

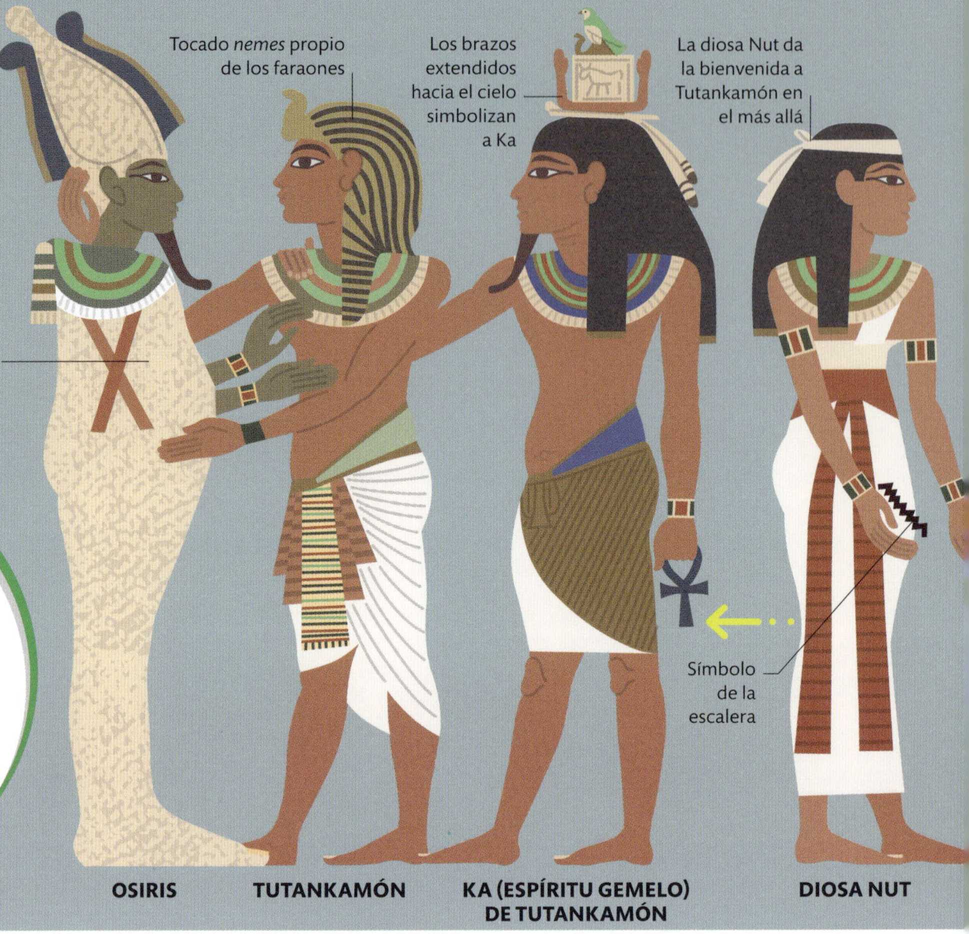

La escena final muestra a Tutankamón abrazando a Osiris, dios de los difuntos

¿QUÉ HERRAMIENTAS USABAN LOS ARTISTAS DEL ANTIGUO EGIPTO?

Las decoraciones de las tumbas solían combinar tallas con pinturas elaboradas con pigmentos locales y aplicadas con pinceles de palma.

El arte egipcio

Las pinturas de las tumbas de la élite egipcia, que datan del 3000 a. C., no estaban destinadas a los ojos humanos, sino al reino espiritual de los dioses. Estas obras seguían unas estrictas convenciones que se mantuvieron vigentes durante tres milenios.

LA MAYORÍA DE LAS OBRAS DE ARTE EGIPCIAS ENTERRADAS FUERON EXPOLIADAS POR **SAQUEADORES DE TUMBAS** A LO LARGO DE MILES DE AÑOS

Tributo a los muertos

El arte funerario egipcio se centraba básicamente en honrar a los muertos y representar los objetos que estos necesitaban para emprender su viaje al más allá. Los colores tenían diversos significados simbólicos: los hombres se representaban con la piel roja, las mujeres con la piel color crema y los dioses con la piel amarilla.

COLORES SIMBÓLICOS

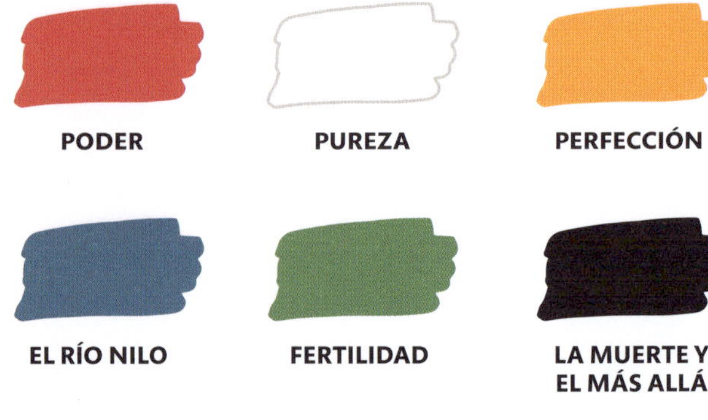

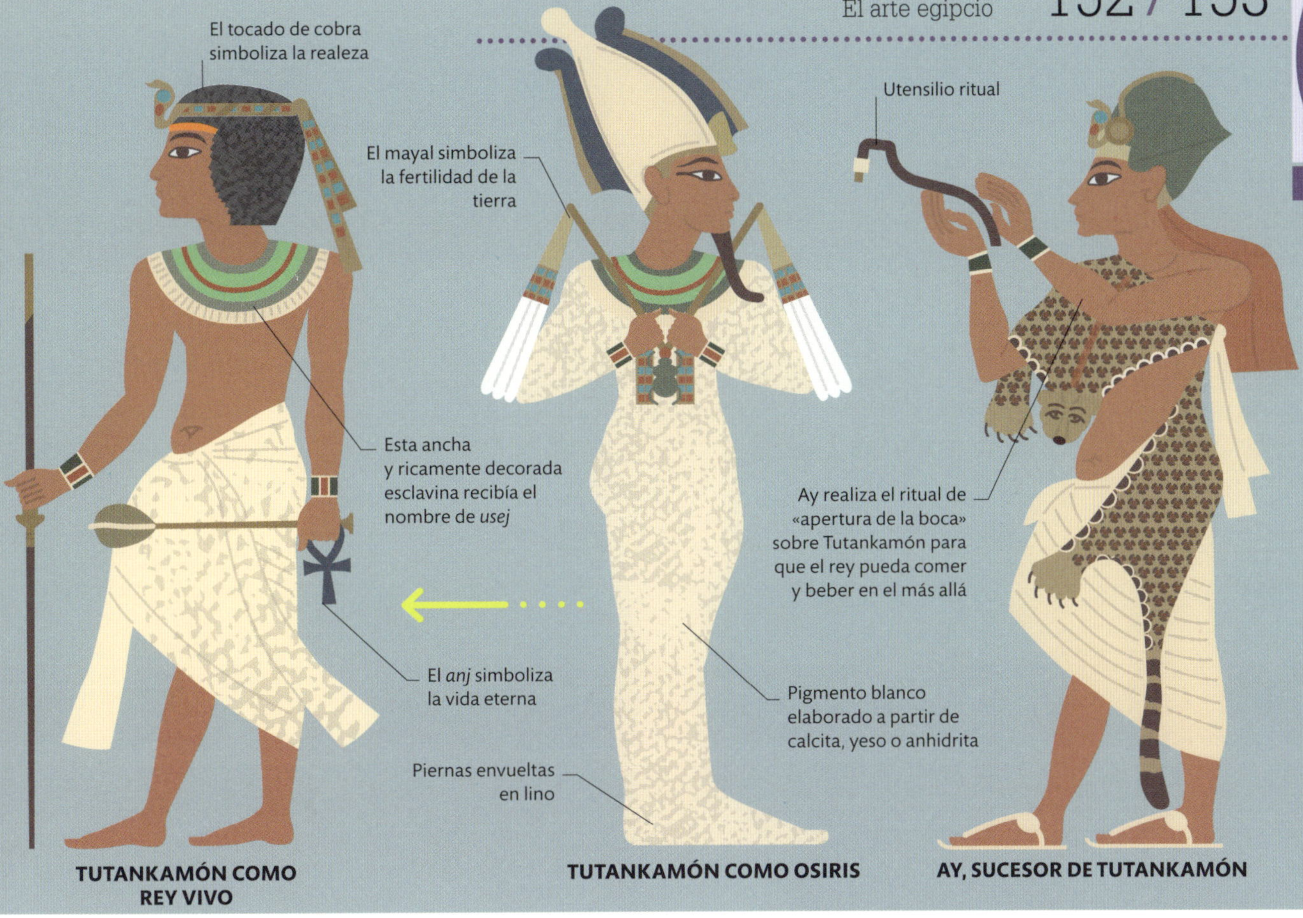

El tocado de cobra
simboliza la realeza

El mayal simboliza
la fertilidad de la
tierra

Utensilio ritual

Esta ancha
y ricamente decorada
esclavina recibía el
nombre de *usej*

Ay realiza el ritual de
«apertura de la boca»
sobre Tutankamón para
que el rey pueda comer
y beber en el más allá

El *anj* simboliza
la vida eterna

Pigmento blanco
elaborado a partir de
calcita, yeso o anhidrita

Piernas envueltas
en lino

**TUTANKAMÓN COMO
REY VIVO**

TUTANKAMÓN COMO OSIRIS

AY, SUCESOR DE TUTANKAMÓN

Retratos de El Fayum

Durante los siglos I y II d. C., unos
3000 años después de la aparición
de las primeras pinturas funerarias,
el arte egipcio adquirió tintes
más naturalistas. Los retratos
funerarios de El Fayum se vieron
influenciados por la inclinación
romana por el realismo tras la
caída de Egipto ante el Imperio
romano en el año 30 a. C. Estos
retratos, que reciben su nombre
por la ciudad de El Fayum, situada
al suroeste de El Cairo, fueron
realizados con encáustica (cera
caliente y pigmentos) o pintura
al temple (véase págs. 36-37) con
la intención de representar a los
difuntos de la forma más realista
posible. En ellos se revela un
cierto conocimiento de la anatomía
humana y un hábil uso de la luz
y la sombra para ofrecer una
apariencia tridimensional.

Colores vivos y ricos
y rasgos anatómicamente
correctos

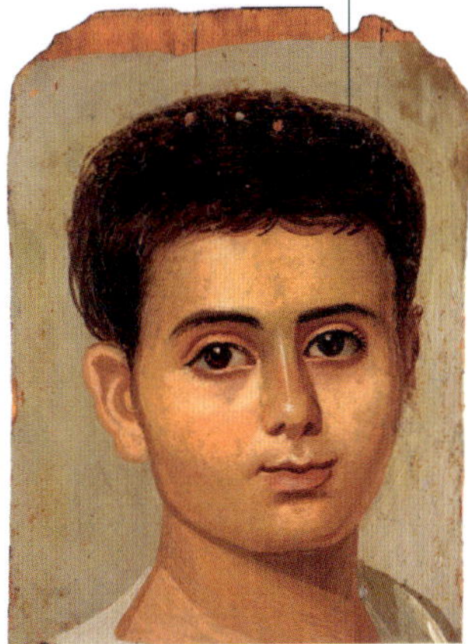

Retrato de El Fayum
Estos retratos realistas fueron
pintados sobre máscaras
mortuorias de madera colocadas
sobre los rostros de los difuntos.

EQUIPAJE PARA EL MÁS ALLÁ

Las imágenes funerarias representaban todo
lo que la persona fallecida necesitaría en el
más allá. Desde sus cónyuges, hijos y sirvientes,
hasta animales e incluso alimentos, todo estaba
representado en las tallas y pinturas de las
paredes de las tumbas y de los sarcófagos de
piedra.

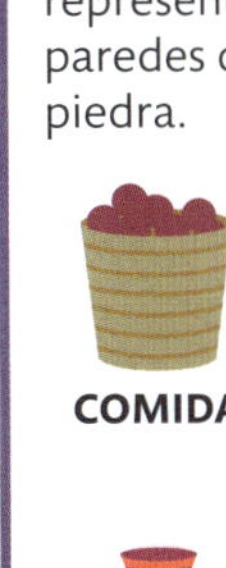

COMIDA

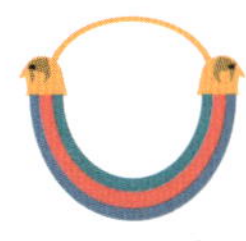

JOYAS Y ROPA

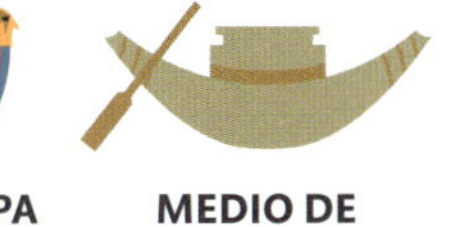

**MEDIO DE
TRANSPORTE**

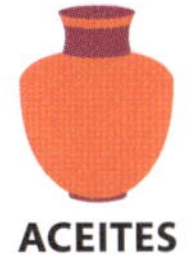

ACEITES

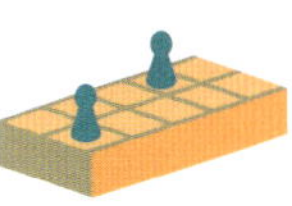

JUEGOS

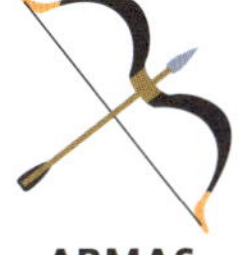

ARMAS

El arte griego

Gran parte de lo que los historiadores saben sobre el arte de la antigua Grecia procede de su cerámica decorativa (se produjeron pinturas, pero no han sobrevivido). Sin embargo, fue sobre todo la escultura griega, que en la actualidad conocemos principalmente a través de copias romanas, la que tuvo una influencia duradera en los cánones de belleza de los siglos siguientes.

Belleza matemática

Los artistas de la antigua Grecia buscaban la perfección matemática en su representación de la forma humana (véase a la izquierda) y crearon fórmulas para obtener la proporción ideal. También aplicaron esta búsqueda de la perfección a su arquitectura para alcanzar la belleza, la unidad y la armonía en los diseños de sus edificios religiosos y públicos. Este intento de suavizar el realismo mediante formas idealizadas instaló en la conciencia europea un ideal estandarizado de la belleza «clásica» que influiría en el arte a partir de ese momento.

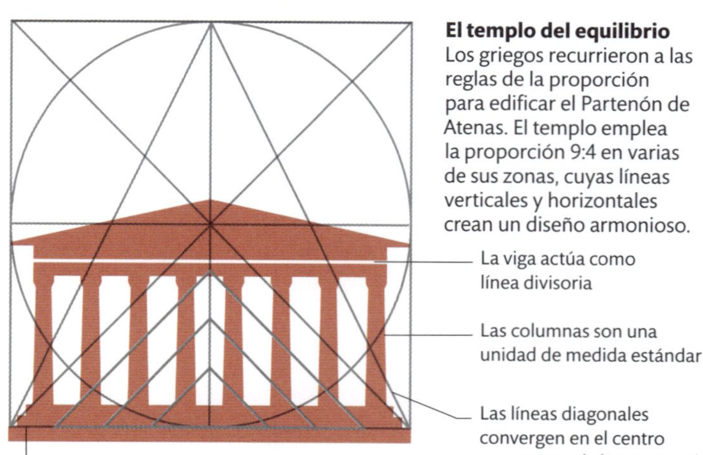

El templo del equilibrio
Los griegos recurrieron a las reglas de la proporción para edificar el Partenón de Atenas. El templo emplea la proporción 9:4 en varias de sus zonas, cuyas líneas verticales y horizontales crean un diseño armonioso.

Las reglas de la proporción

Los escultores del período clásico de la antigua Grecia intentaron calcular las dimensiones de la figura humana perfecta empleando las reglas de la proporción, anotando cómo cada parte del cuerpo debería relacionarse idealmente con las otras y plasmando estas figuras perfectamente proporcionadas en estatuas talladas en piedra o fundidas en bronce. La proporción 1:7 entre la cabeza de una figura y el resto del cuerpo era considerada ideal por escultores como Policleto.

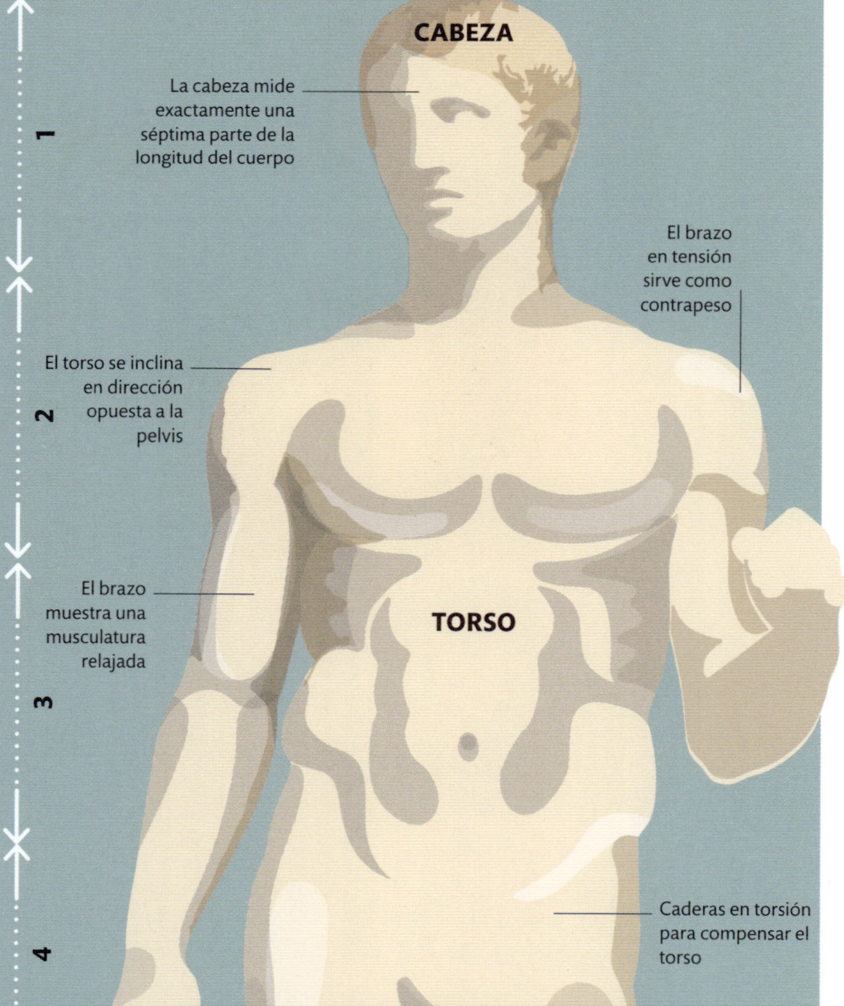

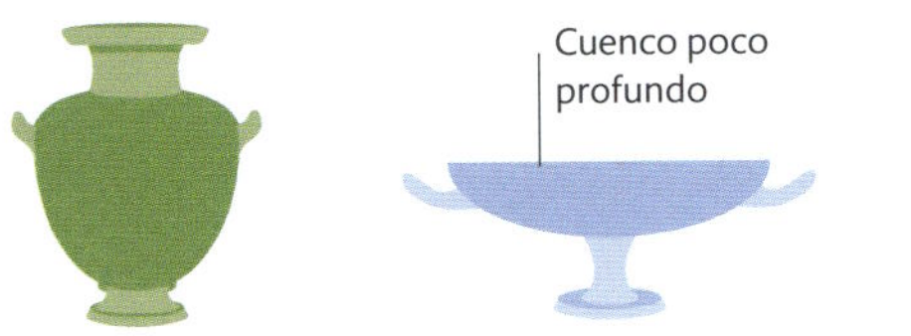

Doríforo, Policleto (450-440 a. C.)
Aunque los detalles exactos de su canon se hayan perdido (véase al lado), el *Doríforo* de Policleto constituye una muestra palpable del ideal de la época. La figura se construye a partir de proporciones exactas y aparece en una pose de *contrapposto*, con el peso apoyado en la pierna derecha, mientras que la izquierda queda libre. Este juego de tensiones corporales evocaba asimismo el equilibrio mental.

¿POR QUÉ HAN SOBREVIVIDO TAN POCAS ESTATUAS DE LA ANTIGUA GRECIA?

Muchas estatuas de la antigua Grecia estaban hechas de bronce, un material precioso que era muy apreciado por su elevado valor, por lo que a menudo se fundía y reciclaba.

POLICLETO

Policleto fue un escultor griego que estableció un canon (una serie de leyes matemáticas) para las proporciones humanas ideales. Además de crear el estilo clásico, fue el primer escultor en tener una escuela de seguidores que aplicaban su sistema de equilibrio y proporción.

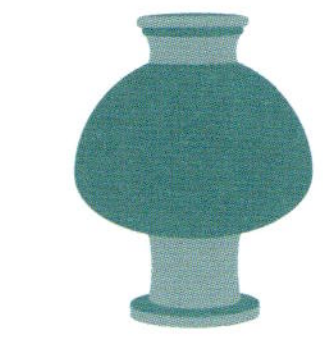

Vasijas de terracota

La cerámica de terracota era una parte esencial de la vida cotidiana en la antigua Grecia, y los jarrones que han sobrevivido hasta nuestros días nos ofrecen una visión poco común de su cultura. Las vasijas más antiguas incorporaban diseños incrustados, hasta que, posteriormente, empezaron a pintarse con arcilla licuada o barbotina. Las formas se estandarizaron por razones prácticas: las cráteras con volutas servían para mezclar vino y agua, las hidrias se destinaban al almacenaje de agua y las cílicas se usaban para beber.

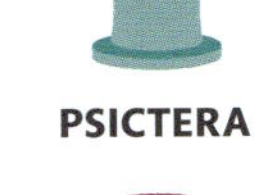

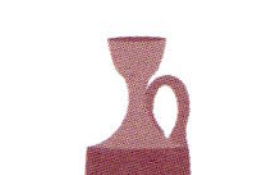

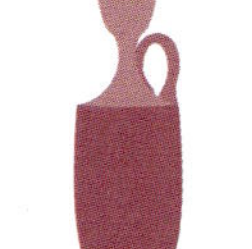

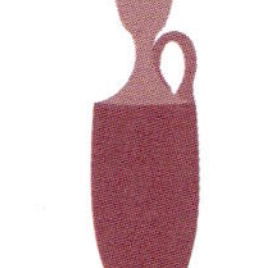

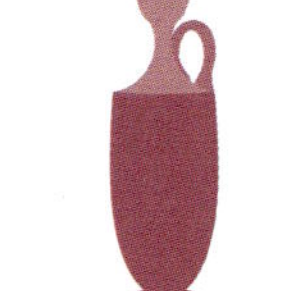

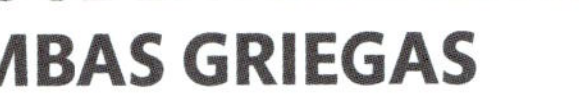

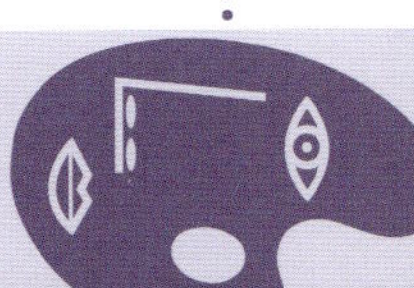

LA CERÁMICA ERA EL OBJETO QUE MÁS SE ENTERRABA **EN LAS TUMBAS GRIEGAS**

El arte romano

La mayor parte de lo que sabemos sobre el arte de la antigua Roma procede de sus estatuas, aunque también se conservan algunos ejemplos excepcionales de pintura, así como fragmentos de mosaicos. Algunos de los mosaicos en mejor estado de conservación se descubrieron en Pompeya, una ciudad romana cercana a Nápoles que quedó sepultada bajo cenizas volcánicas.

Realismo e ilusionismo

El arte romano recibió la influencia de los griegos, cuyas estatuas copiaron, pero también de los etruscos, hábiles metalurgistas que poblaron el centro de Italia antes del auge del Imperio. A diferencia de las esculturas, se cree que la mayoría de las pinturas romanas se han perdido debido a su deterioro. Las que han sobrevivido hasta nuestros días nos revelan algunos de los primeros experimentos conocidos con el ilusionismo, en un intento de plasmar los temas representados de la forma más precisa y realista posible. Esto puede apreciarse en los fragmentos de mosaicos de suelo y frescos de pared descubiertos, especialmente en los lugares sepultados por la erupción del Vesubio del año 79 d. C. Estas piezas nos ofrecen una visión de los gustos y estilos de vida romanos, así como de su interés por el realismo en el arte.

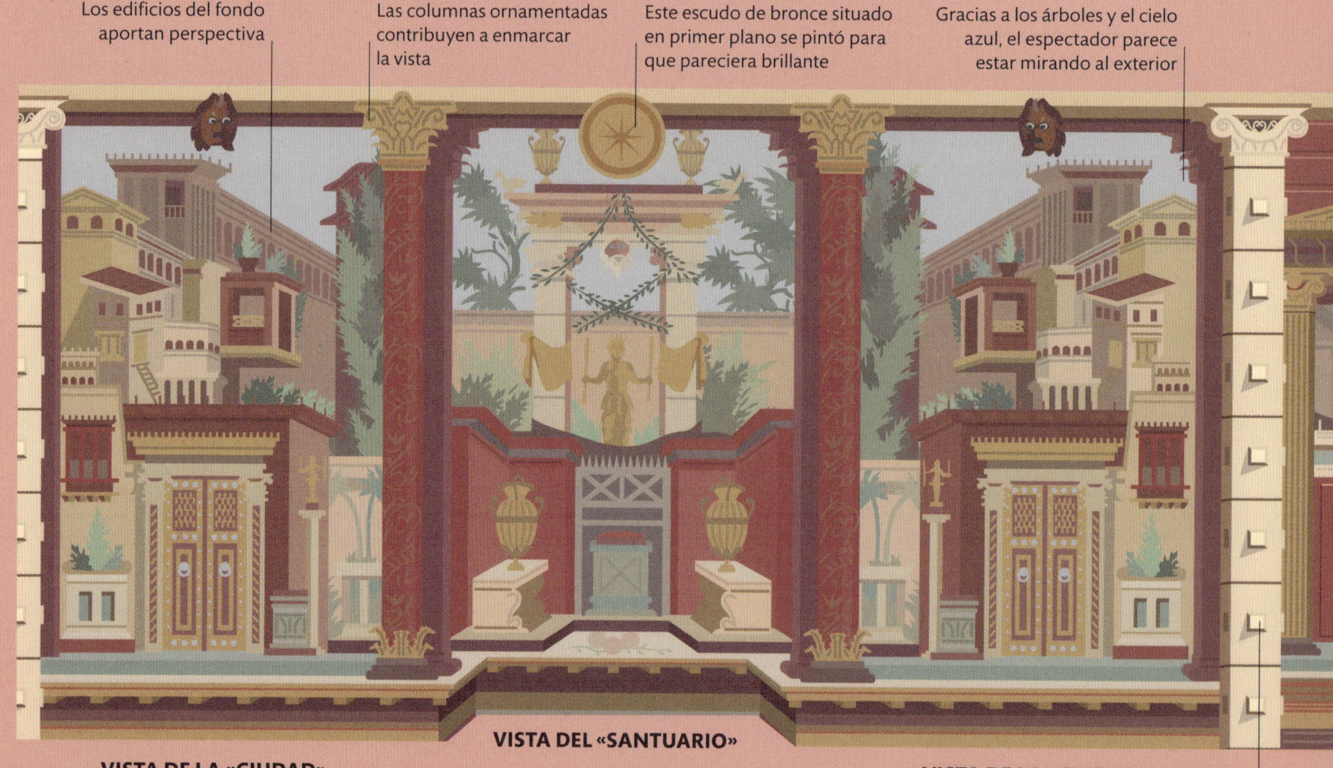

MOSAICO DE ESTILO «SUELO SIN BARRER»

Los mosaicos hechos con azulejos de colores de piedra y cristal adornaban los suelos y las paredes de las villas de la élite romana. Un motivo típico representa restos de comida, conchas y huesos que parecen acabar de caer al suelo, cada uno de ellos con su sombra correspondiente para mayor realismo.

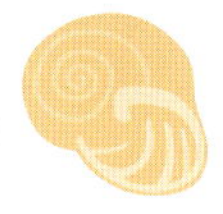

CARACOL

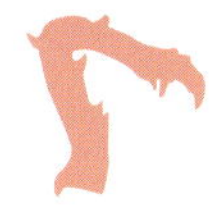

PINZA DE CANGREJO

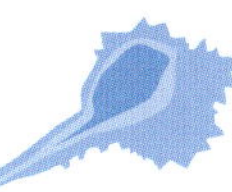

CONCHA

PATA DE POLLO

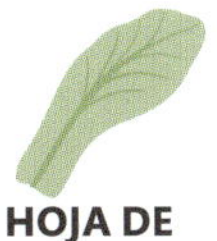

HOJA DE ENSALADA

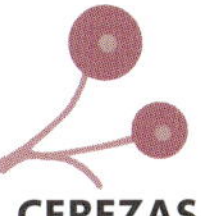

CEREZAS

LA **ERUPCIÓN** DEL **VESUBIO** HACE CASI **2000 AÑOS** **PRESERVÓ** LOS FRESCOS BAJO CAPAS DE **CENIZA** VOLCÁNICA Y **PIEDRA PÓMEZ**

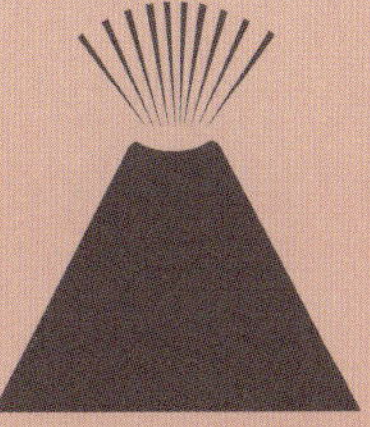

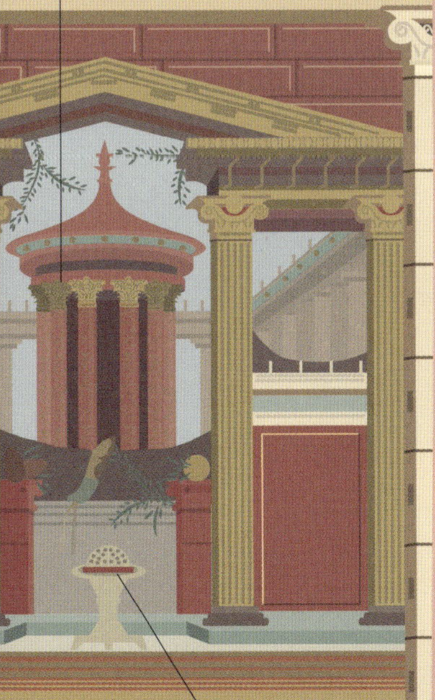

Las columnas rojas están coronadas por capiteles corintios dorados

VISTA DEL «TEMPLO»

El quemador de incienso se encuentra sobre el altar situado en primer plano

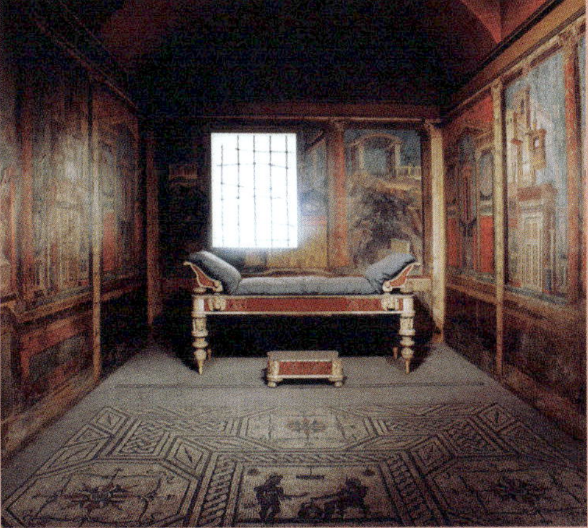

FRESCOS DE LA VILLA DE P. FANNIUS SYNISTOR EN BOSCOREALE, 40-30 A. C.

Pinturas murales

La erupción volcánica, aunque devastadora para los habitantes de las ciudades cercanas de Pompeya y Herculano, fue clave para la conservación de ejemplos singulares de la pintura romana. En las villas de ciudadanos acaudalados y en edificios públicos se hallaron frescos (véase págs. 58-59) en los que se representan banquetes exóticos o extensos paisajes, a menudo pintados como si se vieran a través de una ventana.

Influencias culturales

Con la expansión del Imperio romano, su arte empezó a verse influenciado por los estilos y las manifestaciones artísticas de varias culturas. Las estatuas reflejaban el deseo griego de emular la perfección física, mientras que el retrato adoptó un realismo propio del arte etrusco.

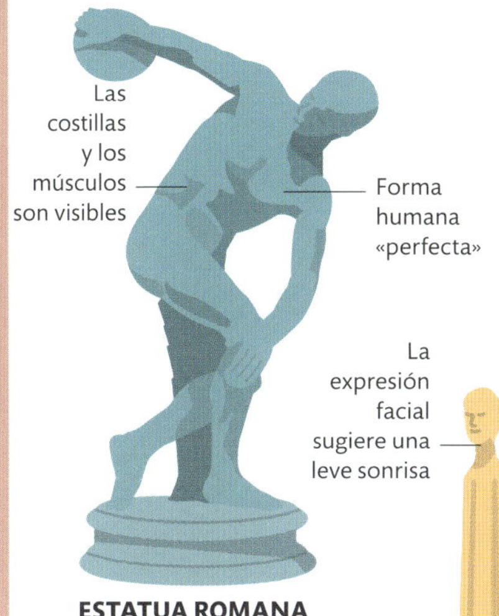

Las costillas y los músculos son visibles

Forma humana «perfecta»

La expresión facial sugiere una leve sonrisa

ESTATUA ROMANA DE UN ATLETA GRIEGO

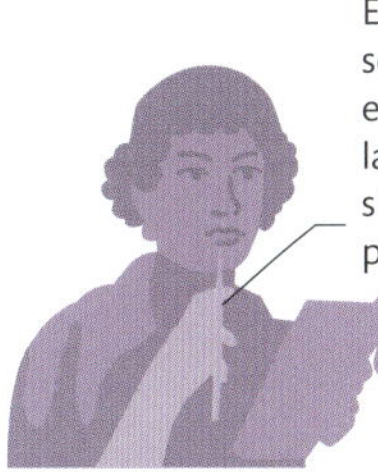

Esta joven se lleva el estilete a los labios como si estuviera pensando

PINTURA ROMANA DE UNA MUCHACHA PENSATIVA

Variedad de estilos

Estos ejemplos de arte romano muestran tres enfoques distintos a la hora de representar la forma humana: la perfección de la estatua de inspiración griega, la expresión de la joven y la sombra realista del niño etrusco al atardecer.

BRONCE ETRUSCO DE UN NIÑO TITULADO *SOMBRA DE LA TARDE*

El arte de África Occidental

África Occidental comprende una amplia región que incluye varios estados —como los actuales Nigeria, Benín y Mali—, cada uno con una rica diversidad cultural y complejas tradiciones artísticas. Gran parte de este arte se manifiesta en forma de estatuas sagradas creadas a lo largo del último milenio.

Estatuas sagradas

Los materiales usados en el arte de África Occidental reflejan su papel como centro comercial durante siglos. Su riqueza en piedra, mineral de hierro y maderas nobles llevó a muchos de sus pueblos a realizar estatuas figurativas, que ocupaban un lugar central en la vida cotidiana de la comunidad. Gran parte del arte escultórico de África Occidental representa la figura humana, desde líderes y personalidades hasta esculturas prototípicas de hombres y mujeres con atributos físicos idealizados. Muchas de ellas eran objetos sagrados usados para conectar con el mundo espiritual y fueron modificándose o ampliándose a lo largo de muchos años de uso ritual: se frotaban con aceite, se adornaban con telas, cuentas y amuletos, se perforaban con cuchillas o se desgastaban con el tacto como señal de devoción.

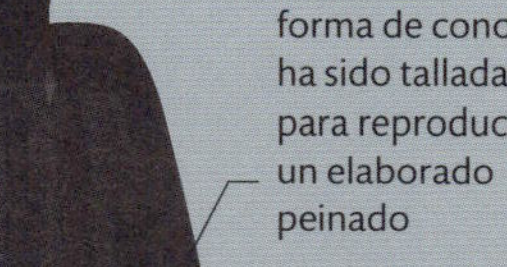

Rasgos faciales realistas

Cabeza de Olokun
Los antiguos reinos yoruba y beninese de Nigeria crearon una tradición artística ligada a la realeza, en la que se veneraban las cabezas de los ancestros, antiguos monarcas y dioses. Sus rasgos se plasmaban con detalle naturalista, primero en arcilla y luego en aleación de cobre.

Las estatuas suelen presentar formas redondeadas

Se observan finas marcas escarificadas en el rostro

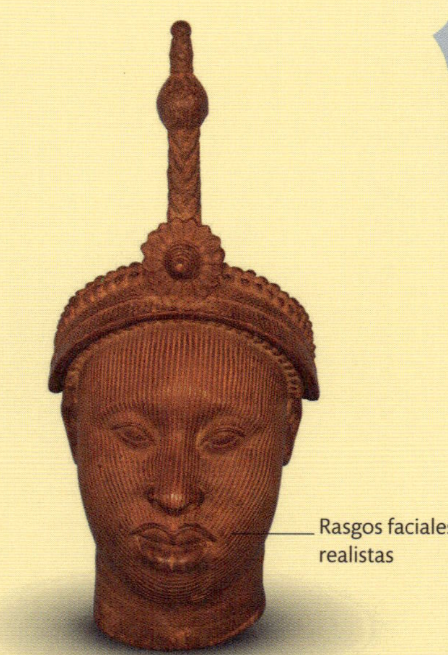

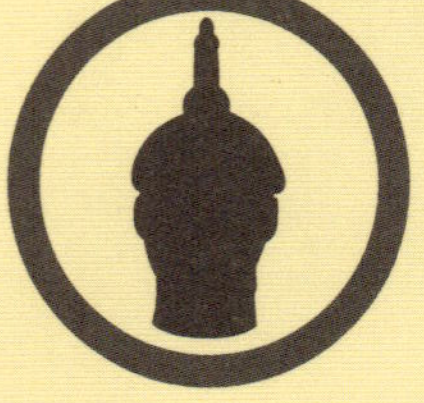

LA **CABEZA DE OLOKUN** SE USÓ EN 1973 COMO **SÍMBOLO** DE LOS **JUEGOS PANAFRICANOS**

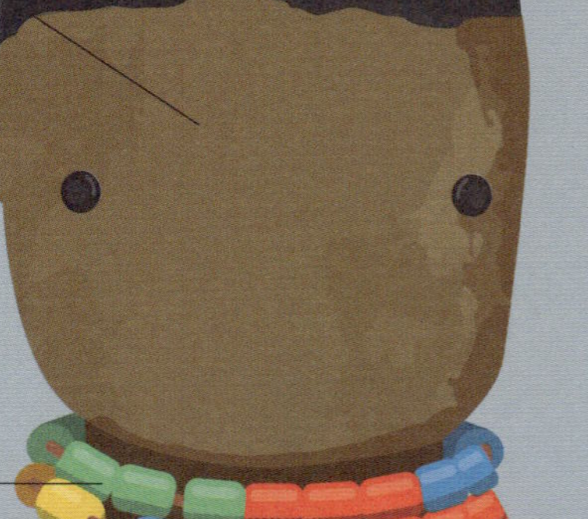

La cabeza en forma de cono ha sido tallada para reproducir un elaborado peinado

Rostro suavizado tras años de cuidados y atenciones por parte de un padre afligido

FIGURA *ERE IBEJI*
Esta figura sagrada de madera es originaria del suroeste de Nigeria y representa el alma de un niño fallecido que necesita los mismos cuidados que un ser vivo. Así pues, la estatua debía lavarse, alimentarse, adornarse con joyas y llevarse en brazos de forma ritual.

Collar hecho con cuentas de cristal de colores

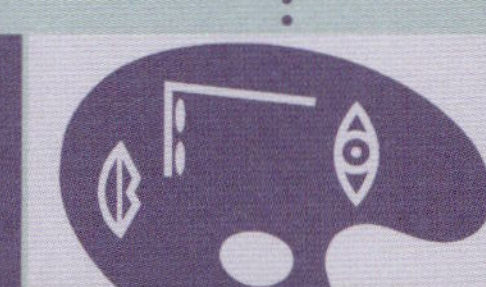

Roles idealizados

Las esculturas figurativas de parejas, tipificadas por las estatuas de Gwandusu y Gwantigi producidas por el pueblo bambara del sur de Mali, muestran a mujeres y hombres en la flor de la vida cumpliendo con los roles tradicionales de la caza y la cría de los hijos. Estas figuras, dotadas de cuerpos robustos y cabezas alargadas, representan los ideales culturales de belleza.

ESTATUA DE MADERA DE UN PERSONAJE SENTADO TALLADA POR EL PUEBLO BAMBARA

¿POR QUÉ SE CREARON LAS ESTATUAS SAGRADAS?

Estas estatuas solían ser encargos de padres que habían perdido a un hijo para que el alma del fallecido recibiera cuidados en la otra vida.

BRONCE NIGERIANO

Alrededor del siglo IX o X d. C., los artesanos de Igbo-Ukwu, una antigua cultura del bajo Níger (la actual Nigeria), se convirtieron en expertos fundidores. Estos artesanos recurrían a la «técnica de la cera perdida» para crear vasijas decorativas con motivos en espiral. Los diseños se esculpían en látex antes de recubrirlos con arcilla para crear una impresión que, una vez retirado el material, podía fundirse en bronce. Las vasijas se fundían por secciones e incluían intrincados diseños de cordones y nudos.

Motivos en forma de cordón

VASIJA CON CORDONES DE IGBO-UKWU

Brazalete de metal

Figura tallada para mostrar el «ideal» yoruba

FIGURA *ERE IBEJI* MASCULINA

FIGURA *ERE IBEJI* FEMENINA

Una cadena de conchas de cauri se extiende desde la muñeca

El arte indio

El arte del subcontinente indio refleja una gran variedad de influencias culturales y territorios superpuestos. Su producción incluye un amplio repertorio de expresiones, desde pinturas y textiles hasta esculturas, muchas de ellas moldeadas por las religiones predominantes en el sur de Asia.

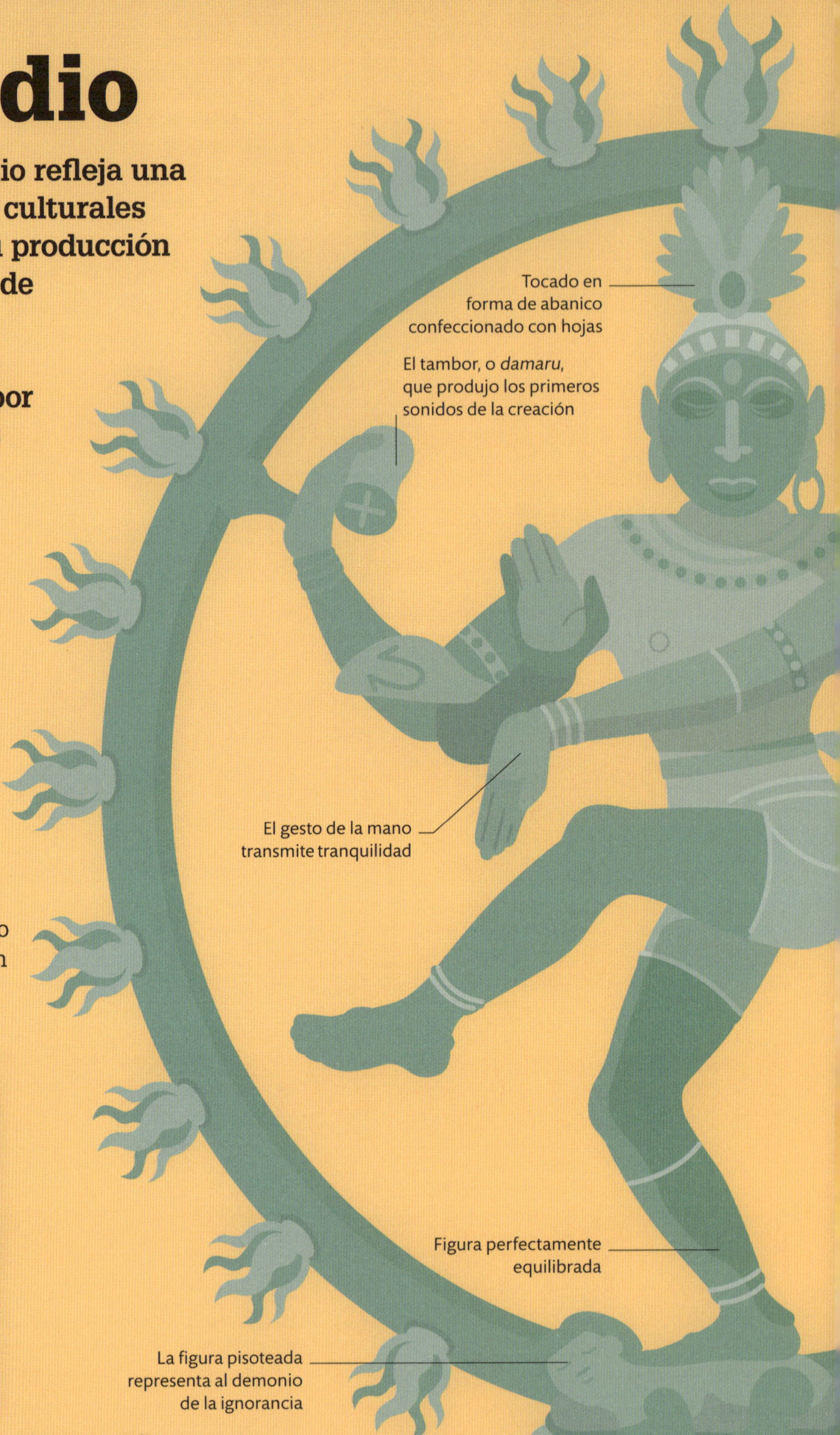

Atributos divinos

En el arte de muchas religiones indias, el objetivo es plasmar los rasgos idealizados de un dios o diosa, los cuales acentúan sus atributos divinos y transmiten su historia con gran detalle. En este sentido, un elemento habitual es el enfoque sensual y estilizado de la figura humana que recurre a la exageración simbólica, el diseño elaborado y la ornamentación. La diosa Lakshmí, por ejemplo, suele representarse con cuatro manos, cada una de las cuales representa un aspecto de la vida hindú. Las esculturas pueden estar talladas en piedra o fundidas en bronce y se decoran con ornamentos que actúan como ofrendas a los dioses.

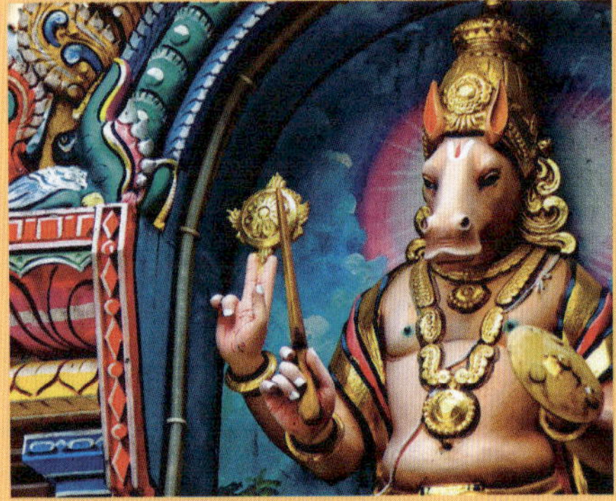

Decoración de los templos
A lo largo de los siglos, los templos y lugares sagrados de la India han sido adornados con abundantes símbolos religiosos y deidades, como esta escultura hindú de Hayagriva.

Figura portátil
Algunas obras de arte hindúes están concebidas para que los sacerdotes puedan transportarlas en las procesiones. La imagen de arriba se basa en una escultura de bronce del dios Shiva como el Nataraja, el Señor de la Danza.

El arte en las religiones indias

A través del arte indio se expresan una amplia variedad de filosofías, deidades y tecnologías (véase págs. 80-81). Las obras de arte religiosas suelen constituir el núcleo del culto, al transmitir historias a los creyentes mediante imágenes y ayudar a comprender un mundo situado más allá de lo material. Las imágenes siguen las detalladas descripciones de los dioses y su mundo cósmico incluidas en los textos religiosos.

Arte sij
El arte sij, surgido en el siglo XV en el Punyab (norte de la India), representa las enseñanzas de su fundador, Gurú Nanak (1469-1539), habitualmente en forma de pinturas de colores vivos y muy a menudo en miniatura.

Arte budista
Los mandalas son patrones complejos que los monjes budistas solían usar para facilitar la meditación. Con el desarrollo de las rutas comerciales alrededor de la India, esta manifestación del arte budista fue introduciéndose en los países de Extremo Oriente.

Arte jainista
Al arte de los templos del jainismo, una de las religiones más antiguas de la India, se centra en sus principios de desapego, no violencia y creencia en la realidad multifacética de la vida. Entre sus manifestaciones se incluyen murales, ilustraciones y mandalas.

Arte hindú
El arte hindú gira en torno a la creencia en una conexión personal con lo divino, concentrada en la representación devocional de dioses y diosas, manifestaciones del único dios verdadero, el Brahman.

EN EL ARTE INDIO, LOS COLORES BRILLANTES SUELEN SIMBOLIZAR LA NATURALEZA

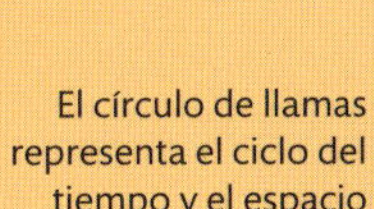

La mano sostiene la llama, o *agni*, que destruirá el universo

El círculo de llamas representa el ciclo del tiempo y el espacio

¿QUÉ ANTIGÜEDAD TIENE EL ARTE INDIO?

Se han descubierto algunos sellos sagrados de las antiguas culturas del valle del Indo que datan de al menos el 2500 a. C.

LOS BUDAS GUPTA

Alrededor del año 450 d. C., en pleno florecimiento del Imperio gupta, que abarcaba el norte, el centro y el oeste de la India, la producción artística representaba a Buda con la mirada baja, los rasgos relajados y el pelo corto y rizado, en una imagen de paz y tranquila reflexión.

CABEZA DE BUDA

El arte de los mosaicos
En sus primeras etapas, el arte bizantino eludía la controversia en torno a las imágenes «talladas» prohibidas (es decir, a los ídolos venerados como dioses) mediante la creación de mosaicos y la ornamentación de catedrales con vívidas escenas religiosas o imperiales salpicadas de oro.

El arte bizantino

Tras la división del Imperio romano y la pérdida de sus territorios occidentales, la ciudad oriental de Bizancio se convirtió en la «Nueva Roma», el centro de un Imperio bizantino que promovió una rica producción de arte religioso, financiada y supervisada por la Iglesia cristiana.

El arte devocional

Tras la conversión de los emperadores romanos de Bizancio al cristianismo a partir del 300 d. C., la ciudad pasó a llamarse Constantinopla (la actual Estambul). Un nuevo arte religioso se difundió por todo el imperio, centrado en la creación de iconos de Cristo y otras figuras para su veneración en iglesias y catedrales y, posteriormente, también en el ámbito doméstico. Estos iconos seguían normas estrictas y, pese a los intentos previos del arte romano por alcanzar el realismo, con el tiempo fueron estilizándose, con manos alargadas, cuerpos ondulantes y expresiones faciales de penitencia.

¿QUÉ ES UN ICONO?

Los iconos, término procedente del griego *eikon* («imagen»), eran imágenes sagradas representadas en diversos soportes y destinadas a servir de vínculo entre los fieles y Cristo o los santos.

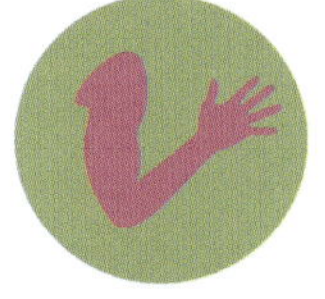

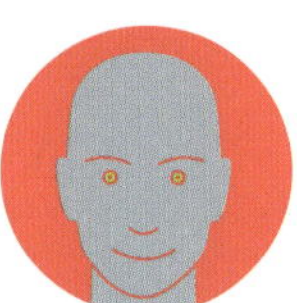

Normas de representación
Los iconos son copias de una imagen original que, según se cree, se habrían creado antes que los propios sujetos representados. Por ello, los artistas seguían normas estrictas que dictaban la postura, el gesto y otros detalles.

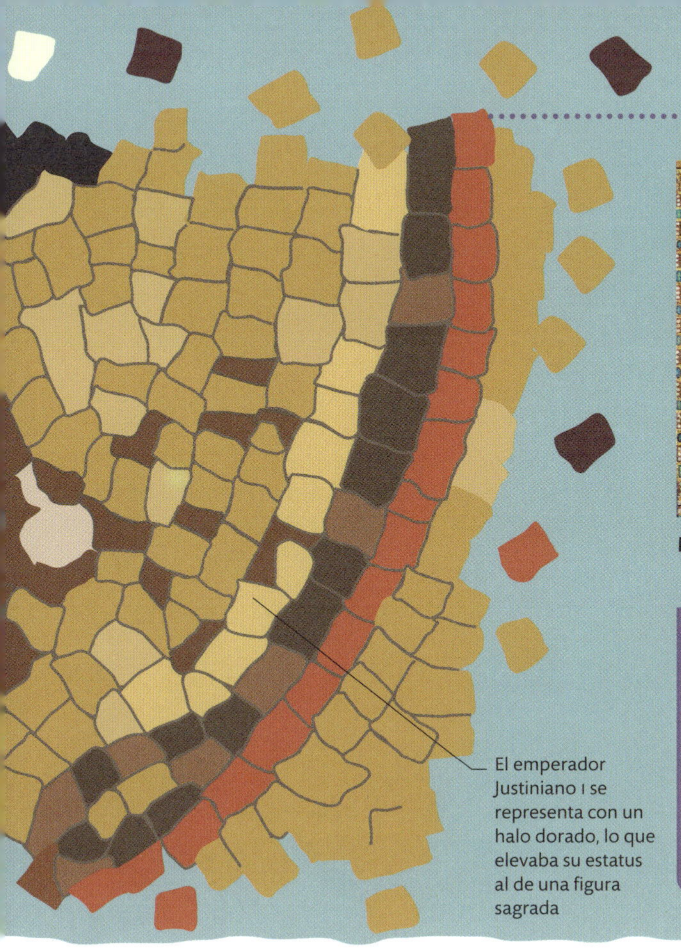

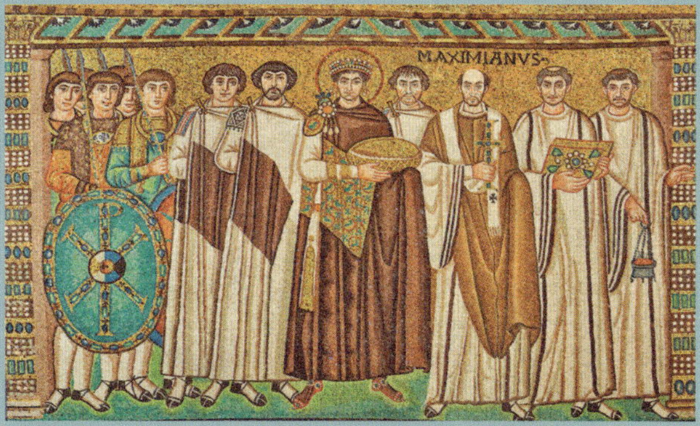

MOSAICO DE SAN VITALE, EN ITALIA (SIGLO VI D. C.)

El emperador Justiniano I se representa con un halo dorado, lo que elevaba su estatus al de una figura sagrada

IMÁGENES CONTROVERTIDAS

La veneración de los iconos dividió a la Iglesia y provocó acalorados debates. Así, el Imperio bizantino fue testigo de varios períodos de iconoclasia («destrucción de imágenes») en los siglos VIII y IX d. C., durante los cuales los iconos fueron prohibidos o destruidos.

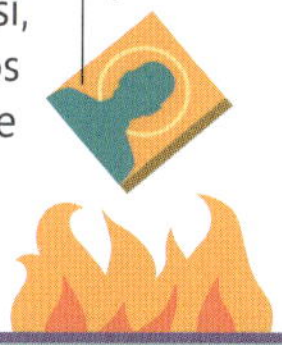

Icono quemado

Técnica de la encáustica

Algunos de los primeros artistas bizantinos usaron la encáustica, una técnica pictórica que consistía en aplicar una mezcla de pigmento y cera de abeja derretida sobre paneles de madera. La superficie resultante era pesada y de colores intensos, con una calidad luminosa similar a la pintura al óleo, y su acabado mate podía pulirse hasta obtener brillo.

EL TÉRMINO *ENCÁUSTICA* PROCEDE DEL GRIEGO *ENKAUSTIKOS*, QUE SIGNIFICA «CALENTAR» O «QUEMAR»

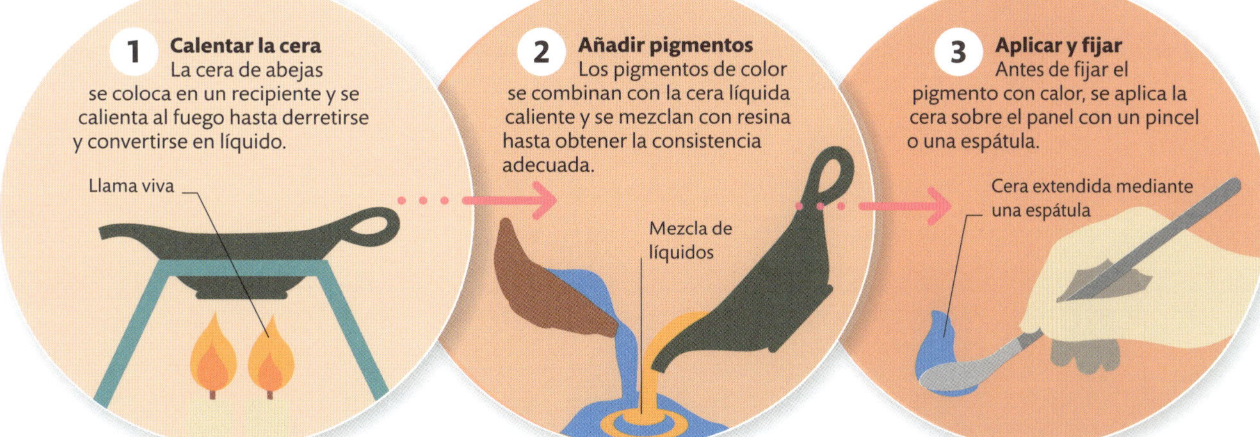

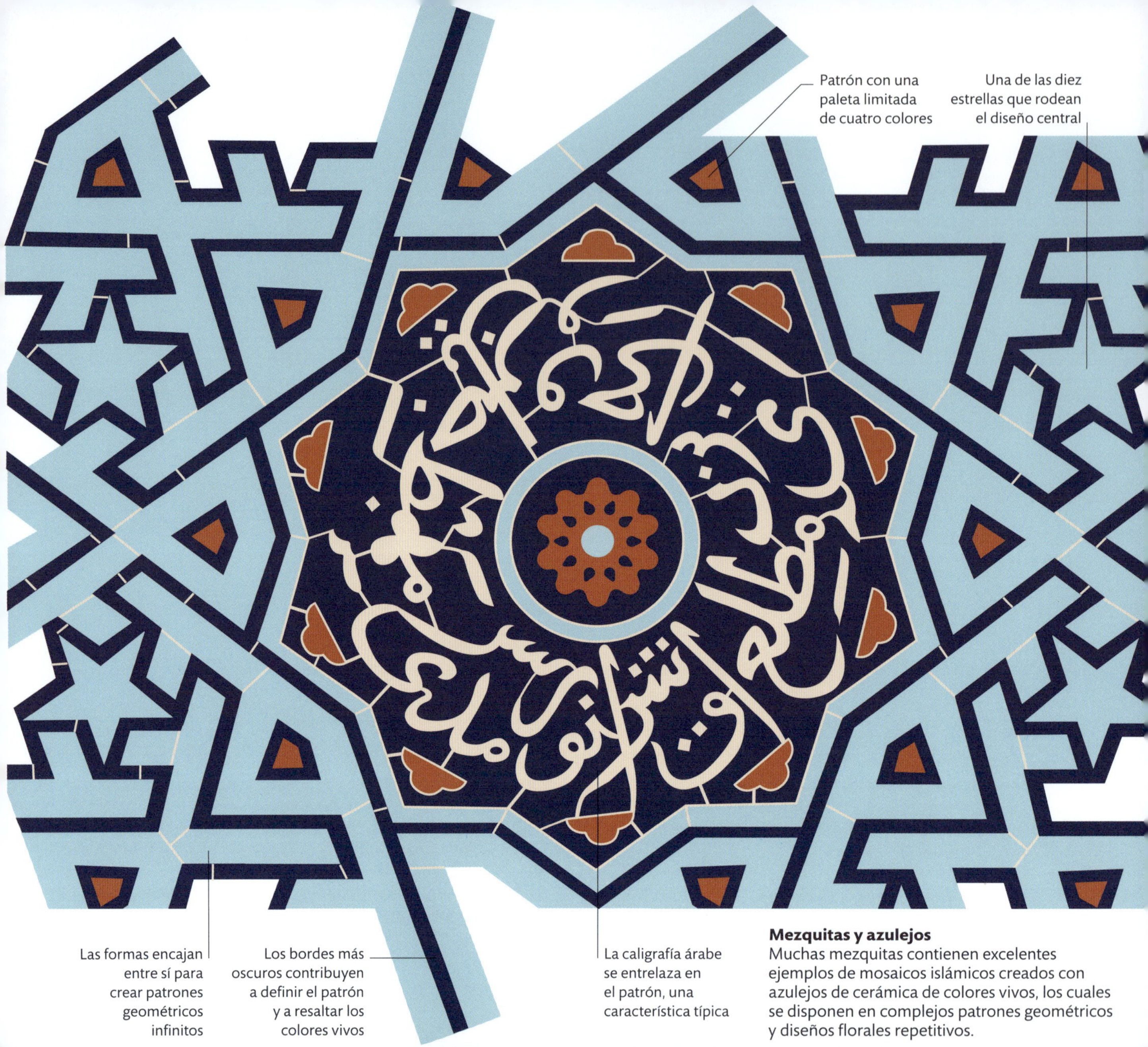

Patrón con una paleta limitada de cuatro colores

Una de las diez estrellas que rodean el diseño central

Las formas encajan entre sí para crear patrones geométricos infinitos

Los bordes más oscuros contribuyen a definir el patrón y a resaltar los colores vivos

La caligrafía árabe se entrelaza en el patrón, una característica típica

Mezquitas y azulejos
Muchas mezquitas contienen excelentes ejemplos de mosaicos islámicos creados con azulejos de cerámica de colores vivos, los cuales se disponen en complejos patrones geométricos y diseños florales repetitivos.

Principales disciplinas artísticas

Con la expansión del islam hacia nuevos territorios y la absorción de antiguos centros culturales, el mundo islámico fue convirtiéndose en un centro neurálgico del pensamiento intelectual, con un florecimiento de las matemáticas, la ciencia y la filosofía a partir del siglo VIII d. C. Estas actividades académicas influyeron en el arte islámico, expresado a través de disciplinas artísticas como la caligrafía, la cerámica y la joyería, y en textiles como las alfombras.

Caligrafía
A lo largo de los siglos, los motivos caligráficos se volvieron cada vez más intrincados y ornamentados hasta llegar a la abstracción pura, con el objetivo de alcanzar la armonía cromática y la belleza del conjunto.

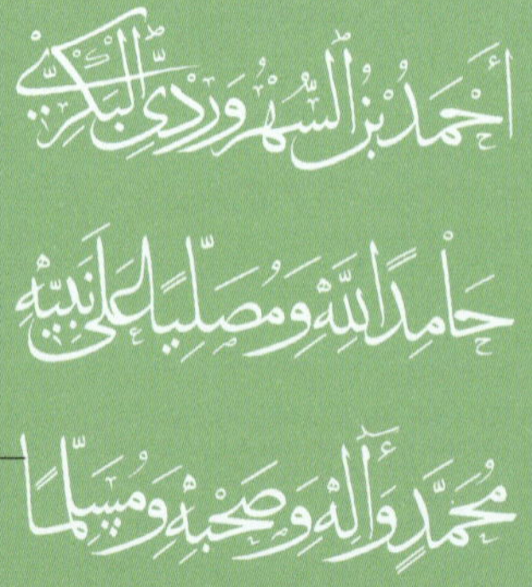

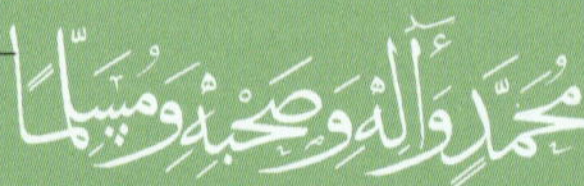

Trazos realizados con un cálamo especial o *qalam*

El arte islámico

El arte islámico, originado a partir del siglo VII d. C., pronto desarrolló su propio estilo y convenciones particulares en diversas disciplinas. A medida que se expandía, el islam fue asimilando las influencias culturales de Oriente Medio y más allá.

Uso de patrones

Aunque no esté específicamente vetado en el Corán, el libro sagrado del islam, durante muchos períodos del arte islámico la representación de figuras humanas quedó prohibida. Esto llevó a los artistas a crear imágenes que no giraran en torno a representaciones del cuerpo humano, a diferencia de lo que sucede en gran parte del arte occidental. En lugar de eso, el arte islámico presentaba diseños abstractos y geométricos de colores intensos, a menudo basados en polígonos entrelazados; motivos naturales que aludían a la flora y la fauna, también conocidos como diseños arabescos, y textos religiosos.

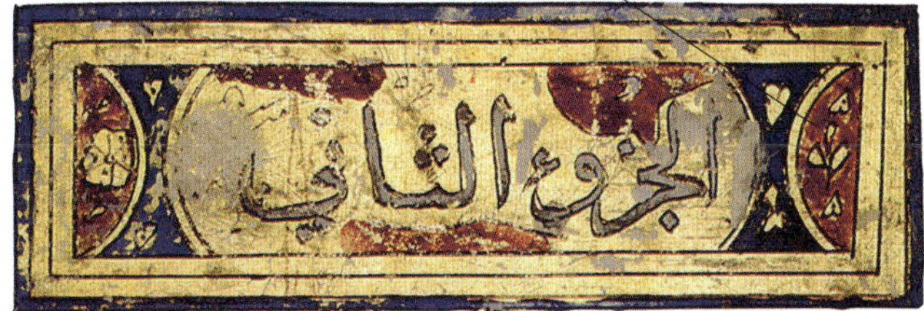
Iluminación intrincada en rojo, dorado y negro

Detalle del Corán, siglo XIV
Los diseños basados en textos caligráficos se hallaban entre las manifestaciones artísticas más apreciadas en el arte islámico. Así, los pasajes del Corán solían embellecerse con vistosos motivos decorativos.

MINIATURAS MOGOLAS

El arte cortesano de la dinastía islámica mogol de la India, que gobernó gran parte del subcontinente entre los siglos XVI y XIX, se alejó de la abstracción para representar formas humanas con colores vivos y llamativos en pinturas en miniatura, ya fuera para ilustrar manuscritos y libros o como obras de arte independientes. Influenciadas por la pintura persa, las miniaturas mogolas eran obras exquisitamente detalladas cuyas finísimas líneas se pintaban con pinceles dotados de un solo pelo.

RETRATO EN MINIATURA DE UNA EMPERATRIZ

¿POR QUÉ EL ARTE ISLÁMICO NO SUELE INCLUIR REPRESENTACIONES HUMANAS?

El Corán prohíbe la idolatría, lo que en muchas ocasiones se ha interpretado como un veto a la representación de seres vivos.

Cerámica

Gran parte de la cerámica islámica presenta los tradicionales colores azul y blanco. Los primeros alfareros islámicos innovaron en el esmaltado y la pintura de la cerámica.

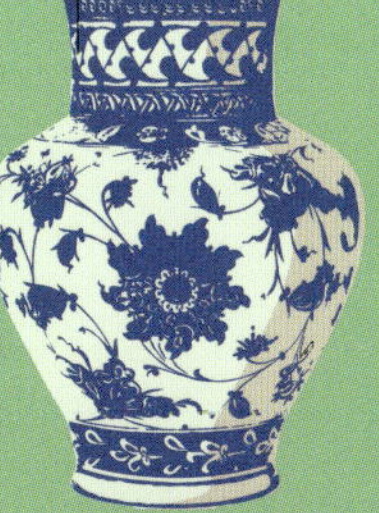
Patrones regulares y repetitivos

Joyería

Las joyas islámicas suelen ser ligeras, huecas y con forma de caja, y habitualmente están hechas de oro. Además, pueden presentar trabajos de filigrana (finas piezas de metal precioso que forman motivos ondulados y arabescos).

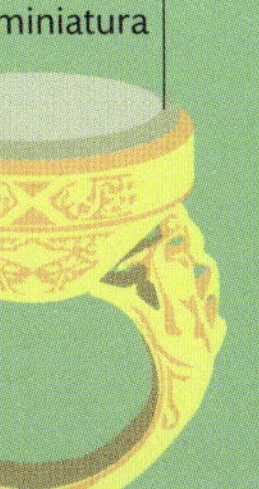
La gema recuerda al techo abovedado de una mezquita en miniatura

LA ALFOMBRA DE ARDABIL, DATADA ALREDEDOR DEL AÑO 1540 D. C., ES UNA DE LAS ALFOMBRAS ISLÁMICAS MÁS ANTIGUAS QUE EXISTEN

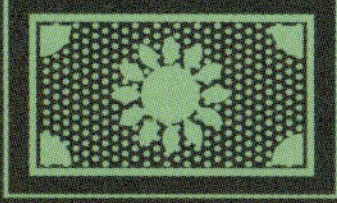

El arte chino

La civilización china es responsable de una serie de innovaciones artísticas que dieron forma no solo a su propio arte, sino también al de otras culturas de todo el mundo.

Una rica tradición

El arte en China lleva evolucionando desde la prehistoria y ha sido testigo del desarrollo y perfeccionamiento de tecnologías como el papel, la cerámica, las tintas o la seda, entre muchas otras. Las influencias religiosas y filosóficas del confucianismo, el taoísmo y el budismo han marcado el estilo de gran parte de las obras de arte creadas en el país durante los últimos dos milenios, mientras que sus materiales, inventos y artefactos se extendieron por Occidente a través de los intercambios comerciales de la Ruta de la Seda. Esta página y la siguiente muestran varios ejemplos de arte chino.

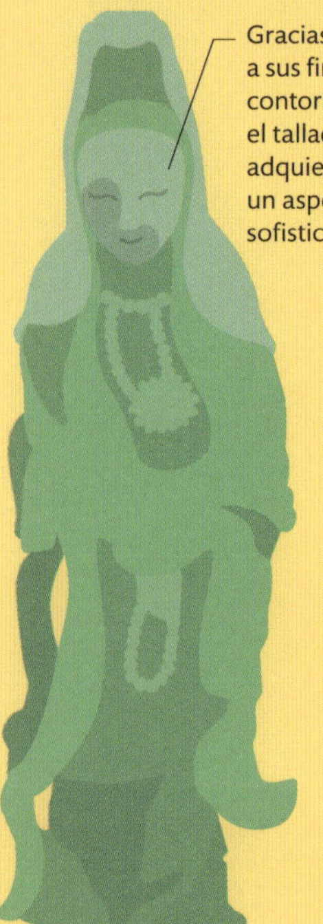

Gracias a sus finos contornos, el tallado adquiere un aspecto sofisticado

Jade

El jade, también conocido como «piedra del emperador», es un material raro y muy apreciado en China. Los adornos y joyas de jade son venerados en el arte chino, ya que su dureza y durabilidad representan la longevidad y la inmortalidad.

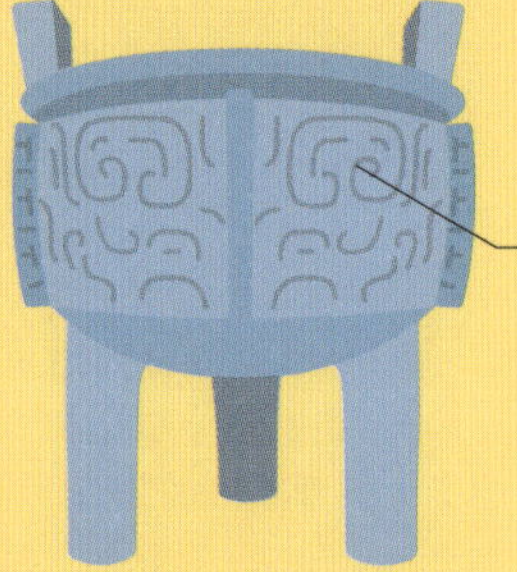

Muchos *ding* están adornados con intricados motivos de dos ojos

El arte en la Edad del Bronce

Durante la Edad del Bronce china (2000-256 a. C.), se fabricaron numerosos *ding* (recipientes rituales) para que la aristocracia pudiera comunicarse con sus antepasados.

Porcelana

La porcelana china, con su característico esmalte azul y blanco, fue muy codiciada en Europa a partir del Renacimiento y más allá, una demanda acentuada por las prohibiciones de exportación impuestas por China entre los siglos XIV y XVII.

La arcilla blanca se cuece en el horno para convertirla en porcelana

El pigmento azul se cubría con un esmalte transparente, lo que dotaba la pieza de un intenso brillo

El motivo del dragón tiene varios significados, entre ellos poder, buena suerte y fuerza

Los azules claro y oscuro crean un atractivo contraste

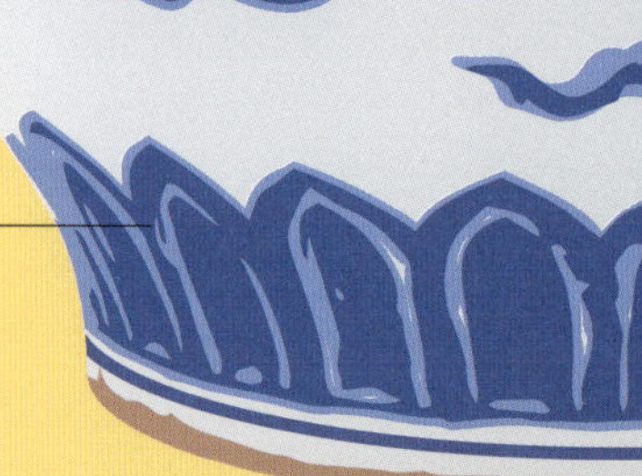

¿POR QUÉ LA CERÁMICA CHINA ES AZUL Y BLANCA?

El pigmento de óxido de cobalto se usó por primera vez en la porcelana china durante la dinastía Tang (618-907 d. C.). El color puede resistir las altas temperaturas necesarias para cocer la porcelana.

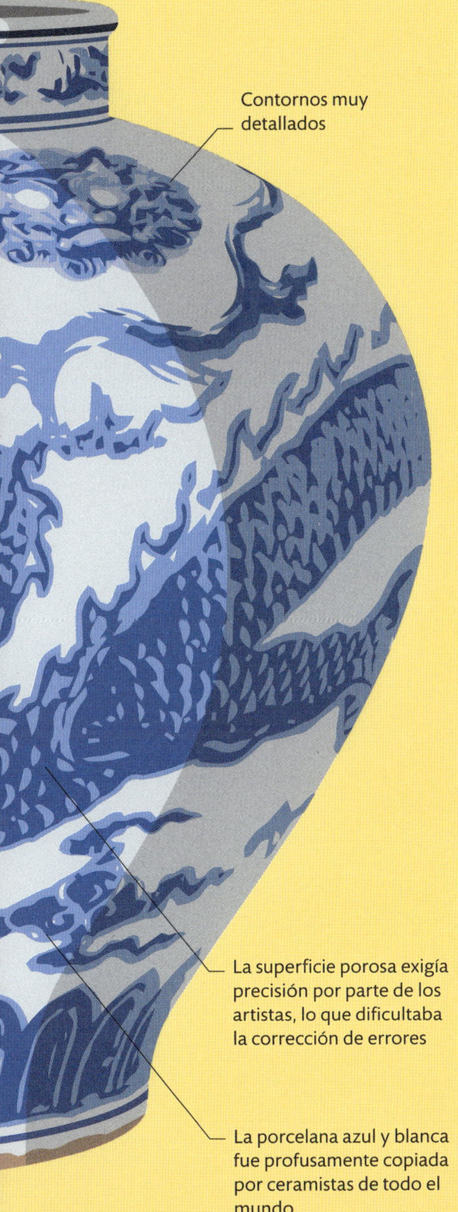

Contornos muy detallados

La superficie porosa exigía precisión por parte de los artistas, lo que dificultaba la corrección de errores

La porcelana azul y blanca fue profusamente copiada por ceramistas de todo el mundo

Pinceladas de tinta

La pintura es especialmente apreciada en el arte chino, con una tradición de más de 2500 años. Aunque los temas representados han ido variando a lo largo del tiempo, las técnicas y materiales apenas han cambiado: primero se pintaba sobre seda y más tarde en rollos de papel con tinta negra *mò*.

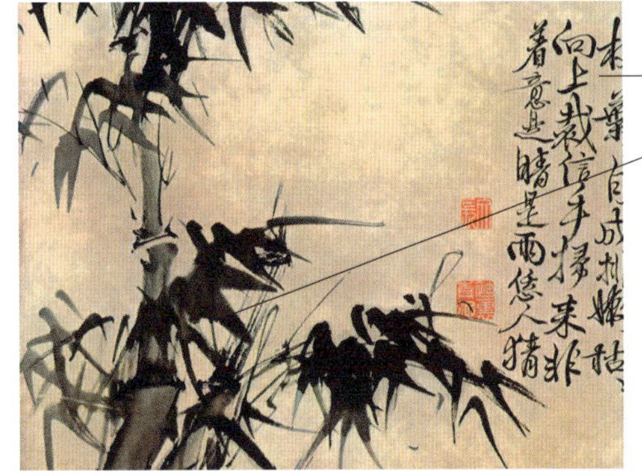

El arte de la caligrafía estaba íntimamente ligado a la pintura

Las delicadas pinceladas de tinta evocan el susurro de las hojas de bambú

Bambú, Xu Wei (c. 1540)
Las pinturas más valoradas, destinadas a la contemplación privada, se consideraban a la altura de las mejores obras de poesía y filosofía.

Pinceles
El pincel tradicional chino está hecho de bambú, con cerdas de pelo de animal, y se presenta en numerosas formas y estilos para adaptarse a sus distintos usos.

Compuesto por un solo tipo de pelo de animal

SANZHUO

Combinación de pelos rígidos y suaves

ZHU/BEI

Mezcla de pelos de gran suavidad

JINHAO

Estilos pictóricos
La pintura china desarrolló diferentes escuelas o estilos a lo largo del tiempo, incluidos el estilo «con hueso», que hace referencia a los contornos, y «sin hueso», que se basa en aguadas de tinta para sugerir la forma.

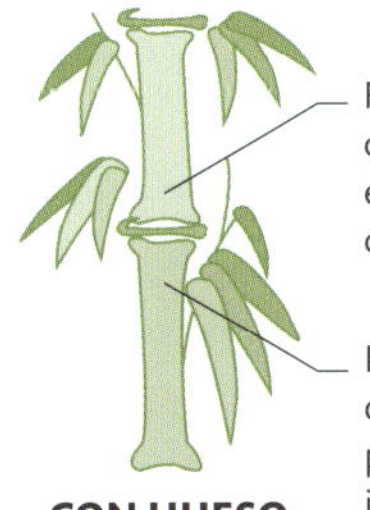

Fuerte conexión con el arte de la caligrafía

La forma en la que se sujeta el pincel es muy importante

CON HUESO

Las pinceladas sueltas crean formas

No hay líneas continuas visibles

SIN HUESO

LOS *GUERREROS DE TERRACOTA*

En 1974 se descubrió un excepcional conjunto de esculturas chinas: los *guerreros de terracota*, figuras enterradas en 210-209 a. C. junto al emperador Qin Shi Huang para acompañarlo en la otra vida. Miles de ellas ofrecen un impresionante nivel de detalle y realismo.

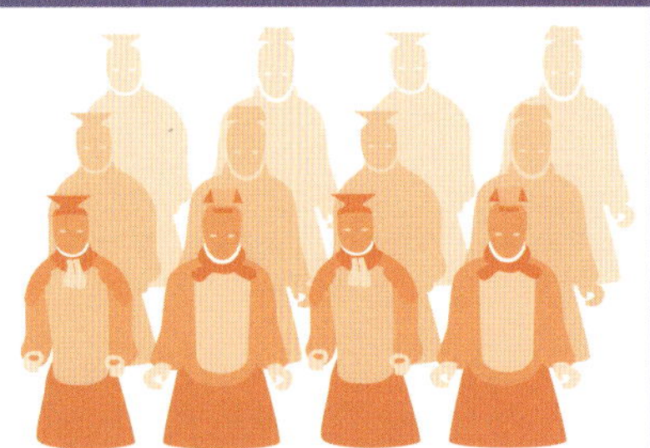

El arte japonés

El pueblo japonés ha desarrollado una rica tradición artística a lo largo de miles de años. Inspirados por la religión nativa sintoísta, combinaron el aprecio por una artesanía excepcional con una profunda conexión espiritual con el paisaje.

LA GRAN OLA DE KANAGAWA, KATSUSHIKA HOKUSAI (1831)

Azul de Prusia, uno de los tres tonos distintos de azul que aparecen en la ola

Furia estilizada
Esta obra, quizás el grabado *ukiyo-e* más famoso de la historia (véase abajo a la derecha), representa la impotencia del hombre ante la naturaleza al mostrar una ola gigante que amenaza a tres barcos pesqueros.

Sensación de espuma generada por los espacios sin tinta en el papel

La forma dinámica da vida y movimiento a la ola

El contraste entre luz y sombra aporta dramatismo

Xilografía

El período Edo (1603-1867) marcó el apogeo de una de las expresiones artísticas más conocidas de Japón: la xilografía o grabado en madera. Estos grabados se realizaban tallando un diseño en un bloque de madera, que luego se entintaba y estampaba sobre papel. Las zonas planas de color y la relativa ausencia de detalle daban lugar a imágenes muy estilizadas reproducibles para el gran público. Además de los paisajes tradicionales, los temas se inspiraban en la larga tradición literaria japonesa.

Los barcos de los pescadores aportan narrativa y tensión a la obra

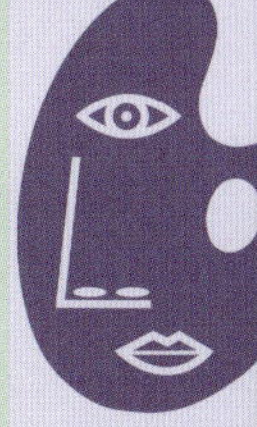

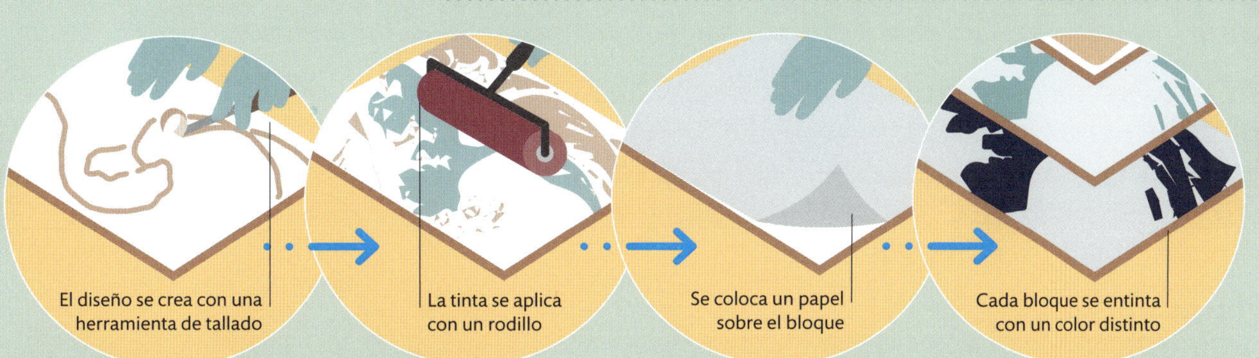

1 Cada bloque de madera se talla minuciosamente
Se emplean cinceles y otras herramientas para tallar el diseño en el bloque de madera, dejando en relieve las zonas que deben entintarse.

2 Se aplica tinta a la superficie tallada
Con un rodillo se extiende una capa uniforme de tinta espesa sobre el primer bloque de madera dejando en blanco las zonas rebajadas.

3 El papel se coloca sobre el bloque de madera
Se alinea y coloca el papel sobre el bloque. Después, se usan pesas o una prensa para que la tinta entre en contacto con el papel.

4 Se repite el proceso para cada uno de los colores
Se utiliza un bloque de madera distinto para cada color, y finalmente pueden superponerse en la misma hoja de papel para crear la imagen completa.

Influencias y legado

Pese a sus extensos períodos de aislamiento, el arte japonés fue absorbiendo varias influencias externas a lo largo de los siglos. La pintura monocroma con tinta refleja la influencia del arte chino, aunque los pintores japoneses combinaron y perfeccionaron las técnicas chinas, usando tinta salpicada y aguadas sutiles para crear paisajes brumosos inspirados en el zen. La cerámica ha sido una manifestación clave de la cultura japonesa desde la prehistoria, y algunos de los complejos recipientes elaborados con la técnica del moldeado por rollos fueron producidos por el pueblo Jomon en Honshu ya en el 2500 a. C.

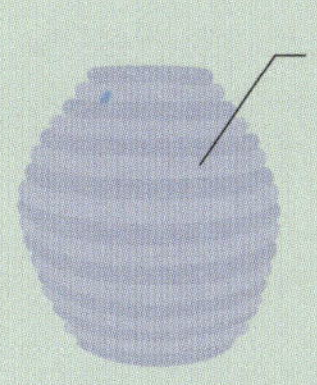

Moldeado por rollos
Durante milenios, los alfareros japoneses fabricaron vasijas enrollando arcilla amasada en espiral desde una base y alisando sus lados antes de cocerlas.

8000
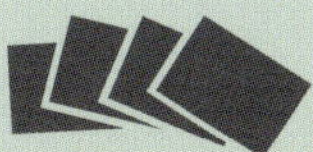

EL NÚMERO ESTIMADO DE **GRABADOS DE GRANDES OLAS** REALIZADOS EN EL PERÍODO **EDO**

¿QUÉ ERA EL *UKIYO-E*?

El *ukiyo-e* («mundo flotante») fue un innovador estilo de grabados y pinturas que respondió a los gustos hedonistas de la nueva población acomodada de Edo (Tokio) entre los siglos XVII y XIX.

AISLAMIENTO Y APERTURA

A mediados del siglo XIX, Japón se abrió al comercio internacional tras cientos de años de aislamiento autoimpuesto, lo que generó una enorme demanda en Europa y los Estados Unidos de sus grabados y otras obras de arte. Esta moda se conoció como japonismo e influyó en numerosos artistas occidentales, incluidos los posimpresionistas (véase págs. 194-195).

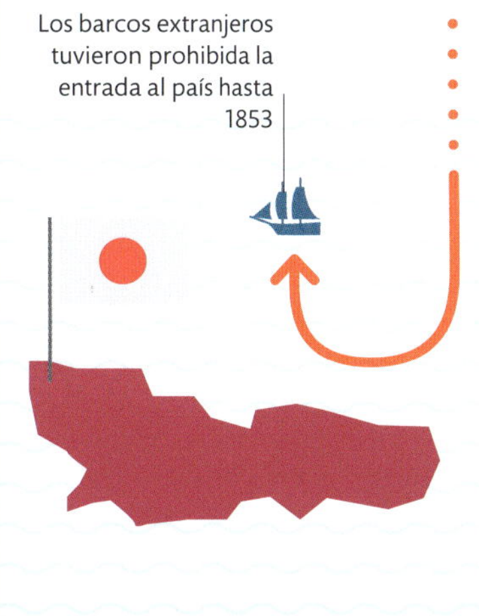

El arte mesoamericano

El arte mesoamericano abarca las manifestaciones artísticas de los pueblos indígenas del Caribe y de América del Norte, Central y del Sur desde aproximadamente el 13.000 a. C. hasta finales del siglo xv y principios del xvi d. C.

Aztecas

Los aztecas prosperaron a partir del 1300 y llegaron a su apogeo en los siglos xv y xvi. Estaban integrados por varios pueblos y su territorio se organizaba en ciudades-estado. Sus ideas sobre el arte y la artesanía (toltequidad) fueron difundiéndose gracias a las conquistas militares y la expansión comercial. Entre estas artes se incluían la escritura, la pintura, la escultura, los mosaicos, la cerámica, el arte plumaria y la metalistería. Su capital, Tenochtitlán, albergaba imponentes edificios adornados con esculturas monumentales; asimismo, se producían máscaras y joyas de oro, plata, piedras semipreciosas y conchas.

Los incas

La civilización inca floreció en Perú aproximadamente entre 1425 y 1532. El arte inca incluía metalistería, cerámica y textiles. Gran parte de estas obras estaban influenciadas por la civilización chimú anterior, mezclada con el estilo distintivo y la superioridad técnica de los incas. Su arte se caracterizaba por la presencia de formas, colores y proporciones estandarizados, incluidos los patrones geométricos repetitivos.

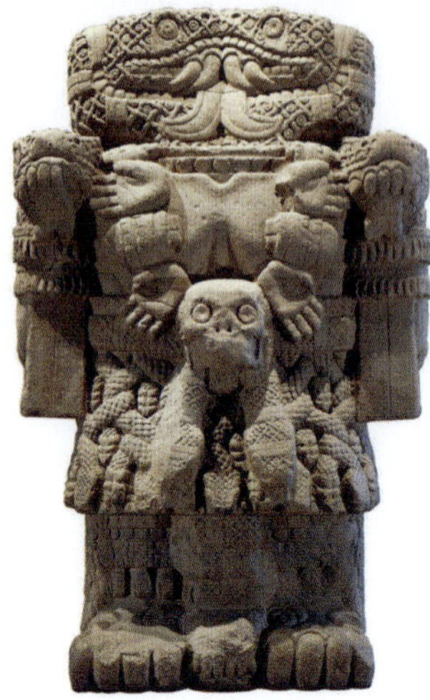

ESTATUA DE COATLICUE

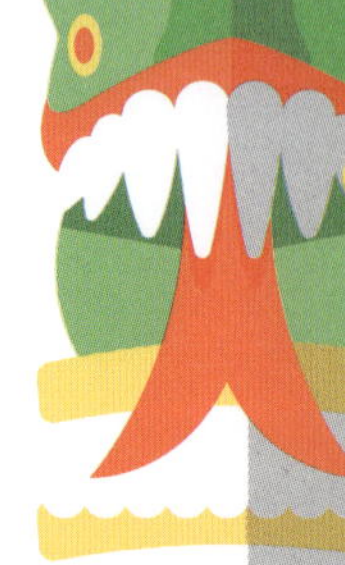

La diosa serpiente azteca
Coatlicue era la representación de la Madre Tierra, y su nombre se traduce como «la que lleva la falda de serpientes». La representación de divinidades era un tema frecuente en el arte azteca.

COATLICUE REPRESENTA TANTO **EL AMOR MATERNO** COMO UN **MONSTRUO INFERNAL**

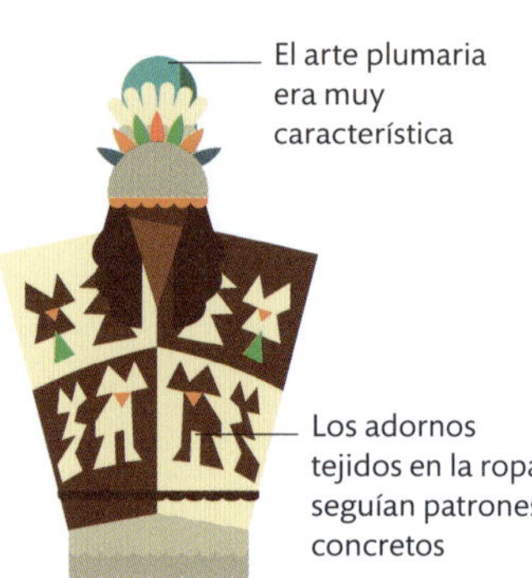

CAMISA Y TOCADO

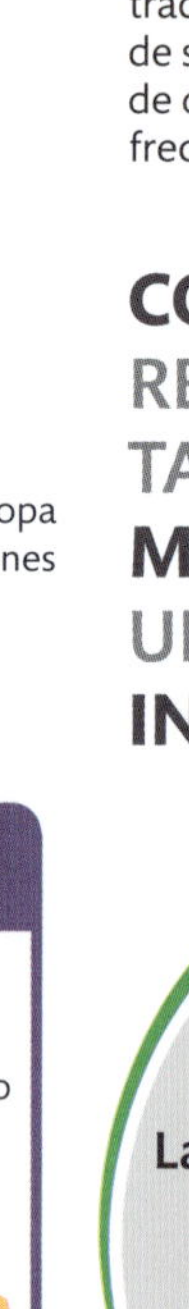

CHICHÉN ITZÁ

Chichén Itzá fue un activo centro urbano construido por los mayas entre los años 750 y 1200 que constaba de 46 edificios, entre los cuales se contaban pirámides escalonadas, templos, arcadas con columnas y otras estructuras de piedra. La ubicación de los edificios, estrechamente vinculada a la astronomía, representa la concepción maya del universo. La pirámide de Kukulcán, por ejemplo, tiene 365 escalones, uno por cada día del año.

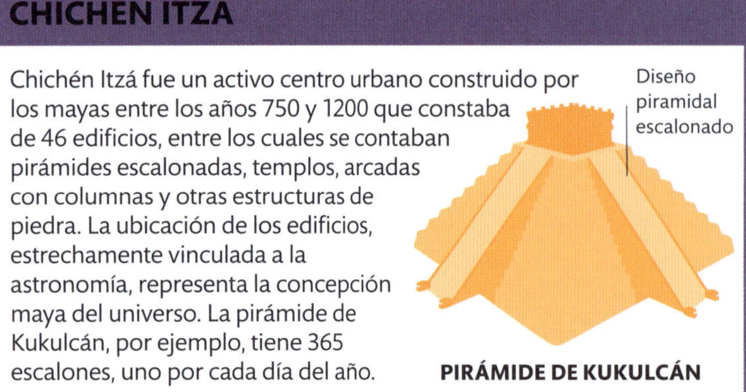

PIRÁMIDE DE KUKULCÁN

¿QUÉ ERAN LAS LÍNEAS DE NAZCA?

Las líneas de Nazca eran enormes diseños trazados en el suelo conocidos como geoglifos, creados al retirar rocas y tierra para formar una imagen.

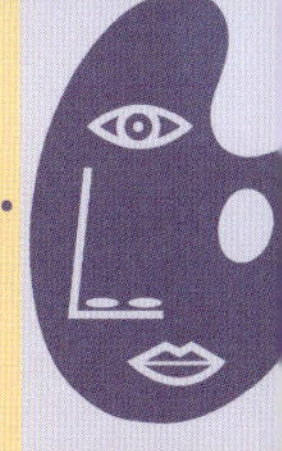

La cara está formada por dos serpientes enfrentadas, animales sagrados en la cultura azteca

La lengua colgante es un motivo habitual en las representaciones de los dioses aztecas, símbolo de su sed de sangre humana

Collar hecho de partes del cuerpo, señal de que el dios es un devorador de humanos

Las calaveras eran frecuentes en el arte azteca, en una posible alusión a la muerte y el renacimiento: en esta imagen, Coatlicue nutría y cercenaba la vida a la vez

La falda está decorada con serpientes ondulantes, que aquí representan la fertilidad

Numerosas deidades aztecas presentaban rasgos animales, como garras

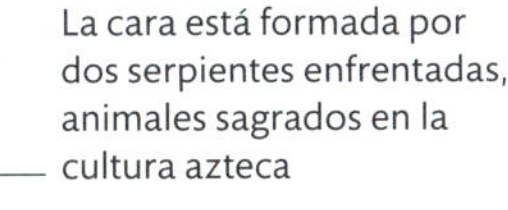

Otras civilizaciones mesoamericanas

Las culturas mesoamericanas, incluidas tanto las que se enumeran a continuación como la de los aztecas y los incas, se desarrollaron a lo largo de tres épocas: el período preclásico (c. 1200 a. C.-200 d. C.), el período clásico (c. 200-900 d. C.) y el período posclásico (c. 900-1580 d. C.). El arte de todas ellas reflejaba sus creencias y filosofías.

Cabezas gigantes esculpidas en rocas

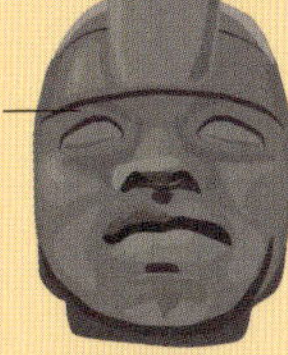

Los olmecas
Los olmecas construyeron pirámides y complejos ceremoniales en el centro-sur de México entre los años 1200 y 400 a. C.

Los calendarios, elaborados y precisos, estaban decorados con símbolos

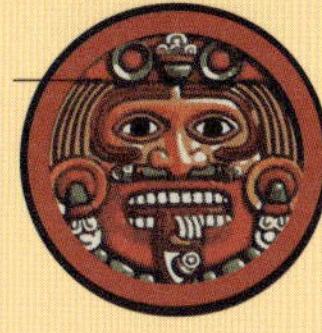

Los mayas
Los mayas, cuya civilización prosperó entre los años 200 y 900 d. C., pintaron murales, realizaron grabados en roca y esculpieron en madera.

Estatuas custodias de los complejos ceremoniales toltecas

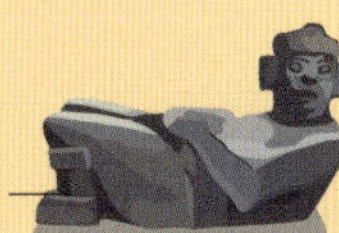

Los toltecas
Los toltecas, que dominaron el centro de México entre los años 900 y 1150 d. C., esculpieron estatuas de piedra de sus dioses.

El retrato era muy frecuente en la cerámica

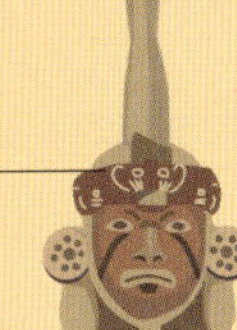

Los moches
La cultura moche floreció en el norte de Perú entre los años 100 y 700 d. C. Entre sus manifestaciones artísticas más comunes se cuentan la cerámica, la metalistería y los textiles.

La cerámica destacaba por el uso de colores variados e intensos

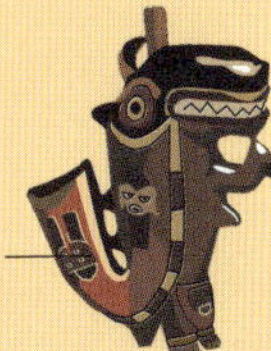

Nazca
Entre los años 100 a. C. y 650 d. C., los habitantes de Nazca, en Perú, produjeron cerámica, textiles y geoglifos, un tipo de arte paisajístico.

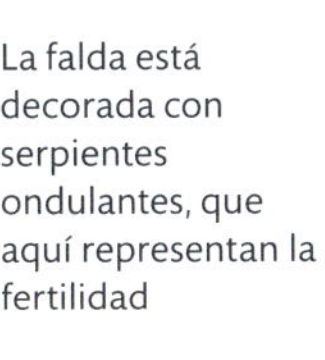

Otras manifestaciones artísticas

El arte era un medio de comunicación para la sociedad medieval, en gran parte analfabeta. Después de que el cristianismo se convirtiera en la religión oficial del Imperio romano en el 330 d. C., la producción artística se centró principalmente en difundir la palabra de Dios. Esta situación se prolongaría hasta la Edad Media, cuando las obras de arte se volvieron más estilizadas y sofisticadas, y también seculares, a medida que empezaron a desarrollarse Estados nación independientes y a menudo rivales. En aquella época no existía distinción entre «arte» y «artesanía».

Escultura

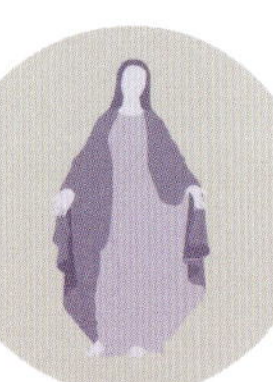

Las esculturas medievales eran de tamaño modesto y a menudo adoptaban la forma de relieves, pequeñas estatuas y crucifijos.

Manuscritos iluminados

Fueron realizados por equipos de escribas e ilustradores, bajo el patrocinio de la Iglesia o la nobleza.

Vitrales

Las piezas de cristal de colores se disponían formando figuras y escenas unidas entre sí mediante tiras de plomo.

Tapices

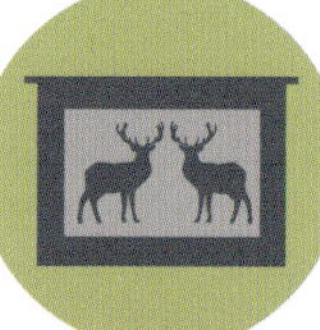

Los tapices de gran tamaño, creados como encargo para las clases acomodadas, ofrecían aislamiento y decoraban los espacios.

Metalistería

Objetos como cálices, candelabros y crucifijos se elaboraban finamente con oro, plata y bronce.

El arte medieval

La Edad Media fue testigo de importantes avances en la pintura, la escultura y la arquitectura entre el fin del Imperio romano, en el 476 d. C. y el Renacimiento, casi un milenio después.

El arte en un período de cambio

El arte de la Edad Media estuvo durante largo tiempo patrocinado —y controlado— por la Iglesia católica, y su temática era casi exclusivamente devocional. Esto cambió cuando la realeza, la nobleza y los comerciantes europeos se convirtieron también en mecenas. En el *Díptico de Wilton*, por ejemplo, la figura secular del rey Ricardo II de Inglaterra se arrodilla ante la Virgen María y Jesús en el panel izquierdo. En cuanto a la ejecución, el arte medieval se caracteriza por el uso de materiales costosos, colores vivos y figuras estilizadas. Con el tiempo, estas figuras se hicieron cada vez más detalladas y realistas.

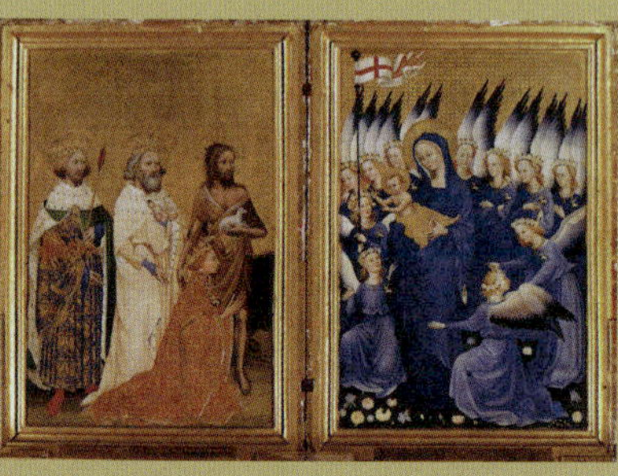

EL DÍPTICO DE WILTON (C. 1395-99)

EL PAN DE ORO USADO EN **EL ARTE MEDIEVAL** ES CIEN VECES MÁS FINO QUE UN **CABELLO HUMANO**

¿CÓMO SE CLASIFICA EL ARTE MEDIEVAL?

El arte medieval engloba un amplio repertorio de estilos, entre ellos el bizantino (véase págs. 162-163), el románico, el paleocristiano, el vikingo, el anglosajón, el carolingio y el gótico (véase págs. 174-175).

EL FIN DE LOS AÑOS OSCUROS

Tras la caída de Roma, el caótico período de la Alta Edad Media en Europa recibió el nombre de «años oscuros». La estabilidad comenzó a restablecerse alrededor del 800 d. C., cuando nuevos estados y la Iglesia llenaron el vacío de poder, lo que permitió que el arte y la cultura florecieran de nuevo.

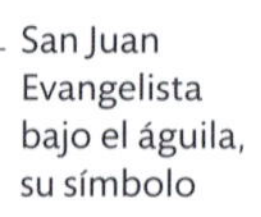

PLACA DE MARFIL TALLADA DEL SIGLO IX

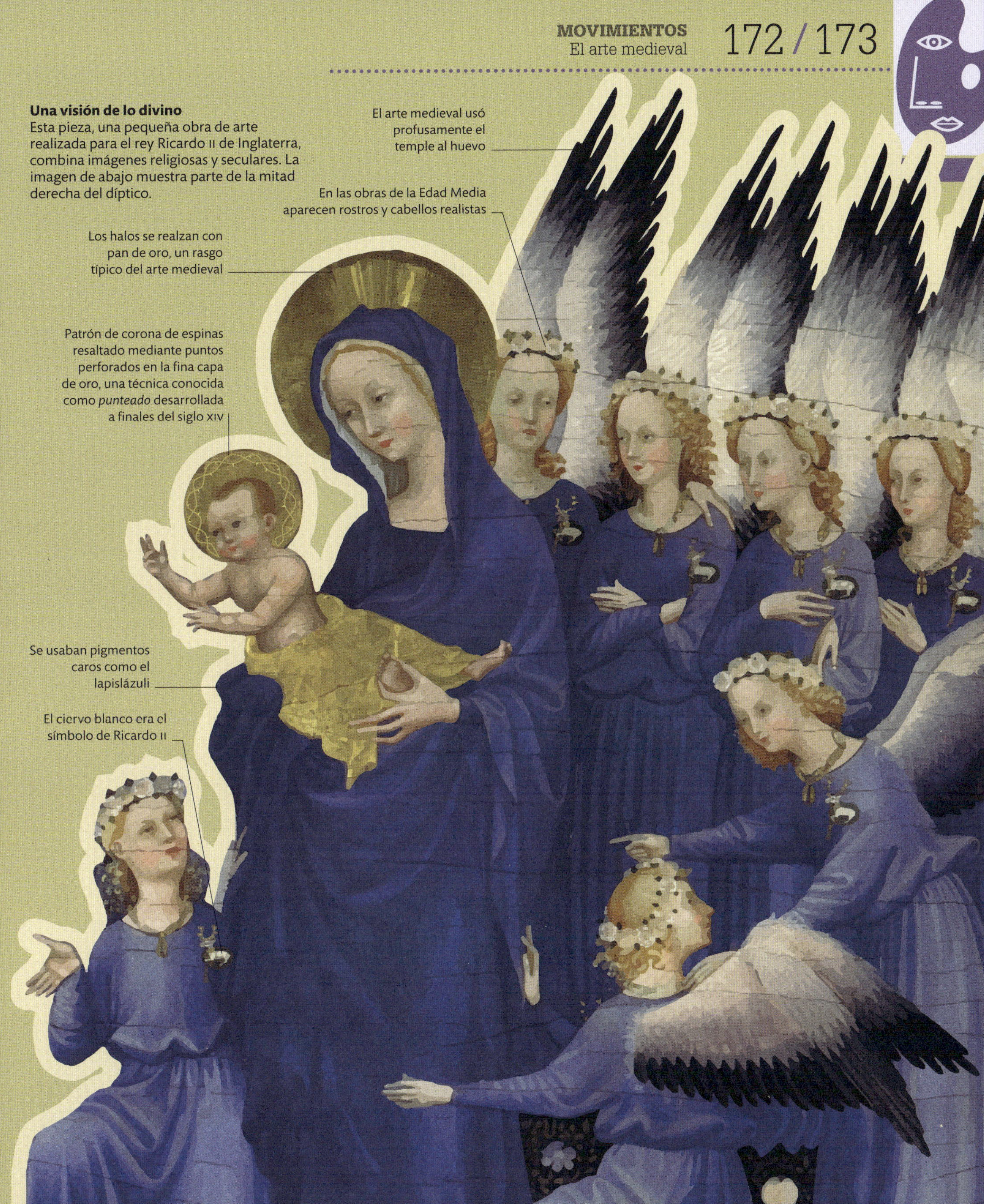

Una visión de lo divino
Esta pieza, una pequeña obra de arte realizada para el rey Ricardo II de Inglaterra, combina imágenes religiosas y seculares. La imagen de abajo muestra parte de la mitad derecha del díptico.

El arte medieval usó profusamente el temple al huevo

En las obras de la Edad Media aparecen rostros y cabellos realistas

Los halos se realzan con pan de oro, un rasgo típico del arte medieval

Patrón de corona de espinas resaltado mediante puntos perforados en la fina capa de oro, una técnica conocida como punteado desarrollada a finales del siglo XIV

Se usaban pigmentos caros como el lapislázuli

El ciervo blanco era el símbolo de Ricardo II

Una forma de arte tanto sacra como secular

Los tapices, los retablos, los vitrales, las esculturas, los relieves y los manuscritos iluminados fueron las manifestaciones artísticas más valoradas de la época, y con el tiempo fue desarrollándose una mayor tendencia hacia el realismo, especialmente en la escultura y el relieve. Las figuras solían presentar proporciones alargadas y una apariencia de elegancia fluida. El arte gótico tuvo como principal propósito servir a la Iglesia, aunque también se desarrolló un estilo conocido como *gótico internacional* destinado a edificios seculares y a retratos y esculturas de la realeza.

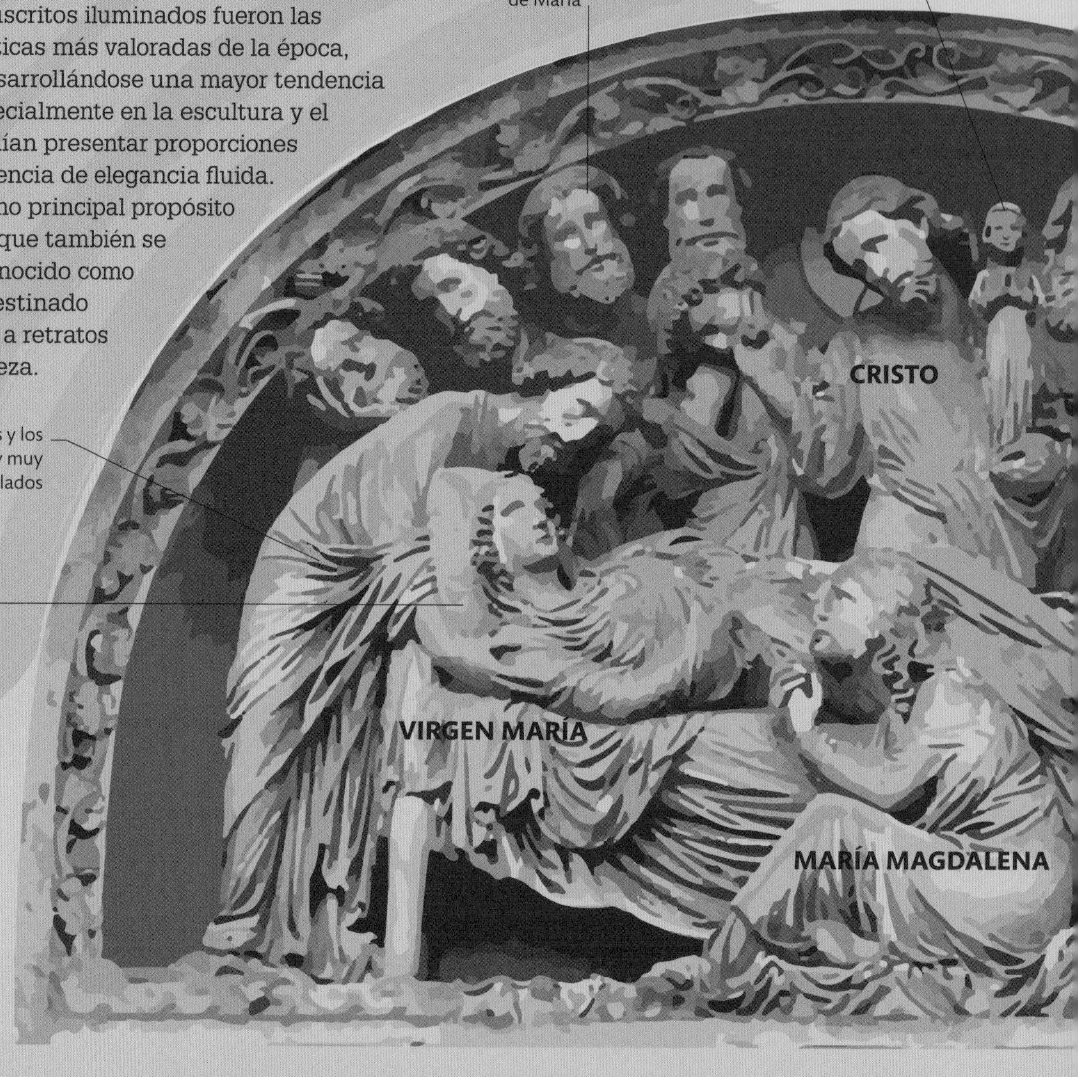

Puerta oeste de la catedral de Estrasburgo
Este relieve, que decora un tímpano (hueco exterior) de la catedral de Estrasburgo, representa la muerte de la Virgen María, rodeada por los apóstoles de Cristo. María Magdalena simboliza a la pecadora arrepentida.

El arte gótico

El arte gótico, precursor del Renacimiento, fue un estilo cristiano que surgió en la Francia del siglo XII y se desarrolló en toda Europa a lo largo de varios siglos. Destacaba por su ligereza, al centrar la atención en la luz como símbolo de la gracia de Dios.

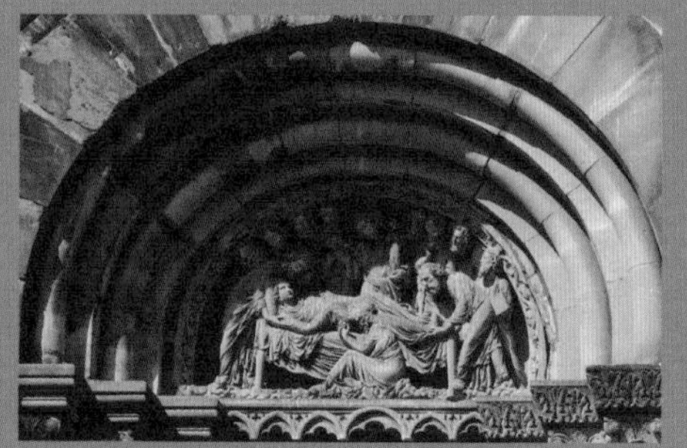

RELIEVE DE LA VIRGEN MARÍA (POSTERIOR A 1225, AUTOR DESCONOCIDO)

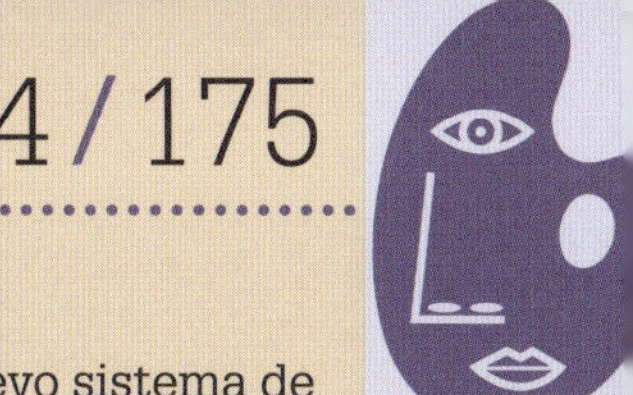

EL ESTILO **GÓTICO INTERNACIONAL** NACIÓ EN LAS **CORTES REALES DE EUROPA**

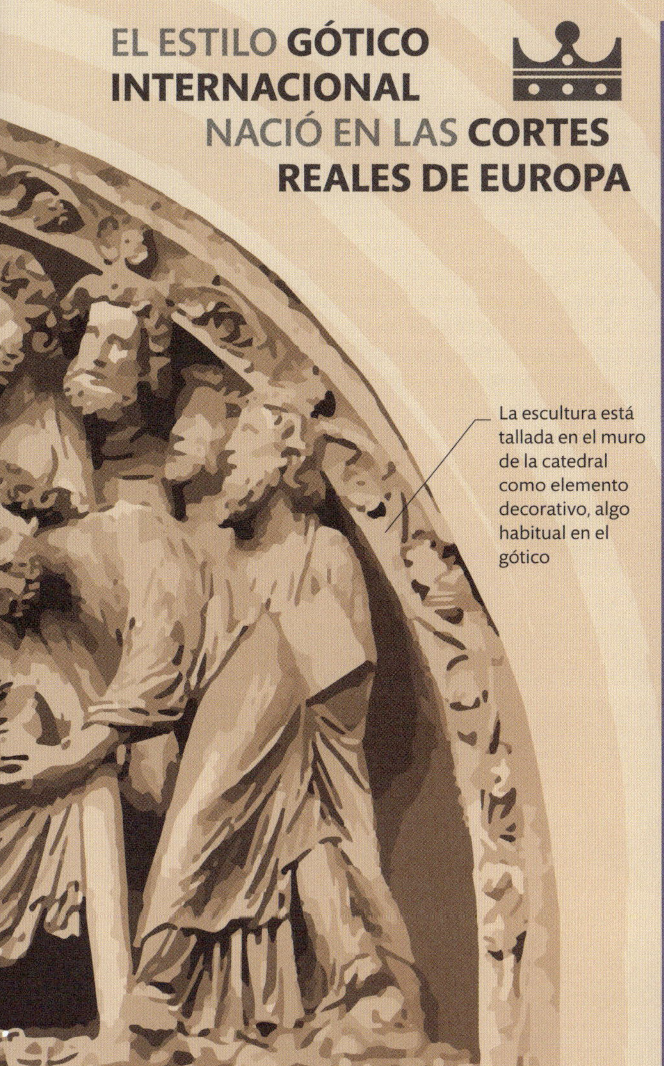

La escultura está tallada en el muro de la catedral como elemento decorativo, algo habitual en el gótico

Arquitectura y vitrales

La arquitectura gótica empleó un nuevo sistema de construcción estructural que permitió sustituir las zonas sólidas de los muros por grandes ventanas. Con la maduración del estilo y el perfeccionamiento de las técnicas vidrieras, los vitrales góticos alcanzaron un desarrollo superior y empezaron a emplearse de forma generalizada en las iglesias. Catedrales como la de Canterbury (Reino Unido) y la de Chartres (Francia) son célebres por sus vidrieras de colores vivos y elaborados diseños.

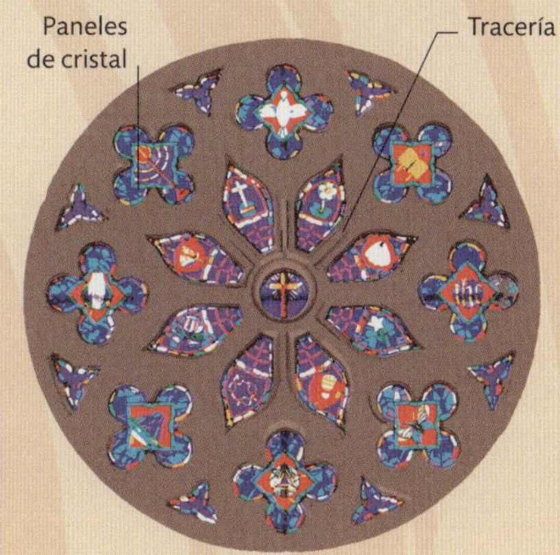

Vitrales
La tracería, es decir, el conjunto de soportes de piedra situados entre los distintos paños de las ventanas, ayudaba a sostener el peso del muro y permitía insertar vanos de gran tamaño. Un tipo de tracería habitual en el gótico es el rosetón, en el que vitrales semejantes a joyas irradian desde el centro.

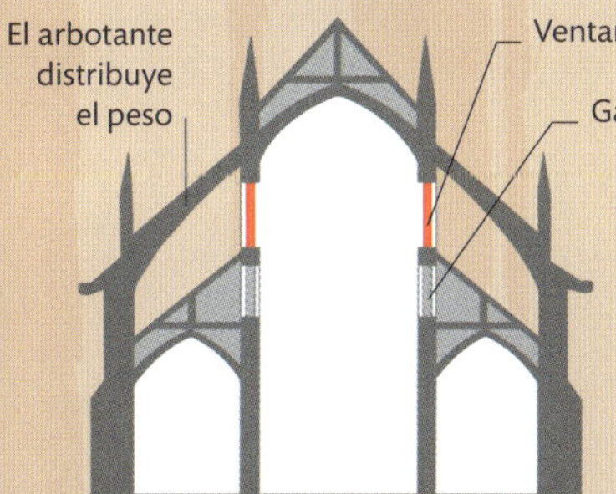

Arquitectura
Para crear mayores alturas interiores y generar espacio vertical, los arquitectos recurrieron al arco apuntado equilátero, al techo abovedado y, para mayor resistencia y estabilidad, a los arbotantes.

¿FUE EL ARTE GÓTICO UN MOVIMIENTO?

El arte gótico se ha dividido en tres etapas: inicial, pleno e internacional. Cada una se caracteriza por una sofisticación creciente, con detalles cada vez más finos y una representación más realista de las figuras humanas y los motivos naturales.

PINTURA GÓTICA

Para el cristianismo, el arte gótico fue principalmente una herramienta didáctica. Las pinturas solían representar las creencias religiosas en términos sencillos pero impactantes: un paraíso celestial eterno para los justos y el fuego del infierno y la condena para los pecadores indignos.

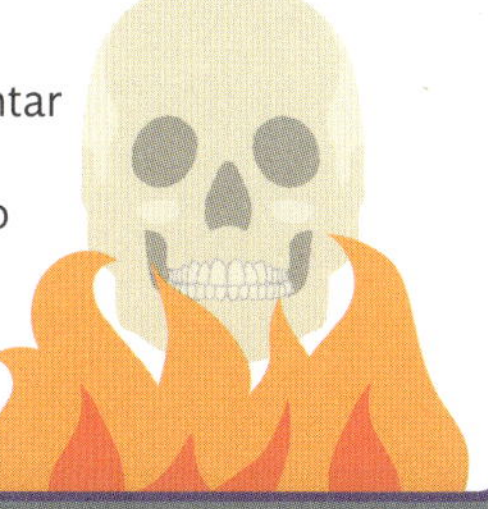

CONDENA ETERNA

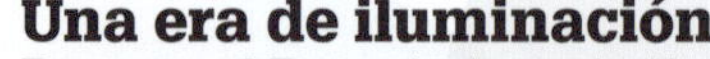

LA CREACIÓN DE ADÁN, MICHELANGELO (C. 1508-1512)

Una era de iluminación

Durante el Renacimiento italiano, se produjeron cambios radicales a lo largo y ancho del país. La estabilidad política, una próspera economía mercantil y nuevos inventos como la imprenta aumentaron la relevancia del arte, la literatura y la filosofía. El arquitecto Filippo Brunelleschi, con su comprensión matemática de la perspectiva lineal (véase págs. 104-105), dotó a sus pinturas de un realismo nunca visto hasta entonces, y otros artistas empezaron a usarlo profusamente para plasmar la profundidad en sus cuadros. Las obras religiosas ya no se pintaban sobre fondos dorados, sino enmarcadas en paisajes del mundo observable. Los artistas recibían encargos de poderosos mecenas; entre ellos papas, gobernantes y monarcas.

Los estudios iniciales de la perspectiva dieron lugar a composiciones de marcado realismo y profundidad

El desnudo idealizado se inspiró en las esculturas de Grecia y Roma

La anatomía precisa era típica de las obras renacentistas

Los brazos en poses simétricas equilibran la composición

El nacimiento de la humanidad

La creación de Adán es quizás la más célebre de las escenas reproducidas en los frescos del techo de la Capilla Sixtina de Michelangelo (c. 1508-1512). En ella se representa a Dios como un anciano de cabellos grises que, con el dedo extendido, le entrega a Adán la chispa de la vida para que este pueda dar origen a la humanidad. Michelangelo dibujó repetidamente la pose de Adán hasta dar con la forma definitiva.

La figura de Adán puede contemplarse desde el suelo de la capilla, a 20 metros de distancia; su perspectiva fue ajustada precisamente para ello

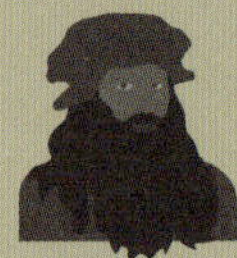

SOLO SE CONSERVAN 17 PINTURAS DE LEONARDO DA VINCI, Y VARIAS DE ELLAS ESTÁN INACABADAS

El Renacimiento italiano

El Renacimiento italiano fue una verdadera explosión de la cultura, las artes y las actividades intelectuales nacida en el siglo XIV. El movimiento estuvo fuertemente inspirado en la Antigüedad clásica.

¿CÓMO SE PINTÓ EL TECHO DE LA CAPILLA SIXTINA?

Para pintarlo, se empleó la técnica del *buon fresco* (fresco verdadero), en la que los pigmentos se mezclan con agua y se pintan directamente sobre yeso húmedo.

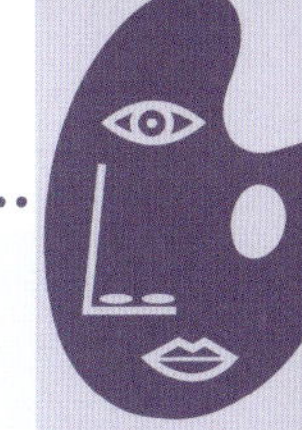

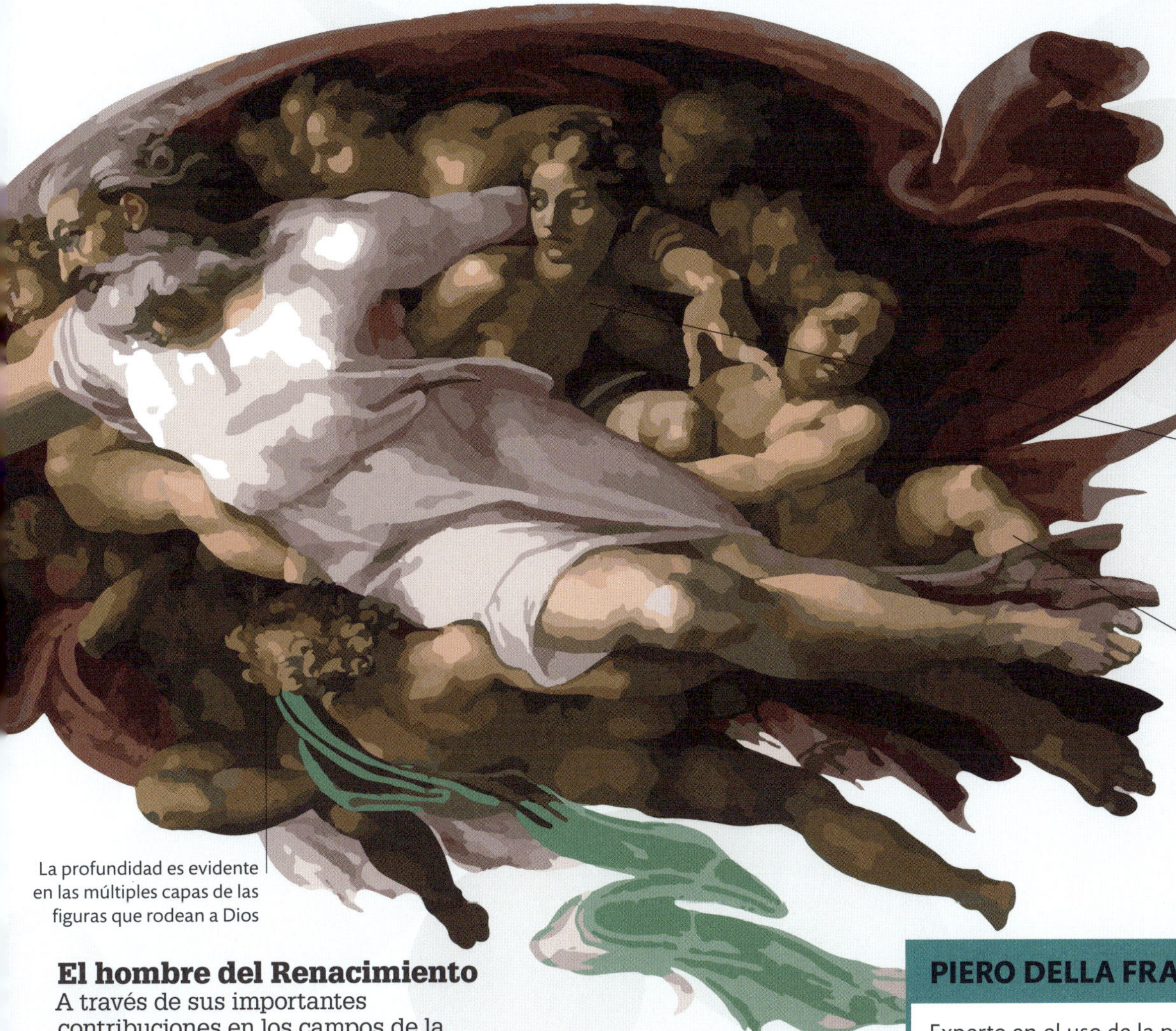

Se cree que la figura femenina en el hueco del brazo de Dios representa a Eva, la compañera de Adán

Dios está rodeado de figuras angelicales que podrían simbolizar las almas de los hijos no nacidos de Adán y Eva

La profundidad es evidente en las múltiples capas de las figuras que rodean a Dios

El hombre del Renacimiento

A través de sus importantes contribuciones en los campos de la ingeniería, la ciencia, la cartografía, la filosofía, la pintura y la anatomía, el erudito Leonardo da Vinci personificó los ideales humanistas del Renacimiento. Fascinado por la anatomía, Da Vinci se consagró a su estudio llevando a cabo disecciones en hospitales de toda Italia y registrando sus hallazgos en detallados dibujos anatómicos. La geometría era otro de sus grandes intereses, y sus estudios sobre la proporción le llevaron a comparar el funcionamiento del cuerpo humano con el del universo. En la actualidad, se le sigue considerando como uno de los artistas más importantes de la historia.

Figura inspirada en el arquitecto romano Vitruvio

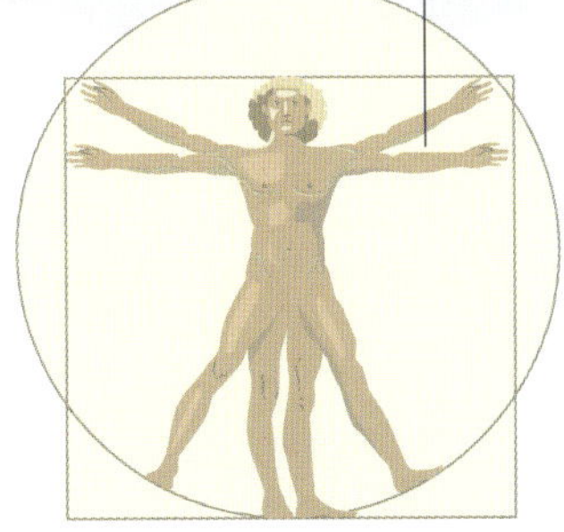

***El hombre de Vitruvio**, Leonardo da Vinci*
Este dibujo de Da Vinci, creado alrededor de 1487 y realizado con pluma y tinta, representa las proporciones humanas ideales en dos posiciones superpuestas.

PIERO DELLA FRANCESCA

Experto en el uso de la perspectiva lineal y el escorzo (véase págs. 104-107), Piero della Francesca combinaba las composiciones geométricas con el naturalismo. Su fría paleta de colores contribuía al carácter refinado y meditativo de sus obras.

Figuras grandes en primer plano

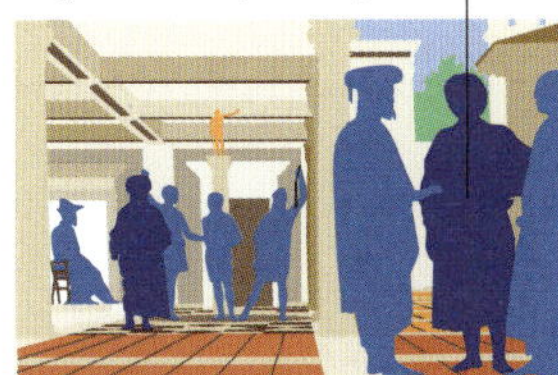

COMPOSICIÓN CON PERSPECTIVA

El Renacimiento del norte de Europa

A comienzos del siglo xv, el espíritu del Renacimiento italiano llegó al norte de Europa. Al igual que el Renacimiento en Italia, se inspiró en el arte clásico, aunque también incorporó ideas basadas en la observación y elementos del gótico tardío.

Un canto a la modestia

El Renacimiento del norte de Europa se desarrolló en Alemania, Francia, Inglaterra, Flandes y los Países Bajos, con un propio estilo en cada país. Los artistas septentrionales eran conscientes de los avances italianos en los ámbitos de la perspectiva, el humanismo (movimiento centrado en el saber humano) y las representaciones naturalistas (véase págs. 176-177). Además, dejaron de lado las exaltaciones tradicionales para centrarse en escenas realistas de la vida cotidiana, muchas veces encargadas por comerciantes, en las que las figuras sacras aparecían representadas como personas reales en interiores mundanos, alejadas de visiones perfectas e idealizadas. Asimismo, una importante innovación fue la introducción de la pintura al óleo (véase págs. 34-35).

¿CUÁLES FUERON LAS INNOVACIONES INTRODUCIDAS POR JAN VAN EYCK?

Van Eyck fue célebre por ser el creador de la pintura primitiva neerlandesa, gracias a su talento para unir el realismo y el naturalismo con una paleta rica y vistosa.

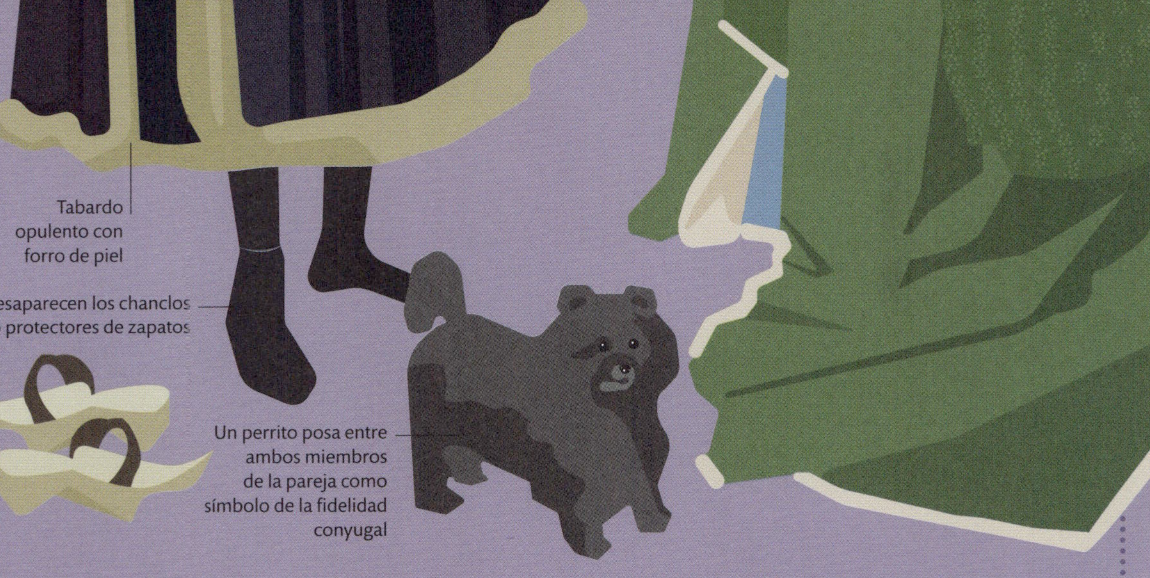

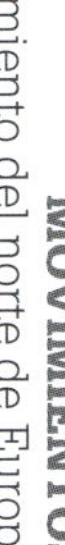

EL MATRIMONIO ARNOLFINI,
JAN VAN EYCK (1434)

LA IMPRENTA DE GUTENBERG

El inventor y orfebre alemán Johannes Gutenberg (c. 1400-1468) creó un método de impresión a partir de tipos móviles, lo que permitió producir por primera vez en la historia libros y otros materiales impresos en masa de forma rápida y rentable. En 1455, en la ciudad de Estrasburgo, Gutenberg presentó la primera imprenta funcional del mundo, invento que transformó la forma de difundir el conocimiento y las ideas y facilitó el aprendizaje.

Una sola imprenta podía producir hasta 3600 páginas al día

LA PRIMERA IMPRENTA

Características

Los artistas del Renacimiento del norte de Europa adquirieron gran destreza en un amplio abanico de disciplinas, entre ellas la pintura al óleo, el grabado y el tallado en madera. Así, proliferaron las imágenes realistas que representaban escenas cotidianas con mensajes moralistas y se realzaban elementos como el realismo, la observación objetiva, los detalles precisos y el uso riguroso de la perspectiva lineal y atmosférica (véase págs. 104-107).

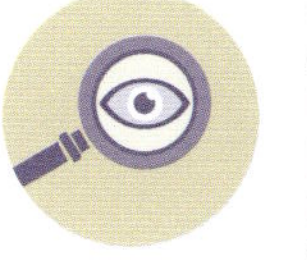

DURANTE LOS **SIGLOS** XVI Y XVII, **AMBERES** SE CONVIRTIÓ EN UN **CENTRO ARTÍSTICO**

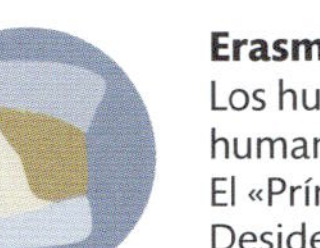

Uso de la pintura al óleo
Los artistas del Renacimiento del norte de Europa fueron pioneros en el uso del óleo resistente y lo aplicaron en finas capas y veladuras para investigar la luz, la forma, los colores y la textura.

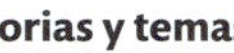

Perspectiva y detalle
Además del uso de la perspectiva lineal y aérea, recurso que transmitía profundidad y distancia, los detalles precisos y minuciosos se convirtieron en aspectos característicos del arte del Renacimiento del norte de Europa.

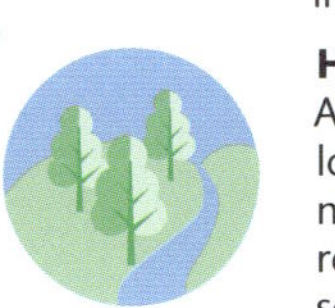

Erasmo y el humanismo
Los humanistas creían en los valores humanos por encima de los sacros. El «Príncipe de los Humanistas» fue Desiderius Erasmus, Erasmo de Rotterdam, conocido por sus influyentes escritos humanistas.

Historias y temas
Además de los retratos y los paisajes, los temas más populares fueron las narraciones bíblicas naturalistas representadas a semejanza de la vida cotidiana.

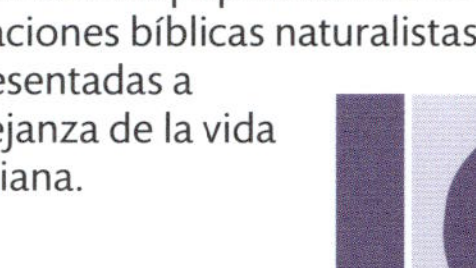

¿DE DÓNDE PROCEDE EL TÉRMINO *MANIERISMO*?

El término *manierismo* deriva de la palabra italiana *maniera*, que significa «estilo» o «manera».

Los ángeles se agolpan en la parte izquierda del cuadro, en una composición poco vista

La madre, el ángel y el bebé están representados de forma dinámica

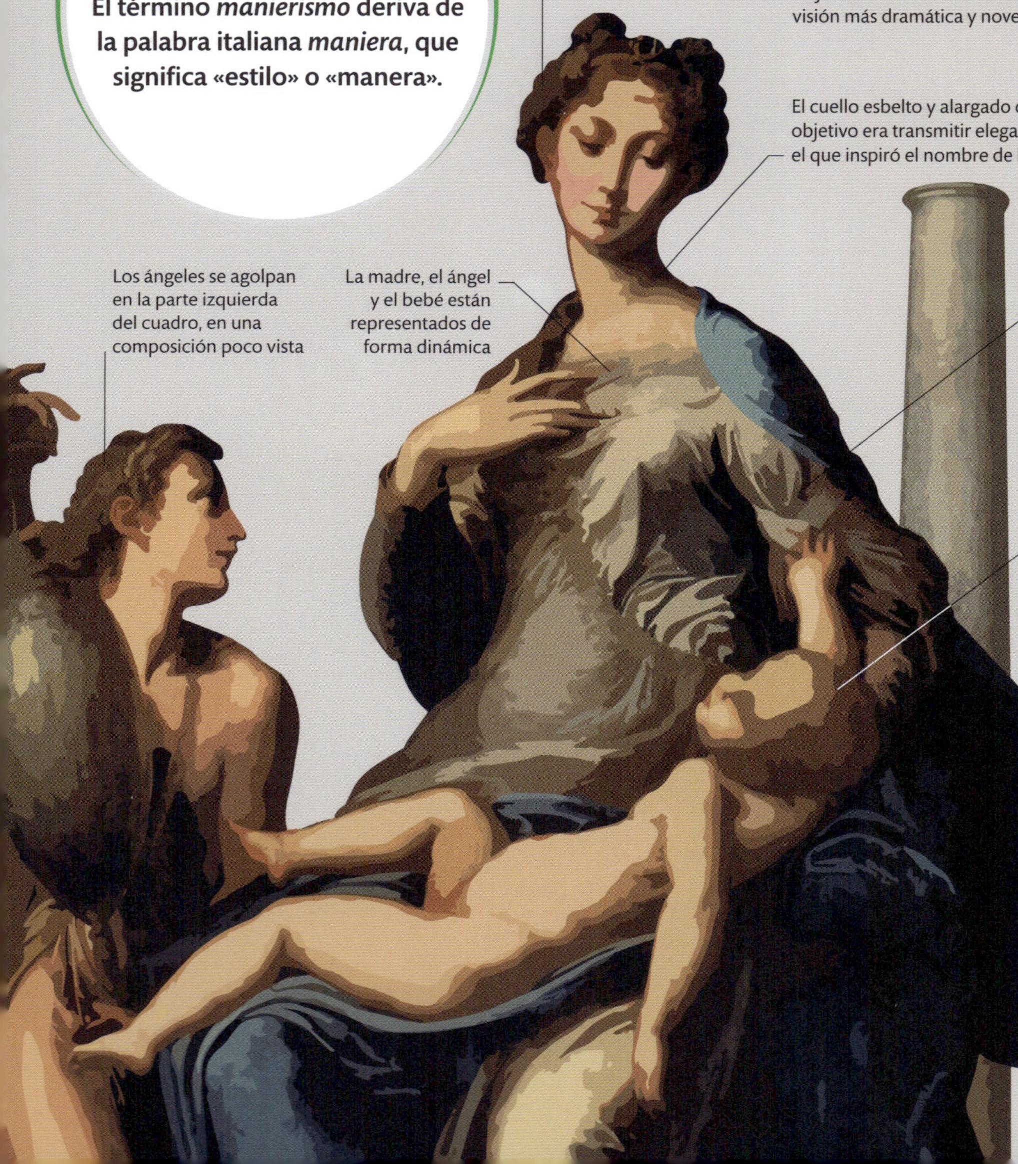

María, que mira hacia abajo para admirar a su bebé, luce un peinado, ropaje y joyas propios de una noble de la época

La Virgen del cuello largo

En términos generales, los manieristas conservaron las técnicas pictóricas y escultóricas de sus predecesores renacentistas. Parmigianino, sin embargo, optó por alargar sus figuras con el fin de transmitir gracia, elegancia y refinamiento. El manierismo, pues, fue alejándose de la armonía clásica para ofrecer una visión más dramática y novedosa del mundo.

El cuello esbelto y alargado de la figura, cuyo objetivo era transmitir elegancia y estilo, fue el que inspiró el nombre de la obra

La sofisticación a la hora de representar texturas y tejidos fue una continuación de los ideales del Renacimiento

Un niño Jesús de grandes proporciones logra yacer a duras penas sobre el regazo de María

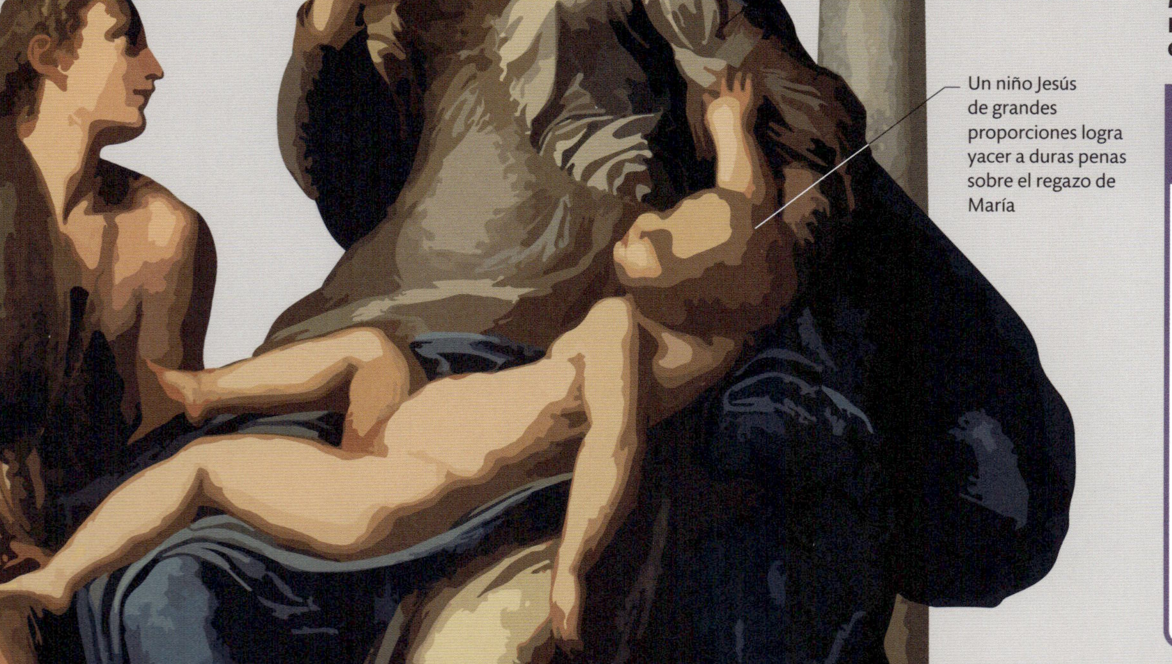

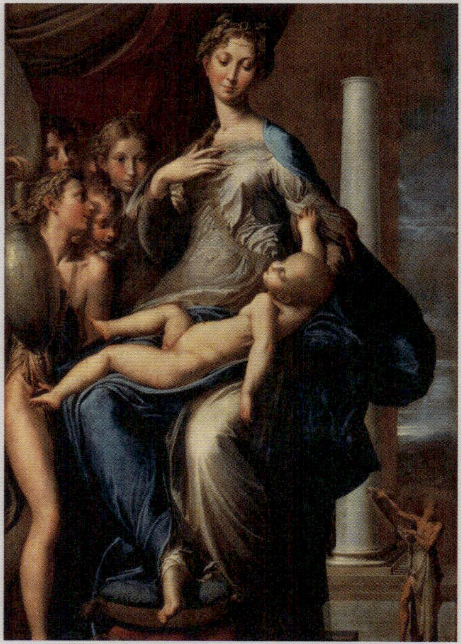

LA VIRGEN DEL CUELLO LARGO, DE FRANCESCO MAZZOLA, CONOCIDO COMO PARMIGIANINO (1503-1540)

LA DIFUSIÓN DEL MANIERISMO

El manierismo surgió en Florencia y Roma y, pese a ser un movimiento efímero, su influencia se extendió más allá de Italia, en parte gracias a su introducción en varias cortes reales. Francisco I, rey de Francia, y el emperador Rodolfo II, en Praga, invitaron a artistas italianos a sus cortes. Los artistas de los Países Bajos también adoptaron estilos manieristas.

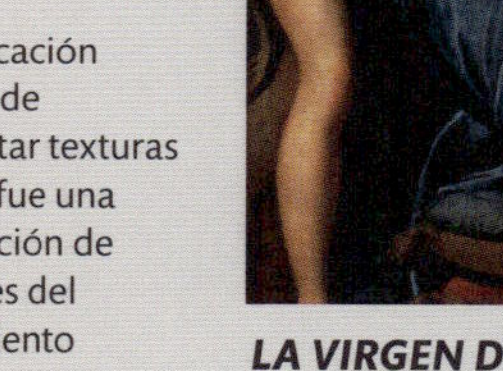

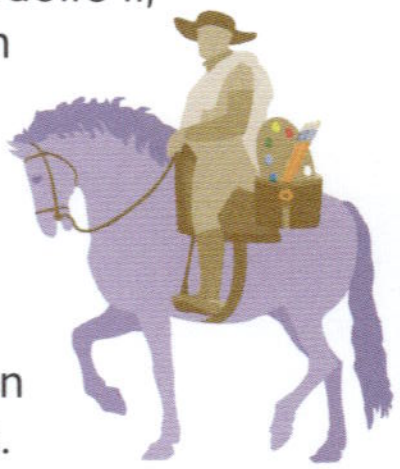

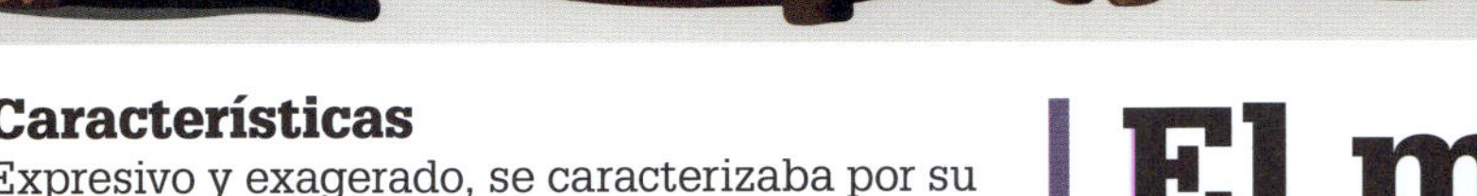
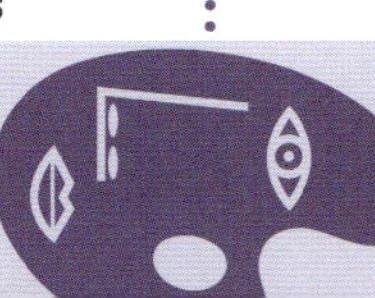

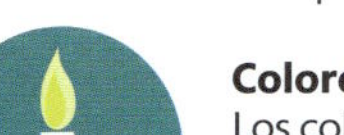

El manierismo suele caracterizarse por los contrastes inexplicables en términos de escala y perspectiva

El manierismo

El manierismo, surgido alrededor del 1520, durante los últimos compases del Alto Renacimiento italiano, creó distorsiones y composiciones asimétricas, en especial alargamientos que transmitían tensión.

Distorsión y asimetría

Alejándose del naturalismo del Renacimiento —especialmente de los estilos armoniosos de artistas como Raffaello y Andrea del Sarto, con su énfasis en el equilibrio y la belleza ideal—, el manierismo se extendió desde Italia por toda Europa y estuvo en boga hasta finales del siglo XVI, cuando quedó sustituido por el estilo barroco. Sus pinturas y esculturas solían incluir la figura *serpentinata,* en la que los cuerpos se retuercen en fluidas eses. Inspirándose en la impresionante grandeza de su obra, los manieristas copiaron las pinturas de la Capilla Sixtina de Michelangelo, sobre todo *El juicio final* (1536-1541). Este movimiento floreció primero en Roma para desarrollarse después por Florencia, Parma, Mantua y otras ciudades italianas, antes de extenderse fuera de Italia. Durante este período, los mecenas animaron a los artistas a competir entre sí por los encargos, lo que hizo valorar aún más el arte original. Este fenómeno dio lugar a nuevos enfoques, con poses más estilizadas y proporciones alteradas.

Características

Expresivo y exagerado, se caracterizaba por su variedad de recursos, entre ellos el artificio, el desequilibrio y las proporciones contrastantes, a menudo sobre fondos artificiales.

Elitismo cortesano

El estilo manierista se consideraba elegante y cortesano, concebido para un público adinerado y culto. Su compleja simbología exigía conocimientos avanzados para poder interpretarla correctamente.

Colores e iluminación llamativos

Los colores decorativos y poco naturales, a menudo brillantes o intensos, así como la luz clara y abundante, contribuían a intensificar las distorsiones y tensiones presentes en las obras.

Drama y tensión

Para los manieristas, generar tensión y dramatismo mediante distorsiones a menudo perturbadoras era una forma de demostrar su refinamiento e ingenio.

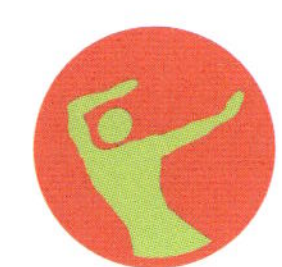

Formas alargadas y exageradas

Distanciándose del equilibrio del Alto Renacimiento, los manieristas alargaban y exageraban las formas para conseguir un efecto elegante.

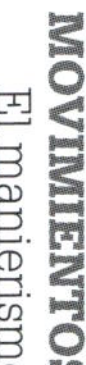

Contexto y características

Aunque los distintos artistas barrocos interpretaron este estilo a partir de varios enfoques, también compartían varios rasgos comunes, entre ellos un potente simbolismo religioso o mitológico y una opulenta y ambiciosa expresión, además de un dominio sobresaliente de la técnica, dramatismo, teatralidad, vitalidad, intensidad emocional y un generoso uso de la luz, de tonos intensos y de ricos colores.

El Concilio de Trento

El Concilio de Trento, celebrado entre 1545 y 1563, se convocó en respuesta a la Reforma protestante y, entre otras cosas, decretó cómo el catolicismo debía honrar el arte.

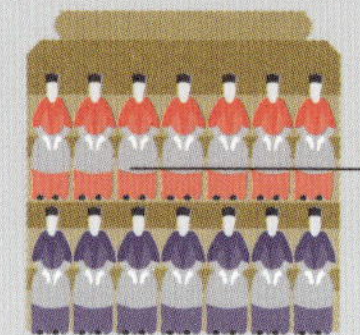

Convención de líderes religiosos

Escenas religiosas

Mientras que los protestantes habían prohibido estas prácticas, la Iglesia católica las promovió con el fin de inspirar a la población, reafirmar su poder y reavivar el vínculo con el catolicismo.

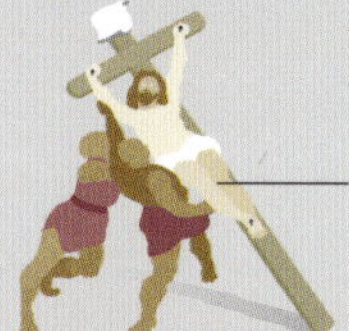

Las escenas dramáticas causaban asombro

Fácil comprensión

El arte barroco tenía como objetivo evocar una respuesta emocional en el público. Y para cumplir con los objetivos de la Iglesia católica, también debía ser audaz y fácil de interpretar, con temas reconocibles.

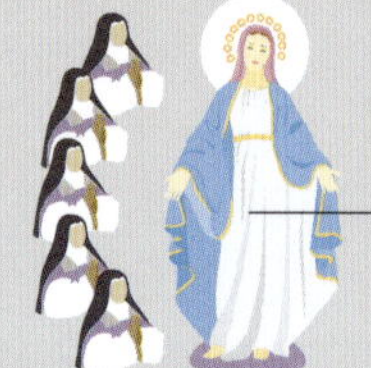

Las imágenes familiares atraían a las masas

Sensualidad y color

Los artistas barrocos crearon pinturas impresionantes, sensuales y de vivos colores que atraían al público general, a menudo representando temas dramáticos de forma vívida y con un marcado contraste entre luz y oscuridad.

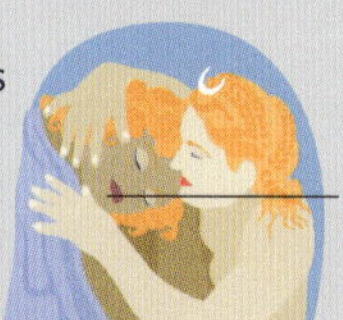

Imágenes vívidas y de colores intensos

Varias perspectivas

Aunando la grandeza y dignidad del Alto Renacimiento con el impulso intelectual del manierismo, el arte barroco recurrió al uso de múltiples perspectivas para aportar movimiento y teatralidad a las escenas representadas.

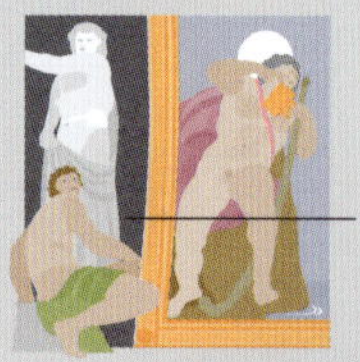

Las vistas desde distintos ángulos creaban dinamismo

EL NOMBRE DE ESTE MOVIMIENTO PODRÍA PROCEDER DEL TÉRMINO PORTUGUÉS *BARROCO,* **QUE HACE REFERENCIA A UN BARRUECO O PERLA IRREGULAR**

ELEMENTOS DE LA ESCULTURA BARROCA

En la escultura barroca, el dinamismo y la energía eran clave. Los grupos de figuras solían retorcerse o estirarse, y las vistas desde todos los ángulos transmitían una novedosa sensación de dramatismo. El escultor más destacado del movimiento, Gian Lorenzo Bernini, creó obras como *El éxtasis de santa Teresa* (1647-1652).

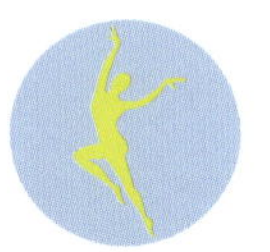

MOVIMIENTO

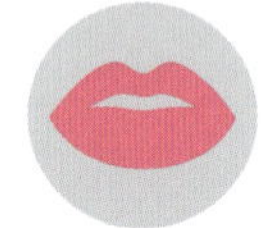

EMOCIÓN INTENSA, SENSUALIDAD

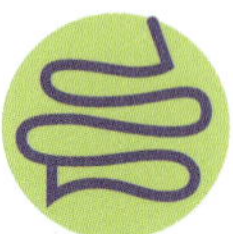

ROPAJES, PLIEGUES DE TELA

La pierna de Holofernes forma una línea con su propia cabeza a lo largo de la composición

HOLOFERNES

El entrelazamiento de los brazos en el centro de la escena genera dramatismo

¿QUIÉNES FUERON LOS ARTISTAS BARROCOS?

Además de Artemisia Gentileschi, algunos de los grandes nombres del Barroco fueron Caravaggio, Peter Paul Rubens, Anthony van Dyck y Rembrandt van Rijn.

El Barroco

El arte barroco, particularmente asociado a la Reforma católica, tenía como objetivo reavivar la fe de los seguidores de la Iglesia gracias a su dinamismo, dramatismo y atractivo emocional.

Muchas obras barrocas destacaban por su dramatismo, en este caso transmitido mediante el uso del claroscuro

Los pliegues luminosos y sensuales de la tela eran típicos de las obras barrocas

El brazo de Judit atraviesa la escena para atraer la mirada

JUDIT

La sangre que brota queda capturada en el aire gracias a los nuevos conocimientos técnicos sobre la trayectoria

Arte alegórico

Pese a abarcar un amplio repertorio de estilos, en su apogeo, entre 1630 y 1680, el arte barroco representó principalmente alegorías bíblicas y mitológicas a gran escala, recurriendo para ello a fuertes contrastes tonales y lumínicos, colores suntuosos y la plasmación de una sensación de movimiento y asombro. El movimiento nació en Roma tras la celebración del Concilio de Trento (véase al lado) para extenderse luego fuera de Europa. Con el paso del tiempo, el Barroco fue evolucionando para adaptarse a las distintas necesidades, contextos y gustos sociales. Esta pintura, obra de Artemisia Gentileschi, se basa en una historia religiosa de la israelita Judit, que asesina al enemigo de su pueblo, el asirio Holofernes, seduciéndolo y decapitándolo mientras se halla en estado de embriaguez.

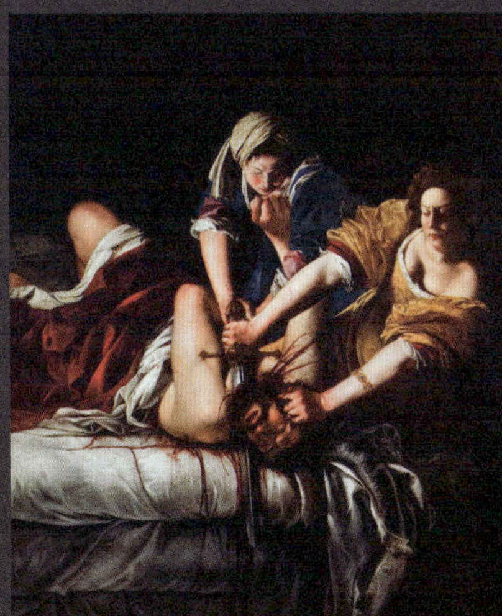

JUDIT DECAPITANDO A HOLOFERNES, ARTEMISIA GENTILESCHI (1620-1621)

Composición dramática

La pintura representa una escena intensa, con un dramatismo típicamente barroco, en la que las poses de las dos mujeres transmiten fuerza tanto física como psicológica. En contraste con las líneas horizontales y diagonales de la composición, la espada es vertical, mientras que la mano de Judit que sujeta la empuñadura se halla en el centro de la imagen para atraer la mirada del espectador.

Virtudes ideales

El principal objetivo del Neoclasicismo era plasmar las virtudes ideales en sus obras para ayudar a los espectadores a elevar sus principios. Para ello, las piezas debían incluir formas claras, colores apagados, ángulos verticales y horizontales marcados y la misma sensación de atemporalidad de las antiguas Grecia y Roma. Este movimiento buscaba, en definitiva, educar y mejorar a la sociedad con la Revolución Francesa y los avances científicos y tecnológicos de la Revolución Industrial como telón de fondo.

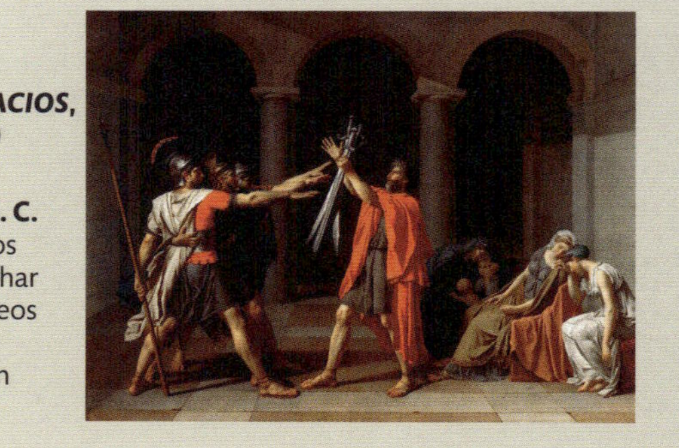

EL JURAMENTO DE LOS HORACIOS, **JACQUES-LOUIS DAVID (1785)**

Disputa entre ciudades, 669 a. C.
En este cuadro, los tres hermanos Horacios de Roma acuerdan luchar contra los tres hermanos Curiáceos de Alba Longa. Jurando lealtad a Roma, los protagonistas toman las espadas de su padre.

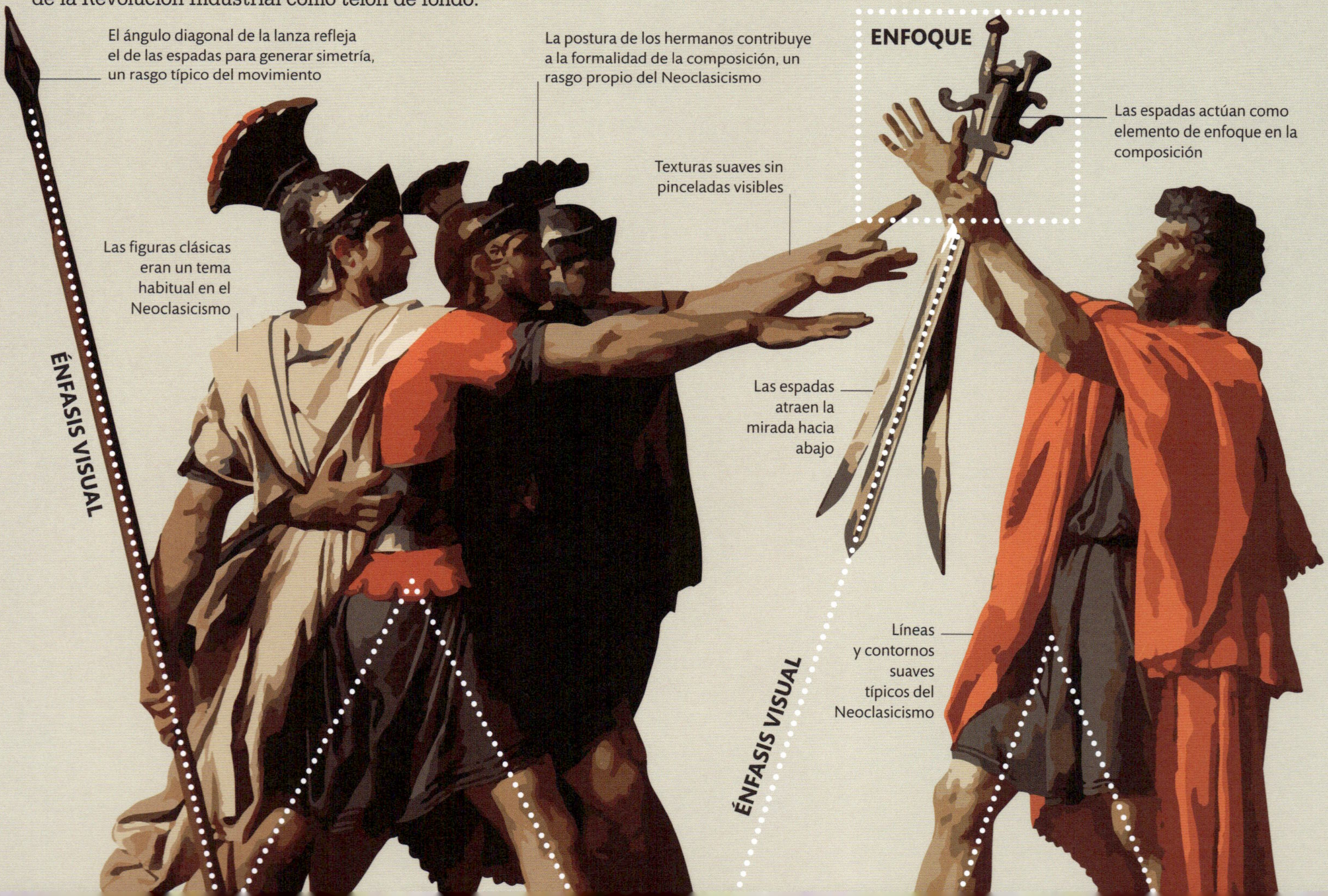

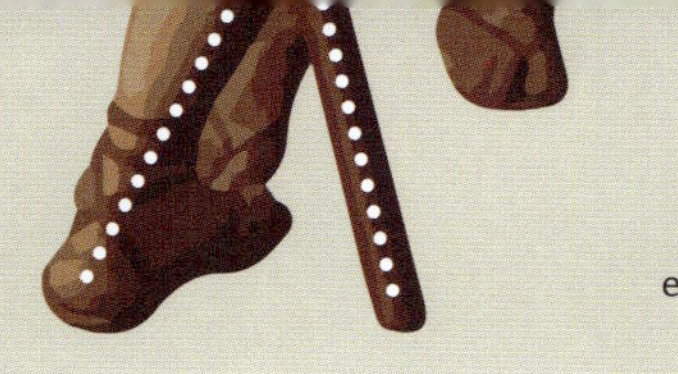

El Neoclasicismo

Como reacción a las extravagancias de los estilos rococó, el Neoclasicismo revivió muchas de las características de la Antigüedad clásica, entre ellas la solidez, la composición formal, los temas históricos y los escenarios arquitectónicamente precisos. Asimismo, el movimiento aprovechó para transmitir un mensaje moral subyacente a través de sus obras.

La Antigüedad como fuente de inspiración

El Neoclasicismo recibió cierta influencia de las excavaciones arqueológicas de Herculano, en 1738, y Pompeya, en 1748 (véase págs. 156-157), que estimularon en los artistas un renovado interés por el legado grecorromano. Este redescubrimiento coincidió con la publicación de ensayos populares que elogiaban el arte clásico, escritos por el filósofo y arqueólogo alemán Johann Winckelmann y por el grabador italiano Giovanni Battista Piranesi.

La jerarquía en la pintura

Durante ese período, las instituciones artísticas decretaron que la pintura debía clasificarse conforme a una «jerarquía de géneros», destinada a expresar el valor moral inherente a cada categoría pictórica. Los mensajes moralizantes podían transmitirse de forma más eficaz a través de las pinturas históricas, mientras que el resto de los géneros se ordenaban según la jerarquía indicada a continuación:

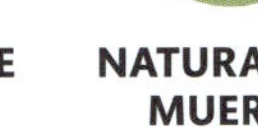 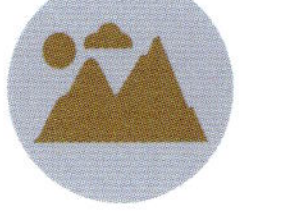 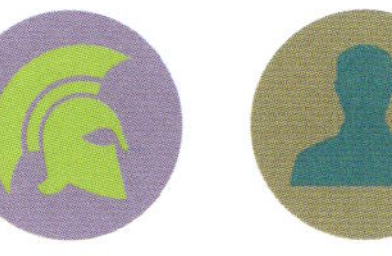 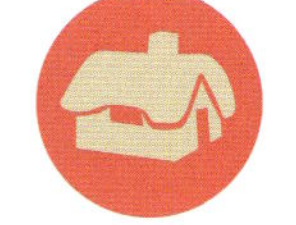 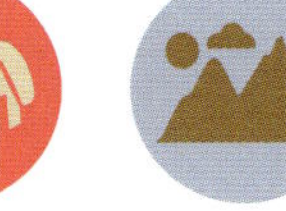

HISTORIA **RETRATO** **DE GÉNERO** **PAISAJE** **NATURALEZA MUERTA**

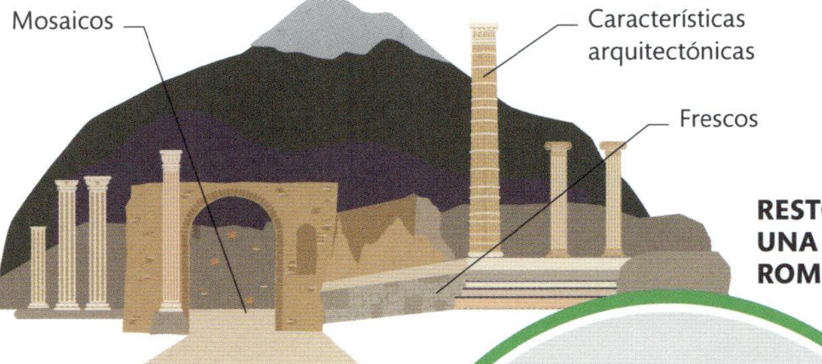

EL GRAND TOUR

Entre aproximadamente 1660 y 1820, muchos jóvenes aristócratas del norte de Europa se embarcaron en el Grand Tour, un viaje en el que visitaban las grandes ciudades del Renacimiento para completar su educación. Esta tendencia contribuyó a extender aún más la estética neoclásica.

LOS ARTISTAS **NEOCLÁSICOS SE INSPIRARON EN GRAN MEDIDA** EN LAS OBRAS DE **HOMERO** 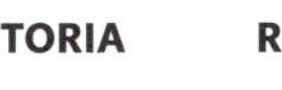

¿QUÉ RELACIÓN HAY ENTRE EL NEOCLASICISMO Y LA REVOLUCIÓN FRANCESA?

Tras participar en la Revolución Francesa, Jacques-Louis David pintó varias obras neoclásicas inspiradas en ella.

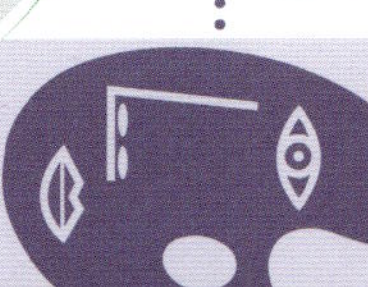

El Romanticismo

El Romanticismo, un movimiento artístico, literario, musical e intelectual que se extendió por Europa entre 1780 y 1850, transmitía emoción, intuición, subjetividad e imaginación.

Emoción y pasión

El Romanticismo, desarrollado en paralelo al Neoclasicismo (véase págs. 184-185), rechazaba la razón y la disciplina en favor de la emoción, la pasión, la espiritualidad y el misterio. El nombre del movimiento deriva de los imaginativos relatos medievales conocidos como *romances*. En sus obras, los artistas románticos exploraron temas contemporáneos y expresaron sus sentimientos, desde el fervor revolucionario hasta los sueños o el amor por el paisaje y la naturaleza. Para ello, solían recurrir a pinceladas sueltas, en contraste con la suave precisión de la pintura neoclásica.

En el contexto de la Revolución Industrial, los levantamientos en América del Norte y Francia despertaron emociones intensas y otorgaron un nuevo protagonismo al pueblo llano. Muchos románticos se solidarizaron con los oprimidos, al compartir sus ideas de libertad, igualdad y orgullo nacional, y algunos también protestaron contra los horrores de la guerra.

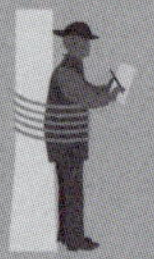

SE DICE QUE, EN BUSCA DE INSPIRACIÓN, J. M. W. TURNER SE ATÓ A UN MÁSTIL DURANTE UNA TORMENTA

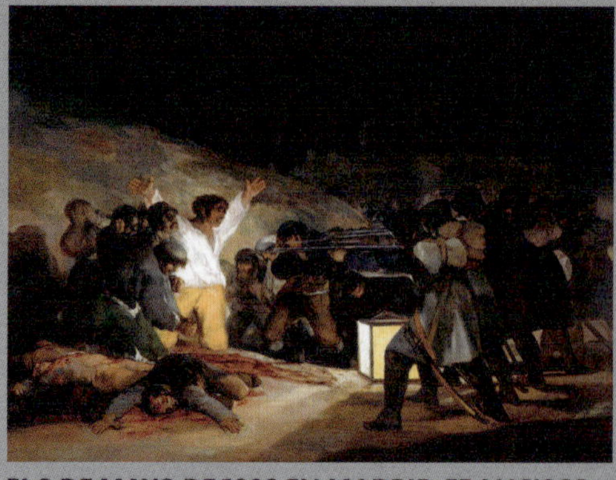

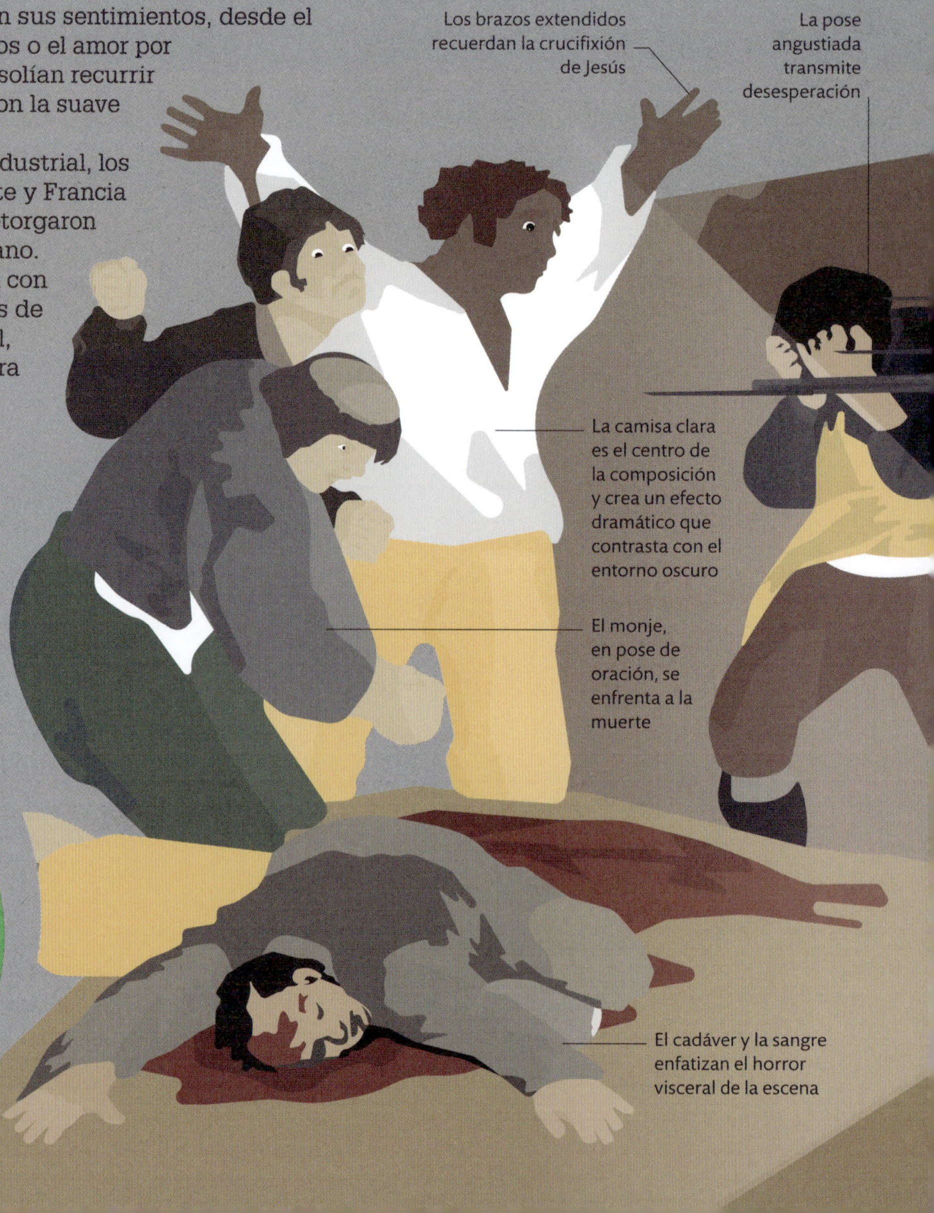

EL 3 DE MAYO DE 1808 EN MADRID, **FRANCISCO DE GOYA (1814)**

¿CUÁL FUE EL LEGADO DEL ROMANTICISMO?

El Romanticismo defendía la idea de que el acto creativo distinguía al artista del resto, lo que contribuyó a acentuar la separación entre las artes y las ciencias.

LA ESCUELA DEL RÍO HUDSON

A mediados del siglo XIX, un grupo de pintores paisajistas radicados en Nueva York ganó prominencia. Influenciados por el Romanticismo, sus cuadros solían representar paisajes impresionantes del valle del río Hudson y sus alrededores. Los artistas posteriores de esta escuela procedían de lugares más lejanos, como el oeste de los Estados Unidos, Canadá o América del Sur.

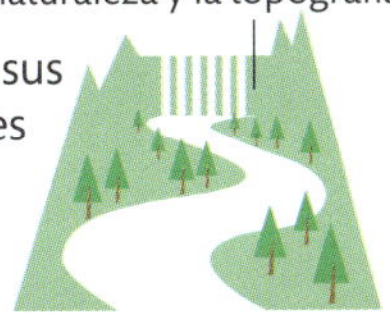

VALLE DEL RÍO HUDSON

La interpretación personal de Goya sobre la guerra
Esta escena cargada de emoción, considerada como la primera pintura moderna, muestra a los rebeldes españoles frente a un pelotón de fusilamiento francés durante la Guerra de la Independencia española.

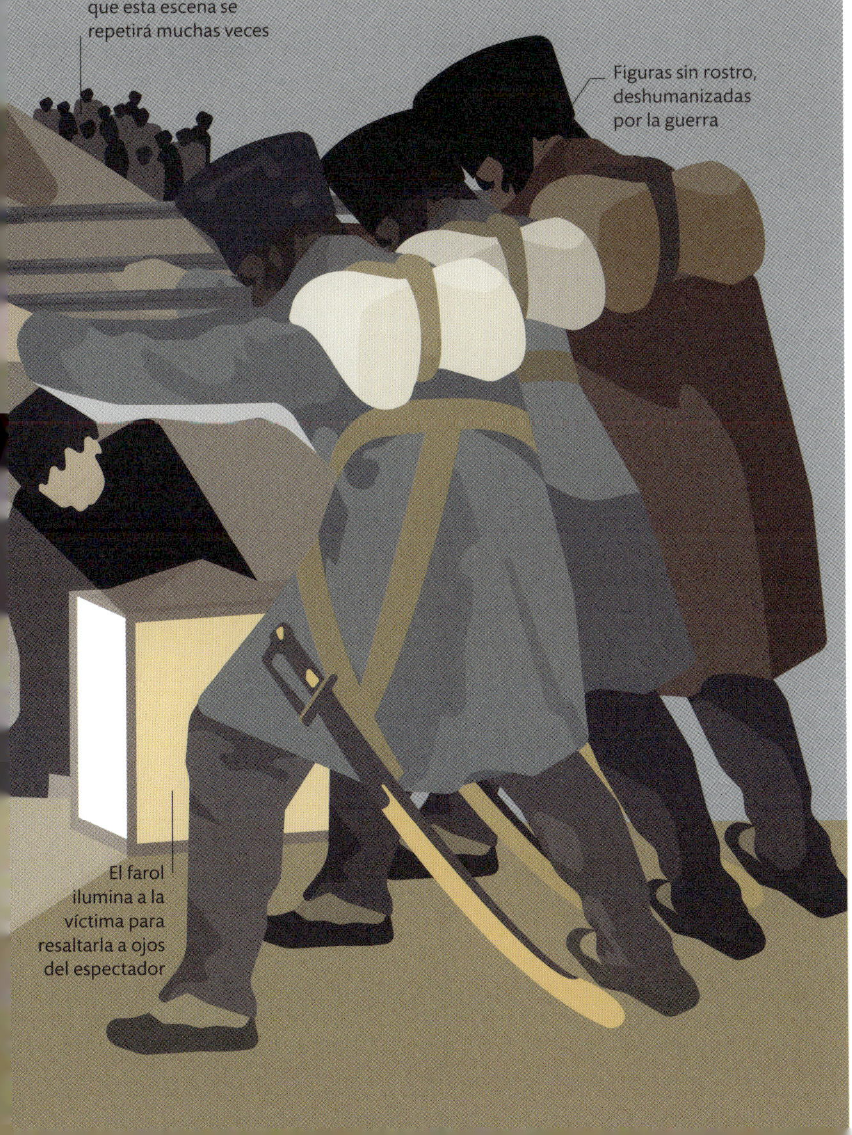

Los cautivos esperan su turno, lo que indica que esta escena se repetirá muchas veces

Figuras sin rostro, deshumanizadas por la guerra

El farol ilumina a la víctima para resaltarla a ojos del espectador

Temas y características

Si bien el Romanticismo no tenía un enfoque o punto de vista único, sus obras de arte compartían varios temas comunes, como el énfasis en la naturaleza, la justicia universal y la preeminencia de los sentimientos por encima de la razón. Los artistas solían aprovechar los fondos de sus obras para realzar la intensidad emocional de su visión subjetiva.

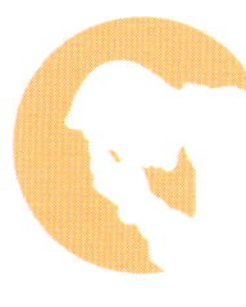

Emoción del artista
Los románticos representaban intencionadamente emociones poderosas, como la ira, el miedo o el dolor, para suscitar reacciones y sentimientos intensos en el espectador.

Subjetividad
Alejándose de los conceptos de razonamiento y lógica propios de la Ilustración, los artistas románticos hicieron hincapié en la subjetividad individual.

Naturaleza
Los artistas románticos retrataban a los protagonistas de sus obras en paisajes grandiosos para enfatizar su insignificancia en comparación con la omnipotencia de Dios.

Afinidad con la naturaleza
En respuesta a la Revolución Industrial, muchos pintores románticos mostraron afinidad por la naturaleza, percibida como un espacio de renovación espiritual.

Tormentas y naufragios
Artistas como J. M. W. Turner destacaron por inspirar emociones intensas en el espectador con sus representaciones de violentas tormentas y barcos a la deriva.

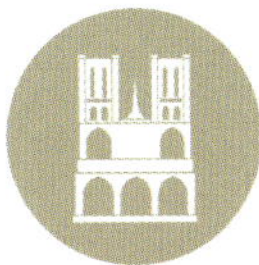

Arquitectura gótica
Como reacción al resurgimiento del gótico, los artistas románticos, como Caspar David Friedrich, solían incluir ruinas góticas en sus paisajes.

Música y literatura
Gracias a su carácter individualista, espontáneo, visionario e imaginativo, el Romanticismo también ejerció una gran influencia sobre la literatura y la música.

Los prerrafaelitas

La Hermandad Prerrafaelita, fundada en 1848 por un grupo de jóvenes artistas y un escritor británicos que rechazaban las ideas y métodos de las instituciones artísticas, sentía admiración por el arte tardomedieval y el Renacimiento temprano, anterior a la época de Raffaello. Para la Hermandad, aquel estilo resultaba mucho más auténtico, de modo que elaboraron sus propios enfoques y técnicas con la intención de recuperar la sinceridad en los temas y estilos, una característica de épocas pasadas.

Contenido impactante

Las obras de los prerrafaelitas solían considerarse ofensivas. Las figuras religiosas, idealizadas en el arte tradicional, no recibían ese tratamiento por parte de este nuevo movimiento. Sus modelos femeninas no llevaban corsé y lucían el pelo suelto, a la vez que su paleta de colores vivos resultaba estridente para la época. Los temas morales que solían plasmar, como la pobreza, la prostitución y la doble moral sexual en la sociedad, se tachaban de cuestionables. Sus artistas también creían que la Revolución Industrial británica había provocado numerosos problemas sociales y políticos y apostaban por reflejar esas realidades modernas en sus piezas. La combinación de temas impactantes y un estilo radicalmente nuevo causó gran revuelo tanto entre sus contemporáneos como entre el público general.

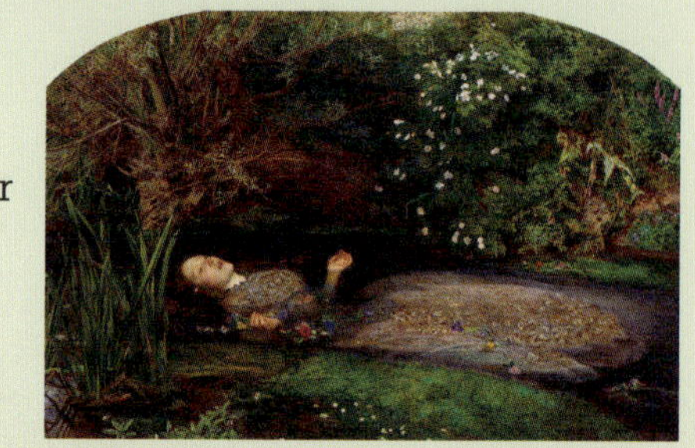

***Ofelia*, John Everett Millais (1850-1851)**
Esta pintura muestra una escena del Hamlet de Shakespeare: la muerte de Ofelia. Millais pintó el fondo *in situ* y la figura en su estudio.

En sus representaciones de la flora, los artistas prerrafaelitas buscaban la precisión botánica y un realismo minucioso

La argolla de violetas es un símbolo de fidelidad, castidad y muerte

Los colores vivos eran típicos del movimiento

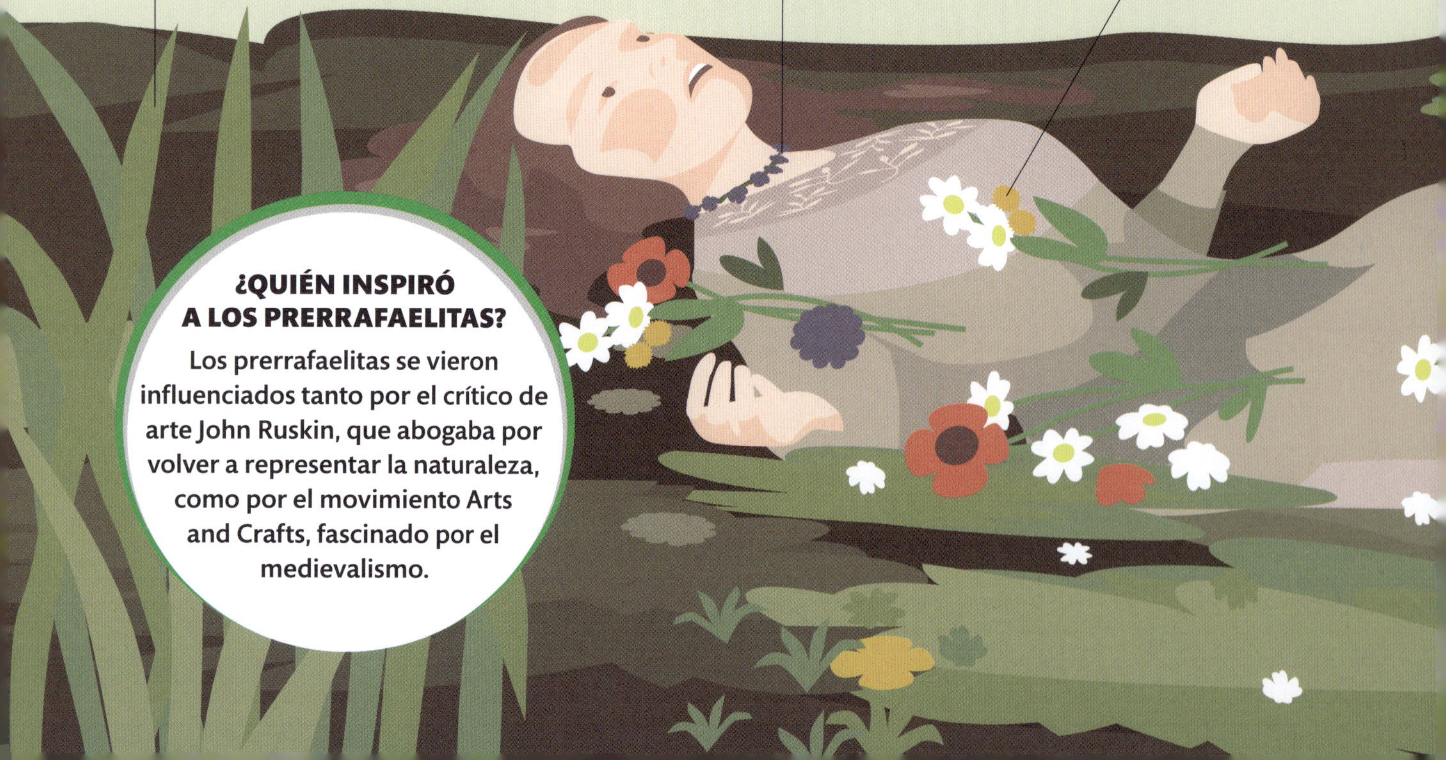

¿QUIÉN INSPIRÓ A LOS PRERRAFAELITAS?

Los prerrafaelitas se vieron influenciados tanto por el crítico de arte John Ruskin, que abogaba por volver a representar la naturaleza, como por el movimiento Arts and Crafts, fascinado por el medievalismo.

Una sociedad secreta

El grupo se llamaba a sí mismo Hermandad Prerrafaelita y firmaba sus obras con las iniciales PRB, cuyo significado mantenía en secreto. Tras desafiar las tradiciones de la Royal Academy, principal escuela de arte británica, tuvieron que enfrentarse a la hostilidad de la crítica. Además, publicaron la revista *The Germ*, dedicada al arte, la poesía y la literatura.

RECHAZO

Debido a su audaz representación de los problemas sociales, entre otras cuestiones, muchos despreciaban a los prerrafaelitas, entre ellos el escritor Charles Dickens, quien los tachó de «lo más mezquino, odioso, repulsivo y repugnante que existe».

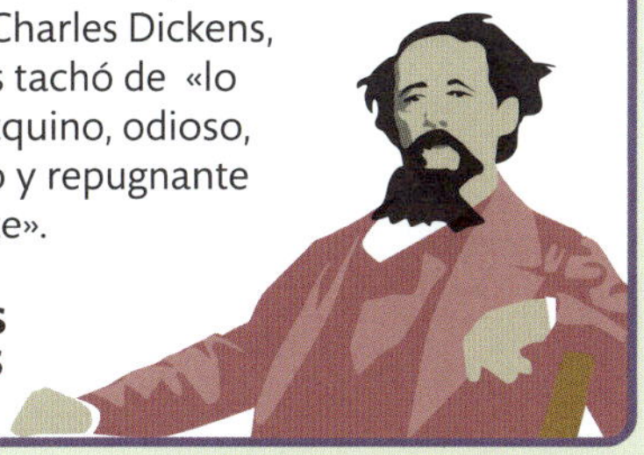

CHARLES DICKENS

Genuinidad
El PRB anteponía el realismo al idealismo y rechazaba las enseñanzas establecidas.

Regreso a la naturaleza
Como respuesta al desarrollo industrial, el movimiento optó por representar formas presentes en la naturaleza.

Colores vivos
Los artistas usaban colores vivos sobre fondos blancos para atraer la atención del espectador.

Detalles abundantes
La esmerada aplicación de la pintura, ejecutada con pinceles pequeños, creaba imágenes vivas y detalladas.

ELIZABETH SIDDALL, **LA MODELO,** PERMANECIÓ EN UNA **BAÑERA LLENA DE AGUA** DÍA TRAS DÍA DURANTE **CUATRO MESES** MIENTRAS MILLAIS LA PINTABA **Y ESTUVO A PUNTO DE MORIR**

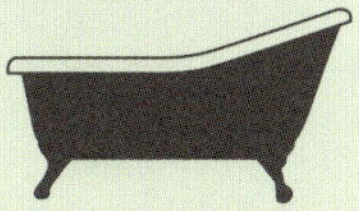

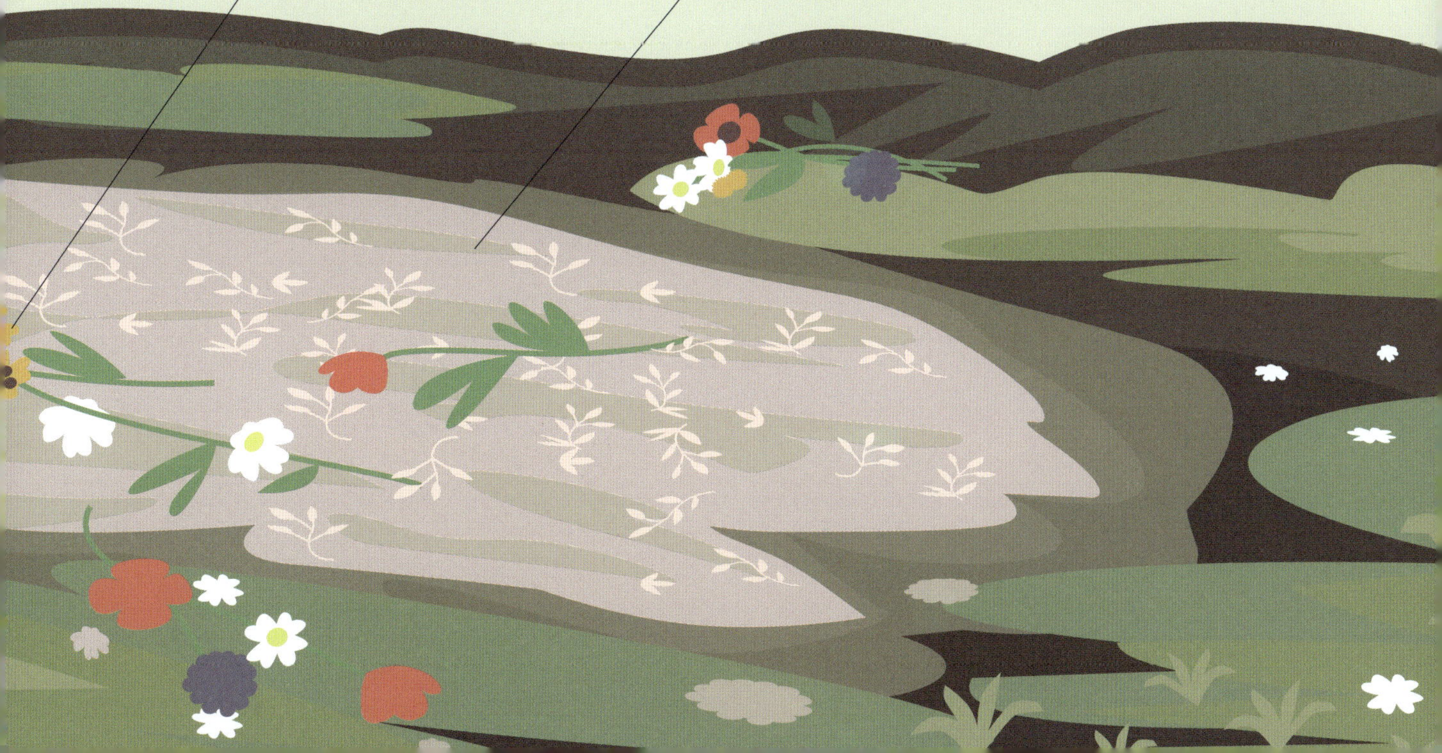

Los pensamientos simbolizan el amor imposible

La representación realista de los pliegues de la tela bajo el agua dota la imagen de un enorme poder emocional

El realismo

El realismo, considerado por muchos el primer movimiento artístico moderno, se desarrolló a mediados del siglo XIX, cuando un grupo de artistas rechazó los temas y métodos tradicionales para empezar a representar imágenes de la vida cotidiana. Los realistas crearon imágenes francas y libres de idealizaciones, entre ellas escenas cotidianas de campesinos y trabajadores, para ampliar los márgenes de lo que se entendía como arte.

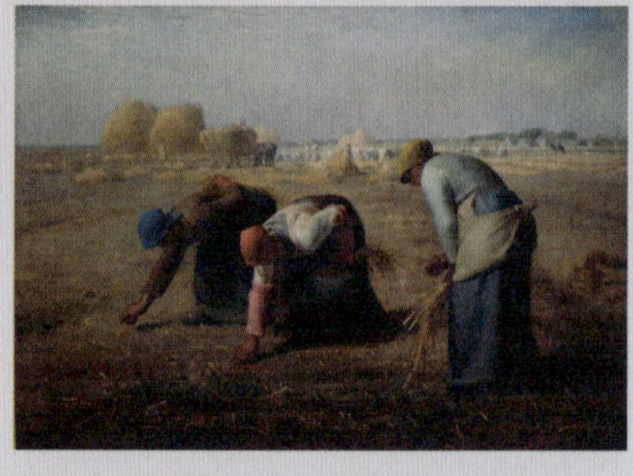

LAS ESPIGADORAS, JEAN-FRANÇOIS MILLET (1857)

Rechazo del Romanticismo

Tras la revolución de 1848, el realismo surgió en Francia como rechazo a la idealización y estilización del Romanticismo (véase págs. 186-187), que durante años había dominado el arte occidental. En aquel momento, el mundo moderno e industrial se estaba consolidando y las clases trabajadoras eran cada vez más conscientes de su importancia. El Romanticismo, con su carga de emoción, dramatismo y exotismo, parecía entonces fuera de lugar, dado que, para los realistas, la vida cotidiana, representada con un estilo veraz y sin «embellecimientos», resultaba mucho más auténtica.

Vida de la clase trabajadora

La representación que hace Millet de las mujeres dedicadas al antiguo oficio de espigar (recoger el grano sobrante) transmite la dignidad del trabajo humano. La composición destaca las duras condiciones de vida y la humanidad de los sujetos representados.

LOS SOMBREROS DE COLOR **ROJO** Y **AZUL** Y LA ROPA **BLANCA** DE **LAS ESPIGADORAS** DE MILLET FORMAN LOS **COLORES** DE LA **BANDERA FRANCESA**

La abundante cosecha se sitúa en un segundo plano, en contraste con la exigua recolección de las espigadoras

PRIMER PLANO

Las mujeres trabajadoras situadas en primer plano simbolizan a las clases trabajadoras rurales, lo que se destaca a ojos del espectador por su ubicación en la composición

Se describen de forma realista varios aspectos del trabajo de las espigadoras: seleccionar el trigo, recolectarlo y atarlo en gavillas

¿CÓMO EXPRESÓ EL REALISMO EL ESPÍRITU DE SU TIEMPO?

El realismo coincidió en el tiempo con los avances en la fotografía y el auge del periodismo, lo que acrecentó el interés por documentar las condiciones sociales reales de la época.

DIVERSIDAD DE ENFOQUES

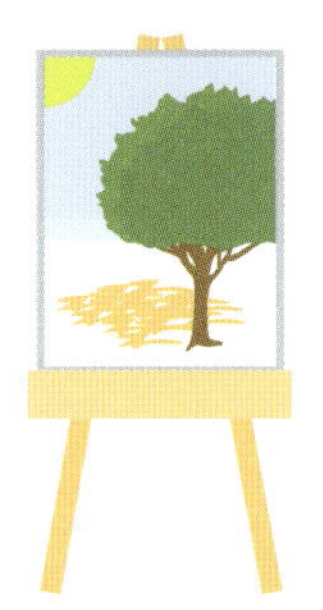

Tanto el realismo como el impresionismo (véase págs. 192-193) trataban temas similares, como paisajes rurales, personas y escenas de la vida moderna. Sin embargo, mientras que los primeros se centraban en plasmar temas cotidianos sin artificios, los pintores impresionistas buscaban capturar los efectos lumínicos de una forma más interpretativa.

IMPRESIONISMO FRENTE A REALISMO

Una figura a caballo, cuya lejanía resalta la división entre clases, supervisa la finca

FONDO

Los elementos del realismo

A mediados del siglo XIX, la industrialización estaba transformando el mundo occidental a pasos agigantados, lo que provocó un rápido crecimiento de las ciudades y de la clase media. Al no contar ya con los encargos de mecenas adinerados o de instituciones como la Iglesia, una nueva generación de artistas tuvo que buscar nuevas formas de plasmar ese mundo cambiante revisando y renovando los enfoques y métodos tradicionales. Sus temas predilectos, la vida cotidiana y el mundo moderno, formaban parte de los objetivos progresistas del modernismo.

Arte rebelde
El realismo fue el primer movimiento artístico en rebelarse abiertamente contra las convenciones artísticas contemporáneas.

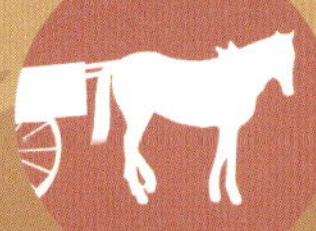

Arte cotidiano
Los realistas dieron protagonismo a los temas cotidianos en un grado nunca visto hasta entonces.

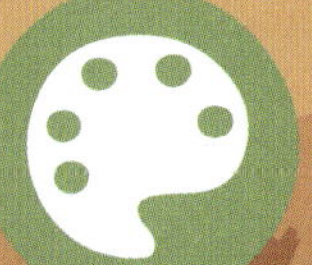

Colores oscuros
Los pintores realistas solían usar paletas de colores oscuros que contrastaban con los ideales populares de belleza.

Artistas famosos
El realismo introdujo la noción del artista como figura reconocida, una idea que se popularizaría en épocas posteriores.

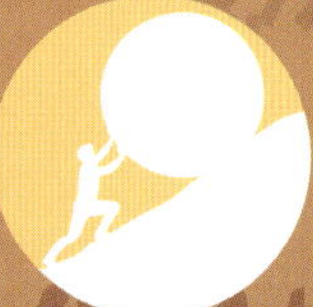

Sin artificios
Los artistas realistas buscaban representar sus temas de manera clara y sencilla para enfatizar las dificultades a las que debían enfrentarse.

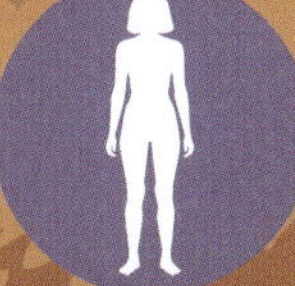

La sexualidad y el cuerpo
Algunas obras realistas abordaron con una sinceridad inédita la representación del cuerpo humano y la sexualidad.

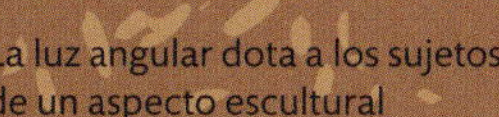

La luz angular dota a los sujetos de un aspecto escultural

Vida al aire libre

Muchos impresionistas se sentían atraídos por la idea de pintar en exteriores —o *en plein air* — para poder captar la naturaleza de forma directa. Inventos recientes como las pinturas con tapón de rosca, los tubos de pintura y los caballetes portátiles permitieron a los artistas llevarse fácilmente su equipo consigo, lo que les proporcionó flexibilidad y eficacia a la hora de pintar al aire libre. Artistas como Renoir se sentían atraídos por las escenas de la naturaleza, pero también pintaban vistas urbanas y temas de la vida moderna y cotidiana que habrían sido totalmente inaceptables para la Académie, desde bares y prostitutas hasta paisajes marítimos y trenes de vapor.

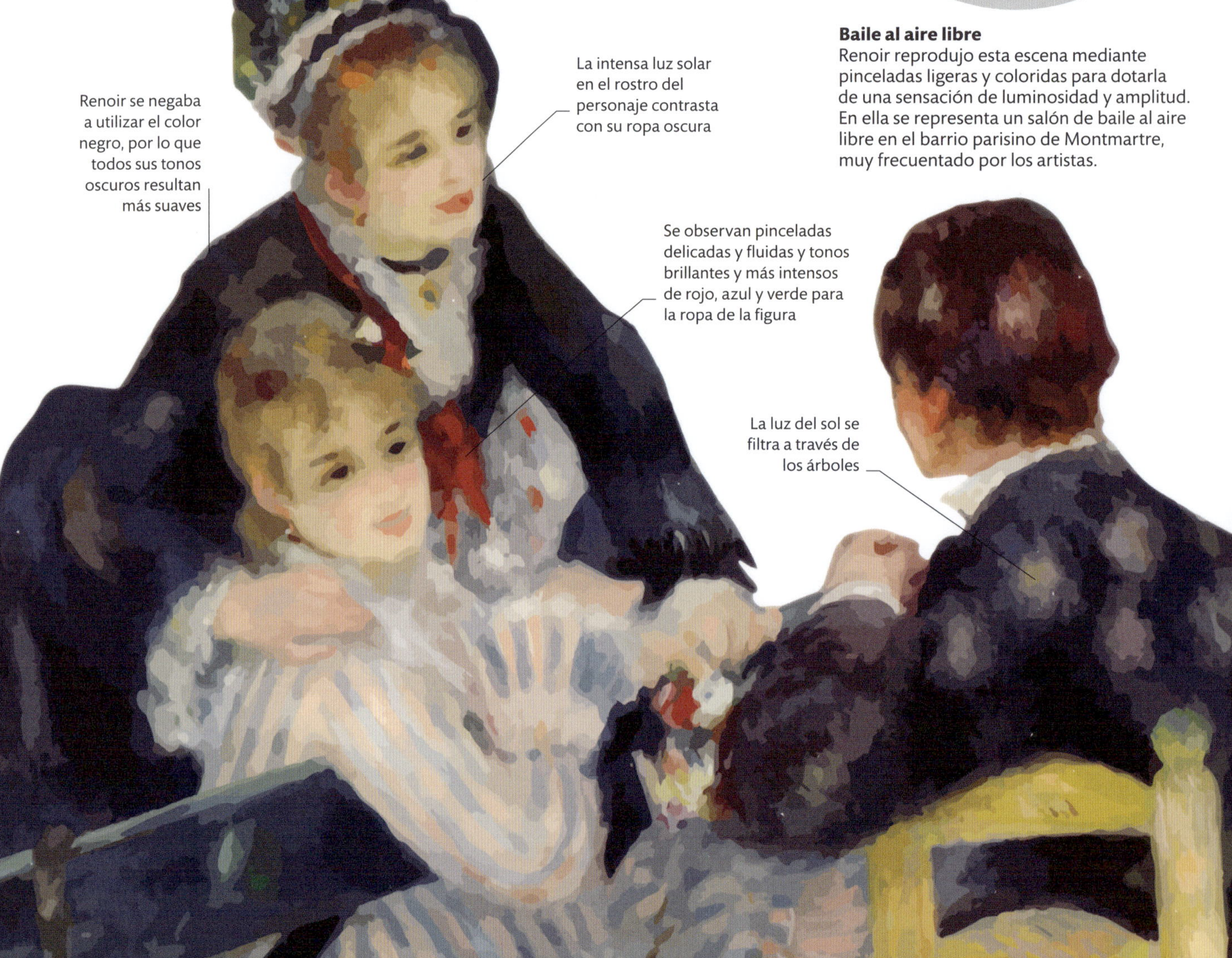

Baile al aire libre
Renoir reprodujo esta escena mediante pinceladas ligeras y coloridas para dotarla de una sensación de luminosidad y amplitud. En ella se representa un salón de baile al aire libre en el barrio parisino de Montmartre, muy frecuentado por los artistas.

Renoir se negaba a utilizar el color negro, por lo que todos sus tonos oscuros resultan más suaves

La intensa luz solar en el rostro del personaje contrasta con su ropa oscura

Se observan pinceladas delicadas y fluidas y tonos brillantes y más intensos de rojo, azul y verde para la ropa de la figura

La luz del sol se filtra a través de los árboles

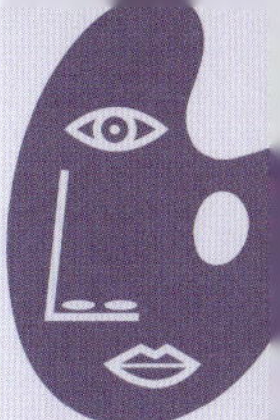

El impresionismo

El impresionismo se desarrolló en Francia en la década de 1860, cuando numerosos artistas empezaron a plasmar los efectos cambiantes de la luz y el color del mundo exterior, que captaban con pinceladas rápidas para crear «impresiones».

Durante la segunda mitad del siglo XIX, artistas impresionistas como Claude Monet, Mary Cassatt y Pierre-Auguste Renoir rompieron con la tradición artística y rechazaron los estándares imperantes establecidos por la Académie des Beaux-Arts, una sociedad francesa dedicada a preservar la producción de escenas históricas y moralizantes. En contraposición, estos artistas empezaron a explorar cómo la pintura podía recrear sus experiencias sensoriales cotidianas. Recurriendo al uso de colores vivos, a menudo obtenidos directamente del tubo y aplicados mediante pinceladas sueltas y esbozadas, plasmaron las sensaciones fugaces que sentían al observar el mundo que los rodeaba.

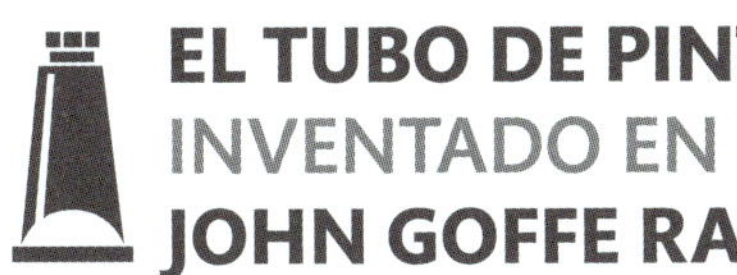

EL TUBO DE PINTURA FUE INVENTADO EN **1841** POR **JOHN GOFFE RAND**

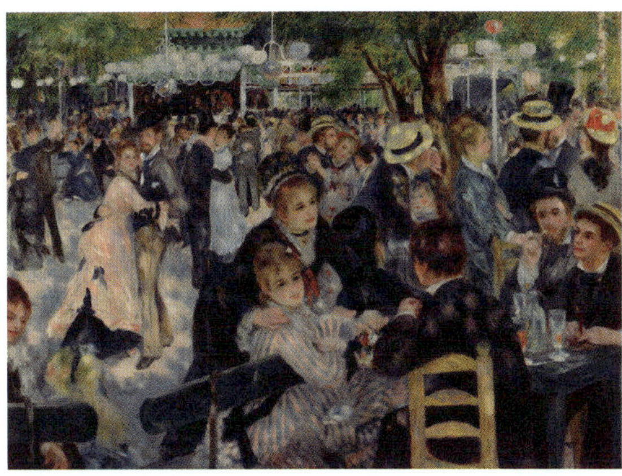

BAILE EN EL MOULIN DE LA GALETTE, PIERRE-AUGUSTE RENOIR (1876)

Captura de la luz

Claude Monet (1840-1926), uno de los pioneros del impresionismo, solía volver a representar los mismos temas en diferentes momentos del día y en las distintas estaciones del año. Desde almiares y catedrales hasta los nenúfares de su jardín, plasmó los distintos efectos de la luz sobre el color y llevó su obra casi hasta la abstracción.

Pintura *in situ*
Monet comenzó a pintar su serie *Almiares* en otoño de 1890, tarea que demoró 18 meses en completar. Pintaba al aire libre, llevando a cuestas su equipo de pintura.

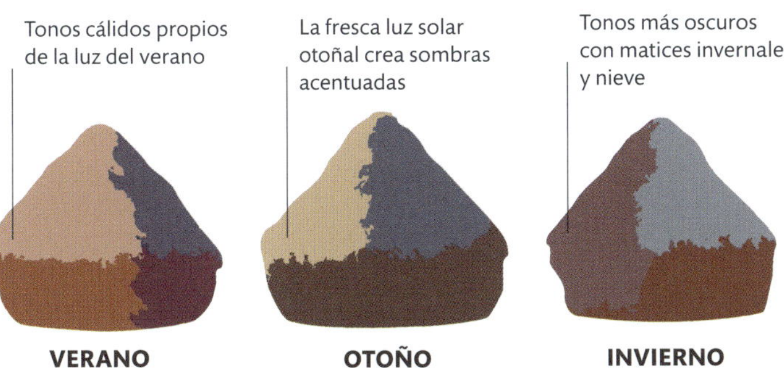

EL SALON DES REFUSÉS DE 1863

Muchos de los pioneros del impresionismo vieron cómo sus obras experimentales eran rechazadas en la exposición anual patrocinada por la Académie, el Salón de París, por lo que en 1863 decidieron organizar su propia «exposición de rechazados» en el Palais de l'Industrie, lo que causó un gran revuelo en el mundo del arte francés.

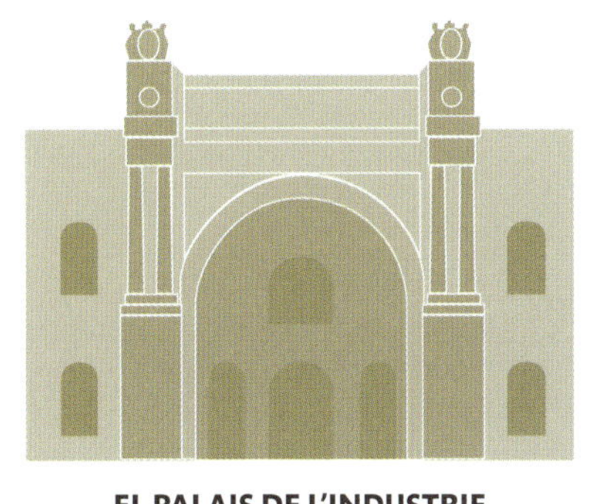

EL PALAIS DE L'INDUSTRIE

El posimpresionismo

El impresionismo ejerció una fuerte influencia en varios pintores que trabajaban principalmente en Francia a finales de la década de 1880. Este heterogéneo grupo pasó a englobarse bajo el término *posimpresionismo*.

Visiones individuales

Si los impresionistas (véase págs. 192-193) habían abierto las puertas a la experimentación artística de finales del siglo XIX, los pintores posimpresionistas —un variopinto grupo formado por Paul Cézanne, Paul Gauguin, Vincent van Gogh y Georges Seurat— se alejaron de su ideal de plasmación de la luz y el color de forma naturalista para experimentar con distintos enfoques en cuanto a elecciones cromáticas, técnicas y narrativas, para plasmar su propia visión artística individual. Sus obras, ricas en simbolismo, priorizaban la expresión de las emociones por encima de la mera reproducción de la realidad.

Detalles montañosos

Paul Cézanne utilizó sutiles variaciones de color y cambios de perspectiva para representar un paisaje.

Superficies uniformes de color con un sutil degradado

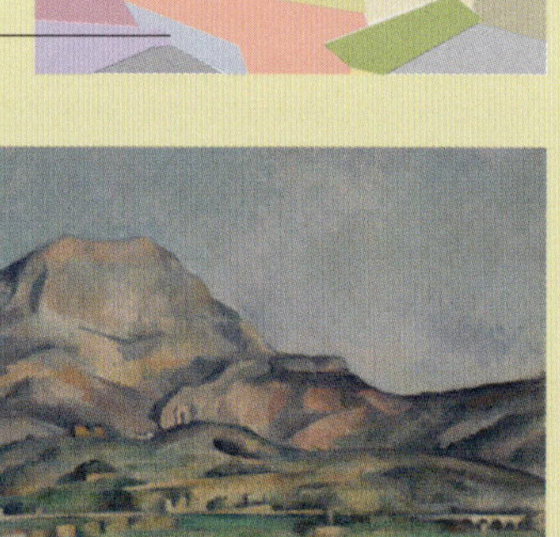

La montaña Sainte-Victoire, Paul Cézanne (1892-1895)
Cézanne pintó una serie de cuadros de esta montaña situada en el sur de Francia. Para ello, recurrió a contornos sutiles y formas geométricas implícitas a fin de simplificar la escena.

Los girasoles de Vincent

Entre 1888 y 1889, Van Gogh pintó una serie de cuadros de girasoles. Para ello, empleó una paleta de pinturas al óleo limitada al amarillo de cromo, el ocre amarillo y el verde veronés.

Las capas gruesas de pintura añaden textura a las semillas

Las pinceladas de los posimpresionistas transmiten dinamismo

UNA DE LAS PINTURAS DE **GIRASOLES FUE DESTRUIDA** DURANTE LA **SEGUNDA GUERRA MUNDIAL**

Color y técnica

Van Gogh se convirtió en el exponente más destacado del posimpresionismo, al usar formas distorsionadas y colores no naturales para representar sus temas. La aparición de nuevos pigmentos le permitió emplear colores vivos al óleo, especialmente amarillos, con el fin de generar una reacción emocional en el espectador. Sus pinceladas audaces y densas, una técnica conocida como *empaste*, aportan una calidad casi tridimensional a sus pinturas de escenas y objetos cotidianos.

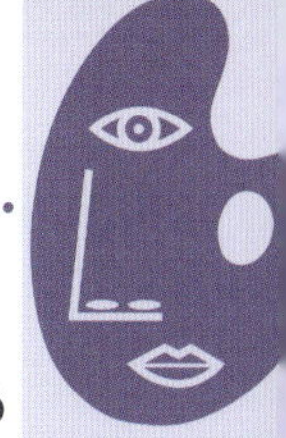

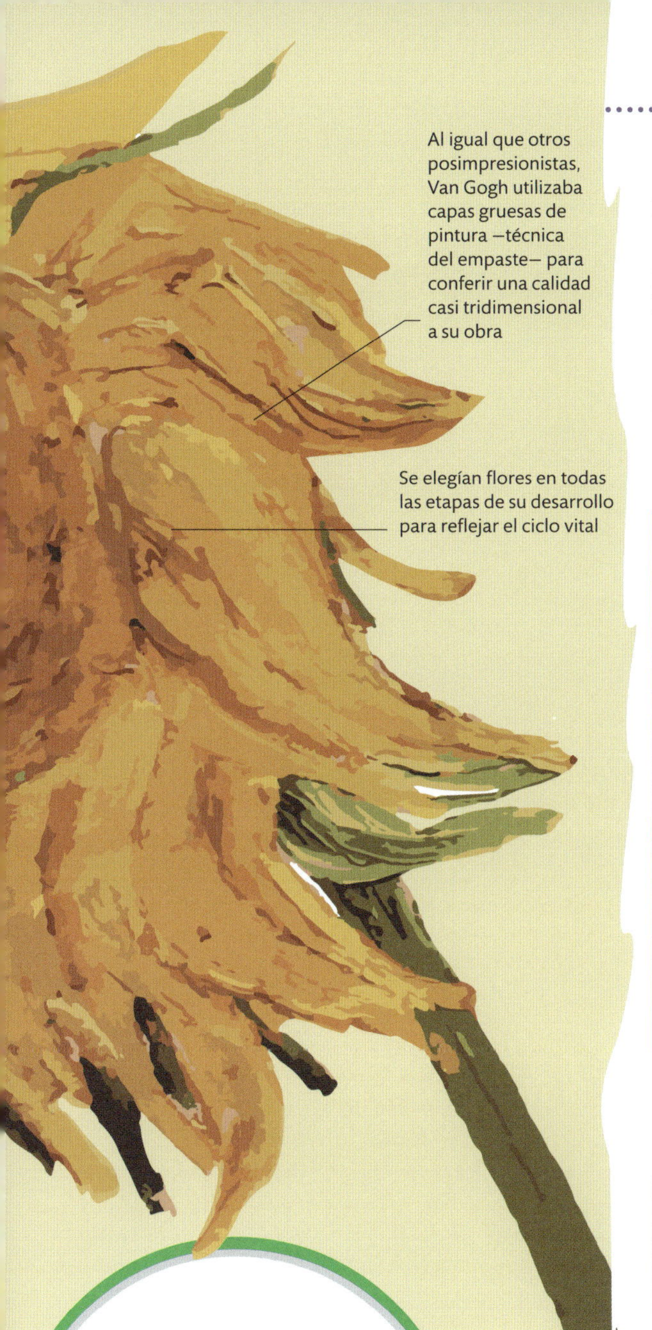

Al igual que otros posimpresionistas, Van Gogh utilizaba capas gruesas de pintura —técnica del empaste— para conferir una calidad casi tridimensional a su obra

Se elegían flores en todas las etapas de su desarrollo para reflejar el ciclo vital

¿EN QUÉ ÉPOCA SURGIÓ EL POSIMPRESIONISMO?

La actividad de los principales posimpresionistas se concentró sobre todo entre 1880 y 1910.

Gauguin y el color

Inspirado por los impresionistas, Paul Gauguin abandonó su carrera como corredor de bolsa para dedicarse a la pintura en 1883. Sus viajes a Martinica, en el Caribe, y a las islas tropicales de Tahití, en el sur del océano Pacífico, influyeron en gran medida en su uso de colores vivos, una seña de identidad del movimiento posimpresionista. En sus primeras obras, plasmaba amplias áreas de color plano sobre tonos degradados, que al delinearse con líneas oscuras ofrecían un efecto de formas aplanadas.

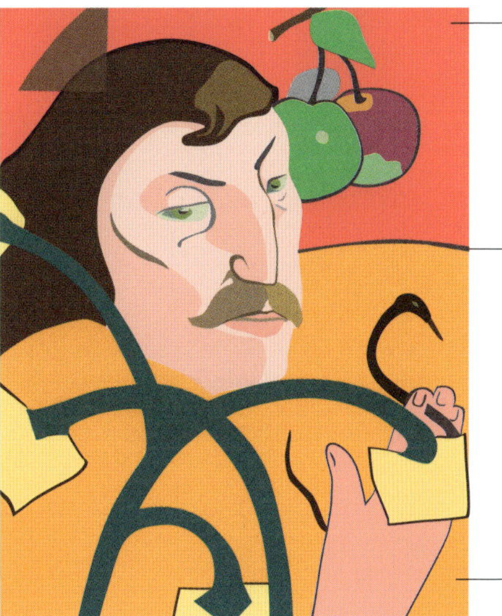

Gauguin solía yuxtaponer el rojo con otros colores para realzar la intensidad de sus imágenes

El uso de un contorno grueso y oscuro hace resaltar el color y define la imagen

Gauguin recurría con frecuencia al amarillo. Aquí, domina la parte inferior del encuadre

***Autorretrato con halo,** Paul Gaugin (1889)*
Gauguin solía usar los colores de forma simbólica, por lo que se ha debatido si los amarillos y rojos de esta obra podrían sugerir el calor del infierno y la creación.

LAS CARTAS DE VAN GOGH

Vincent van Gogh fue un prolífico escritor de cartas. Hoy en día se conservan un total de 819 misivas escritas por el artista, muchas dirigidas a su hermano Theo. En sus cartas, Van Gogh podía incluir bocetos de las composiciones en las que estuviese trabajando en ese momento, a menudo salpicados de etiquetas que indicaban dónde iba a aplicar el color.

Las etiquetas de los bocetos indican el color

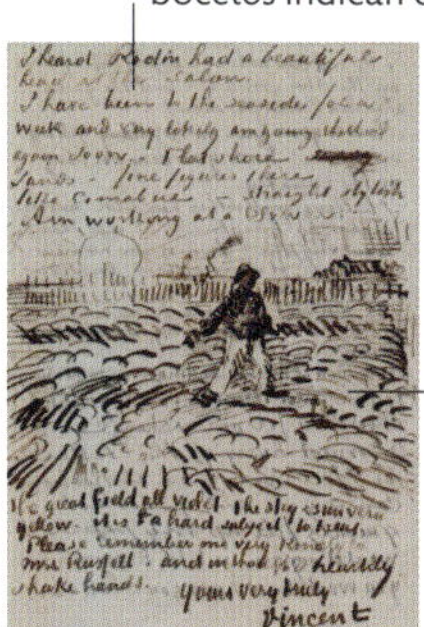

Van Gogh llamaba «garabatos» a sus bocetos

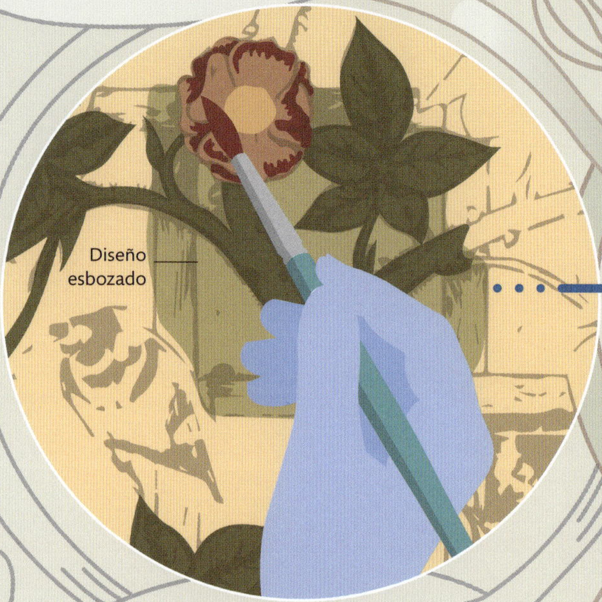

1 Creación del diseño
El diseño se esboza en papel con un pincel y, a continuación, se transfiere al bloque de madera, a menudo trazando el contorno sobre papel carbón.

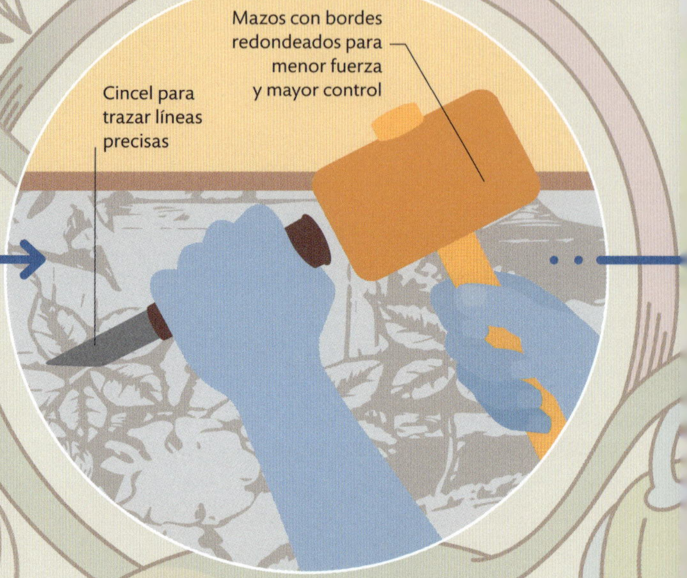

2 Talla del diseño en madera
Con cinceles y gubias grababan el diseño en la madera, dejando zonas elevadas para que absorbieran la tinta. Morris les añadía metal o fieltro para crear textura.

El Arts and Crafts

El movimiento Arts and Crafts surgió en Inglaterra a mediados de la década de 1880 como reacción a lo que se percibía como las consecuencias negativas de la Revolución Industrial. Los defensores del movimiento, encabezados por el diseñador William Morris, abogaban por crear obras de arte y objetos hechos a mano que evocaran el espíritu de las tradiciones medievales.

Una reacción a lo industrial

Abrumados por la cantidad de productos de baja calidad y mal gusto que se exhibían en la Gran Exposición de Londres de 1851, William Morris y otros artistas del movimiento Arts and Crafts optaron por diseñar objetos centrados en la simplicidad, la belleza y la practicidad. Muchos de ellos se habían formado en arquitectura y la idea de un interior «total» en el que la arquitectura, el papel pintado, los muebles, la cerámica y otros objetos se combinasen para crear un todo equilibrado reflejaba el ideal moderno y socialmente transformador del espacio doméstico.

Mobiliario
Los muebles se caracterizaban por sus líneas rectas y sencillas.

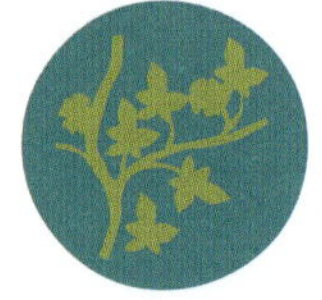

Estampados
Los diseños estampados eran muy decorativos y se obtenían a partir de motivos y tintes naturales.

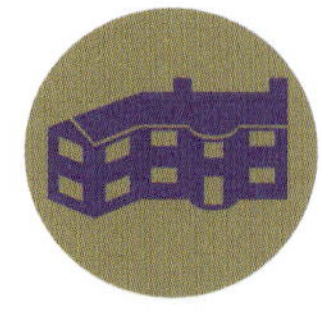

Arquitectura
Los edificios solían ser asimétricos y se prestaba especial atención a los materiales de construcción.

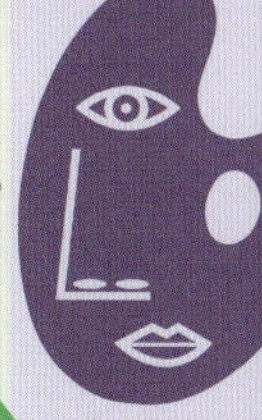

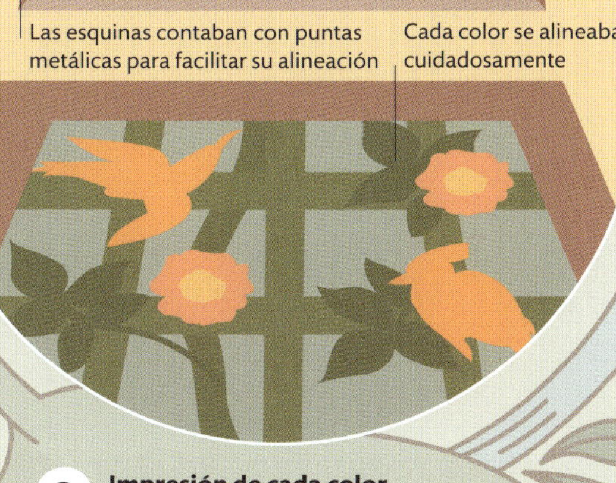

3 Impresión de cada color
Debe tallarse un bloque para cada color. Luego, cada uno se imprime de forma individual sobre la misma hoja de papel. La impresión se va completando gradualmente hasta obtener el diseño final.

¿QUIÉN ERA WILLIAM MORRIS?

William Morris, poeta, diseñador y reformador social, se alzó como figura clave del movimiento Arts and Crafts gracias a sus percepciones sobre la artesanía y su función en la sociedad de la época.

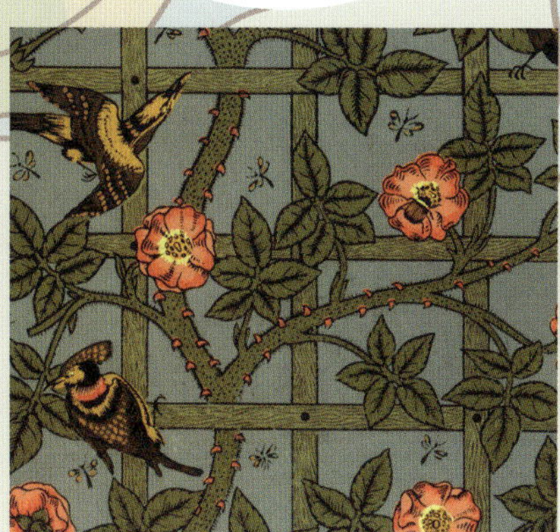

El papel pintado acabado
El papel pintado *Trellis* de Morris se inspiró en el jardín de su casa, Red House. El patrón, típico de sus primeros diseños, combina pájaros y rosas sobre un fondo claro.

El Parlamento de Pugin

Al igual que Morris, el arquitecto inglés Augustus Pugin criticó duramente la ornamentación excesiva de la época victoriana. Tras un incendio en 1834, Pugin recibió el encargo de diseñar la torre del reloj y los interiores del recién reconstruido Palacio de Westminster en Londres. Sus diseños finales combinaban temas cristianos con interiores góticos (véase págs. 174-175), mobiliario y distintos tipos de papel pintado, todo ello inspirado en un idílico pasado imaginario de la Edad Media.

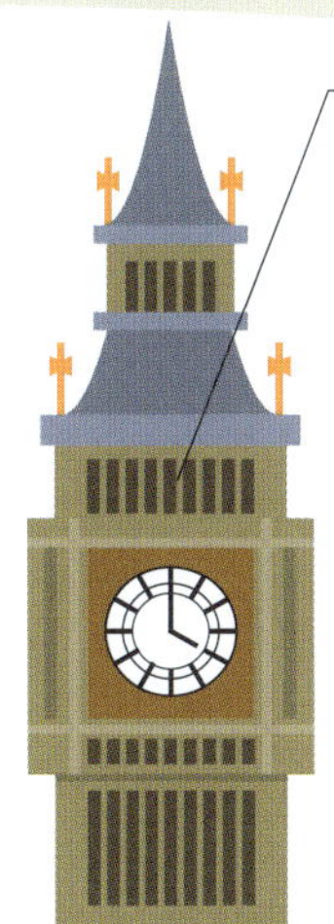

Un símbolo nacional
La Elizabeth Tower o Big Ben es probablemente el elemento más célebre del diseño de Pugin para el Palacio de Westminster. Con una altura de 96 metros, sus agujas y esferas están pintadas en azul de Prusia. El papel pintado con el motivo *acanto* de Morris se imprimió en 15 colores diferentes.

SOCIEDADES Y GREMIOS

El movimiento Arts and Crafts recibió su nombre de la Arts and Crafts Exhibition Society. Estaba formado por varios grupos, incluidos la Exhibition Society, el Arts Workers Guild y artesanos de talleres y fábricas.

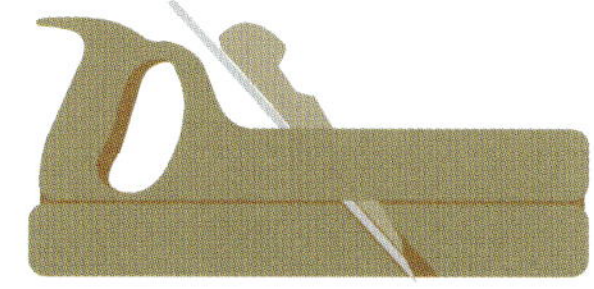

Herramientas indispensables
Las herramientas tradicionales permitían crear piezas únicas de alta calidad y poner fin a la mecanización propia de la era industrial.

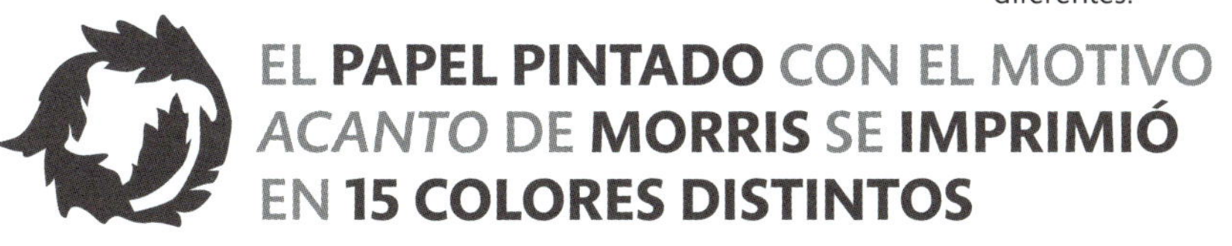

ODILON REDON

Odilon Redon fue un pintor y grabador simbolista francés cuyas obras exploraban temas fantásticos, inquietantes y, a menudo, macabros. Más que del mundo observable, sus obras se nutrían de su imaginación, y solían inspirarse en la poesía o los sueños para evocar tormentosos mundos interiores que profundizaban en su propia psique. Además de estas obras, también pintó numerosas naturalezas muertas de flores, capturadas en intensos y brillantes óleos y pasteles.

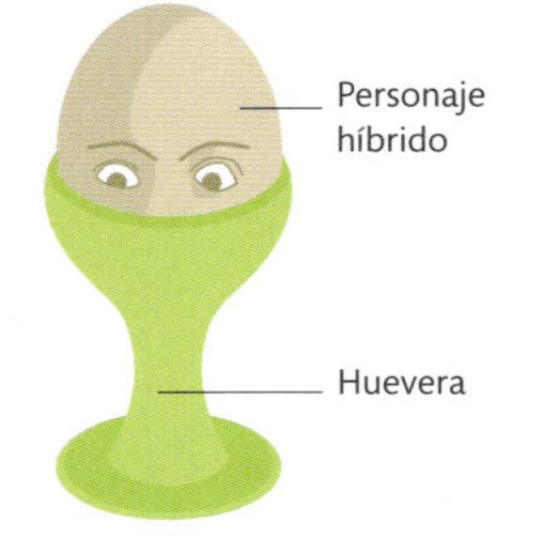

L'ŒUF (EL HUEVO), ODILON REDON (1885)

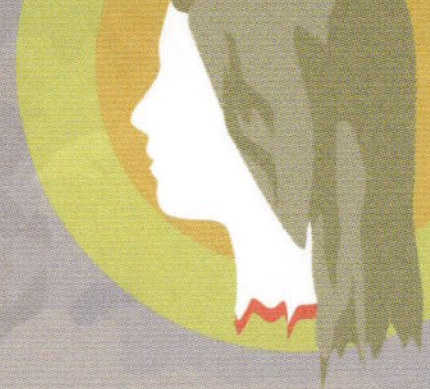

¿QUÉ INSPIRÓ *EL GRITO?*

Una tarde, Munch salió a pasear mientras el sol se ponía y el cielo se teñía de rojo sangre. Más tarde, aseguró haber experimentado un «grito infinito que atravesaba la naturaleza».

El cielo de color rojo y naranja domina la parte superior de la composición para generar una sensación apocalíptica

El simbolismo

El movimiento simbolista surgió como reacción al naturalismo de la pintura de principios del siglo xix y los intentos impresionistas de recrear los efectos de la naturaleza. Lo que los simbolistas buscaban, en cambio, era transmitir estados emocionales a través de sus obras.

Pintura intuitiva

Los pintores simbolistas se basaban en su intuición en lugar de la observación, recurriendo a colores discordantes y composiciones oníricas para transmitir ideas, sentimientos o estados de ánimo que a menudo presentaban un tono inquietante y de pesadilla. Pese a no compartir un único estilo, su exploración del poder emocional del arte tuvo repercusión internacional y sentó las bases tanto del surrealismo (véase págs. 206-207) como del expresionismo (véase págs. 202-203).

Las figuras podían ser religiosas o míticas

Cabeza cortada o separada del cuerpo
Las cabezas aparecen en diversas manifestaciones del arte mitológico, bíblico y clásico. Los simbolistas, atraídos por su poder y misterio, apostaron por revivirlo en su arte.

Temas habituales

Los simbolistas, influidos por el interés en el espiritismo, el esoterismo y la anarquía surgido durante el siglo xix, centraron su atención en lo desconocido y lo extraordinario. Pese a no atribuir significados definidos a símbolos concretos en su obra, las pinturas simbolistas presentaban varios temas recurrentes, como la figura aislada, el andrógino, la cabeza cortada y la mujer fatal con una larga melena suelta. El color también se utilizaba de forma simbólica. En cuanto a la naturaleza, solía representarse de forma amenazante, opresiva o melancólica.

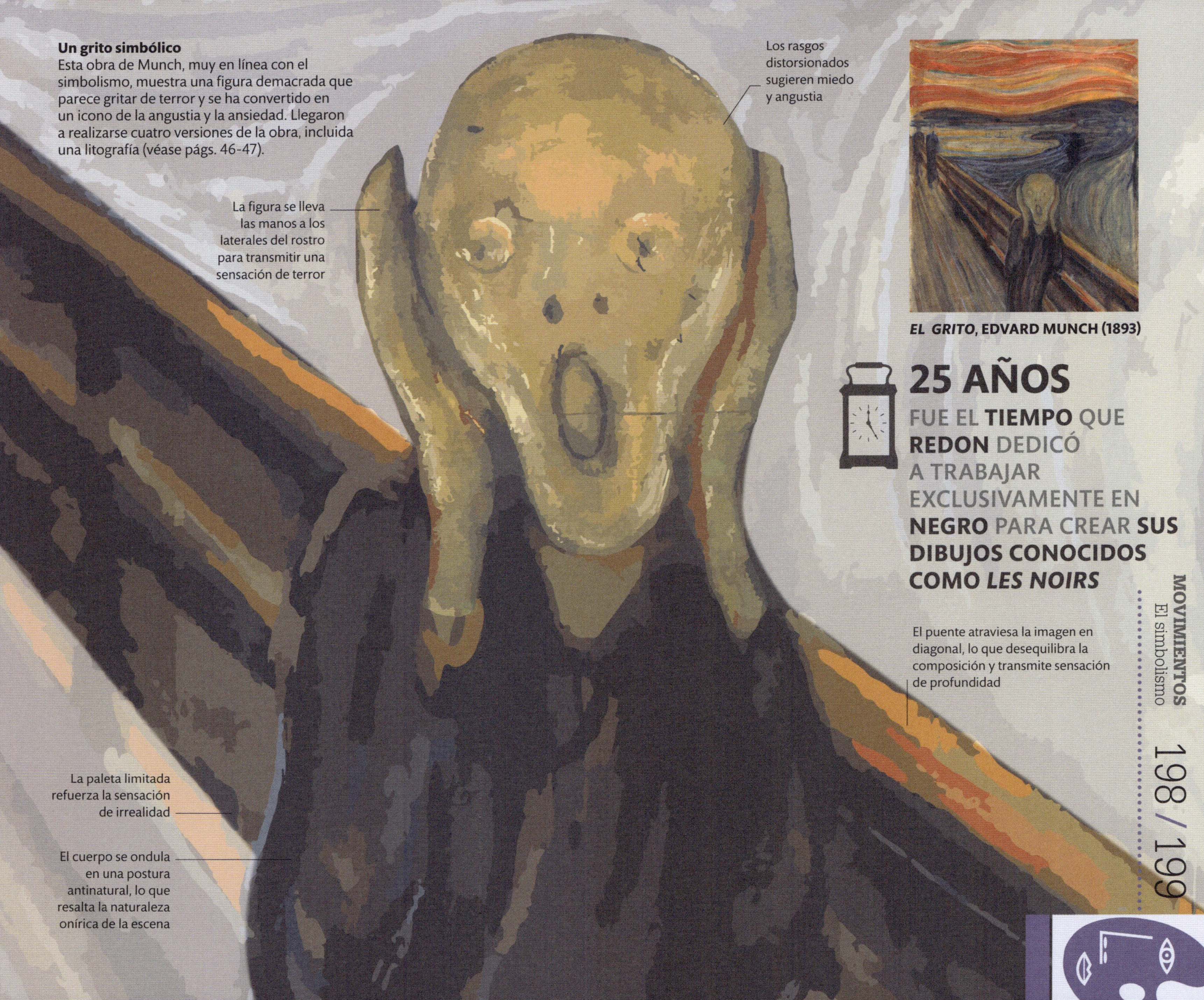

Un grito simbólico
Esta obra de Munch, muy en línea con el simbolismo, muestra una figura demacrada que parece gritar de terror y se ha convertido en un icono de la angustia y la ansiedad. Llegaron a realizarse cuatro versiones de la obra, incluida una litografía (véase págs. 46-47).

Los rasgos distorsionados sugieren miedo y angustia

La figura se lleva las manos a los laterales del rostro para transmitir una sensación de terror

EL GRITO, EDVARD MUNCH (1893)

25 AÑOS
FUE EL **TIEMPO** QUE **REDON** DEDICÓ A TRABAJAR EXCLUSIVAMENTE EN **NEGRO** PARA CREAR **SUS** DIBUJOS CONOCIDOS COMO *LES NOIRS*

El puente atraviesa la imagen en diagonal, lo que desequilibra la composición y transmite sensación de profundidad

La paleta limitada refuerza la sensación de irrealidad

El cuerpo se ondula en una postura antinatural, lo que resalta la naturaleza onírica de la escena

Temas habituales

Las obras del *art nouveau* solían recurrir al uso de arquetipos —es decir, a modelos representativos de personas u objetos—, entre los que destacaban la mujer esbelta y seductora, el dandi obsesionado por la imagen y la búsqueda del placer y varios tipos de amantes. En cuanto al mundo natural, los artistas se inspiraban en las asimetrías de los tallos de las flores, las hojas y las enredaderas, así como en las formas animales más sutiles, como las alas de los pájaros y los insectos.

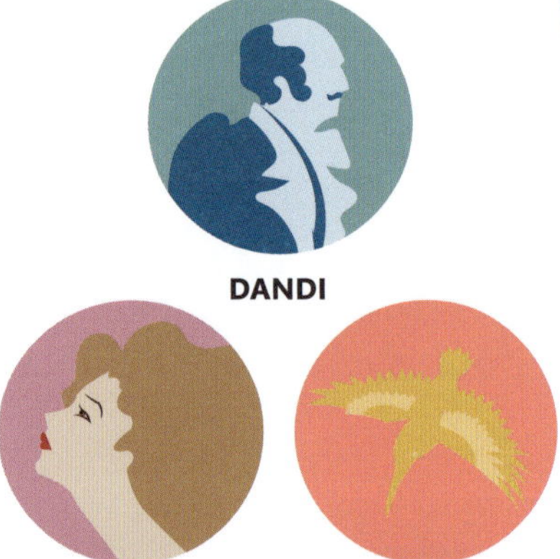

DANDI

MUJER SEDUCTORA

FORMA NATURAL

La arquitectura *art nouveau* dio lugar a estructuras fluidas y orgánicas que presentaban líneas y patrones similares a los de las enredaderas, en los que forma y ornamentación se fusionaban, en un marcado contraste con el estilo arquitectónico de inspiración clásica precedente.

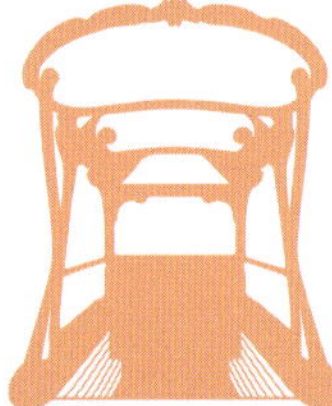

ARQUITECTURA ORGÁNICA

El *art nouveau*

El *art nouveau* fue un estilo decorativo de alcance internacional que se desarrolló durante las últimas décadas del siglo XIX e influyó en numerosas disciplinas artísticas.

Estilo y sensualidad

El *art nouveau* rompió con el enfoque histórico del arte de principios del siglo XIX para crear un nuevo estilo caracterizado por el uso de líneas estilizadas y fluidas y motivos orgánicos. El movimiento alcanzó su máxima popularidad entre 1890 y 1910 y se extendió rápidamente por Europa, donde se conoció como *Sezessionstil* en Austria y *Jugendstil* en Alemania, además de ponerse de moda también en los Estados Unidos. Las elegantes líneas del *art nouveau* y su enfoque en la ornamentación decorativa, inspirada en el mundo natural, traspasaron las paredes de las galerías de arte para llegar al gran público a través de medios como carteles publicitarios, cristalería, joyería, mobiliario y diseño de edificios.

KLIMT VENDIÓ *EL BESO* A UNA GALERÍA ANTES SIQUIERA DE HABER TERMINADO LA OBRA

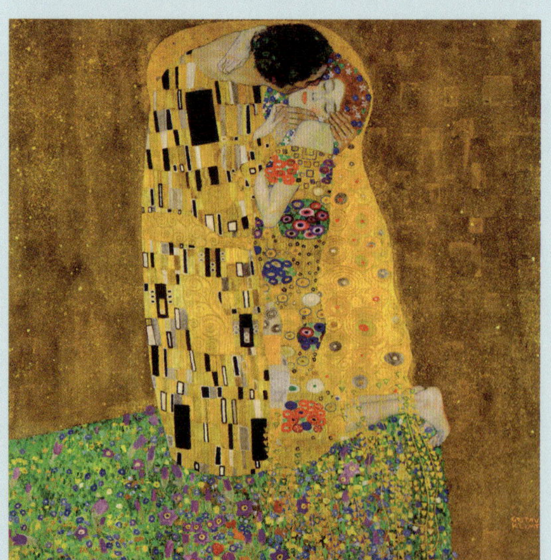

Las líneas fluidas eran una característica habitual del movimiento

EL BESO, GUSTAV KLIMT (1907)

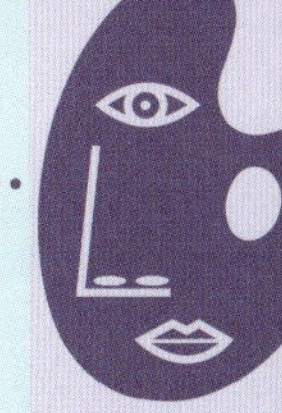

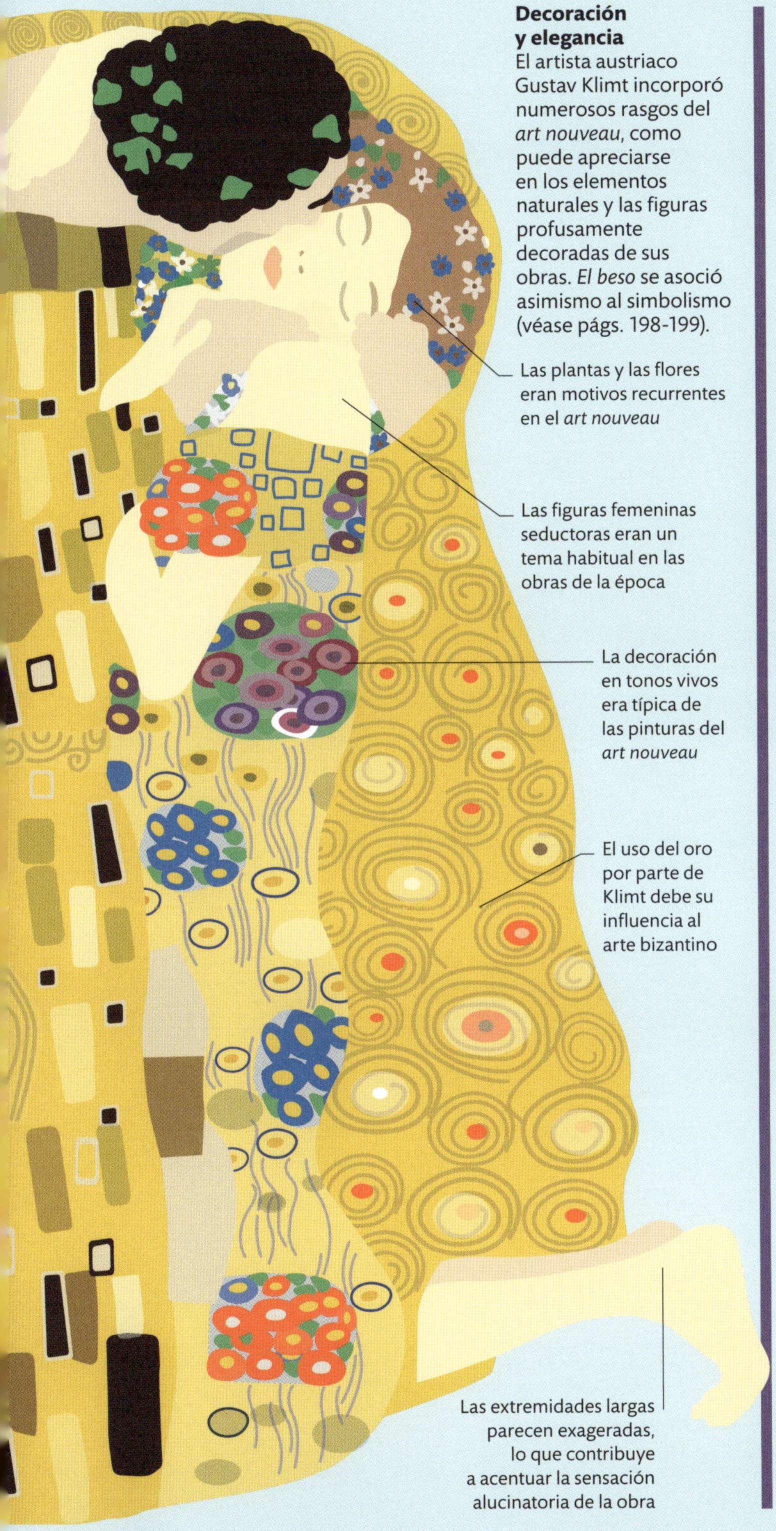

Decoración y elegancia

El artista austriaco Gustav Klimt incorporó numerosos rasgos del *art nouveau*, como puede apreciarse en los elementos naturales y las figuras profusamente decoradas de sus obras. *El beso* se asoció asimismo al simbolismo (véase págs. 198-199).

Las plantas y las flores eran motivos recurrentes en el *art nouveau*

Las figuras femeninas seductoras eran un tema habitual en las obras de la época

La decoración en tonos vivos era típica de las pinturas del *art nouveau*

El uso del oro por parte de Klimt debe su influencia al arte bizantino

Las extremidades largas parecen exageradas, lo que contribuye a acentuar la sensación alucinatoria de la obra

¿CUÁL ES EL ORIGEN DEL TÉRMINO *ART NOUVEAU*?

El término fue usado por primera vez por la revista belga *L'Art Moderne* en la década de 1880, en referencia a la obra pionera de un grupo de artistas llamado Les Vingts.

Principales influencias

El *art nouveau* bebe de varias fuentes. Los grabados japoneses *ukiyo-e* (véase pág. 169), con su marcada estética lineal, eran muy populares en aquella época, mientras que el movimiento Arts and Crafts (véase págs. 196-197) había incorporado recientemente motivos procedentes de la naturaleza. También ejercieron su influencia sobre el movimiento los opulentos muebles rococó y los patrones entrelazados del diseño celta.

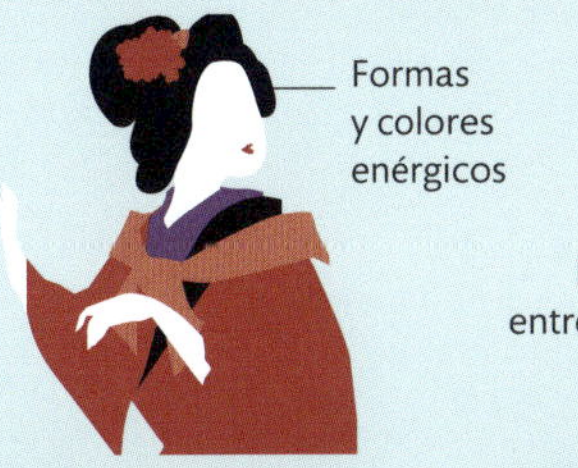

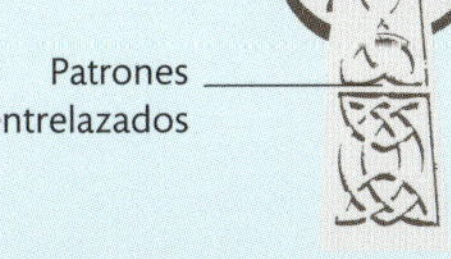

Grabados japoneses

Los grabados japoneses ejercieron una gran influencia en el movimiento a su llegada a Europa, en la década de 1850.

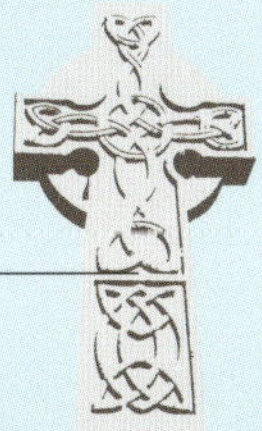

Diseños celtas

Durante el siglo XIX, la cultura celta despertó un gran interés en el Reino Unido, al considerarse la evocación de un pasado idealizado frente al auge del modernismo.

Decoración ornamentada

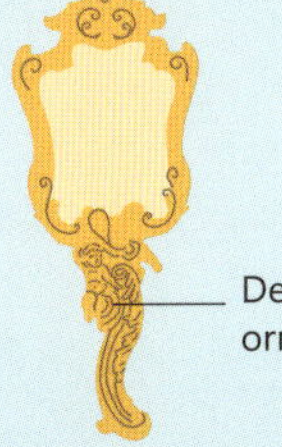

Rococó

En el siglo XVIII, el rococó recurrió a curvas esculturales y decoraciones recargadas, embellecidas con formas naturales.

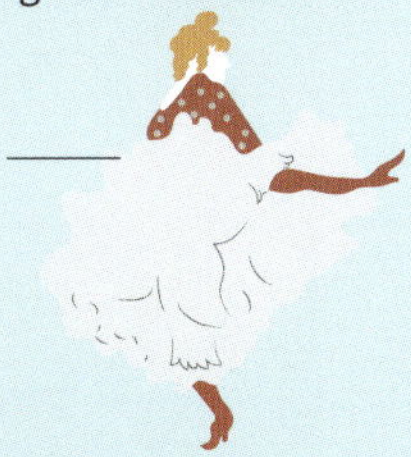

Publicidad

El *art nouveau* y la publicidad se influenciaron mutuamente, sobre todo por su expresivo uso de las líneas sinuosas.

Expresionismo y fauvismo

El expresionismo y el fauvismo se desarrollaron durante la primera década del siglo xx. Ambos movimientos empleaban colores fuertes y composiciones no naturalistas, aunque con enfoques distintos.

Una reacción moderna

El expresionismo y el fauvismo surgieron a principios del siglo xx como reacción a los vertiginosos cambios tecnológicos de la era moderna. El expresionismo se extendió por toda Europa, pero se asoció especialmente a artistas alemanes como Ernst Ludwig Kirchner, Karl Schmidt-Rottluff y Emil Nolde. Mediante combinaciones de colores desvaídos y a veces discordantes, los expresionistas alemanes crearon pinturas en las que primaban los sentimientos por encima del realismo y abordaban temas relacionados con el aislamiento y la crítica social. Los artistas expresionistas alemanes más conocidos formaban parte de dos grupos, Die Brücke (El Puente) y Die Blaue Reiter (El Jinete Azul), centrados en explorar lo que ellos consideraban los males de la sociedad a través de sus escenas distorsionadas.

Escenas urbanas callejeras

Entre 1913 y 1915, Kirchner realizó una serie de obras centradas en representar la sociedad moderna, el ajetreo de las multitudes y el aislamiento individual que caracterizaban la vida en la Berlín de preguerra.

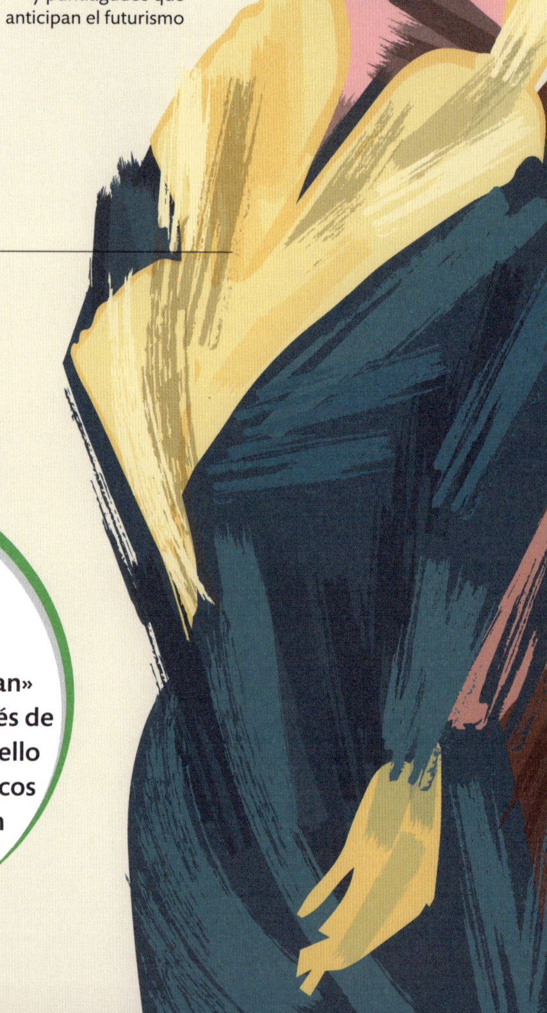

DOS MUJERES EN LA CALLE, **ERNST LUDWIG KIRCHNER (1914)**

Los sombreros exagerados confieren un aire grotesco a la pintura

Los rostros aparecen distorsionados, con la intención de expresar sentimientos en lugar de retratar fielmente la realidad

Rasgos angulosos y puntiagudos que anticipan el futurismo

Los expresionistas reflejaban la sociedad del momento, tal y como muestra esta obra de Kirchner sobre la vida en las calles del Berlín moderno

¿DE DÓNDE OBTUVIERON LOS EXPRESIONISTAS SU NOMBRE?

Los expresionistas «expresaban» sus emociones interiores a través de sus pinturas, empleando para ello colores vivos y trazos dramáticos e irregulares que reflejaban la intensidad de la vida.

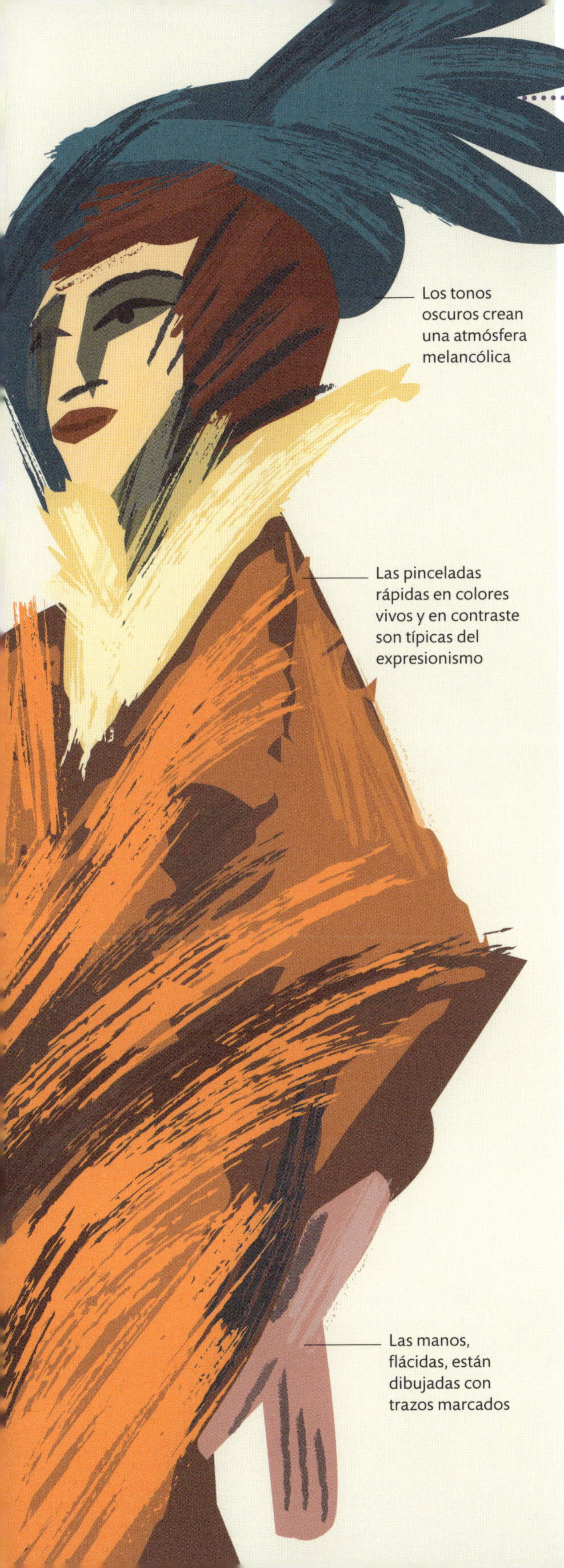

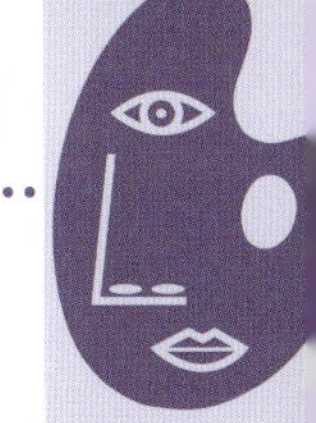

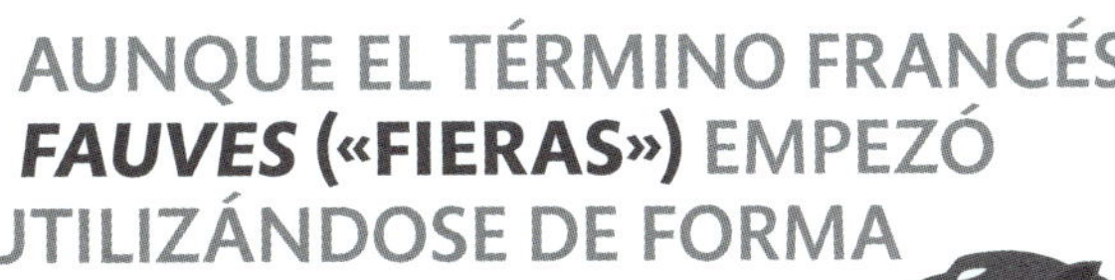

AUNQUE EL TÉRMINO FRANCÉS *FAUVES* («FIERAS») EMPEZÓ UTILIZÁNDOSE DE FORMA PEYORATIVA, **EL NOMBRE ACABÓ IMPONIÉNDOSE**

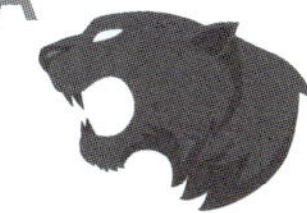

El fauvismo

Los fauvistas fueron un grupo de pintores parisinos liderados por Henri Matisse y André Derain. Influenciados por Vincent van Gogh y Paul Gauguin, los fauvistas abrazaron la libertad creativa aplicando colores intensos con pinceladas gruesas y pesadas. Reducían el mundo que los rodeaba a formas simples en colores sólidos, utilizando zonas planas de tonos puros y brillantes para crear retratos y paisajes vibrantes, semejantes a patrones, anticipando así la pintura abstracta posterior.

Los tonos oscuros crean una atmósfera melancólica

Las pinceladas rápidas en colores vivos y en contraste son típicas del expresionismo

Las manos, flácidas, están dibujadas con trazos marcados

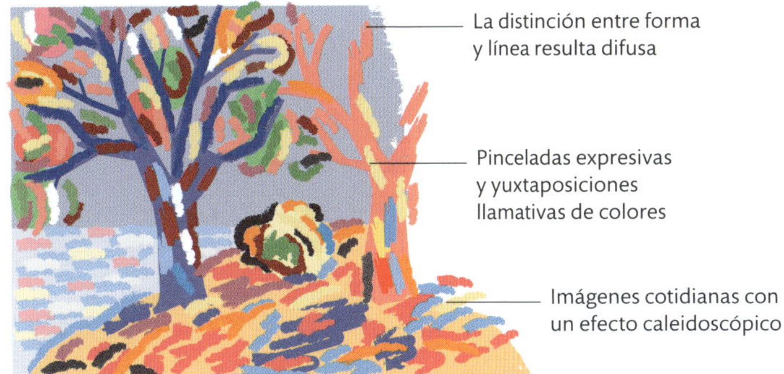

La distinción entre forma y línea resulta difusa

Pinceladas expresivas y yuxtaposiciones llamativas de colores

Imágenes cotidianas con un efecto caleidoscópico

El color como herramienta
Los fauvistas empleaban el color más para iluminar que para describir, liberándolo del tema representado y centrando la atención en su efecto sobre la mente del artista.

EL MODERNISMO

Tanto fauvistas como expresionistas experimentaron con nuevas formas de comunicar visualmente los sentimientos latentes que despertaba el rápido cambio de la vida que les rodeaba a principios del siglo XX. Las influencias de las nuevas tecnologías, como la cámara, el automóvil y el telégrafo, exigían nuevas manifestaciones artísticas que reflejaran el nuevo «modernismo» de un mundo cada vez más industrializado.

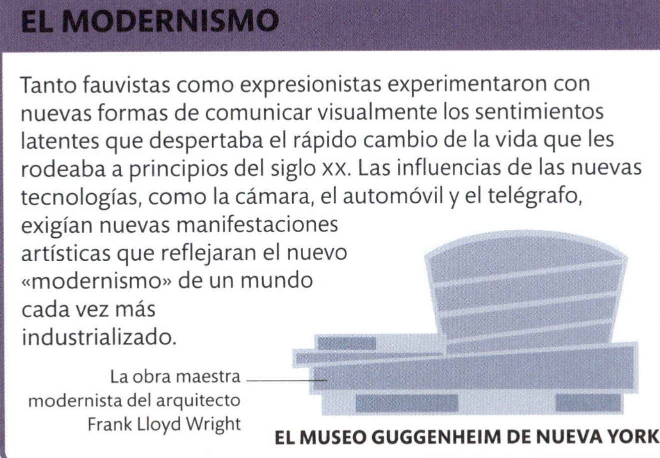

La obra maestra modernista del arquitecto Frank Lloyd Wright

EL MUSEO GUGGENHEIM DE NUEVA YORK

Analítico y sintético

El cubismo pasó por dos etapas. La primera de ellas, caracterizada por la descomposición de los objetos en sus partes constituyentes y según varios puntos de vista, se conoció como *cubismo analítico*. En 1912, Braque y Picasso empezaron a incorporar materiales como papel de colores, cartón y recortes de periódico a su obra. Este cubismo sintético, basado en el *collage*, resaltaba la planitud del lienzo y renunciaba a crear imágenes tridimensionales ilusorias.

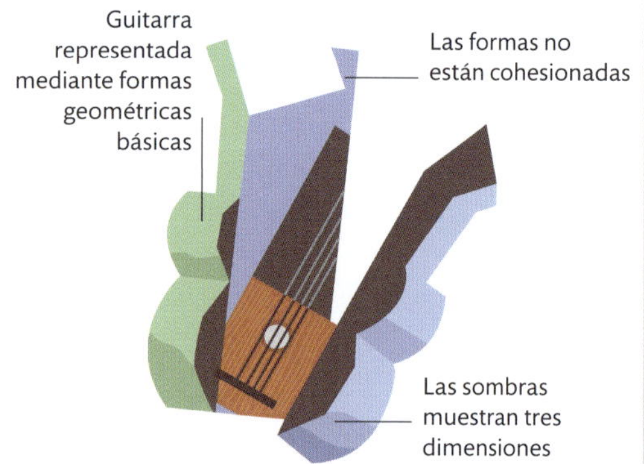

ANALÍTICO

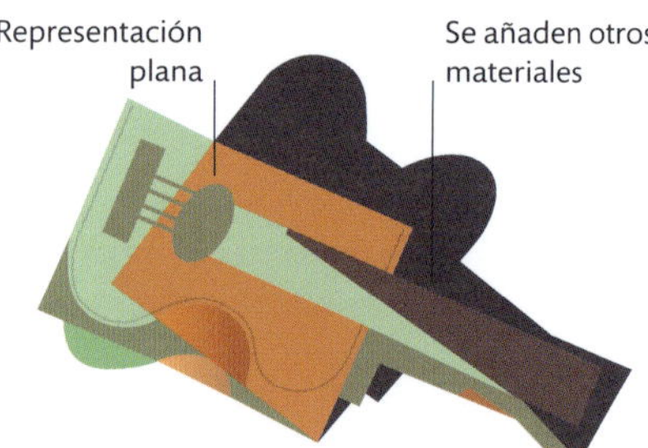

DE TRANSICIÓN

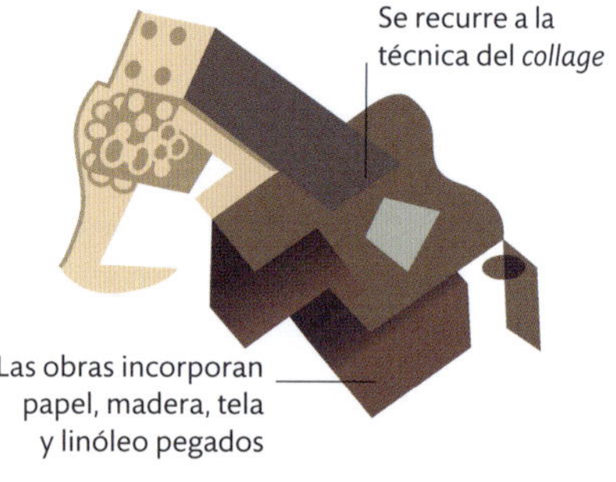

SINTÉTICO

***Retrato de Madame Josette Gris*, Juan Gris (1916)**
Esta obra de Gris, inspirada en estudios de Corot y Cézanne, retrata a su esposa, Josette. Pese a la pose tradicional, la figura se presenta a través de la abstracción geométrica.

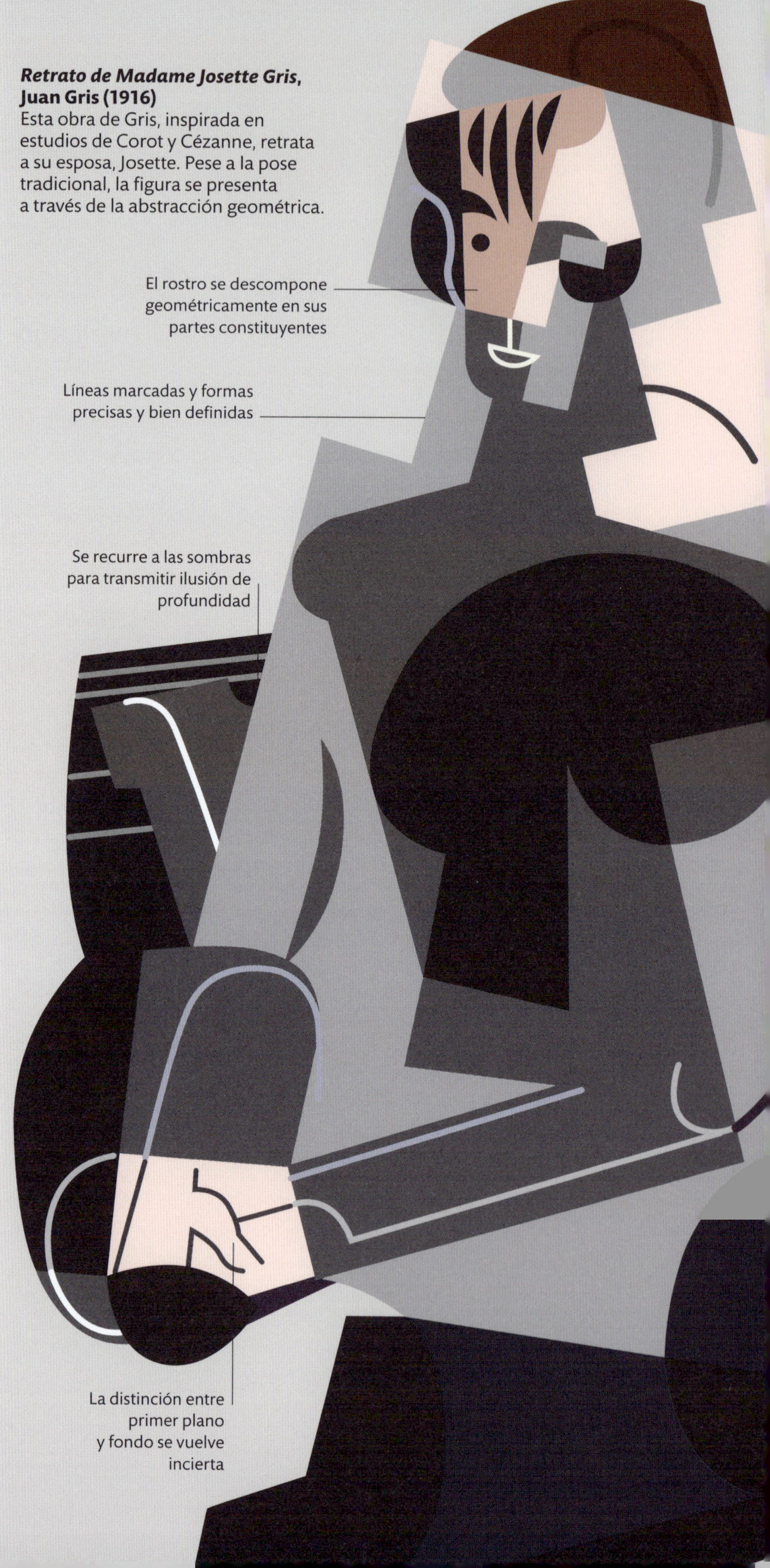

Cubismo y futurismo

Los cubistas inventaron una nueva forma de representar los objetos, abandonando la idea del único punto de vista fijo impuesto en la pintura desde el Renacimiento.

Varios puntos de vista

El cubismo fue desarrollado por Pablo Picasso y Georges Braque entre 1907 y 1912. Sus experimentos con la perspectiva descomponían los temas en múltiples planos y formas, en un intento de deconstruir la manera en la que el ojo percibe los objetos en el tiempo y el espacio. La multiplicación de puntos de vista repartidos en un único plano pictórico plano daba lugar a imágenes complejas y fragmentadas.

Todos los elementos se integran en un único plano

Las formas geométricas se superponen para crear la composición

¿DE QUÉ INFLUENCIAS BEBIERON LOS CUBISTAS?

El posimpresionista Paul Cézanne, precursor del cubismo, representaba los temas desde puntos de vista diversos y ligeramente incompatibles.

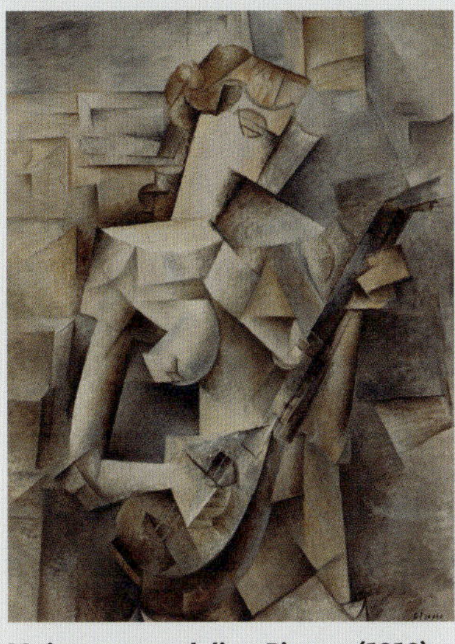

Mujer con mandolina, **Picasso (1910)**
En este ejemplo temprano del cubismo analítico, la figura y el instrumento se descomponen en elementos geométricos.

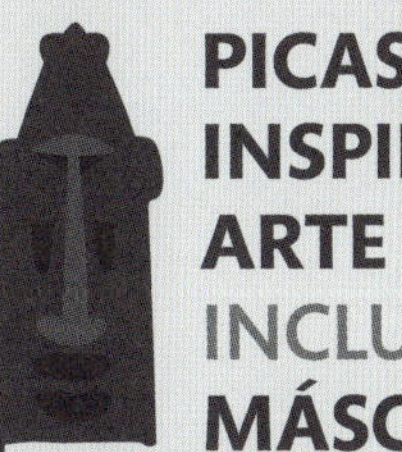

PICASSO SE **INSPIRÓ** EN EL **ARTE AFRICANO,** INCLUIDAS SUS **MÁSCARAS**

El futurismo

El futurismo surgió en Italia tras el cubismo y se inspiró en su uso de múltiples perspectivas y formas fragmentadas tanto en pintura como en escultura para crear representaciones dinámicas de máquinas y personas en movimiento. Liderados por Filippo Tommaso Emilio Marinetti, los futuristas celebraban la velocidad y la tecnología que definían la modernidad de la época.

Formas únicas de continuidad en el espacio, **Umberto Boccioni (1913)**
Los futuristas recurrieron a nuevas técnicas, como la repetición y las líneas de fuerza, para tratar de plasmar el movimiento y sugerir dinamismo, como en esta figura que avanza a largos pasos.

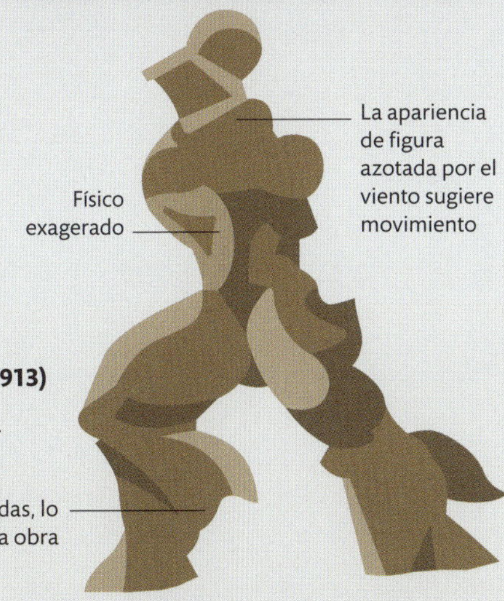

La apariencia de figura azotada por el viento sugiere movimiento

Físico exagerado

Las piernas parecen dar zancadas, lo que añade dinamismo a la obra

Alteración del proceso creativo

Los surrealistas fueron pioneros en la aplicación de numerosas técnicas creativas que les permitían acceder a las profundidades de su subconsciente. Algunas eran originales, mientras que otras se adaptaron a partir de juegos infantiles o poemas. Su objetivo era alterar el proceso creativo, deshaciendo el hilo de pensamiento racional y dejando al artista a merced de las posibilidades impredecibles del azar. Esto dio lugar a yuxtaposiciones inesperadas e imágenes extrañas, abstractas o toscas que contrastaban de forma rotunda con los estilos y temas de la pintura del período de preguerra.

Dibujo automático

Mediante esta técnica, el artista «silenciaba» la toma de decisiones conscientes al dejar que la mano se moviera libremente sin pensar.

Cadáver exquisito

Esta técnica, inspirada en un juego de mesa, consistía en dibujar fragmentos de un tema en un papel, doblarlo y entregárselo al siguiente participante para crear así una obra colectiva.

¿CUÁLES FUERON LOS NOMBRES FEMENINOS CLAVE DEL MOVIMIENTO SURREALISTA?

Algunas de las artistas más destacadas del surrealismo fueron Dorothea Tanning, Leonora Carrington y Eileen Agar.

Frottage

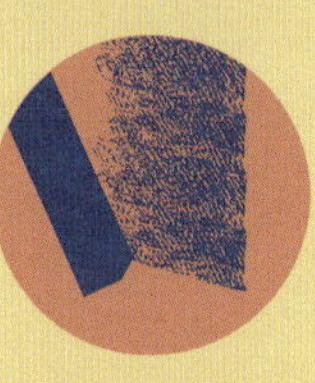

El *frottage*, una técnica de creación de trazos, se realizaba frotando lápices de colores o pasteles sobre papel apoyado en superficies texturizadas, lo que daba lugar a efectos aleatorios y abstractos.

El surrealismo ha sido uno de los movimientos artísticos y literarios más influyentes de la historia, al conseguir llegar a un amplio público gracias al cine. Cineastas como Luis Buñuel crearon obras repletas de escenas inquietantes, como *Un chien andalou*, que incluía una famosa secuencia en la que se seccionaba un globo ocular con una cuchilla de afeitar.

ESCENAS IMPACTANTES

SALVADOR DALÍ EXPERIMENTABA CON EL SUEÑO PARA DESBLOQUEAR SU CREATIVIDAD

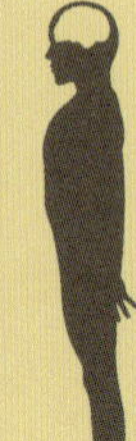

Composiciones extrañas con objetos ordinarios

Numerosos surrealistas recurrieron a la escultura para crear objetos que combinaban materiales insólitos en configuraciones extrañas, como la taza y el platito cubiertos de piel, de Meret Oppenheim.

Figuras distorsionadas

Algunos surrealistas, entre ellos Salvador Dalí, crearon pinturas hiperrealistas y extremadamente detalladas que representaban escenas irreales. Inspirado por las narrativas sin sentido de los sueños, Dalí pintó paisajes oníricos que contenían escenas fantásticas, pobladas por figuras inquietantes con extremidades alargadas y rasgos distorsionados. Estas obras demostraban lo vívidas que pueden sentirse las inquietantes imágenes de los sueños.

Escenas oníricas

Los surrealistas estuvieron enormemente influenciados por las obras del psicoanalista Sigmund Freud, cuyos escritos sobre la interpretación de los sueños moldearon sus ideas acerca del subconsciente. Freud sostenía que los sueños transmiten mensajes del subconsciente, y muchos artistas surrealistas los emplearon como tema para sus pinturas.

Temas tabú y sexualidad
En su profunda exploración de la psique humana, los surrealistas abordaron temas que hasta entonces se habían considerado tabú en el arte. A través de sus pinturas, esculturas y escritos, exploraron fantasías eróticas, cuestiones de identidad de género y manifestaciones de la sexualidad para sorprender al público de la época.

Juegos de palabras visuales
Las palabras y la escritura eran elementos clave para los surrealistas, hasta el punto de que esta pasión por los juegos de palabras acabó reflejándose en muchas de sus obras. Quizá el ejemplo más célebre sea el del belga René Magritte, quien combinaba imágenes y texto para resaltar su relación.

El surrealismo

Tras la Primera Guerra Mundial, en la década de 1920, el movimiento surrealista adoptó ideales anárquicos y antiartísticos y empezó a combinarlos con técnicas experimentales para crear obras que exploraban lo irracional y lo subversivo.

Subversión lúdica

Los horrores de la Primera Guerra Mundial tuvieron un gran impacto en el arte producido con posterioridad al conflicto. Muchos artistas, desilusionados, creían que la guerra había destruido los valores culturales anteriores, por lo que era necesario crear un nuevo tipo de arte y literatura que subvirtiera los estándares existentes de forma lúdica. Liderados por el poeta y escritor francés André Breton, los surrealistas exploraron el subconsciente a través de distintos métodos en busca de ideas creativas ocultas.

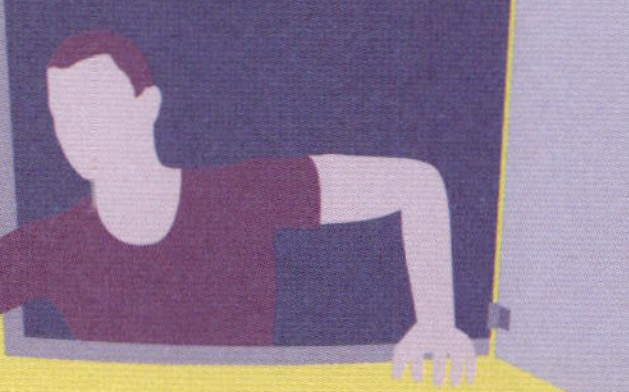

El hijo del hombre, René Magritte (1946)
Este subversivo autorretrato de Magritte muestra una figura con el brazo izquierdo doblado hacia atrás y una misteriosa manzana flotando en el aire.

Unidad de disciplinas

La Bauhaus sostenía que no debía haber separación entre las distintas formas de creación, sino una visión unificada en la que artistas y artesanos fueran intercambiables. Al integrar disciplinas tan diversas como la escultura, la pintura, la artesanía, la impresión, el diseño de mobiliario o la arquitectura, la escuela buscaba crear obras de arte totales, en las que cada objeto reflejara dicha unidad. Además, todos sus estudiantes recibían una sólida formación técnica como base sobre la que desarrollar sus futuros trabajos. Este planteamiento sería adoptado posteriormente por escuelas de arte de todo el mundo.

Escultura

Principalmente abstractas y creadas con materiales innovadores, las esculturas ponían el acento en la experimentación con la forma, el volumen y el color.

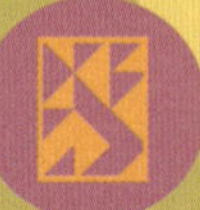

Pintura

Los pintores Paul Klee y Josef Albers impartieron clases en la Bauhaus , y sus ideas sobre la teoría del color resultaron especialmente influyentes.

Artesanía

En la Bauhaus, la artesanía dejó de considerarse una disciplina de segunda para elevarse al mismo nivel que la pintura y la escultura.

Las formas sencillas evocan las figuras de las pinturas geométricas de Albers

La Bauhaus

Fundada por el arquitecto Walter Gropius en Weimar, Alemania, en 1919, la Bauhaus fue una de las escuelas de arte más importantes del siglo xx, gracias a su fomento de la cooperación creativa internacional y del uso de una abstracción geométrica universal entre sus artistas. La escuela creó un estilo visual y una mentalidad práctica cuya influencia perdura en la actualidad.

Marcos de roble

Forma y función

La Bauhaus fue un punto de encuentro para artistas de vanguardia de distintas nacionalidades y se convirtió en un centro educativo con un enfoque claramente modernista que integraba arte, diseño y arquitectura. La escuela defendía que el arte y el diseño no debían ser únicamente decorativos, y que las formas debían surgir de manera armoniosa a partir de la función que las obras cumplían. Sus estudiantes producían objetos utilitarios, desde sillas hasta teteras, que transmitían una sensación de modernidad, utopía y futuro.

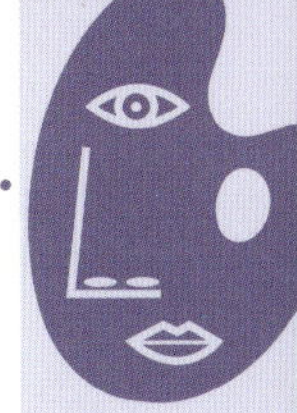

Los colores vivos y sencillos aportan tanto atractivo estético como facilidad de uso

Formas geométricas claras con líneas y ángulos limpios

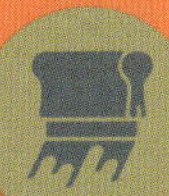

Estampación
Anni Albers, pionera artista del textil y la estampación y esposa de Josef, produjo muchas de sus primeras obras en la escuela.

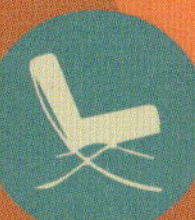

Diseño de mobiliario
El mobiliario, concebido principalmente para la funcionalidad más que para la decoración, empleaba metal y madera de manera innovadora en el diseño de sillas y mesas revolucionarias.

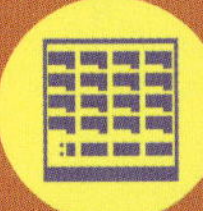

Arquitectura
Los edificios de la Bauhaus eran concebidos como «máquinas para vivir»: espacios muy funcionales, libres de elementos decorativos innecesarios.

¿POR QUÉ CERRÓ LA BAUHAUS?
La escuela fue condenada y clausurada por el Partido Nazi en 1933 debido a su carácter radical y a su visión internacionalista.

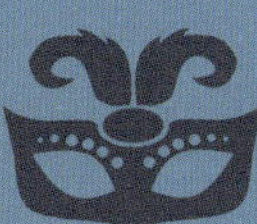

LA **BAUHAUS** TAMBIÉN FUE **CÉLEBRE** POR SUS **EXTRAVAGANTES FIESTAS TEMÁTICAS CON DISFRACES**

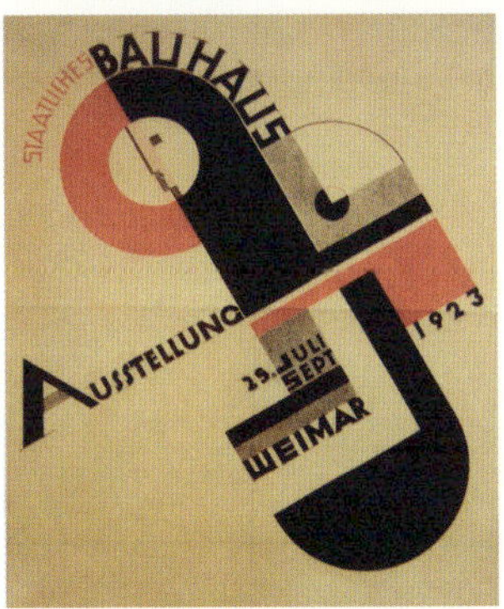

Cartel de Joost Schmidt (1923)
Los carteles de la Bauhaus, diseñados para promocionar la escuela, transmitían la visión utópica y tecnológica del centro mediante la combinación de formas y texto en un atrevido estilo geométrico y abstracto.

El diseño de tipo nido combina atractivo visual con una gran funcionalidad

DE STIJL

El *De Stijl*, o neoplasticismo, fue desarrollado en las décadas de 1920 y 1930 por los artistas Piet Mondrian y Theo van Doesburg, y profundizó en las ideas de abstracción de la Bauhaus. Empleando bloques de colores primarios en retículas geométricas, Mondrian exploró cómo la pintura abstracta podía revelar la estructura espiritual del mundo.

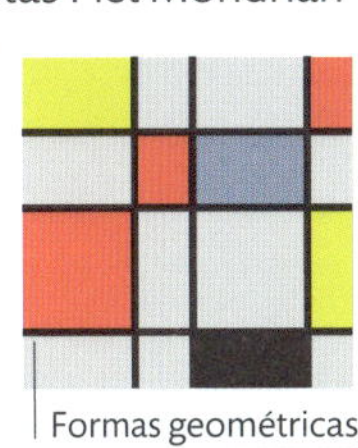

Formas geométricas

Mesas nido de Josef Albers (1926)
Estas mesas son un claro ejemplo del enfoque de la Bauhaus: simples, sin adornos, fabricadas con materiales fáciles de obtener y con una combinación de funcionalidad y forma que permitía crear atractivas piezas aptas para el uso diario a un precio asequible.

El expresionismo abstracto

El expresionismo abstracto, surgido en Nueva York tras la Segunda Guerra Mundial, buscaba transmitir emociones mediante el uso de grandes lienzos que incorporaban gestos físicos, símbolos inconscientes y áreas de color.

Pinceladas gestuales

Inicialmente inspirados por los surrealistas europeos y sus exploraciones del subconsciente (véase págs. 206-207), los expresionistas abstractos fueron un grupo de artistas radicados principalmente en Nueva York cuya obra puede dividirse en dos categorías. En la primera, artistas como Jackson Pollock y Willem de Kooning se dedicaron al *action painting* (pintura de acción) tratando sus obras como reflejos emocionales del proceso espontáneo e improvisado de la pintura. Sus lienzos a gran escala, que en ocasiones ocupaban paredes enteras, daban margen al artista para explorar un amplio repertorio de gestos ejecutados con todo el cuerpo, lo que daba lugar a composiciones amplias y rítmicas que permitían al espectador adivinar los movimientos ejecutados por el artista mientras creaba la obra y, tal vez, intuir lo que había sentido al hacerlo.

EN UNA OCASIÓN, **POLLOCK DERRIBÓ UNA PARED** PARA INSTALAR UN **LIENZO DE 6 METROS**

Pinturas meditativas

El segundo grupo de expresionistas abstractos incluyó a Mark Rothko, Clyfford Still y Barnett Newman, quienes pintaron composiciones abstractas simples y elementales con grandes áreas de color puro como vehículos para transmitir emociones. Su objetivo era que el espectador pudiera observar estas obras e interactuar con ellas durante un tiempo prolongado.

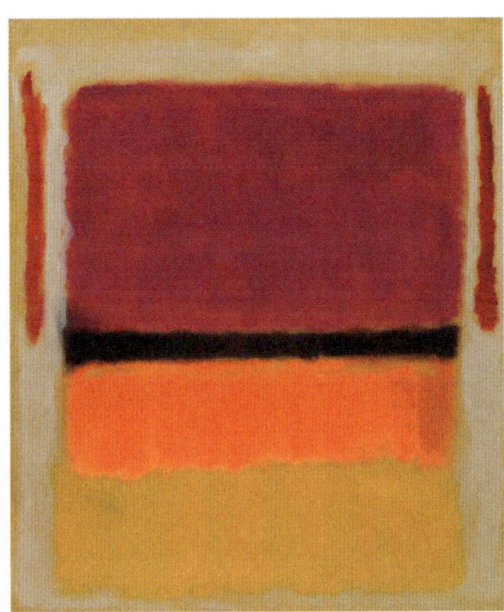

Malva
Aplicado en veladuras finas, el color malva contrasta con el negro y aporta calidez.

Negro
El negro actúa como una línea divisoria en contraste que atrae la mirada del espectador.

Naranja
El naranja brillante contrasta con el negro, y su forma irregular parece fluir y ondular.

Amarillo
El contorno blanco aplicado con finura resalta el cálido amarillo.

***Sin título (violeta, negro, naranja y amarillo sobre blanco y rojo)*, Mark Rothko (1949)**
Los bloques de colores en contraste o «multiformes» se convirtieron en el sello distintivo de Rothko.

LEE KRASNER

Tras la muerte de Pollock en 1956, su esposa, la artista Lee Krasner, continuó trabajando en su amplio estudio, donde creó lienzos de gran tamaño en los que experimentaba con coloridas técnicas de *collage*, el contraste de tonos y formas orgánicas y geométricas para crear impactantes obras abstractas.

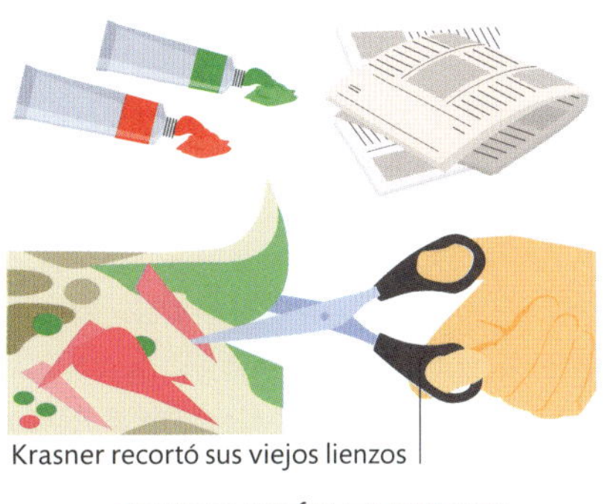

Krasner recortó sus viejos lienzos

COMBINACIÓN DE MEDIOS

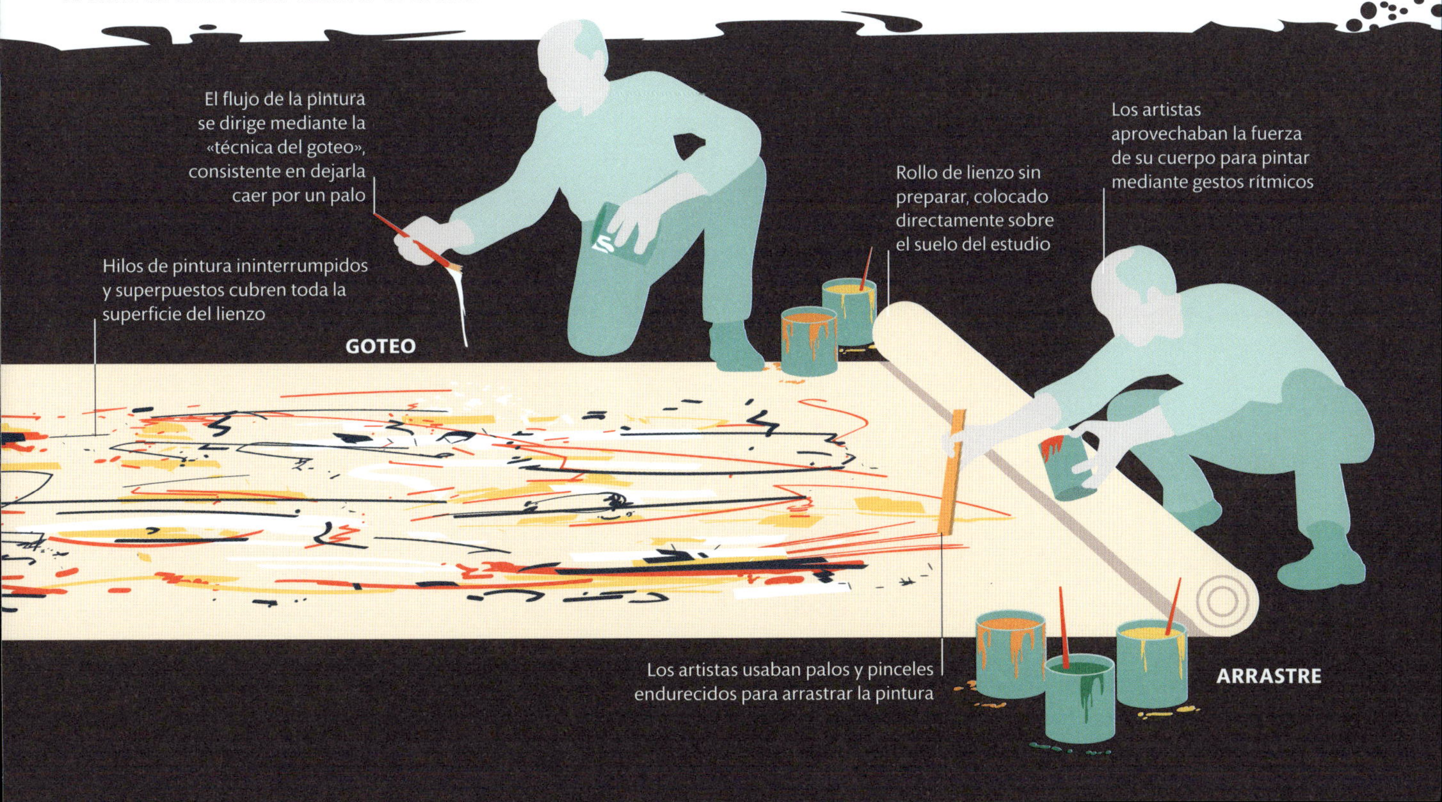

El arte pop

El arte pop surgió entre finales de la década de 1950 y la de 1960, cuando numerosos artistas empezaron a emplear técnicas de producción comercial para crear obras que difuminaban la línea entre la cultura popular y la pintura.

Sátira y celebración

Tomando imágenes de la vida cotidiana como base para sus obras, muchos artistas pop intentaron reproducirlas de la forma más mecánica posible para crear piezas elegantes y frías que oscilaban entre la sátira y el ensalzamiento del consumismo. Al emplear técnicas de producción propias de la publicidad, como la serigrafía y la rotulación, producían piezas en las que la expresión artística individual quedaba reducida hasta el punto de transformarse en productos identificables para el mercado.

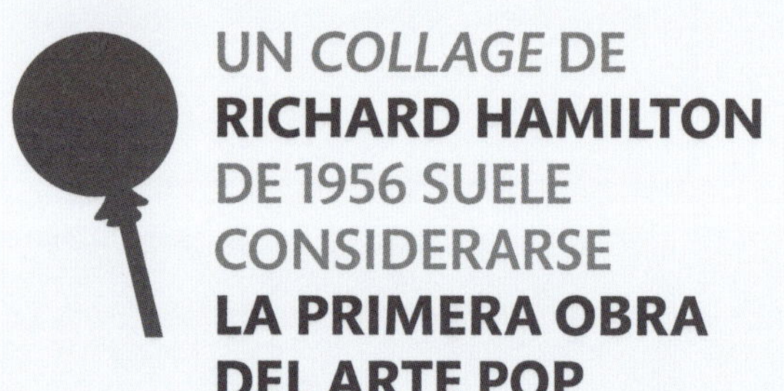

UN *COLLAGE* DE **RICHARD HAMILTON** DE 1956 SUELE CONSIDERARSE **LA PRIMERA OBRA DEL ARTE POP**

Warhol y la producción en masa

Artistas como Andy Warhol y Roy Lichtenstein desafiaron los límites tradicionales entre materiales y procesos fusionando la pintura con el grabado y la fotografía y combinando elementos hechos a mano y prefabricados para crear nuevos significados. Warhol, que había empezado su carrera en la década de 1950 como ilustrador publicitario, fue el artista pop más influyente, al tender un puente entre el mundo comercial y el artístico mediante la producción en masa de serigrafías de productos de consumo y figuras de la cultura pop estadounidense. El estudio de Warhol en Nueva York, conocido como The Factory, reflejaba su método de producción en cadena con la ayuda de asistentes. Fue allí donde produjo sus emblemáticos grabados de celebridades.

¿CUÁLES ERAN LOS ENFOQUES Y TEMAS PROPIOS DEL ARTE POP?

El arte pop destacaba por su carácter popular, temporal, accesible, masivo, juvenil, ingenioso, glamuroso y comercial.

Reproducción de los *puntos benday*, llamados así por el grabador Benjamin Henry Day, Jr.

Paleta limitada a intensos colores primarios

Los patrones de puntos se exagerarían posteriormente mediante el uso de plantillas perforadas

Se resalta el contraste

Pintura industrial

Lichtenstein combinaba diversos estilos (véase la página opuesta) para reproducir procesos de impresión mecánica y fusionarlos con el arte tradicional, adaptando sus referencias para enfatizar y ajustar composiciones, eliminar elementos y destacar los clichés del mundo gráfico.

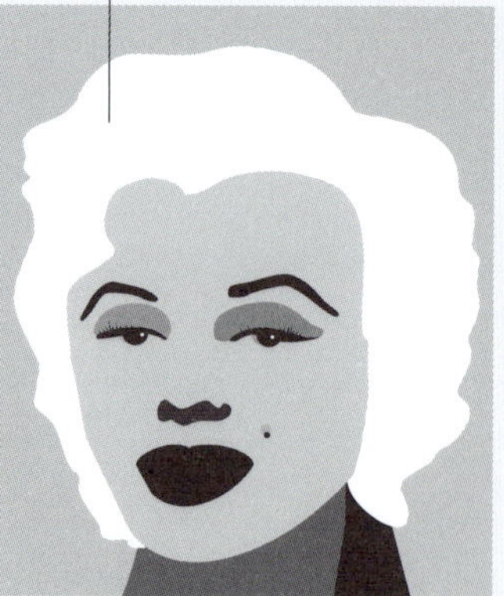

Foto en blanco y negro de alto contraste

Marilyn Monroe monótona
Partiendo de una foto publicitaria de Marilyn Monroe, Warhol elaboró una plantilla que dio origen a su serie.

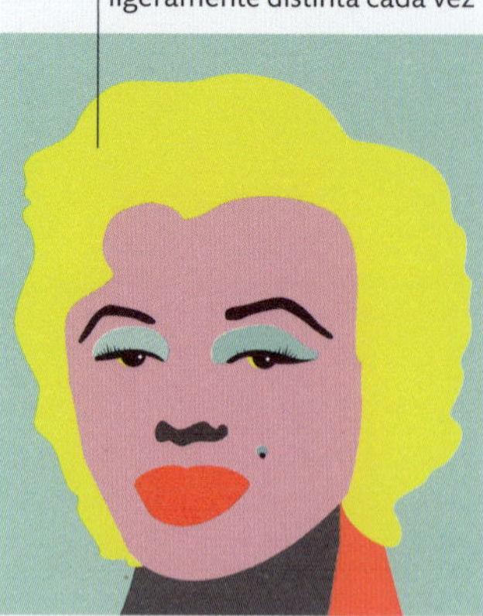

La misma imagen se reproduce de manera ligeramente distinta cada vez

Pinceladas sueltas
Se aplicaron a mano, directamente sobre la pantalla, colores vivos para destacar los labios, los ojos y el pelo.

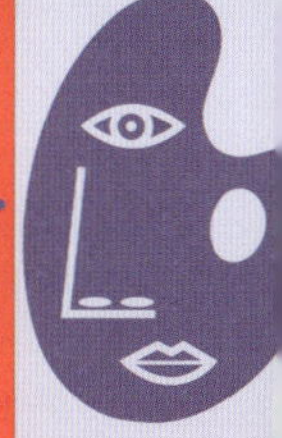

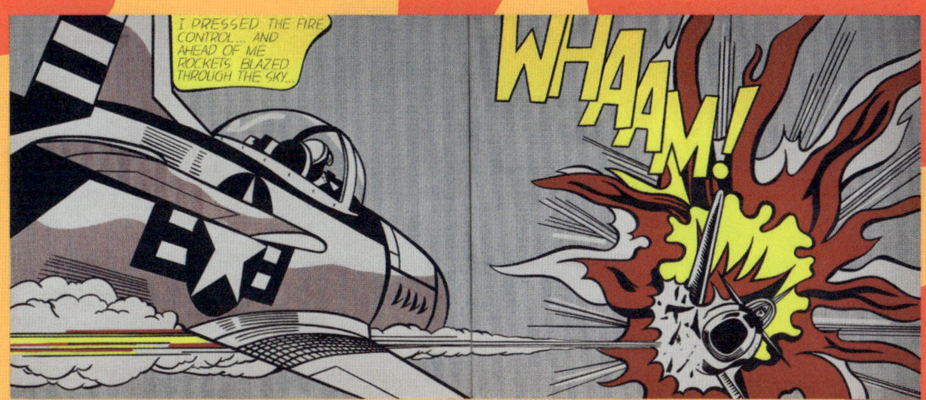

WHAAM!, ROY LICHTENSTEIN (1963)

Imágenes *pulp*

Inicialmente vinculado al expresionismo abstracto (véase págs. 210-211), el artista estadounidense Roy Lichtenstein se inspiró en la cultura popular aprovechando imágenes de cómics baratos *pulp* como material de base. Tomando las pequeñas viñetas como punto de partida, usaba un proyector para transferirlas sobre grandes lienzos, donde recreaba los puntos de impresión visibles mediante plantillas y pintura. Este método borraba cualquier rastro de expresión artística individual, en un marcado contraste con los trabajos de los expresionistas abstractos de la década anterior.

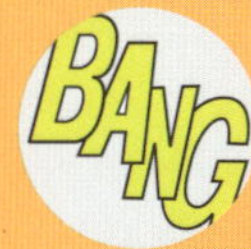

El texto como elemento pictórico
Fuera de su contexto, el texto pasa a ser un componente visual de la obra.

Uso de líneas gruesas
El uso de intensos trazos negros genera un potente impacto gráfico y contribuye a definir las formas.

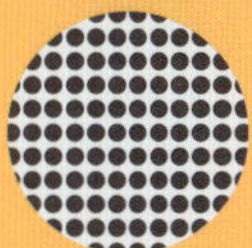

Puntos *benday*
Aunque Lichtenstein comenzó pintando los puntos *benday* a mano, posteriormente adoptaría el uso de plantillas.

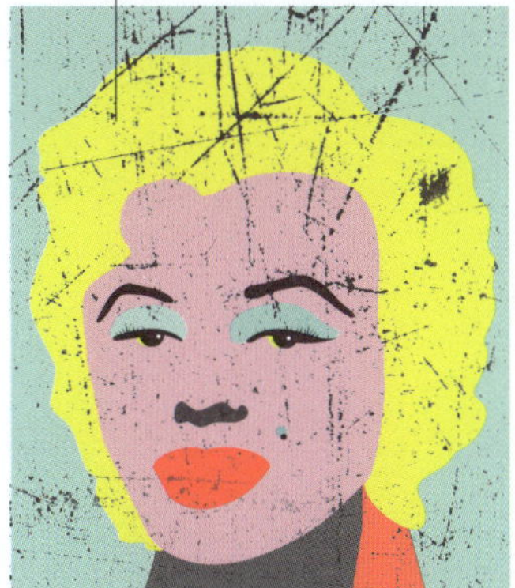

Sombras negras
Warhol dejaba que el azar interviniera en la capa final de tinta negra, lo que añadía manchas, borrones y variaciones a la imagen.

UNA VISIÓN ALTERNATIVA DEL ARTE POP

El arte pop también tuvo gran relevancia en Gran Bretaña durante las décadas de 1950 y 1960. Como única mujer en su rama británica, Pauline Boty aportó una perspectiva femenina poco común al movimiento con sus obras coloridas y llenas de energía que ponían los deseos femeninos en primer plano y exploraban su relación con la cultura de masas a través del imaginario de las estrellas de cine y las canciones pop contemporáneas. Boty, asimismo, empleaba sus obras como medio para reflexionar sobre la cultura y la política desde un enfoque feminista.

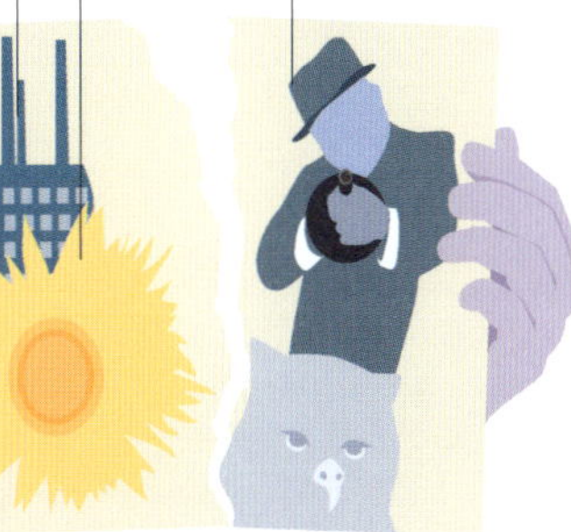

LA CHICA DEL GIRASOL

El minimalismo

El minimalismo no fue tanto un movimiento como un enfoque del arte abstracto practicado por varios artistas norteamericanos durante las décadas de 1960 y 1970. Sus obras adoptaban formas extremadamente simples y austeras para investigar los límites conceptuales de cada medio.

Simplicidad elemental

Los artistas minimalistas, tanto pintores como escultores, compartían ciertos rasgos clave. Escultores como Donald Judd, Carl Andre y Robert Morris solían emplear materiales no tradicionales o industriales, mientras que pintores como Robert Ryman, Frank Stella y Agnes Martin creaban obras a menudo caracterizadas por las formas rectilíneas simples o los colores uniformes. Los formatos solían incluir secuencias repetidas de elementos básicos, simples y autónomos.

Exploración de los límites

Los artistas minimalistas exploraron cómo las formas básicas, a menudo geométricas, podían suscitar distintas emociones en el espectador, en una depuración del enfoque adoptado por los expresionistas abstractos (véase págs. 210-211). Sin embargo, a diferencia de estos, los minimalistas despojaron su proceso creativo de toda huella de emoción o intuición para centrarse en producir objetos que destacaran su propia naturaleza y enfrentaran al espectador a su color y materialidad, y al espacio concreto de la galería o museo.

Una huida del mundo real

Llevando la idea de la abstracción (véase págs. 78-79) aún más lejos, los artistas minimalistas solían trabajar en obras que no guardaban relación alguna con el mundo real y familiar, sino que, invitaban al espectador a contemplarlas y reaccionar según su propia percepción.

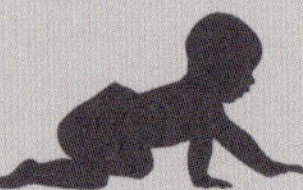

EN 1965, **LA CRÍTICA DE ARTE BARBARA ROSE** ACUÑÓ LA CÉLEBRE DENOMINACIÓN **«ARTE ABC»** PARA REFERIRSE AL MINIMALISMO

MATERIALES

Algunos escultores minimalistas recurrieron a materiales industriales ya existentes, como ladrillos, azulejos o tubos de luz, que utilizaron en serie para producir sus obras. Otros, en cambio, crearon sus obras desde cero, aunque permaneciendo fieles a la estética industrial y recurriendo con frecuencia al uso de metales, fibra de vidrio y plástico.

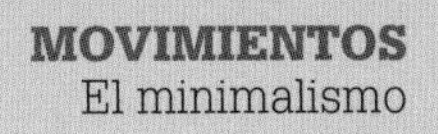

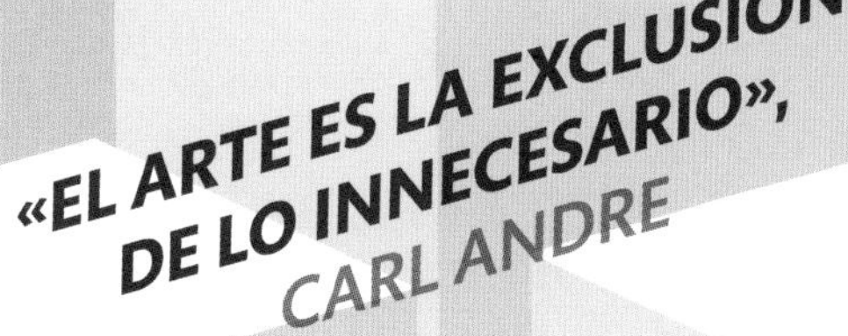

«EL ARTE ES LA EXCLUSIÓN DE LO INNECESARIO», CARL ANDRE

«LO QUE VES ES LO QUE VES», FRANK STELLA

«EL ESPACIO REAL ES INTRÍNSECAMENTE MÁS PODEROSO Y ESPECÍFICO QUE LA PINTURA SOBRE UNA SUPERFICIE PLANA», DONALD JUDD

«NO TE PREGUNTES QUÉ ES LA OBRA. EN LUGAR DE ESO, PREGÚNTATE QUÉ ES LO QUE HACE», EVA HESSE

«EL ARTE ES LA REPRESENTACIÓN CONCRETA DE NUESTROS SENTIMIENTOS», AGNES MARTIN

«ES LO QUE ES, Y NO ES NADA MÁS», DAN FLAVIN

El arte conceptual

Aunque el arte conceptual no se convirtió en un movimiento reconocido hasta la década de 1960, sus precedentes se remontan a la obra del artista Marcel Duchamp, de principios del siglo xx, quien estaba decidido a crear obras que estimularan la mente en lugar de la vista. Sus ideas, pues, fueron retomadas y ampliadas por artistas de la década de 1960 cuyo objetivo era «desmaterializar» el arte creando piezas centradas en conceptos e ideas en lugar de primar la estética, las técnicas o los materiales.

Las ideas por encima de los materiales

El conceptualismo sostiene que el arte es más una idea que un objeto físico: el concepto de la obra, materializado en la mente del público, resulta más importante que la forma que adopte, y en ocasiones ni siquiera requiere adoptar forma alguna. Lo que importa es la intención del artista y la respuesta del espectador, por lo que los artistas de este movimiento optaron por desdibujar las fronteras entre objetos artísticos y lenguaje para explorar los modos en los que ambos se relacionan.

La fuente, Marcel Duchamp (1917)
La fuente, considerada una de las obras más importantes del siglo xx, es un urinario invertido firmado por el artista, un ejemplo del concepto de *ready-made* de Duchamp, es decir, un objeto manufacturado de uso cotidiano designado como obra de arte por el propio artista.

EL ARTE CONTRACULTURAL

Los artistas conceptuales formaron parte de la contracultura de la década de 1960, centrada en poner en entredicho los valores e ideas tradicionales. El arte conceptual cuestionaba el mercado del arte, dado que muchas de sus obras no podían comprarse ni venderse de la forma convencional. Esta idea ha perdurado hasta nuestros días, como sucede por ejemplo con la obra *Comediante* del artista italiano Maurizio Cattelan, consistente en un plátano pegado a la pared con cinta adhesiva.

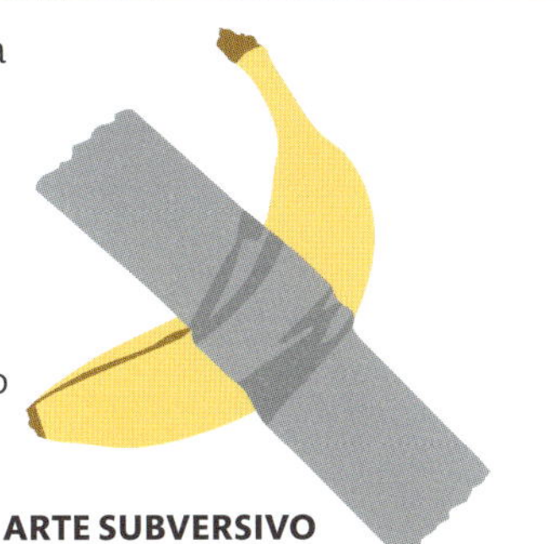

ARTE SUBVERSIVO

¿QUÉ ES EL GRUPO FLUXUS?

Fluxus es un grupo de artistas y compositores de vanguardia fundado en 1960 que ha ejercido una marcada influencia en la promoción de un arte espontáneo y subversivo.

Nunca más haré arte aburrido
Nunca más haré arte aburrido
Nunca más haré arte aburrido
Nunca más haré arte aburrido
Nunca más haré arte aburrido
Nunca más haré arte aburrido
Nunca más haré arte aburrido
Nunca más haré arte aburrido
Nunca más haré arte aburrido
Nunca más haré arte aburrido

Estas líneas cuestionaban la autoría y las normas

Las instrucciones como arte

Algunos artistas modernos y contemporáneos han explorado la idea de que los artistas, en lugar de crear algo por sí mismos, pueden proporcionar instrucciones para la ejecución de una obra de arte, que puede realizarse sin ninguna intervención adicional del creador. En este sentido, cabe destacar al artista estadounidense Sol LeWitt, vinculado al movimiento del arte conceptual, quien realizó piezas consistentes en simples instrucciones sobre cómo dibujar sobre una pared dirigidas a otros artistas o incluso al público general. De este modo, el artista sintetiza su arte en una idea o concepto puro, que puede dar lugar o no a la creación de un objeto artístico físico.

El artista ausente

En 1971, el artista estadounidense John Baldessari no pudo acudir a una instalación, por lo que pidió a sus estudiantes que ejecutaran una obra siguiendo sus instrucciones: escribir una y otra vez «Nunca más haré arte aburrido» en las paredes.

EL **ARTE CONCEPTUAL** TAMBIÉN SE CONOCE COMO *ARTE POSOBJETO* O *ARTE COMO IDEA*

Nuevas formas de crear arte

Los artistas conceptuales transformaron los medios tradicionales de las «bellas artes», como la escultura y la pintura, descomponiéndolos en sus elementos básicos para deconstruir el propio funcionamiento del arte. Así, no solo se cuestionaron las formas establecidas, sino que también exploraron otros lenguajes, como los dibujos murales, las obras basadas en texto, la fotografía, el cine, la instalación o la *performance*, redefiniendo así el concepto mismo de *arte* y sentando las bases de la diversidad de expresiones que caracteriza al arte contemporáneo.

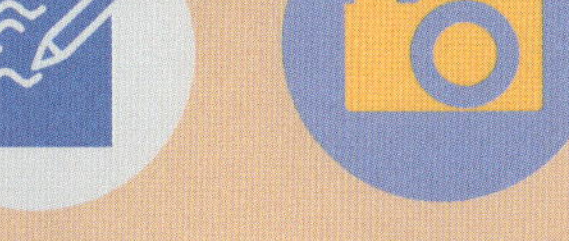

TEXTO

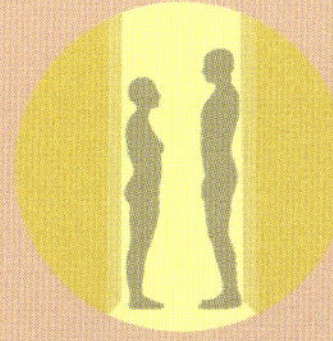

FOTOGRAFÍA

INSTALACIÓN

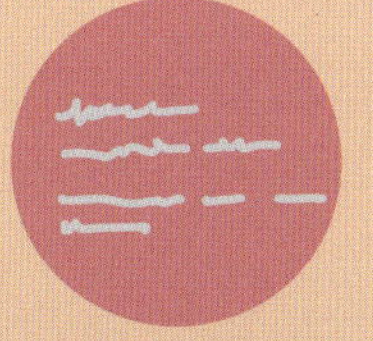

DIBUJO MURAL

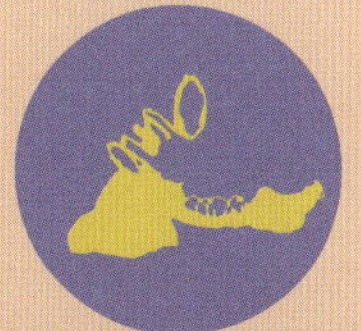

OBJETOS ENCONTRADOS

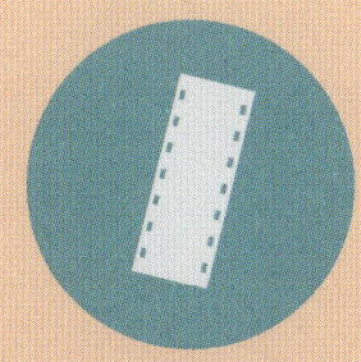

CINE

Índice

Créditos de las imágenes

La editorial desea agradecer a las siguientes personas y entidades que hayan tenido la amabilidad de permitir la reproducción de sus fotografías:

(Clave: a-arriba; b-abajo/parte inferior; c-centro; l-lejos; i-izquierda; d-derecha; s-parte superior)

19 Alamy Stock Photo: Deco (bd). 28-29 Julia Cassels. 31 Dreamstime.com: Gearstd (bc); Olga Khait (si); Beata Kraus (sc); Sunfe17 (bi). 48 Dorling Kindersley: Tash Kahn (cda, cd, cdb). 49 Dorling Kindersley: Stephen Bere (cd). Tash Kahn: (sc). 76 iStock: temizyurek (b). 77 Franco Clun. 98 Getty Images: Fine Art Images / Heritage Images. 99 123RF.com: archnoi1 (bd/Hessian); detchana wangkheeree (bi); mohsin majeed (bd/Paper). Dreamstime.com: Vladimir Korostyshevskiy (c). 108 Dreamstime.com: Iryna Koliadzynska (bd). 109 Dreamstime.com: Boyan Dimitrov (bi). 124 Dr. Wolfgang Beyer: (s). Dreamstime.com: Amicabel (bc); Tajra1 (bd). 125 Alamy Stock Photo: Rachel Carbonell (cd); PRAWNS (c). Dreamstime.com: Funkyplayer (bc); Svetlana Urbanskaia (bi). 130 Dreamstime.com: Mullrich (i). 134, 135 (i) Bridgeman Images. 144 Getty Images: Eye Ubiquitous / Universal Images Group (s). 147 Getty Images: Richard l'Anson (c). 149 Alamy Stock Photo: Science History Images (cd). 151 Alamy Stock Photo: The Picture Art Collection (bi). 153 The Metropolitan Museum of Art: Gift of Edward S. Harkness, 1918 (bd). 154-155 akg-images: Nimatallah (i). 157 Alamy Stock Photo: Heritage Image Partnership Ltd (c). 158 National Museum Lagos: (si). 162 Alamy Stock Photo: funkyfood London - Paul Williams (sd). 165 Bridgeman Images: Christie's Images (cb). 167 Alamy Stock Photo: Universal Images Group North America LLC (sc). 170 Getty Images: DEA / G. Dagli Orti / De Agostini (sd). 172 Bridgeman Images. 173 Alamy Stock Photo: Peter Barritt. 176 Alamy Stock Photo: IanDagnall Computing (s). 179 Bridgeman Images: National Gallery, London, UK (i). 180 Bridgeman Images: Galleria degli Uffizi, Florencia, la Toscana, Italia (sd). 183 Alamy Stock Photo: incamerastock. 184 Alamy Stock Photo: Artepics (s). 186 Alamy Stock Photo: FineArt (s). 188 Alamy Stock Photo: Album (s). 190 Alamy Stock Photo: Masterpics (sd). 193 Alamy Stock Photo: Granger Historical Picture Archive (sd). 194 Barnes Collection: Credit - Barnes Foundation (bi). 195 Alamy Stock Photo: Peter Barritt (bd). 197 Alamy Stock Photo: V&A Images (cd). 199 Bridgeman Images: (d). 200 Alamy Stock Photo: Giorgio Morara (bd). 202 akg-images. 205 Photo Scala, Florencia: The Museum of Modern Art, New York / © Succession Picasso/DACS, London 2022 (sd). 207 Bridgeman Images: Christie's Images / © ADAGP, Paris and DACS, London 2022 (bi). 209 Alamy Stock Photo: Universal Art Archive (bi). 211 Bridgeman Images / © 1998 Kate Rothko Prizel & Christopher Rothko ARS, NY and DACS, London (si). 212-213 Derivative Andy Warhol Artwork creado por DK en 2022. © 2022 The Andy Warhol Foundation for the Visual Arts, Inc. / Licenciado por DACS, Londres. (b). 213 akg-images / © Estate of Roy Lichtenstein/DACS 2022 (s). 216 Getty Images: Michael Macor / The San Francisco Chronicle / © Association Marcel Duchamp / ADAGP, París y DACS, Londres 2022 Todo el resto de imágenes © Dorling Kindersley

Agradecimientos

DK desea expresar su agradecimiento a las siguientes personas por su ayuda en la elaboración de este libro: a Jo Walton por la documentación gráfica, a Elizabeth Wise por la elaboración del índice, a Joy Evatt por la corrección de estilo, a Vaibhav Rastogi por la asistencia en el diseño y a Aarushi Dhawan y Dimple Desai por la asistencia en la ilustración.